交通职业教育教学指导委员会推荐教材
中等职业院校公路施工与养护专业教学用书

全国技工学校通用教材

Qiaohan Gongcheng Shigong Jishu

# 桥涵工程施工技术

孙元桃　主编
蒋　斌　主审

人民交通出版社

## 内 容 提 要

本书是全国技工学校通用教材,由交通职业教育教学指导委员会公路(技工)专业指导委员会组织编写。主要内容有:绪论,桥梁施工准备工作与桥位施工测量,桥梁基础施工,桥梁墩、台施工,钢筋混凝土简支梁桥施工,预应力混凝土桥施工,拱桥施工,涵洞施工,桥面系施工。

本书是中等职业院校公路施工与养护专业教学用书,也可供相关专业教学使用,或作为职业技能培训及鉴定教材。

**图书在版编目(CIP)数据**

桥涵工程施工技术. 中级工 / 孙元桃主编--北京：人民交通出版社，2009.3

ISBN 978-7-114-07616-9

Ⅰ.桥… Ⅱ.孙… Ⅲ.桥涵工程－施工技术 Ⅳ.U445.4

中国版本图书馆 CIP 数据核字（2009）第 018575 号

**书　　名:** 桥涵工程施工技术
**著 作 者:** 孙元桃
**责任编辑:** 周往莲　韩亚楠
**出版发行:** 人民交通出版社股份有限公司
**地　　址:**（100011）北京市朝阳区安定门外外馆斜街 3 号
**网　　址:** http://www.ccpress.com.cn
**销售电话:**（010）59757973
**总 经 销:** 人民交通出版社股份有限公司发行部
**经　　销:** 各地新华书店
**印　　刷:** 北京市密东印刷有限公司
**开　　本:** 787×1092　1/16
**印　　张:** 18.75
**字　　数:** 467 千
**版　　次:** 2009 年 3 月　第 1 版
**印　　次:** 2015 年 7 月　第 5 次印刷
**书　　号:** ISBN 978-7-114- 07616- 9
**印　　数:** 9001-11000 册
**定　　价:** 38.00 元

# 前　言

全国交通技工学校公路施工与养护专业第一轮通用教材于2001年5月出版，至今已经7年，为本专业的人才培养起到了极其重要的作用。但随着教学模式的变革及知识与技术的更新，该套教材已显陈旧。为此，经交通职业教育教学指导委员会公路（技工）专业指导委员会研究，决定对公路施工与养护专业的教学计划和课程内容进行修订，并在此基础上编写第二轮教材。在本套教材编写过程中我们力求做到以下几点：

第一、立足行业。从用人单位的岗位要求入手，分析现代公路建设对专业技术工人的能力结构要求，确定课程体系，明确教学目标，强化教材的针对性和实用性。

第二、立足国家职业标准。本教材以国家职业标准为依据，使教材涵盖了公路施工与养护职业或工种的相关要求，便于双证书制度在人才培养过程中的落实。

第三、立足学生的实际基础情况和学习规律。本教材充分考虑了技工学校学生的基础和学习特点，尽力摒弃冗长的理论叙述和复杂的公式，力求做到以图代文、通俗易懂、简明扼要。

第四、根据公路施工和养护技术的发展趋势，适当地加入了新知识和新技术的内容，使全书教学内容更趋合理。

第五、本套教材的每门课程都配有复习题，便于学生对知识的学习和巩固。

《桥涵工程施工技术》是全国技工学校公路施工与养护专业通用教材之一，内容包括：绪论，桥梁施工准备工作和桥位施工测量，桥梁基础施工，桥梁墩、台施工，钢筋混凝土简支梁桥施工，预应力混凝土桥施工，拱桥施工，涵洞施工，桥面系施工。

参加本书编写工作的有：山东公路高级技工学校武春山（编写单元一、三），宁夏交通技师学院李艳东（编写单元二、五）、孙元桃（编写单元六、九），河南南阳市公路技工学校毕泽亮（编写单元四），山西交通技师学院乔捷（编写单元七）、王桂林（编写单元八）。全书由孙元桃担任主编，广西公路技工学校蒋斌担任主审。公路（技工）专业指导委员会聘请山东公路高级技工学校刘治新担任本套教材的总统稿人。

本套教材在编写过程中得到了全国17个省市交通技工学校领导的大力支持和帮助，共有80余名教师参加了教材的编审工作，在此表示感谢！

由于我们的业务水平和教学经验有限，书中难免有不妥之处，恳请使用本书的广大读者批评指正，并给出宝贵的建议。

交通职业教育教学指导委员会
公路（技工）专业指导委员会
二〇〇八年九月

# 目　　录

# 单元一　绪　　论

## 课题一　桥梁的发展史

**知识点：**
◎我国桥梁的发展史；
◎世界桥梁的发展史。

**【任务引入】**

桥梁不仅是一个国家文化的象征，更是生产发展和科学进步的写照。了解我国桥梁发展的历史和现状，和世界桥梁的发展相对比，从而增强同学们的学习兴趣，激发同学们的学习热情，为以后的进一步学习打下坚实的基础。

**【任务分析】**

1. 我国桥梁的发展史；
2. 世界桥梁的发展史。

**【任务实施】**

### 一、我国桥梁建筑概况

改革开放以来，我国公路建设进入了以高速公路为标志的快速发展阶段。随着国家实施积极的财政政策，公路投资力度不断加大，公路建设更是以前所未有的速度向前发展。这对于加强全国各族人民的团结，促进文化交流，巩固国防等都有非常重要的作用。

就桥梁的发展而言，可分为古代、近代和现代三个阶段，现分别介绍如下：

1. 古代

我国文化历史悠久，是四大文明古国之一。在古代，我国在许多科学技术方面远远超过同时代的欧洲。其中就桥梁而言，我们的祖先也在世界桥梁建筑史上写下了不少光辉灿烂的篇章。我国古代的桥梁不但数量惊人，类型也丰富多彩，几乎包括了所有近代桥梁中最主要的形式。所用的材料多是一些天然材料，例如土、石、木、砖等。

根据史料考证，早在三千年前的周文王朝代，就在宽阔的渭河上架设过大型浮桥。现代桥梁中广为修建的多孔桩柱式桥梁，据历史考证，我国在春秋战国时期（公元前332年）已遍布于黄河流域和其他地区，不同的只是古桥多以木桩为墩柱，上置木梁、石梁，而如今则都用钢筋混凝土代之。

图1-1-1　赵州桥

隋唐时期，是我国古代桥梁的兴盛年代，其间在桥梁形式、结构构造方面有着很多创新。举世闻名的河北赵县的赵州桥（又称安济桥），如图1-1-1所示，就是我国古代石拱桥的杰出代表。

【知识链接一】

赵州桥在隋大业初年(公元605年左右)为工匠李春所创建。该桥是一座空腹式的圆弧形石拱桥,净跨37.02m,宽9m,拱矢高度7.23m。在拱圈两肩各设有两个跨度不等的腹拱,这样既能减轻桥身自重、节省材料,又便于排洪、增加美观。

赵州桥采用纵向并列砌筑,将主拱圈分为28圈,每圈由43块拱石组成,每块拱石重1t左右,用石灰浆砌筑。同时,在拱石表面凿有斜纹,在拱石的纵向间安放2对铁箍,在主拱跨中拱背上设置5根铁拉杆,并在拱顶石砌筑时采用剎尖方法使拱石挤压紧密,从而提高了拱圈的强度和整体性。

赵州桥的设计构思和工艺的精巧,不仅在我国古桥中首屈一指,据对世界桥梁的考证,像这样的敞肩拱桥,欧洲到19世纪中叶才出现,比我国晚了1200多年。赵州桥的雕刻艺术,包括栏板、望柱和锁口石等,其上的狮象龙兽形态逼真,琢工精致秀丽,不愧为文物宝库中的艺术珍品,且至今保存完好。

除赵州桥外,还有其他著名的石拱桥,如1189年修建的北京永定河上的卢沟桥(图1-1-2)、宋代建的苏州的枫桥(图1-1-3)和1750年建在颐和园内的玉带桥(图1-1-4)等。我国石拱桥的建造技术在明朝时流传到日本等国家,促进了与世界各国人民的文化交流并增进了友谊。

图1-1-2　卢沟桥

图1-1-3　枫桥

图1-1-4　颐和园内的玉带桥

【知识链接二】

颐和园内的玉带桥为清乾隆时建造,距今已有两百多年的历史。这是一座高拱石桥,造型简洁流畅,桥上望柱刻着仙鹤和祥云的图案。玉带桥在西堤六桥中最负盛名,流传着许多引人入胜的故事。现在,桥头还留有乾隆皇帝的御题,东面是:螺黛一痕平铺明月镜,虹光百尺横映水晶帘。西面是:地到瀛洲星河天上近,景分蓬岛宫阙水边多。

卢沟桥,原名"广利桥",始建于金大定二十九年(公元1189年)。卢沟桥,全长266.5m,宽30m,由11个石拱联成,每个石拱跨度自16~21.6m不等,是一座典型的联拱石桥,拱与拱之间有石砌的桥墩,桥面平坦几乎与河面平行。桥墩北面像尖尖的箭头,南面呈方形。昔日,永定河水滔滔不绝,自北向南奔流。这样设计桥墩,显然是为了减轻河水对桥身的威胁。卢沟桥东西两端,各有一块石碑,东面的石碑上有清乾隆皇帝的御笔"卢沟晓月"四字,"卢沟晓月"是著名的燕京八大胜景之一。卢沟桥两侧,有石栏石柱。石柱的上面有许多石狮,由于这些石狮雕刻得惟妙惟肖,神态各异,大小混在一起,故有"卢沟桥上的狮子数不清"的说法。解放后,经北京市文物局的同志们编号检查,得出卢沟桥上的石狮总计485只的结论。这近500只的石狮雌雄形态各异，雌的戏水，雄的弄绣球。从石狮的选料、刀工及风格程度上，人们可以推断：现存的石狮不是同一时期雕刻的。

我国是最早有吊桥的国家，迄今至少有三千年左右的历史。据记载，至迟在唐朝中期，我国就从藤索、竹索发展到用铁链建造吊桥，而西方在16世纪才开始建造铁链吊桥，比我国晚了近千年。至今尚保留下来的古代吊桥有四川泸定县的大渡河铁索桥（1706 年）（图 1-1-5）以及四川灌县的安澜索桥（1803 年）等。

图 1-1-5　大渡河铁索桥

【知识链接三】

大渡河上的泸定铁索桥跨长约 100m，宽约 2.8m，由 13 条锚固于两岸的铁索链组成。大渡河是岷江的一大支流，河宽 300m，水深流急，两岸是险峻的群山，地势险要，大部队通过极其困难，1935 年中国工农红军长征途中曾经强渡此桥，由此更加闻名。

安澜桥是世界上最著名的竹索桥，全长约 340m，分 8 孔，最大跨径约为 60m，全桥用 24 根由细竹篾编成的粗五寸（约 16.5cm）的竹索组成，其中桥面索和扶栏索各半。

在秦汉时期我国已广泛修建石梁桥。世界上现存最长、工程最艰巨的石梁桥，就是我国于1053～1059 年在福建泉州建造的万安桥，也称洛阳桥。此桥长超过 800m，共分 47 孔，位于海口江面上。此桥以磐石遍铺桥位江底，是近代筏形基础的开端，并且独具匠心地用养殖海生牡蛎的方法胶固桥基使成整体，此亦是世界上绝无仅有的造桥方法。

在我国古桥建筑中尚值得一提的是宋代建造的福建漳州江东桥（图 1-1-6）和广东省潮安县横跨韩江的湘子桥（又名广济桥）（图 1-1-7）。

图 1-1-6　江东桥

图 1-1-7　广济桥

1240 年建造的福建漳州江东桥，也是一座梁式石桥。此桥总长约 335m，最长的石梁长23.7m。沿宽度用 3 根石梁组成，每根宽 1.7m，高 1.9m，重 200t。该桥一直保存至今，据历史记载，这些巨大石梁是利用潮水涨落浮运架设的，足见我国古代加工和安装桥梁的技术何等高超。

【知识链接四】

江东桥又名通济桥，也称虎渡桥，是一座多孔梁式石桥，位于福建漳州龙文区与龙海市交界处，横跨于九龙江北溪下游。这里地处九龙江北溪与西溪交汇入海处，两岸峻山夹峙，江宽流急,地势险要,古称"三省通衢"。相传初建桥时,桥墩屡建不稳,偶有猛虎负子过江,遂依虎道勘得水中礁石,乃就石垒墩,桥墩遂固,故名虎渡桥。

江东桥的石梁每根长22~23m、宽1.15~1.5m、厚1.3~1.6m,重达近200t。这是桥梁建筑中的伟大创举,中外建桥史上的奇迹。我国桥梁专家茅以升在1962年4月3日《人民日报》发表的《中国石拱桥》一文中说:"我国劳动人民在建筑技术上有很多创造,在起重吊装方面更有意想不到的办法,如福建漳州的江东桥,修建于八百年前,有的石梁一块就有二百来吨重,究竟是怎样安装上去的,至今还不完全知道。"英国剑桥大学博士李约瑟在《中国科学技术史》一书中也说:"江东桥是一个有趣的历史性问题。"国家文物局编辑的文物教材之一、罗哲文主编的《中国古代建筑》书中,第一章就提到:"虎渡桥重达二百吨的石梁,工匠们如何把它们架上波涛汹涌的急流之上,至今仍然令人为之惊叹。"

广济桥又称湘子桥,位于广东省潮安县潮州镇东,横跨韩江,始建于南宋乾道六年(1170年),历时57年建成。该桥全长515m,分东西两段18墩,中间一段宽约百米,因水流湍急,未能架桥,只用小船摆渡,当时称济州桥。明宣德十年(1435年)重修,并增建5墩,称广济桥。正德年间,又增建1墩,总共24墩。桥墩用花岗石块砌成,中段用18艘梭船联成浮桥,能开能合,当大船、木排通过时,可以将浮桥中的浮船解开,让船只、木排通过,然后再将浮船归回原处。该桥是中国也是世界上最早的一座开关活动式大石桥。广济桥上有望楼,为我国桥梁史上所仅见。

广济桥与赵州桥、洛阳桥、卢沟桥并称中国古代四大名桥,是中国桥梁建筑中的一份宝贵遗产。

2. 近代

尽管古代我国桥梁发展很快,然而,在近代桥梁建设的发展却是停滞不前。1840年鸦片战争后帝国主义列强的侵入和腐朽的社会制度,更使广大劳动人民处于水深火热之中,人民群众的无穷智慧被压抑和摧残。在桥梁建筑方面,大部分是外国投资、外国人设计、外商承包。黄河上的第一座正式桥梁是由比利时工程公司承包修建的郑州黄河铁路桥。该桥1903年开工,1906年竣工。到1949年中华人民共和国成立时,在黄河上只有郑州黄河铁桥、济南市的泺口黄河大桥和兰州的公路桥3座由外国人设计、施工的桥梁,但济南泺口黄河大桥还未施工完成,外国人就撤走了。

总之,解放前,我国交通事业落后,可供通车的公路里程很少,质量低劣。公路桥梁绝大多数为危桥,年久失修,破烂不堪。纵使当时我国自己也修过一些公路钢桁桥、吊桥和钢筋混凝土拱桥等,但与当时世界上桥梁建筑的技术水平相比,是处于很落后的状态。

3. 现代

1949年,我们迎来了中华人民共和国的诞生。随着我国建设的发展,桥梁建设也出现了突飞猛进的局面。

1957年,第一座长江大桥——武汉长江大桥(图1-1-8)的胜利建成,结束了我国万里长江无桥的状况,从此"一桥飞架南北,天堑变通途"。桥的正桥为三联3×128m的连续钢桁梁,双线铁路上层公路桥面宽18m,两侧各设2.25m人行道,包括引桥在内全桥总长1 670.4m。大型钢梁的制造和架设、深水管柱基础的施工等,为发展我国现代桥染技术开创了新路。

1962年建成的跨越伊河的洛阳龙门桥位于我国著名的龙门石窟附近,如图1-1-9所示。此桥主孔为90m,两边各60m,全长295m。龙门桥拱圈薄,造型美观,建筑精良。

图 1-1-8　武汉长江大桥

图 1-1-9　河南洛阳龙门桥

1969 年我国建成了举世瞩目的南京长江大桥，如图 1-1-10 所示，这是我国自行设计、制造、施工，并使用国产高强钢材的现代大型桥梁。正桥除北岸第一孔为 128m 简支钢桁梁外，其余为 9 孔 3 联，每联为 3×160m 的连续钢桁梁。上层是公路桥面，下层为双线铁路，包括引桥在内，铁路部分全长 6 772m，公路部分为 4 589m。桥址处水深流急，河床地质极为复杂，桥墩基础的施工非常困难。南京长江大桥的建成显示出我国的建桥事业已达到了世界先进水平，也是我国桥梁史上又一个重要标志。

图 1-1-10　南京长江大桥

1972 年建成的山东北镇黄河公路大桥，位于山东省滨州市，主桥采用 4×112m 的栓焊接连续钢桁梁桥。大桥由钢桁架主桥和预应力引桥两部分组成，全长 1 394m，桥面可并排通过 3 辆卡车，两侧各有 1.5m 宽的人行道。

黄河上第一座特大型桥梁是洛阳黄河公路大桥。该桥为 67 孔跨径达 50m 的预应力混凝土 T 形简支梁桥，全长 3 429m，于 1976 年建成。

1980 年建成的重庆长江公路大桥为 T 型刚构桥梁。该桥共 8 孔，跨径布置为 86.5m + 4×138m + 156m + 174m + 104.5m，总长 1 120m，桥头有大型人像雕塑。大桥毗连山城重庆，飞越长江，十分宏伟壮观。

济南黄河公路大桥位于山东省济南北郊，是一座预应力混凝土斜拉桥，如图 1-1-11 所示。大桥由主桥和引桥组成，总长 2 023.44m，主桥长 488m，有 5 个孔，其中最大跨径 220m，在当时世界十大预应力混凝土斜拉桥中排行第 8 位。桥面分行车道和人行道两部分，全宽为 19.5m，其中行车道为 15m。该桥于 1978 年 12 月正式破土动工，1982 年 7 月建成通车。

图 1-1-11　济南黄河公路大桥

包头黄河公路大桥位于内蒙古包头市南端，全长 810m，宽 12m，是当时中国建成的跨径最大的多点顶推法施工的连续梁桥。该桥于 1983 年 10 月建成通车。

东营黄河公路大桥位于黄河三角洲上的山东省东营市垦利县城附近，地处黄河最下游，距黄河入海口约 40km。大桥全长 2 817.46m，主桥长 682m，共有 76 孔，主孔跨径 288m，桥面宽 19.5m，其中车行道 16m。此桥在国内首次采用了新型钢箱斜拉式结构。在大桥钢梁腹部，还设有直径为 529mm 的大型输油管道。该桥于 1985 年 12 月正式动工修建，1987 年 9 月建成通车。

乌海黄河公路大桥位于内蒙古乌海市，是国家“七五”期间重点建设项目。大桥主桥长530.6m,上部结构为8孔1联的预应力混凝土连续箱梁。该桥于1988年9月建成通车。

石嘴山黄河公路大桥位于宁夏回族自治区石嘴山市东郊渡口,是连接宁夏与内蒙古的交通枢纽。大桥全长551.28m,桥头引道1 000m,桥面宽12m,主桥4孔长300m,孔跨度达90m,是一座大跨度T型刚构桥梁。该桥于1987年3月开工兴建,1988年10月建成通车。

东明黄河公路大桥(图1-1-12)位于山东省菏泽市西北,是山东省境内最长的一座公路大桥,被誉为“齐鲁第一桥”。该桥是国道106线跨越黄河的特大桥梁,全长4 142.14m,宽18.5m,4车道。该桥于1991年10月正式开工修建,1993年9月全桥竣工通车。

三门峡黄河公路大桥位于山西省平陆县和河南省三门峡市之间,是黄河上的第五座特大型公路大桥,是河南省首次建成的大跨径单箱单室连续刚构桥,是国道209线联结晋、豫两省,沟通南北交通的咽喉工程。大桥全长1 310m,宽18.5m,高50m,最大跨径160m。该桥于1991年11月开工兴建,1993年12月正式通车。

1993年,作为第二京广线要隘的九江长江大桥(图1-1-13)竣工通车,该桥铁路部分全长7 675.4m,主桥的通航主孔为180m+216m+180m的钢桁梁与钢拱组合体系,是一座结构更新颖、施工更为先进的公路铁路两用特大钢桥。

图1-1-12　东明黄河公路大桥

图1-1-13　九江长江大桥

银川黄河公路大桥全长1 219.9m,宽23m,主孔跨径为90m,是一座预应力钢筋混凝土T型刚构桥。该桥于1994年7月建成通车。

青海龙羊黄河公路大桥为单悬索加劲钢桁架式大桥,跨度为100m。该桥于1994年12月开工建设,1996年10月建成通车。

香港青马大桥(图1-1-14),可算是世界级建筑,它横跨青衣岛及马湾,全长2 160m,主桥跨度也达1 377m,同类桥型中名列世界第五,与江阴长江大桥是“姐妹桥”。两座吊塔,每座高206m,离海面62m。1992年,青马大桥开始建造,仅以5年时间完成,称得上是同类建筑中所花时间最短的。它壮观恢弘的气势完全超越了美国的金门大桥。

华夏第一桥——江阴长江公路大桥(图1-1-15),是我国“八五”规划的“两纵两横”国道主干线中沿海主骨架的跨江工程,是目前 中国第一、世界第四大跨径钢悬索桥。

图1-1-14　香港青马大桥

图1-1-15　江阴长江大桥

【知识链接五】

江阴长江公路大桥由桥塔、主缆、锚碇和钢箱梁等主要部件组成。大桥全长3 071m，主跨1 385m；桥面宽33.8m，双向6车道，设计车速100km/h；通航净空为50m，可通行5万吨级巴拿马型散货轮。江阴长江公路大桥的两根主索，各长约2 400m，直径近1m，每根重约1.4万吨，主索用127根直径5.3mm的钢丝搅成索，再由169股钢索组成主索。主桥每边有85个吊杆，每个吊杆2根，用以连接主索和桥面。两岸索塔高程为196.236m，相当于65层楼高。北塔基长43.5m，宽73.5m，下有123根近90m长的基础桩。北锚的混凝土陈井平面长69m，宽51m（面积相当于一片足球场大）。沉入地面58m，被称为世界第一大沉井。

江阴长江大桥于1994年11月22日正式开工，1999年10月1日顺利通车。

国道205线滨州黄河公路大桥（图1-1-16）是黄河上第一座三塔斜拉桥。大桥总投资7.35亿元，主桥工程自2001年8月28日正式破土动工，历时近3年，于2004年7月18日竣工通车。

图1-1-16　滨州黄河公路大桥

【知识链接六】

滨州黄河公路大桥全长768m，宽32.8m，创造了我国建桥史上的5个第一：一是黄河上最深的钻孔灌注桩，达120m；二是中塔高达125m，为黄河桥梁之最；三是大桥桥塔梁固结的设计方案在全国斜拉桥中为首例；四是按设计尺寸所做的主梁节段与塔柱节段工程试验为目前国内首次；五是采取了目前国内最先进的液压爬模技术，它是国内最宽的预应力混凝土箱形桥梁。

杭州湾跨海大桥（图1-1-17）北起嘉兴市海盐，跨越杭州湾海域，止于宁波市慈溪，全长36km，成为目前世界上已建成或在建中的最长跨海大桥。

【知识链接七】

杭州湾跨海大桥于2003年11月14日开工，计划于2007年11月30日前完成桥面铺装，2008年奥运会前建成通车。

大桥按双向6车道高速公路设计，设计时速100km，设计使用年限100年，总投资约118亿元。

此桥在科技方面创造了6项世界或国内第一：一是长度在目前世界上在建和已建的跨海大桥中位居第一；二是在国内第一次明确提出了设计使用寿命大于或等于100年的耐久性要求；三是杭州湾跨海大桥50m箱梁"梁上运梁架设"技术，架设运输重量从900t提高到1 430t，到目前为止居世界第一；四是为解决大型混凝土箱梁早期开裂的工程难题，在国内第一次成功实施了"二次张拉技术"；五是整桩螺旋钢管桩长度在国内外桥梁钢管桩中位居第一；六是第一次采用有控制放气的安全施工工艺，这一施工工艺在世界同类地理条件中尚属首创。

武汉天兴洲长江大桥（图1-1-18）是我国首座铁路四线的公铁两用斜拉桥，大桥主跨504m，是目前世界上跨度最大、荷载最大的公铁两用斜拉桥。

【知识链接八】

武汉天兴洲长江大桥，其504m的主跨位居世界同类桥梁之首，大桥荷载也列世界第一。

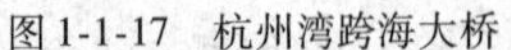

图 1-1-17　杭州湾跨海大桥

图 1-1-18　武汉天兴洲长江大桥

托起大桥主桥重量的两座主塔均为国内斜拉桥主塔中体积最大、结构最复杂、荷载最大的主塔。其中 3 号主塔高 190m，连同桩基础共用混凝土 83 200$m^3$、钢筋 17 850t，建成后的桥梁自重达 2 万吨，均居世界同类斜拉桥主塔之最。

武汉天兴洲大桥钢梁是世界上首次采用三主桁、三索面的新型结构形式。大桥于 2008 年 8 月 31 日建成，总投资约 30 亿元。

## 二、世界各国桥梁建筑现状

圬工拱桥在国外也有较早的发展历史，1855 年起法国建造了第一批应用水泥砂浆砌筑的石拱桥。大约在 1870 年时，德国建造了第一批采用硅酸盐水泥的混凝土拱桥。目前世界上跨度最大的石拱桥是 1946 年瑞典建成的绥依纳松特桥，跨度为 155m。

由于钢筋混凝土材料的兴起，以其突出的受压性能，又促进了大跨度拱桥的发展。从 19 世纪末到 20 世纪 50 年代间，钢筋混凝土拱桥无论跨越能力、结构体系或主拱截面形式均有很大发展。法国于 1930 年建成的 3 孔 186m 博浪加斯脱桥和瑞典 1840 年建造的跨径 264m 的桑独桥，均达到了很高的技术水平。后者的跨度纪录一直保持到 1964 年澳大利亚悉尼港柏拉马塔河桥的问世（$L=305$m，有支架施工）。

鉴于修建钢筋混凝土拱桥的支架、模板的复杂性，加之耗费劳动力过大，故以后在国外很少采用。直到 1979 年，前南斯拉夫用无支架悬臂施工方法建成了跨度达到 390m 的克尔克大桥，又重新突破了柏拉马塔河桥保持了达 15 年之久的世界纪录。

钢筋混凝土梁式桥，限于材料本身所固有特性，其跨越能力远逊色于拱桥。世界上第一座具有钢筋混凝土主梁的斜拉桥，是 1925 年在西班牙修建的跨越但波尔河的水道桥，主跨为 60.35m。

19 世纪后期，预应力混凝土桥梁迅速发展之前，在资本主义发达国家内曾风行修建钢桥，并已达到相当高的技术水平。目前世界上跨度最大的铁路简支钢桁架桥，当数美国 1917 年建成的都会桥，跨度 220m。最大跨径的钢连续梁桥是日本 1988 年建成的与岛公铁两用桥（$L=245$m）和 1992 年建成的生月大桥（$L=400$m）。1917 年加拿大修建的魁北克桥（公铁两用，$L=549$m），至今仍是钢悬臂梁桥的世界之最。日本 1974 年修建的港大桥是公路钢桁悬臂梁桥，跨度也达 510m。国外钢拱桥也发展得较早，澳大利亚在 1932 年修建的公铁两用钢桁架拱桥（$L=503$m），直到 1977 年其跨度纪录才被美国的新河桥所突破（$L=518$m）。

19 世纪中期，预应力技术的渐趋成熟，又促进了预应力混凝土梁式桥的迅速发展。1977 年奥地利建成了一座跨径达 76m 的预应力混凝土简支梁桥——阿尔姆桥。前联邦德国最早用平衡悬臂法建造预应力混凝土桥梁，特别是在 1952 年成功地建成了莱茵河上的沃伦姆斯桥（跨度为 101.65m + 114.20m + 104.20m，具有跨中剪力铰的 T 型刚构桥）后，这种方法就传播到全世界。后来莱茵河上另一座本道尔夫桥的问世，将这类桥型的跨度推进到208m，悬臂施工技术也更臻完善。之后，日本于1976年建成了跨度达240m的浜名大桥，1980年在美国太平洋托管区的帕洛岛建成了主跨为240.80m的斜勒巴贝尔塞浦桥。目前在国外跨度最大的预应力混凝土连续梁桥是瑞士的莫塞尔桥（$L=192$m，1974年）；悬臂梁桥是英北爱尔兰的马丹桥（$L=252$m，1988年）；T型刚构桥是巴拉圭的亚松森桥（$L=270$m，1978年）；连续刚构桥是澳大利亚的门道桥（$L=260$m，1986年）；斜腿刚架桥是法国的博诺姆桥（$L=186.3$m，1974年）。

悬臂桥在国外发展也很早，美国在19世纪中期从法国引进了近代悬索桥技术后，于19世纪70年代就发明了"空中架线法"编纺桥缆。1937年建成的旧金山金门大桥，如图1-1-19所示，主跨达1 280m，一直保持了27年的世界纪录，至今仍是一座举世闻名的集工程技艺和建筑艺术于一体的宏伟美观的桥梁建筑。而具代表性的现代悬索桥有丹麦的大贝尔公路桥（$L=1624$m，1988～1998年）和日本的明石海峡公铁两用桥（1988～1998年）。日本明石海峡大桥主跨1 991m（960m+1 991m+960m），全长3 910m，为三跨两铰加劲桁梁式悬索桥，钢桥283m，高333m，桥宽35.5m，双向6车道，加劲梁14m，抗震强度按1/150的频率，承受8.5级强烈地震和抗150年一遇的80m/s的暴风设计，为目前世界上跨度最大的悬索桥，也是世界上最长的双层桥。它跨越日本本州岛—四国岛之间的明石海峡，是连接内陆工业的重要纽带，最终实现了日本人一直想修建一系列桥梁把4个大岛连在一起的愿望，创造了本世纪世界建桥史的新纪录，总投资约40亿美元。1995年1月17日，日本坂神发生里氏7.2级大地震（震中距桥址才4km），大桥附近的神户市内近5 000人丧失，10万余幢房屋被夷为平地，但该桥经受住了大自然的无情考验，地震时该桥刚刚完成桥塔与主缆施工工作，开始架设加劲梁。大桥在此次地震中仅有微小损坏，由于地面运动，两塔基础之间的距离增加了80 cm，桥塔顶倾斜了10 cm，使主跨增加了近80 cm，从而接近于1 991m，主缆垂度因此减少了130 cm。除地震以外，还必须保证大桥在台风季节能够经受住时速超过200km的狂风的袭击。

图1-1-19　美国金门大桥

世界上第一座现代公路斜拉桥是1955年在瑞典建成的斯特罗姆海峡钢斜拉桥，主跨为186.2m。之后，1962年在委内瑞拉马拉开湖上建成了主桥跨度为160m+5×235m+160m的大跨度预应力混凝土斜拉桥。经过40多年来的建桥实践，充分证明这种桥型（包括各种混凝土与钢结合形式的斜拉桥）对于大跨度桥梁有很大的适应性。可以相信，在设置锚碇比较困难的情况下，在1 000m左右的跨度范围内斜拉桥将能与常用的悬索桥相竞争。1987年在美国佛罗里达州坦帕海湾上建成的阳光大桥，为主桥跨径164.6m+365.8m+164.6m的单索面混凝土斜拉桥，桥面总宽度29.0m。

苏通大桥是目前世界上规模最大、技术难度最度的斜拉桥。大桥主跨径达1 088m，比已建成的世界上最大路径的日本多多罗大桥和法国诺曼底大桥长200m左右，比香港计划建设的昂船州大桥长70m。苏通大桥建成后，将成为目前世界上最大跨度的斜拉桥。大桥主塔高298m，为世界第一高桥塔，比日本明石大桥高近20m，比国内最高桥塔高出近100m。

# 课题二　桥梁的组成与分类

## 模块一　桥梁的基本组成

**知识点：**

◎桥梁的组成；

◎桥梁各部分的尺寸。

**技能点：**

◎根据桥梁模型能指出各组成部分；

◎根据桥梁模型能说明各部分尺寸。

**【任务引入】**

桥梁指的是路线为跨越山谷、河流或人工障碍物（路线）而修建的结构物。认识桥梁，需要从桥梁的基本组成入手。

**【任务分析】**

1. 桥梁的组成；

2. 桥梁各部分的尺寸。

**【任务实施】**

### 一、桥梁组成

图1-2-1、图1-2-2和图1-2-3分别表示几种常见桥梁的实例图。图1-2-4和图1-2-5分别表示梁桥和拱桥的示意图。从图1-2-4和图1-2-5示意图中可看出，一般桥梁通常是由上部结构、下部结构、附属结构和支座等部分组成。

图1-2-1　梁桥实例图

图1-2-2　拱桥实例图

图1-2-3　斜拉桥实例图

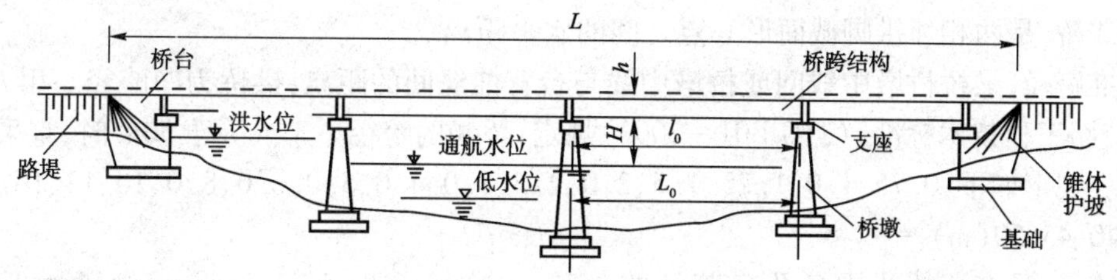


图 1-2-4　梁桥基本组成部分示意图

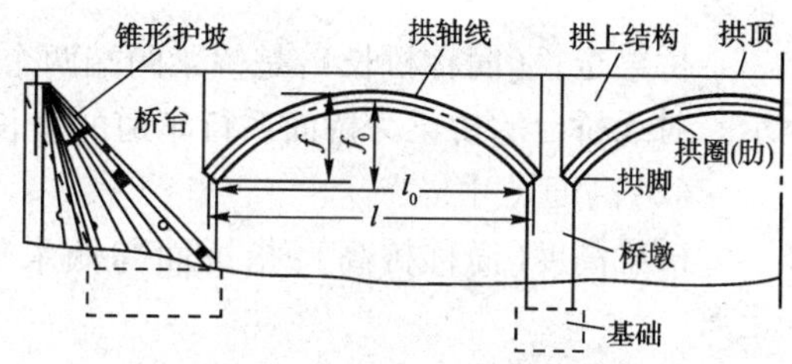


图 1-2-5　拱桥基本组成部分示意图

1. 上部结构

上部结构又称桥跨结构，包括承重结构和桥面系，是路线因遇到障碍（如河流、山谷等）而中断时跨越障碍的建筑物。它是桥梁中具有跨越能力的结构物，是组成桥梁不可或缺的部分。桥垮结构要承受其上的各种作用，如车辆作用、人群作用等，并通过支座传给墩、台。

2. 下部结构

下部结构是支承桥跨结构并将各种作用传递至地基的建筑物，也是桥梁的重要组成部分之一。它包括桥墩、桥台及其基础。桥台是设置在桥梁的两端、用以支承桥跨结构并与两岸接线路堤衔接的构造物。桥台除了起到支承上部结构的作用外，还要抵御路堤土压力，防止路堤填土的滑坡和坍落。桥墩是指多跨桥梁的中间用以支承桥跨结构和传递各种作用的结构物。基础是桥墩、桥台与地基直接接触的部分，也是墩、台中使全部作用传至地基的底部奠基部分。

3. 附属结构

为保证路堤边坡稳定，在路堤与桥台衔接处，一般还应设置锥形护坡、八字翼墙等挡土结构物；为引导和改变水流方向，使水流平顺通过桥孔并减缓水流对桥位附近河床、河岸的冲刷而修建的护岸、导流坝等水工构造物等。它们都是为了使桥梁具有更好的使用性能和更强的耐久性而设。

4. 支座

它是在桥跨结构与桥墩或桥台的支承处所设置的传力装置，不仅要传递各种作用，而且还要保证桥跨结构能产生一定的变位。

## 二、桥梁的基本尺寸

1. 水位

河流中的水位是变动的，在枯水季节的最低水位，称为低水位；洪峰季节河流中的最高水位，称为高水位；桥梁设计中按规定的设计洪水频率计算所得的高水位，称为设计水位；通航水位，包括设计最高通航水位和最低通航水位，是各级航道代表性船舶队正常运行的航道维护管理和有关工程建筑物的水位设计依据。

2. 桥梁的基本尺寸

(1)长度尺寸

净跨径：对于梁式桥是设计洪水位上相邻两个墩、台（或桥台）之间的净距，用 $l_0$ 表示。对于拱式桥是每孔拱跨两个拱脚截面最低点之间的水平距离。

计算跨径：对于具有支座的桥梁，是指桥跨结构相邻两个支座中心之间的距离，用 $l$ 表示。

对于拱式桥，是两相邻拱脚截面形心点之间的水平距离。

标准跨径：梁桥桥墩中线间或桥墩中线与台背前缘间的距离；拱桥为净跨径。用 $l_k$ 表示。根据《公路工程技术标准》(JTG B01—2003)规定：桥涵的跨径小于或等于50m时，宜采用标准化跨径。规定如下：0.75、1.0、1.25、1.5、2.0、2.5、3.0、4.0、5.0、6.0、8.0、10、13、16、20、25、30、35、40、45、50(m)。

总跨径：是多孔桥梁中各孔净跨经的总和，也称桥梁孔径($\sum l_0$)。反映了桥下泄洪的能力。

桥梁全长(简称桥长)：是桥梁两端两个桥台的侧墙或八字墙后端点之间的距离，以 $L_p$ 表示。对无桥台的桥梁为桥面系行车道的全长。

(2)高度尺寸

桥梁高度(简称桥高)：指桥面与低水位之间的高差，或为桥面与桥下线路路面之间的距离。

桥下净空高度：是设计洪水位或计算通航水位至桥跨结构最下缘之间的距离，以 $H_0$ 表示。

建筑高度：是桥上行车道高程至桥跨结构最下缘之间的距离。(容许建筑高度：指公路定线中所确定的桥面高程，与通航净空顶部高程之差)。

净矢高：从拱顶截面下缘至起拱线的水平线间的垂直距离($f_0$)，如图1-2-5所示。

计算矢高：从拱顶截面形心至过拱脚截面形心的水平线间的垂直距离($f$)，如图1-2-5所示。

矢跨比：计算矢高与计算跨径之比($f/l$)。

(3)宽度尺寸

桥面净宽：是指两侧人行道内缘间的宽度，包括桥面行车道宽度、中间带宽度和慢行车道宽度。

## 能力考核

**选择题**

1. 对于简支桥梁，其净跨径、标准跨径、计算跨径之间的关系是(　　)。

A. 净跨径<标准跨径<计算跨径　　B. 净跨径<计算跨径<标准跨径

C. 计算跨径<标准跨径<净跨径　　D. 标准跨径<净跨径<计算跨径

2. 对于梁式桥，其净跨径是指(　　)。

A. 通航水位上相邻两个桥墩(或桥台)之间的净距

B. 相邻两个桥墩(或桥台)墩帽(或台帽)之间的净距

C. 设计洪水位上相邻两个桥墩(或桥台)之间的净距

D. 桥台之间的长度

3. 对于拱式桥，其净跨径是指(　　)。

A. 通航水位上相邻两个桥墩(或桥台)之间的净距

B. 相邻两个桥墩(或桥台)墩座(或台座)之间的净距

C. 桥台之间的距离

D. 每孔拱跨两个拱桥截面最低点之间的水平距离

4. 桥梁总跨径是指(　　)。

A. 桥梁两端伸缩缝之间的距离

B. 多孔桥梁中各孔净跨径的总和

C. 多孔桥梁中各孔标准跨径的总和

D. 桥梁两端两个桥台的侧墙或八字墙后端点之间的距离

5. 对于有支座梁桥,(　　)为其计算跨径。

A. 桥跨结构相邻两个支座中心之间的距离　　B. 桥跨结构未间断的梁长

C. 桥跨相邻两个支座外边缘之间的长度　　D. 预应力钢筋或普通钢筋的布置距离

6. 对于拱桥,(　　)为其计算跨径。

A. 每跨拱桥的起点到其终点　　B. 拱桥的标准跨径

C. 两个拱脚截面最低点之间的水平距离　　D. 拱轴线两端点之间的水平距离

7. 建筑高度是(　　)。

A. 桥上行车路面(或轨顶)高程至桥跨结构最下缘之间的距离

B. 桥上行车路面(或轨顶)高程至墩、台基础地面高程的距离

C. 桥跨结构最上缘至桥跨结构最下缘之间的距离

D. 桥跨结构最上缘至墩、台基础地面高程的距离

**判断题**

1. 计算矢高:从拱顶截面形心至过拱脚截面形心的水平线间的垂直距离($f$)。(　　)

2. 桥梁全长:简称桥长,是桥梁两端伸缩缝之间的距离,以 $L_p$ 表示。对无桥台的桥梁为桥面系行车道的全长。(　　)

3. 净跨径对于拱式桥,是两相邻拱脚截面形心点之间的水平距离。(　　)

4. 桥梁是由上部结构和下部结构组成。(　　)

5. 标准跨径对于梁式桥是指设计洪水位上相邻两个墩、台(或桥台)之间的净距,用 $l_0$ 表示。(　　)

**问答题**

1. 桥梁由哪些部分组成?

2. 什么是桥梁的净跨径?

3. 桥梁全长的定义是什么?

4. 什么是桥梁计算跨径?

5. 什么是桥梁的建筑高度?

## 模块二　桥梁的分类

**知识点:**

◎桥梁的分类标准;

◎不同的桥梁分类标准下的桥梁类型。

**技能点:**

◎能正确判断出桥梁的类型。

**【任务引入】**

桥梁的类型很多,划分的标准不同,类型不同。

【任务分析】

1. 桥梁的分类标准；

2. 桥梁的类型。

【任务实施】

### 一、按桥梁承重结构的受力形式分类（桥梁的基本体系）

桥梁的承重结构，总离不开拉、压、弯三种基本受力方式，因此桥梁在力学上可分为梁式、拱式、悬吊式三种基本体系以及它们之间的各种组合。桥梁结构的基本体系包括梁式桥、拱式桥、悬吊式桥、刚架桥与组合体系桥。

1. 梁式桥

是一种在竖向荷载作用下无水平反力的结构，梁作为承重结构是以它的抗弯能力来承受作用的。由于外力的作用方向与承重结构的轴线接近垂直，故与同样跨径的其他结构体系相比，梁内产生的弯矩最大，通常需用抗弯能力强的材料（钢、木、钢筋混凝土等）来建造。梁式桥又可根据其受力体系的不同分为简支梁桥（图1-2-6）、连续梁桥（图1-2-7）和悬臂梁桥（图1-2-8）三种。

a）

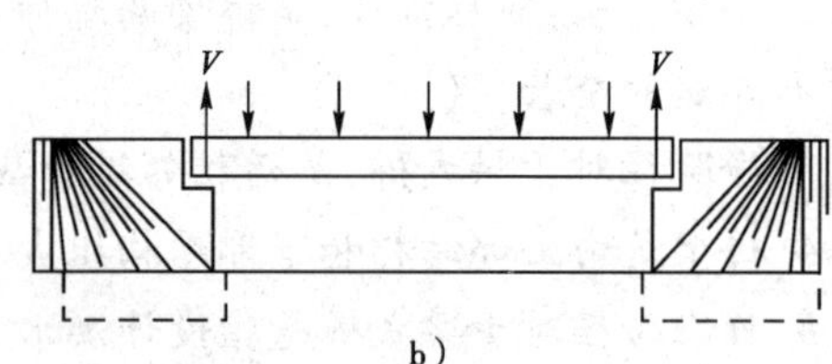


b）

图1-2-6　简支梁桥

a）简支梁桥实例图；b）简支梁桥简图

a)

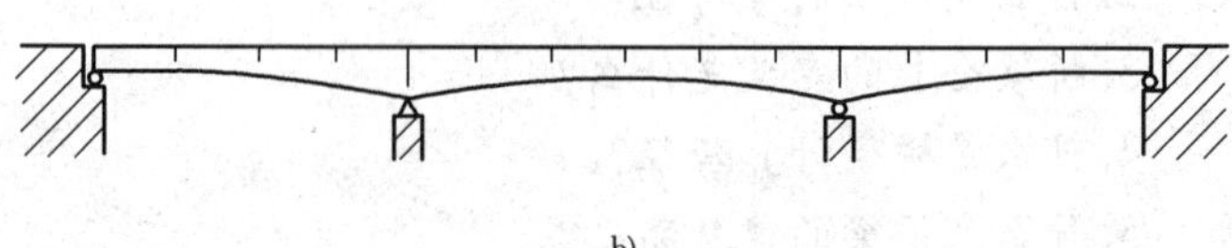

b)

图1-2-7　连续梁桥

a）连续梁实例图；b）连续梁简图

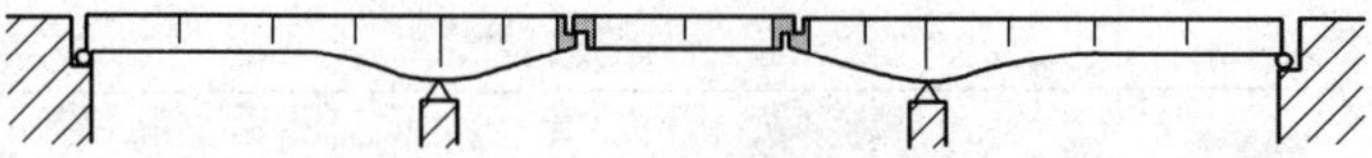

图1-2-8　悬臂梁

2. 拱式桥

主要承重结构是拱肋（或拱圈），在承受竖向作用时，拱圈既要承受压力，又要承受弯矩；墩、台除承受竖向压力和弯矩外，还承受水平推力。同时由于这种水平推力将显著抵消荷载在拱圈（或拱肋）内所产生的弯矩，因此，与同跨径的梁相比，拱圈内的弯矩要小得多。由此可见，拱桥的承重结构以受压为主，通常采用抗压能力强的圬工材料（如砖、石、混凝土）和钢筋混凝土等来建造，如图1-2-9所示。

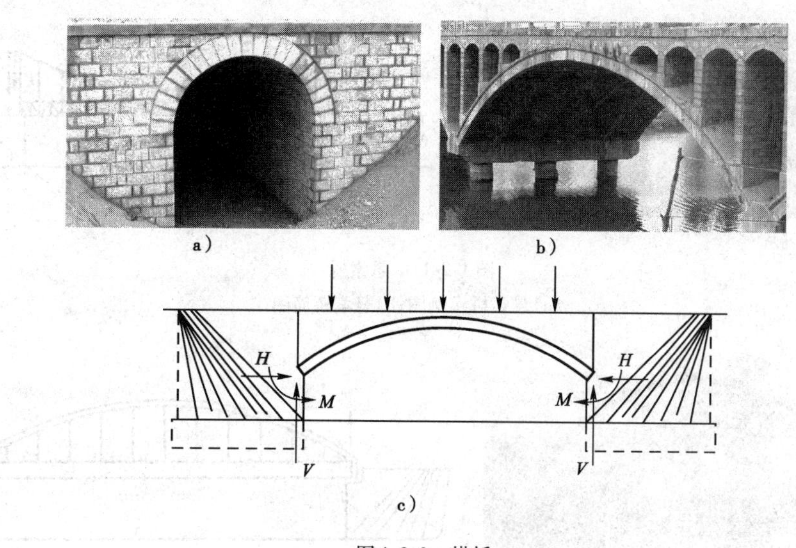

图 1-2-9　拱桥

a)拱桥实例图;b)双曲拱桥实例图;c)拱桥简图

3. 刚架桥

刚架桥的受力状态是介于梁与拱之间的一种结构体系。它是由受弯的上部梁(或板)结构与承压的下部桩柱(或墩)连接成一体的结构。梁和柱的连接处具有很大的刚性,在承受竖向作用时,梁因柱的抗弯刚度而得到卸载作用,整个体系是压弯结构,也是推力结构。根据这一特点,刚架桥跨中的建筑高度就可以做得较小,如图 1-2-10 所示。

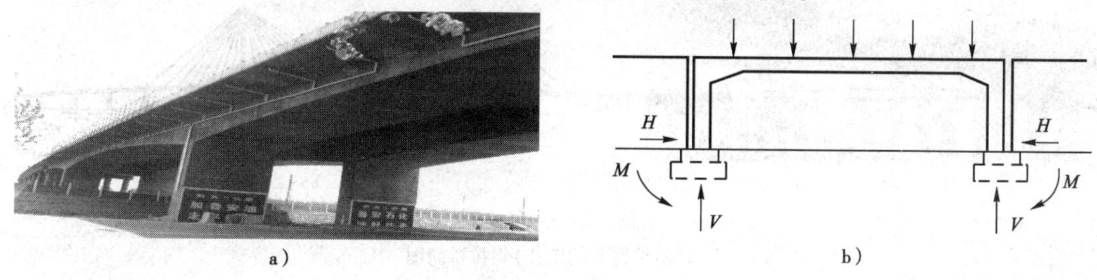

图 1-2-10　刚架桥

a)T 型刚构实例图;b)刚架桥简图

4. 悬索桥(悬吊式桥)

悬索桥也称吊桥,传统的吊桥均用悬挂在两边塔架上的强大缆索作为主要承重结构,在竖向荷载作用下,通过吊杆使缆索承受很大的拉力,通常都需要在两岸桥台的后方修筑非常巨大的锚碇结构。吊桥也是具有水平反力(拉力)的结构。现代的吊桥,广泛采用高强度钢丝编制的钢缆,以充分发挥其优异的抗拉性能,因此结构自重较轻,就能以较小的建筑高度跨越其他任何桥型无法相比的特大跨度。然而,吊桥的自重轻,结构的刚度差,在车辆动荷载和风荷载作用下,桥有较大的变形和振动,如图 1-2-11 所示。

5. 组合体系桥

(1)梁、拱组合体系

它是利用梁的受弯与拱的承压特点组成联合结构。其中梁和拱都是主要承重物,两者相互配合共同受力,如图 1-2-12 所示。

(2)斜拉桥

a)

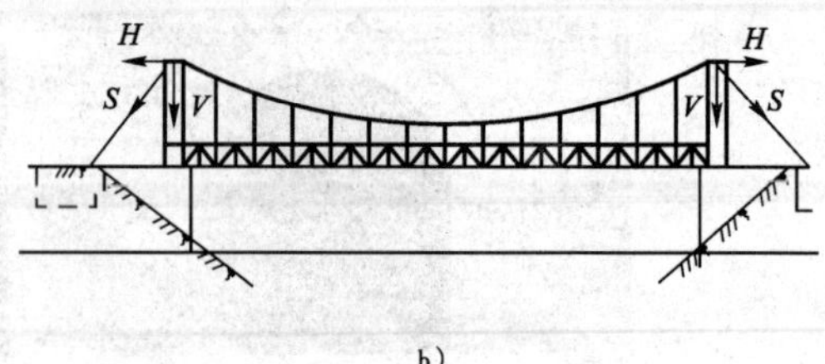


b)

图 1-2-11　悬索桥

a)悬索桥实例图;b)悬索桥简图

a)

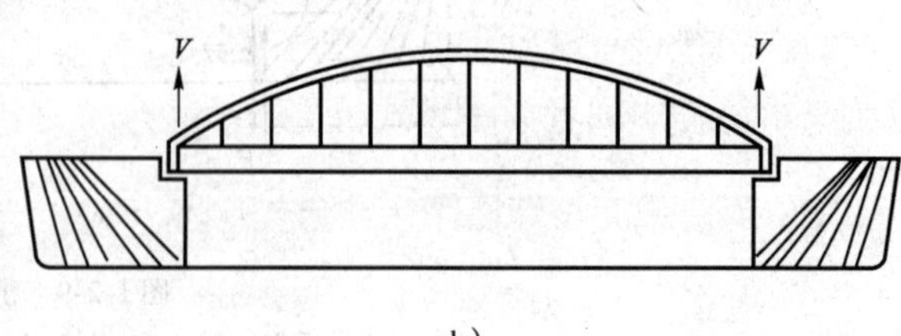


b)

图 1-2-12　系杆拱桥

a)系杆拱桥实例图;b)系杆拱桥简图

它是一种主梁与斜缆相结合的组合体系,如图 1-2-13 所示。悬挂在塔柱上的被张紧的斜缆将主梁吊住,使主梁像多点弹性支承的连续梁一样工作,这样既发挥了高强材料的作用,又显著减小了主梁截面,使结构自重减轻而具有很大的跨越能力。

a)

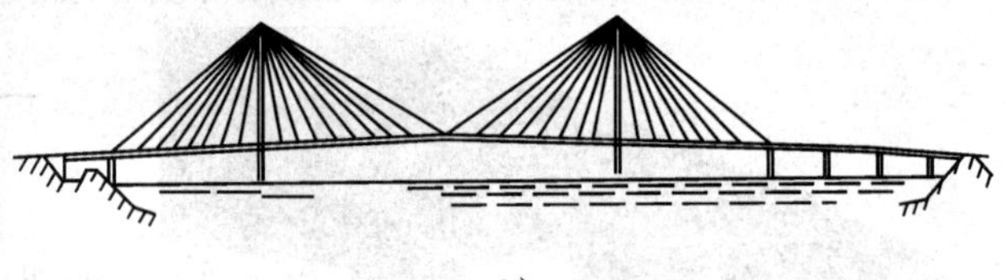

b)

图 1-2-13　斜拉桥

a)斜拉桥实例图;b)斜拉桥简图

## 二、按桥梁全长和跨径的大小分类

按桥梁全长和跨径不同,《公路工程技术标准》(JTG B01—2003)规定的划分标准见表 1-2-1。

桥 涵 分 类　　表 1-2-1

| 桥 涵 分 类 | 多孔跨径总长 $L$(m) | 单孔跨径 $l_k$(m) |
|---|---|---|
| 特大桥 | $L>1000$ | $l_k>150$ |
| 大桥 | $100\leqslant L\leqslant 1000$ | $40\leqslant l_k\leqslant 150$ |
| 中桥 | $30<L<100$ | $20\leqslant l_k<40$ |
| 小桥 | $8\leqslant L\leqslant 30$ | $5\leqslant l_k<20$ |
| 涵 洞 | — | $l_k<5$ |

注:单孔跨径系指标准跨径。

## 三、按桥梁的用途分类

按桥梁用途可分为公路桥、铁路桥、公铁两用桥等。

### 四、按桥梁上部结构所用的材料分类

按桥梁上部结构所用的材料可分为钢筋混凝土桥、预应力混凝土桥、圬工桥、钢桥、木桥等。

### 五、按桥梁跨越障碍的性质分类

按桥梁跨越障碍的性质分为跨河桥、跨线桥、高架桥和栈桥等。

### 六、按行车道在桥梁支承结构上的位置分类

行车道位于支承结构之上者为上承式桥；行车道位于支承结构之下者为下承式桥；行车道位于支承结构中间者为中承式桥。

### 七、按桥梁的特殊使用条件分类

按桥梁的特殊使用条件分为开启桥、浮桥、漫水桥等。

## 能 力 考 核

**选择题**

1. 涵洞是指多孔跨径的全长和单孔跨径分别均不大于(　　)的结构物。

A. 6m；3m

B. 7m；4m

C. 8m；5m

D. 9m；6m

2. 以下桥梁属于特大桥的是(　　)。

A. 多孔跨径总长 $L=200\text{m}$，单孔跨径 $l_0=50\text{m}$

B. 多孔跨径总长 $L=1200\text{m}$，单孔跨径 $l_0=200\text{m}$

C. 多孔跨径总长 $L=480\text{m}$，单孔跨径 $l_0=80\text{m}$

D. 多孔跨径总长 $L=400\text{m}$，单孔跨径 $l_0=9\text{m}$

3. 主要承重结构以受压为主的桥梁是(　　)。

A. 梁式桥　　B. 拱式桥

C. 悬索桥　　D. 斜拉桥

4. 主要承重结构以受拉为主桥梁是(　　)。

A. 梁式桥　　B. 拱式桥　　C. 悬索桥　　D. 斜拉桥

5. 主要承重结构以受弯为主的桥梁是(　　)。

A. 梁式桥　　B. 拱式桥　　C. 悬索桥　　D. 斜拉桥

6. 主要承重结构以受弯和受压拉为主的桥梁的是(　　)。

A. 梁式桥　　B. 系杆拱桥　　C. 悬索桥　　D. 斜拉桥

7. 属于上承式桥的桥梁是(　　)。

A. 系杆拱桥　　B. 双曲拱桥　　C. 悬索桥　　D. 斜拉桥

8. 属于下承式桥的桥梁的是(　　)。

A. 连续梁桥　　B. 悬臂梁桥　　C. 系杆拱桥　　D. 斜拉桥

**判断题**

1. 如图 1-2-14 所示的桥梁为简支梁桥。(　　)

2. 如图 1-2-15 所示的桥梁为拱桥。(　　)

图 1-2-14

图 1-2-15

3. 如图 1-2-16 所示的桥梁为组合体系桥。(　　)

4. 悬索桥是没有水平反力的桥梁(　　)。

5. 梁桥在竖向荷载作用下是没有水平反力的桥梁。(　　)

6. 如图 1-2-17 所示的桥梁为刚架桥。(　　)

图 1-2-16

图 1-2-17

**问答题**

1. 桥梁分类的标准有哪些?

2. 桥梁的基本体系有哪些?

3. 什么是梁式桥和拱式桥?

4. 什么是刚架桥?

5. 什么是悬索桥?

## 课题三　施加在公路桥梁上的作用简介

**知识点:**

◎作用的概念;

◎作用的分类;

◎车辆荷载与车道荷载。

【任务引入】

为了使桥梁的使用性能更好，我们还得先认识施加在公路桥梁上的作用。

【任务分析】

1. 作用的概念；

2. 作用的分类；

3. 车辆荷载与车道荷载。

【任务实施】

## 一、作用的概念

作用是指施加在结构上的一组集中或分布力，如汽车、结构自重力等；或引起结构外加变形或约束变形的原因，如地震、基础不均匀沉降、温度变化等。前者为直接作用，亦称荷载；后者为间接作用，不宜称为荷载。

## 二、作用的分类

公路桥涵设计中所采用的作用有如下几类：

1. 永久作用（恒载）

在设计使用期内，其量值不随时间变化，或其变化与平均值相比可忽略不计的作用。

2. 可变作用

在设计使用期内，其值随时间变化，且其变化与平均值相比不可忽略不计的作用。

3. 偶然作用

在设计使用期内，出现的概率很小，一旦出现，其值很大且持续时间很短的作用。

现将各类作用列于表1-3-1中。

【知识链接】

1. 作用代表值的概念

作用代表值是指结构或结构构件设计时，针对不同设计目的所采用的各种作用的规定值，它包括作用标准值、准永久值和频遇值。

作用标准值是指结构或结构构件设计时，采用各种作用的基本代表值，其值可根据作用在设计基准期内最大值概率分布的某一分位值确定。

作用频遇值是指结构或构件按正常使用极限状态短期效应组合设计时，采用的一种可变作用代表值，其值可根据在足够长观测期内作用任意点概率分布的0.95分位值确定。

作用分类表 表1-3-1

| 编号 | 作用分类 | 作用名称 |
| --- | --- | --- |
| 1 | 永久作用（恒载） | 结构重力（包括结构附加重力） |
| 2 | | 预加力 |
| 3 | | 土的重力 |
| 4 | | 土侧压力 |
| 5 | | 混凝土收缩及徐变作用 |
| 6 | | 水的浮力 |
| 7 | | 基础变位作用 |

续上表

| 编　号 | 作用分类 | 作用名称 |
|---|---|---|
| 8 | 可变作用 | 汽车作用(或荷载) |
| 9 | | 汽车冲击力 |
| 10 | | 离心力 |
| 11 | | 汽车引起的土侧压力 |
| 12 | | 人群 |
| 13 | | 汽车制动力 |
| 14 | | 风荷载 |
| 15 | | 流水压力 |
| 16 | | 冰压力 |
| 17 | | 温度(均匀温度和梯度温度)作用 |
| 18 | | 支座摩阻力 |
| 19 | 偶然作用 | 地震作用 |
| 20 | | 船舶或漂流撞击作用 |
| 21 | | 汽车撞击作用 |

作用准永久值是指结构或构件按正常使用极限状态长期效应组合设计时,采用的另一种可变作用代表值,其值可根据在足够长观测期内任意点概率分布的0.5(或略高于0.5)分位值确定。

2. 作用效应的概念

作用效应是指结构对所受作用的反应,如弯矩、扭矩、位移等。

## 三、规范规定

《公路工程技术标准》(JTG B01—2003)和《公路桥涵设计通用规范》(JTG D60—2004)(以下简称《通用规范》)规定:

1. 汽车荷载等级

公路桥梁上的汽车荷载分为公路—Ⅰ级和公路—Ⅱ级两个等级。各级公路桥涵设计的汽车荷载等级应符合表1-3-2的规定。

二级公路作为干线公路且通过重型车辆多时,其桥涵设计可采用公路—Ⅰ级汽车荷载。四级公路其通过重型车辆少时,其桥涵设计可采用公路—Ⅱ级车道荷载效应的0.8倍,车辆荷载效应可采用0.7倍。

汽车荷载等级表　表1-3-2

| 公路等级 | 高速公路 | 一级公路 | 二级公路 | 三级公路 | 四级公路 |
|---|---|---|---|---|---|
| 汽车荷载等级 | 公路—Ⅰ级 | 公路—Ⅰ级 | 公路—Ⅱ级 | 公路—Ⅱ级 | 公路—Ⅱ级 |

2. 汽车荷载组成

汽车荷载由车道荷载和车辆荷载组成。桥梁结构的整体计算采用车道荷载;桥梁结构的局部加载、涵洞、桥台和挡土墙土压力等的计算采用车辆荷载。车道荷载与车辆荷载的作用不得叠加。

(1)车道荷载

车道荷载由均布荷载和集中荷载组成，其计算图式如图 1-3-1 所示，并按下列规定取值。

①公路—Ⅰ级车道荷载的均布荷载标准值为 $q_k = 10.5kN/m$；集中荷载标准值 $P_k$ 按以下规定取值：

a. 桥涵计算跨径小于或等于 5m 时，$P_k = 180kN$；

b. 桥涵计算跨径等于或大于 50m 时，$P_k = 360kN$；

c. 桥涵计算跨径大于 5m、小于 50m 时，$P_k$ 值采用直线内插求得。

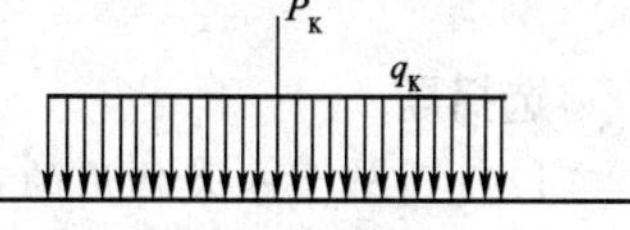

图 1-3-1 车道荷载

计算剪力效应时，上述荷载标准值应乘以 1.2 的系数。

②公路—Ⅱ级车道荷载的均布荷载标准值 $q_k$ 和集中荷载标准值 $P_k$，为公路—Ⅰ级车道荷载的 0.75 倍。

③车道荷载的标准值应满布于使结构产生最不利效应的同号影响线上；集中荷载标准值只作用于相应影响线中一个影响线峰值处。

(2) 车辆荷载

车辆荷载布置如图 1-3-2 所示，其主要技术指标规定如表 1-3-3 所示。

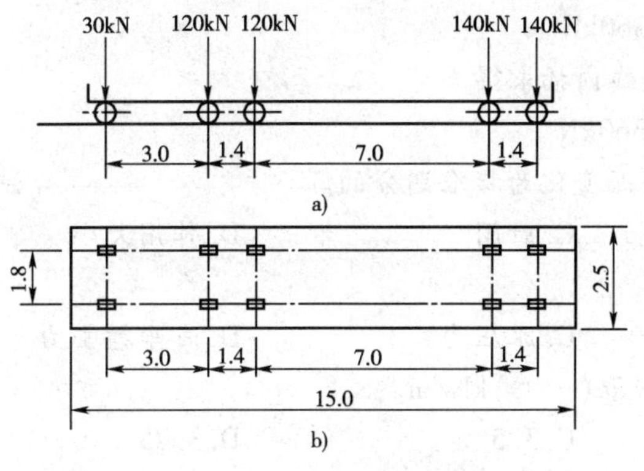

图 1-3-2 车辆荷载布置图(尺寸单位：cm)

a) 立面；b) 平面

公路—Ⅰ级和公路—Ⅱ级汽车荷载采用相同的车辆荷载标准值。

**车辆荷载主要技术指标表** 表 1-3-3

| 项 目 | 单 位 | 技 术 指 标 |
|---|---|---|
| 车辆重力标准值 | kN | 550 |
| 前轴重力标准值 | kN | 30 |
| 中轴重力标准值 | kN | 2×120 |
| 后轴重力标准值 | kN | 2×140 |
| 轴距 | m | 3+1.4+7+1.4 |
| 轮距 | m | 1.8 |
| 前轮着地宽度及长度 | m | 0.3×0.2 |
| 中、后轮着地宽度及长度 | m | 0.6×0.2 |
| 车辆外形尺寸(长×宽) | m | 15×2.5 |

3. 人群荷载

公路桥梁设置人行道时，应同时计入人群荷载，取值如下：

①桥梁计算跨径小于或等于 50 m 时，人群荷载标准值为 3.0kN/m。

②桥涵计算跨径等于或大于 150m 时，人群荷载标准值为 2.5kN/m。

③桥涵计算跨径大于 50m、小于 150m 时，可由线性内插得到人群荷载标准值。

④计算不等跨的连续结构，采用最大计算跨径的人群荷载标准值。

⑤城镇郊区行人密集地区的公路桥梁，人群荷载标准值为上述标准值的 1.15 倍。

⑥专用人行桥梁，人群荷载标准值为 3.5 kN/m。

## 能力考核

**选择题**

1. 下列属于永久作用的是(　　)。

A. 流水压力　B. 基础变位作用　C. 水的浮力　D. 支座摩阻力

2. 集中荷载标准值 $P_k$ 按以下规定取值正确的是(　　)。

A. 桥涵计算跨径小于或等于5m时，$P_k=180kN$

B. 桥涵计算跨径小于或等于50m时，$P_k=360kN$

C. 桥涵计算跨径小于50m时，$P_k$ 值采用直线内插求得

D. 桥涵计算跨径等于或大于50m时，$P_k=360kN$

3. 桥规中的作用分类是按作用是否随(　　)而变化为标准划分的。

A. 结构大小　B. 空间位置　C. 时间　D. 作用大小

4. 下列属于可变作用的是(　　)。

A. 预加力　B. 混凝土收缩　C. 冰压力　D. 汽车撞击力

5. 某桥计算跨径为40m，其人群荷载标准值应取(　　)kN/m。

A. 2.5　B. 3.0　C. 3.5　D. 3.75

**判断题**

1. 车道荷载与车辆荷载的作用可以叠加。(　　)
2. 作用又称为荷载，包括直接作用和间接作用。(　　)
3. 汽车荷载分为公路—Ⅰ级和公路—Ⅱ级两个等级。(　　)
4. 某桥计算跨径为30m，此桥所用车道荷载中的集中荷载标准值是220kN。(　　)
5. 公路—Ⅱ级车道荷载的均布荷载标准值为 $q_k=10.5kN/m$。(　　)

**问答题**

1. 什么是永久作用？
2. 什么是可变作用？
3. 什么是偶然作用？
4. 施加在公路桥梁上的作用有哪些类型？
5. 桥梁结构在什么情况下选用车道荷载和车辆荷载？

# 单元二　桥梁施工准备工作与桥位施工测量

## 课题一　桥梁施工准备工作

施工单位在承接了施工任务后,应尽快做好各项准备工作,为桥梁工程建立必要的技术和物资条件,并统筹安排施工力量和施工现场,为施工企业搞好目标管理、推行技术经济承包提供重要的依据。桥梁施工准备通常包括技术准备、劳动组织准备、物资准备和施工现场准备等工作。

**知识点:**

◎施工准备工作的基本任务和基本内容;

◎技术准备的目的和要求;

◎施工组织准备的主要工作内容;

◎施工现场准备的主要工作内容。

**技能点:**

◎能参与施工现场的施工准备工作;

◎会编制施工准备工作计划。

**【任务引入】**

在桥梁施工前必须做好各项准备工作,创造有利的施工条件,以便施工能够有计划、有组织、高质量地完成。

**【任务分析】**

通过技术准备、施工组织准备和施工现场准备三个方面完成施工前的准备工作。

**【任务实施】**

### 一、技术准备

技术准备是施工准备的核心。施工组织准备和施工现场准备都是在完成技术准备工作的基础上进行的。任何技术上的差错和隐患都可能对生命、财产和经济造成巨大的损失,因此必须认真做好技术准备工作。

1. 熟悉设计文件、研究施工图纸和现场核对

施工单位承接桥涵工程施工任务后,必须组织有关人员研究所有的资料、技术文件和图纸,领会设计意图,并到现场进行核对,必要时进行补充调查;检查所有文件、资料和图纸有无欠缺、错误和矛盾,几何尺寸、坐标、高程和说明等方面是否一致,技术要求是否正确,如有误应及时向设计单位提出,以求补全更正。

2. 原始资料的进一步调查分析

对拟建工程进行实地勘测,进一步获得原始数据的第一手资料,对正确选择施工方案、制定技术措施、合理安排施工工序和施工进度计划是非常必要的。

(1)自然条件的调查分析

①地质

调查的主要内容有:地质构造、墩(台)位处基岩埋深、岩层状态、覆盖层土质、土的性质和类别、地基土承载力、土的冻结深度、妨碍基础施工的障碍物、地震级别和烈度等。

②水文

调查的主要内容有:河流的流量和水质、年水位变化情况、最高洪水位和最低枯水位的时期及持续时间、流速和漂浮物、地下水位高低变化、含水层厚度和流向;冰冻地区河流的封冻时间、融冰时间、流冰水位、冰块大小;受潮汐影响河流或水域中潮水涨落时间、潮水位变化频率和潮流等情况。

③气象

调查的主要内容有:气温、气候、降雨、降雪、冰冻、台风(含龙卷风、雷雨大风等)、风向、风速等变化规律及历年记录;冬雨季的期限及冬季地层的冻结厚度等情况。

④施工现场地形地物

(2)技术经济条件的调查分析

调查的主要内容包括:施工现场动迁情况、当地可利用的地方材料情况、水泥和钢材等材料供应情况、地方能源和交通运输情况、地方劳动力和技术水平情况、当地生活物资供应状况、可提供的施工用水用电情况、设备租赁情况、当地消防治安状况及分包单位的实力状况等。

3. 施工前的设计技术交底

设计技术交底一般由建设单位(业主)主持,设计、监理和施工单位(承包商)参加。先由设计单位说明工程的设计依据、意图和功能要求,并对特殊结构、新材料、新工艺和新技术提出设计要求,进行技术交底。然后施工单位根据研究图纸的记录以及对设计图纸的理解,提出对设计图纸的疑问、建议和变更。最后在统一认识的基础上,对所探研的问题逐一做好记录,形成"设计技术交底纪要",由建设单位正式行文,参加单位共同会签盖章,作为与设计文件同时使用的技术文件和指导施工的依据,以及建设单位与施工单位进行工程结算的依据。当工程为设计施工总承包时,应由总承包人主持进行内部设计技术交底。

4. 编制施工方案

在全面掌握设计文件和设计图纸,正确理解了设计意图和技术要求,以及进行了以施工为目的的各项调查之后,应根据进一步掌握的情况和资料,对投标时初步拟定的施工方法和技术措施等进行重要评价和深入研究,以制订出详尽的更符合现场实际情况的施工方案。

施工方案的基本内容包括:编制依据、工期要求、工程特点、主要工程、材料和机具数量、施工方法、施工力量部署、工程进度要求、完成工作量计划和临时设施的初步规划等。

5. 编制施工组织设计

施工组织设计是施工准备工作的重要组成部分,也是指导工程施工中全部生产活动的基本技术经济文件。施工组织设计文件用文、图、表三种形式表示,互相结合,互相补充。

施工组织设计的主要内容有:工程特点、主要施工方法、技术措施、施工进度、工程数量、完成工作计划、机料设备及劳力计划、施工现场布置平面图、施工图纸、施工安全、施工质量方针、质量目标、质量保证机构、质量保证程序及质量保证措施等。

6. 编制施工预算

施工预算是施工单位根据施工图纸、施工组织设计、施工方案和施工定额等文件进行编制的,是施工企业内部控制各项成本支出、考核用工、签发施工任务单、限额领料以及基层进行经济核算的依据,是签订分包合同时确定分包价格的依据,也是建设单位和建设银行拨款的依据。

## 二、施工组织准备

施工组织准备包括劳动组织准备和物资准备。

1. 劳动组织准备

(1)建立组织机构

确定组织机构应遵循的原则是:根据工程项目的规模、结构特点和复杂机构中各职能部门的设置,人员的配置应力求精干,以适应任务的需要。坚持合理分工与密切协作相结合,使之便于指挥和管理,分工明确,责权具体。

(2)合理设置施工班组

施工班组的建立,应认真考虑专业和工种之间的合理配置,技工和普工的比例要满足合理的劳动组织,并符合流水作业方式的要求,同时制订出该工程的劳动力需要量计划。

(3)集结施工力量,组织劳动力进场

进场后应对工人进行技术、安全操作规程以及消防、文明施工等方面的培训教育。

(4)施工组织设计、施工计划和施工技术交底

在单位工程或分部工程开工之前,应将工程的设计内容、施工组织设计、施工计划和施工技术等要求,详尽地向施工班组和工人进行交底,以保证工程能严格按照设计图纸、施工工艺、安全技术措施、降低成本措施和施工验收规范的要求进行施工;新技术、新材料、新结构和新工艺的实施方案和保证措施得以落实;有关部位的设计变更和技术措施等事项贯彻执行。

(5)建立健全各项管理制度

通常包括以下内容:技术质量责任制度、工程技术档案管理制度、施工图纸学习与会审制度、技术交底制度、技术部门及各级人员的岗位责任制、工程材料和构件的检查验收制度、过程质量检查与验收制度、材料出入库制度、安全操作制度、机具使用保养制度等。

2. 物资准备

(1)工程材料的准备

①水泥的检查与保管

a. 水泥进场之前应抽取样品进行检验,并报请建设、监理工程师检验,经监理工程师同意后才能进场。进场的水泥应按其品种、强度等级、证明文件(质保书)以及出厂时间等情况分批进行检查、验收。

b. 入库的水泥应按品种、强度等级、出厂日期分别堆放,并树立标志,做到先到先用,并防止混掺使用。

c. 为了防止水泥受潮,现场仓库应尽量密封。包装水泥存放时应垫离地面30cm,离墙亦在30cm以上。临时露天暂存水泥时应用防雨篷布盖严,底板需垫高。

d. 水泥储存时间不宜过长,以免结板降低强度。常用水泥出厂日期超过3个月应视为过期水泥,使用时必须重新检验确定等级,因为水泥在正常环境存放超过3个月强度会降低10%~20%,存放6个月,强度会减低15%~30%。

e. 受潮、结块水泥一般不得用在结构工程中。

②细集料

选择细集料时,应优先选择级配良好、质地坚硬、颗粒洁净的河沙或海沙,也可采用山沙或机制沙。沙中不得含有泥土及其他杂物,细沙不宜单独用于混凝土中。各种沙检验的指标均

应满足《公路桥涵施工技术规范》(JTJ 041—2000)方可使用。

细集料进场使用前,根据规范应完成:筛分、分泥量、有机质以及压碎值试验,必要时还要进行坚固性试验。试验应按《公路工程集料试验规程》(JTJ 058—2000)的规定进行。

③粗集料

混凝土用的石子,有碎石和卵石两种,要求质地坚硬,有足够的强度,表面洁净,符合级配要求。若附有泥土,应用水冲洗干净;若混入煤渣、白灰、碎砖或煅烧过的石块以及被矿水特别是酸水侵蚀过的石灰岩碎石等均禁止使用。针状、片状颗粒以及泥土杂物含量不得超过规范的规定。石料应尽量采用较大的粒径,但最大粒径不得超过机构最小边尺寸的1/4和钢筋最小净距的3/4;在两层或多层密布钢筋结构中不得超过钢筋最小净距的1/2;同时最大粒径不得超过100mm。

选用的粗集料必须满足《公路桥涵施工技术规范》(JTJ 041—2000)中的各项指标,并现场取样进行筛分、杂质含量、强度、针片状含量等试验,只有当试验结果满足规范要求时才能使用。

④水及外加剂

搅拌混凝土的用水必须是人畜可用的洁净水,水中不得含有妨碍水泥正常硬化的有害杂质、油脂、糖类及游离碳等。污水、pH值小于4的酸性水和含硫酸盐量按$SO_4^{2-}$计超过水重1%的水均不得使用。

主要的外加剂类型有:普通和高效减水剂、缓凝减水剂、引气减水剂、抗冻剂、膨胀剂、阻锈剂和防水剂等。

(2)工程施工设备的准备

(3)其他各种小型生产工具、小型配件等的准备

## 三、施工现场准备

施工现场准备工作,主要是为工程施工创造有利的施工条件和物资保证。具体内容如下:

1. 施工控制网测量

按照勘测设计单位提供的桥位总平面图和测量控制网中所设置的基线桩、水准高程以及重要桩的保护桩等资料,进行三角控制网的复测,并根据桥梁结构精度要求和施工方案补充加密的各种标桩,建立满足施工要求的平面和立面施工测量控制网。

2. 补充钻探

桥梁工程在初步设计时所依据的地质钻探资料往往因钻孔较少、孔位过远而不能满足施工需要,因此必须对地质情况不甚明了的桩位进行补充钻探,查明墩位处的地质情况和可能的隐蔽物,为基础工程的施工创造有利条件。

3. “四通一平”

“四通一平”是指水通、电通、通信通、路通和平整场地。蒸汽养生和寒冷冰冻地区,还需考虑暖气供热的要求。

4. 造临时设施

按照施工总平面图的布置,建造所有生产、办公、生活、居住和储存等临时用房,以及临时便道,码头、混凝土拌和站构件预制场地等。

5. 安装调试施工机具

对所有施工机具都必须在开工之前进行检查和试运转。

6. 材料的试验和储存堆放

及时提供如混凝土和砂浆配合比与强度、钢材机械性能试验等材料试验申请计划，组织材料进场，按规定地点和指定方式进行储存堆放。

7. 新技术项目的试制和试验

按照设计文件和施工组织设计要求，组织新技术项目的试验研究。

8. 冬、雨季施工安排

按照施工组织设计要求，落实冬、雨季施工的临时和技术措施，做好施工安排。

9. 消防、保安措施

建立消防、保安等组织机构和有关规章制度，布置安排好消防保安等措施。

10. 建立健全施工现场各项管理制度

根据工程特点制定施工现场各项规章制度。

## 四、施工准备工作计划

为了较好的落实各项施工准备工作，应根据各项准备工作内容、时间和人员，编制出施工准备工作计划，责任落实到人，并加强计划的检查和监督，以使准备工作能如期完成。

施工准备工作计划可参照表2-1-1。

表2-1-1

| 序号 | 施工准备项目 | 简要内容 | 负责单位 | 负责人 | 起止期限 | | 备注 |
|---|---|---|---|---|---|---|---|
| | | | | | 月 日 | 月 日 | |
| | | | | | | | |
| | | | | | | | |

## 能力考核

### 选择题

1. 施工准备的核心是(　　)。

A. 劳动组织准备和物资准备　　B. 技术准备

C. 施工现场准备　　D. 施工准备工作计划

2. 施工准备工作的重要组成部分是(　　)。

A. 施工前的设计技术交底　　B. 制定施工方案

C. 编制施工组织设计　　D. 编制施工预算

3. 以下不属于技术准备工作的有(　　)。

A. 建立健全各项管理制度　　B. 编制施工组织设计

C. 施工技术交底　　D. 编制施工预算

4. 物资准备主要包括以下哪些内容(　　)。

A. 施工设备和生产工具的准备　　B. 工程材料的准备

C. 临时设施的建造　　D. 材料的储存堆放

5. 细集料进场前需要进行以下哪些试验(　　)。

A. 筛分试验　　B. 杂质含量试验

C. 强度试验　　D. 针片状含量试验

**判断题**

1. 施工现场准备是施工准备工作的核心。(　　)

2. 熟悉设计文件,研究施工图纸对正确选择施工方案是非常必要的。(　　)

3. 施工方案是签订分包合同时确定分包价格的依据,也是建设单位和银行拨款的依据。(　　)

4. 选择集料时只需进行筛分和强度试验。(　　)

5. 拌制混凝土的用水只要是人畜可用的纯净水就行。(　　)

**问答题**

1. 施工准备工作的基本任务是什么? 主要包括哪些内容?

2. 技术准备主要包括哪些内容?

3. 物资准备主要包括哪些内容?

4. 施工现场准备具体包括哪些内容?

5. 如何编制施工准备工作计划?

# 课题二　桥位施工测量

桥位施工测量的主要任务是精确测定墩、台中心位置、桥轴线测量以及构造物各细部构造定位和放样。对于大桥必须建立平面控制网、高程系统及测量桥轴线长度,以确保桥梁走向、跨径和高程等符合规范和设计要求。

## 模块一　桥梁中线测量

桥梁中线测量包括:复测桥梁两端的控制桩;丈量桥轴线长度;测量补充水准点等。补充水准点要为控制桥梁结构高程、建立施工水准网提供方便。

**知识点:**

◎桥梁中线(桥轴线)测量的方法;

◎桥梁三角网布设形式;

◎三角网精度要求。

**技能点:**

◎能应用直接丈量法和三角网法进行桥梁中线测量;

◎能根据不同地形条件进行三角网布设。

**【任务引入】**

施工准备工作完成之后,即可进行桥梁中线测量,为墩、台定位和桥梁结构高程的控制提供方便。

**【任务分析】**

本课题主要介绍测量桥轴线的方法:直接丈量法和三角网法。

**【任务实施】**

### 一、桥轴线长度的精度

桥位中线(桥轴线)及其长度是设计与测设墩、台位置的依据,所以必须要确保桥轴线长度的精度,可建立独立三角网与国家控制点进行联测。为了与路线坐标统一,也可与路线上国家平面控制点进行联测。

在测量桥轴线长度之前,应先估算桥轴线长度所需精度,以便拟定测量方案和规定各项测量的限差。桥轴线长度的精度要求取决于桥长、跨径及架设的精度,估算时应考虑这些因素。

## 二、桥轴线长度的测量方法

对于直线桥梁,桥轴线长度的测量方法主要有光电测距法(电子全站仪测量更为方便)、直接丈量法和三角网法等。对于曲线桥梁,应结合曲线桥梁轴线在曲线上的位置而定。

1. 直接丈量法

当河流无水、浅水或沿桥轴线方向地势平坦、通视,可采用直接丈量法测量桥轴线长度。此法设备简单,精度可靠,是中小桥梁施工测量的常用方法。

为保证桥轴线长度的丈量精度,量距前应对钢尺进行严格检验,取得尺长改正数 $\Delta l$。

钢尺量距方法如下:

(1)沿桥轴线 $AB$ 方向用经纬仪定线,钉出一系列木桩,桩的标志中心偏离直线最大不得超过 ±1cm。为便于丈量,桩间距应比钢尺全长稍短一些(约 2cm)。

(2)用水准仪采用往返测法测出相邻桩顶间高差,读数取至毫米,两次高差值相差应不超过 2mm。

(3)丈量时应对钢尺施以标准拉力,每一尺段可连续测量三次,每次读数时均应改变钢尺的前后位置。读数取至 0.1mm,三次测量结果的校差不得超过 1~2mm。量距时应记下当时温度,以便进行温度改正。

(4)计算桥轴线长度时,每一尺段丈量结果应进行尺长改正、温度改正和倾斜改正。

**【知识链接一】**

计算桥轴线长度的方法和丈量精度的评定

1. 桥轴线长度

$$l_i = l_i' + \Delta_l + \Delta_t + \Delta_h$$

式中:$l_i$——各尺段经过各项改正后的长度;

$l_i'$——各尺段未经过各项改正的实量长度;

$\Delta_l$——尺长改正数,$\Delta_l = L_0 - L$,$L_0$ 为检定时标准长度,$L$ 为名义长度;

$\Delta_t$——温度改正数,$\Delta_t = l_i'\alpha(t-20℃)$,$\alpha$ 为钢尺线膨胀系数,$t$ 为测量时温度;

$\Delta_h$——倾斜改正数,$\Delta_h = -h^2/2l_i'$,$h$ 为相邻桩顶高差。

则桥轴线一次测量的总长为:

$$L_i = l_1 + l_2 + \cdots + l_n$$

取各次丈量结果平均值,即为桥轴线长度。

2. 评定丈量精度

每个观测值的中误差:

$$m' = \sqrt{\frac{[VV]}{(n-1)}}$$

算术平均值的中误差:

$$m = \frac{m'}{\sqrt{n}} = \sqrt{\frac{[VV]}{n(n-1)}}$$

式中：[VV]——各次丈量值与算术平均值之差的平方和；

$n$——丈量次数。

量测段全长中误差为：

$$M = \pm\sqrt{m_1^2 + m_2^2 + \cdots + m_n^2}$$

量测段精度为：

$$M_{\mathrm{L}} = \frac{M}{L}$$

式中：$M$——量测段全长中误差；

$L$——量测段全长算术平均值。

2. 三角网法(间接丈量法)

当河道宽阔，水流湍急，采用直接丈量法有困难或不能保证必要精度时，可采用间接丈量法测量桥轴线，如图2-2-1所示。把桥轴线作为三角网一个边长 $AB$，测量基线长度 $AC$、$AD$，用三角测量原理测量并计算，即可得桥轴线长度 $AB$。

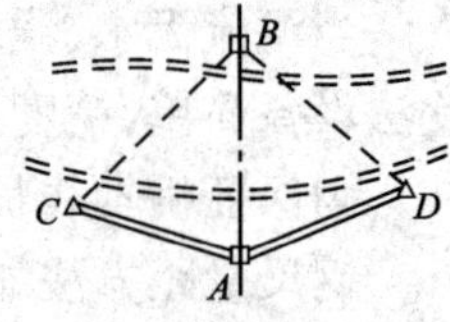


图2-2-1　桥涵三角网

1)桥涵三角网的布置

布设三角网是为了求出桥轴线长度及交会出墩、台位置。布网时应注意：

(1)三角网所有角度宜布设在30°~120°之间，三角点间应视野开阔，通视良好。

(2)三角点不应位于可能被淹没及土壤松软地区。

(3)三角网图形要简单，三角点基础应具有足够强度。

(4)桥轴线应为三角网一边，并与基线一端相连，以确保桥轴线精度。

(5)三角网边长与跨越障碍物的宽度有关，一般在0.5~1.5倍障碍物宽度范围内变动；由于三角网边长较短，故三边网精度不及三角网和边角网精度；测角网能控制横向误差，测边网能控制纵向误差，把两者优点结合起来，布设成带有基线的边角网为最好。

(6)为便于校核，至少布设两条基线，其长度为桥轴线长度0.7~0.8倍。

2)三角网布设形式

考虑上述要求，控制网常用图形有如图2-2-2所示几种。

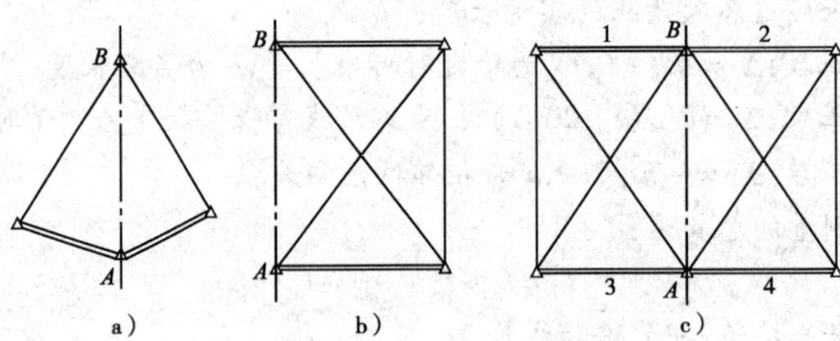


图2-2-2　桥梁三角控制网各种图形

(1)当河流一岸地势较平坦，便于丈量时，三角网可取图2-2-2a)的形式，此法适用于一般桥梁施工放样。用钢尺精确丈量基线 $AC$、$AD$ 的长度，并测出两三角形内角，根据正弦定理，按下式算出 $AB$ 间距离。

$$S_{\mathrm{AB}} = \frac{S \cdot \sin\alpha}{\sin\beta}, S'_{\mathrm{AB}} = \frac{S' \cdot \sin\alpha'}{\sin\beta'}$$

(2)当在河流一岸不能选出两条便于丈量的基线时，三角网可取图2-2-2b)的形式，在桥轴线两侧各布设一个大的四边形。此法适用于大桥施工放样。考虑近岸处桥墩的交会，也可在图 2-2-2c）中增设 1、2、3、4 各插点。

3）三角网精度要求

根据桥轴线不同精度要求，控制网测角和测边精度也有所差异，丈量及测量角度的技术要求，视三角网等级而定，见表 2-2-1、表 2-2-2、表 2-2-3。

**水平角方向观测法的技术要求** 表 2-2-1

| 等　　级 | 仪器型号 | 光学测微器两次重合读数之差（″） | 半测回归零差（″） | 一测回中 2 倍照准差较差（″） | 同一方向值各测回较差（″） |
|---|---|---|---|---|---|
| 四等及以上 | $DJ_1$ | 1 | 6 | 9 | 6 |
| | $DJ_2$ | 3 | 8 | 13 | 9 |
| 一级及以下 | $DJ_2$ | – | 12 | 18 | 12 |
| | $DJ_6$ | – | 18 | – | 24 |

注：当观测方向的垂直角超过 ±3°的范围时，该方向一测回中 2 倍照准差较差，可按同一观测时段内相邻测回方向进行比较。

**测距的主要技术要求** 表 2-2-2

<table>
<tr><th rowspan="2">平面控制网等级</th><th rowspan="2">测距仪精度等级</th><th colspan="2">观测次数</th><th rowspan="2">总测回数</th><th rowspan="2">一测回读数较差（mm）</th><th rowspan="2">单程各测加较差（mm）</th><th rowspan="2">往 返 较 差</th></tr>
<tr><th>往</th><th>返</th></tr>
<tr><td rowspan="2">二、三等</td><td>Ⅰ</td><td rowspan="2">1</td><td rowspan="2">1</td><td>6</td><td>≤5</td><td>≤7</td><td rowspan="4">$\leqslant\sqrt{2}(a+bD)$</td></tr>
<tr><td>Ⅱ</td><td>8</td><td>≤10</td><td>≤15</td></tr>
<tr><td rowspan="2">四等</td><td>Ⅰ</td><td rowspan="2">1</td><td rowspan="2">1</td><td>4～6</td><td>≤5</td><td>≤7</td></tr>
<tr><td>Ⅱ</td><td>4～8</td><td>≤10</td><td>≤15</td></tr>
<tr><td rowspan="2">一级</td><td>Ⅱ</td><td rowspan="2">1</td><td rowspan="2">–</td><td>2</td><td>≤10</td><td>≤15</td><td rowspan="4"></td></tr>
<tr><td>Ⅲ</td><td>4</td><td>≤20</td><td>≤30</td></tr>
<tr><td rowspan="2">二级</td><td>Ⅱ</td><td rowspan="2">1</td><td rowspan="2">–</td><td>1～2</td><td>≤10</td><td>≤15</td></tr>
<tr><td>Ⅲ</td><td>2</td><td>≤20</td><td>≤30</td></tr>
</table>

注：1. 测回指照准目标一次，读数 2～4 的过程。

2. 根据具体情况，测边可采取不同的时间段观测代替往返观测。

3. 表中：$a$——标称精度中的固定误差（mm）；

$b$——标称精度中的比例误差系数（mm/km）；

$D$——测距长度（km）。

**测 量 精 度 等 级** 表 2-2-3

<table>
<tr><th>测距仪精度等级</th><th colspan="2">每公里测距中误差 $m_D$（mm）</th></tr>
<tr><td>Ⅰ级</td><td>$m_D \leqslant 5$</td><td rowspan="3">$m_D = \pm(a+bD)$</td></tr>
<tr><td>Ⅱ级</td><td>$5 < m_D \leqslant 10$</td></tr>
<tr><td>Ⅲ级</td><td>$10 < m_D \leqslant 20$</td></tr>
</table>

注：表中符号意义同表 2-3 注。

桥梁三角网一般可测两条基线，基线多用高精度的光电测距仪或电子全站仪测量，其他边长则根据基线及角度推算。在平差时只改正角度，不改正基线，即认为基线误差与角度误差相较可略而不计。为了保证桥轴线有可靠的精度，基线精度比桥轴线精度高出 2～3 倍。而边角网不是只测两条基线，而是测量所有边长，平差时不但改正角度，也要改正边长。

外业工作结束后,应验算观测成果,基线的相对中误差应满足相应等级控制网的要求,角度误差可按三角形闭合差计算。

外业成果验算好以后,就转到内业平差及坐标计算。桥梁控制通常是独立网,要求网本身相对位置的精度较高。有时虽与附近城市网联测,但不强制附和到城市网上,只取得坐标相互关系而已,所以桥梁控制网本身的平差是以独立网处理,可采用条件观测平差或间接观测平差的方法。

【知识链接二】

近年来光电测距仪得到了广泛应用,其具有精度高、操作快、计算简便和通视不受地形限制等优点。

光电测距法观测应在气象比较稳定、大气透明度好和附近没有光电信号干扰的情况下进行,应在不同时间进行往返观测。观测时不要使反光镜面正对太阳方向。

当照准方向时,待显示读数变化稳定后,测三四次,取平均值,即为斜距。为得到平距,还应读取垂直角,经倾斜改正后,即为单方向水平距离观测值(电子全站仪可直接得到平距)。如果往返观测值之差在容许范围之内,则取往返观测值的平均值作为该边距离观测值。

## 能力考核

**选择题**

1. 桥梁施工测量的主要任务有(　　)。

A. 测定墩、台中心的位置　　B. 桥轴线长度的测量

C. 细部构造的定位和放样　　D. 墩、台中心横轴线的确定

2. 钢尺量距测定桥轴线的长度时,桩标志中心偏离直线最大不得超过(　　)。

A. 1.5cm　　B. 0.5cm　　C. 1cm　　D. 2cm

3. 钢尺量距时每一尺段的丈量结果应进行(　　)。

A. 尺长改正　　B. 误差改正　　C. 温度改正　　D. 倾斜改正

4. 布设三角网时基线的长度应为桥轴线长度的(　　)倍。

A. 0.5 ~0.6　　B. 0.6 ~0.7　　C. 0.7 ~0.8　　D. 0.8 ~0.9

5. 三角网的精度主要由(　　)来确定。

A. 测角精度　　B. 测边精度

C. 三角网的布设形式　　D. 三角网的等级

**判断题**

1. 对于大型桥梁的桥位施工测量只需建立平面控制网即可。(　　)

2. 桥位中线及其长度是用来确定墩、台位置的依据。(　　)

3. 钢尺丈量时每一尺段可连续测量 3 次,3 次测量的较差不超过 5mm。(　　)

4. 钢尺量距的精度主要由量测段的全长的中误差和算术平均值决定。(　　)

5. 布设三角网时桥轴线不一定为三角网的一边。(　　)

**问答题**

1. 简述用直接丈量法和三角网法测量桥轴线过程。

2. 用直接丈量法测量桥轴线长度时,如何评价丈量的精度?

3. 三角网的布设形式有哪些?

4. 布设三角网时应注意哪些方面?

5. 三角网测角和量边的精度要求是什么?

## 模块二　墩、台定位和桥梁高程测量

对大型桥梁来讲，除了测量桥轴线长度和进行墩、台定位外，还必须建立平面控制网和高程系统，才能确保桥梁走向、跨径、高程等符合规范和设计要求。

**知识点：**

◎桥梁施工高程测量的要求；

◎直线桥梁墩、台定位的方法。

**技能点：**

◎能应用直接丈量法和方向交汇法进行桥梁墩、台中心的定位。

**【任务引入】**

在桥梁施工阶段，建立了平面控制和高程控制，即可对桥梁墩、台中心定位及各细部放样。

**【任务分析】**

本课题主要介绍直接丈量法和方向交会法测设墩、台中心位置，以及桥梁施工高程测量及其精度。

**【任务实施】**

### 一、桥梁墩、台定位

在桥梁施工测量中，最主要的工作是确定桥梁墩、台中心位置及其纵横轴线，简称为墩、台定位。

如果墩位在干枯或浅水河床上，可用直接定位法；如果墩位在水中，由于目标处于不稳定状态，使测量仪器无法稳定，可用方向交会法。

对于直线桥梁，墩、台中心一般位于桥轴线方向上，如图 2-2-3 所示。根据桥轴线控制桩 *A*、*B* 及各墩、台中心的里程，即可求得其间距离，按照这些距离可采用直接丈量法和方向交会法测设墩、台中心位置。

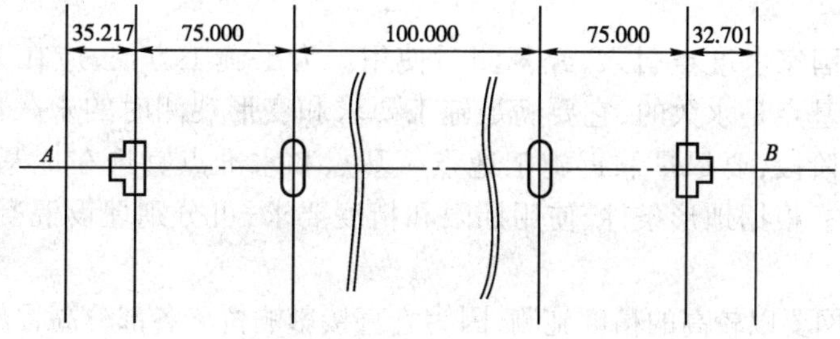


图 2-2-3　直线桥梁位置图(尺寸单位：m)

1. 直接丈量法

当墩位于地势平坦、通视和方便通过的地方时，可用钢尺直接丈量，方法与测定桥轴线相同。测设前应将尺长改正数、温度改正数及倾斜改正数考虑在内，将已知长度转化为钢尺丈量长度。

为保证丈量精度，施测时钢尺拉力应与检定时钢尺拉力相同。

2. 方向交会法

如图2-2-4所示,$AB$为桥轴线,分别自$A$、$B$点量出桥台中心至$A$、$B$桩的距离,即定出桥台位置。水中桥墩位置可用交汇法确定,其步骤为:在$A$、$C$、$D$三点各安置一台经纬仪,$C$、$D$为桥梁平面控制网中的控制点,$P_i$为第$i$个桥墩中心位置(待测设的点)。用$C$、$D$两点上的经纬仪先瞄准$A$点,并根据$P_i$点的设计坐标和控制点坐标计算出的$\alpha$、$\beta$角量出角值,以正倒镜分中法定出交会方向线。

理论上从$C$、$A$、$D$指来的三条方向线应交于一点,该点即为桥墩中心位置。但实际上由于测量误差的存在,三条方向线并没有交于一点,而是构成误差三角形$\triangle P_1P_2P_3$。如果误差三角形在桥轴线上的边长$P_1P_3$在容许范围之内(对于墩底放样为2.5cm,对于墩顶放样为1.5cm),则取$C$、$D$两点指来方向线的交点$P_2$在桥轴线上的投影$P_i$作为桥墩放样的中心位置。

在桥墩施工中,随着桥墩逐渐筑高,中心放样工作需要重复进行,且要求迅速准确。为此,在第一次求得正确桥墩中心位置$P_i$后,将$CP_i$和$DP_i$的方向线延长到对岸,设立固定瞄准目标$C'$和$D'$,如图2-2-5所示。以后每次作方向交会放样时,从$C$、$D$点直接瞄准$C'$、$D'$点,即可恢复点的交会方向。

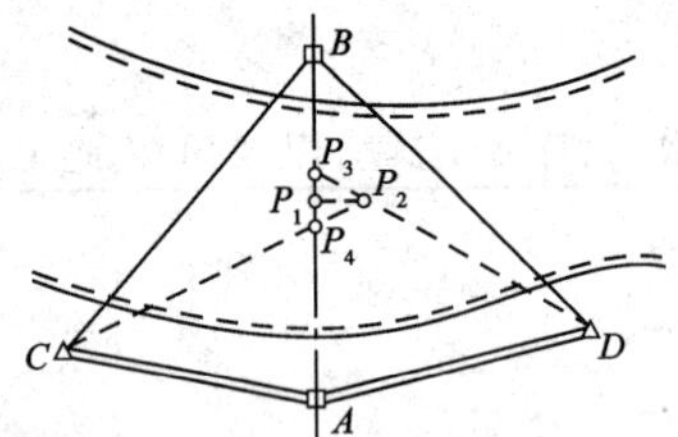


图2-2-4 三方向交会法的误差三角形

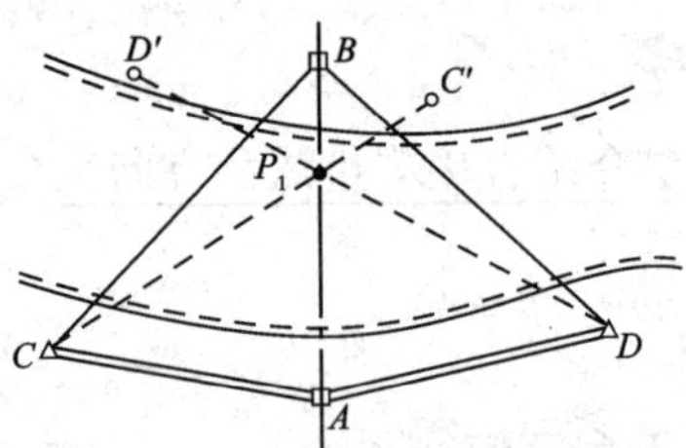


图2-2-5 方向交会法的固定瞄准标志

**【知识链接三】**

当墩、台中心处能安置反光镜,且经纬仪和反光镜之间能通视时,可采用光电测距法,此法是迅速方便的。测设时应根据当时的气压、温度和测设距离,通过气象改正,得出测设的显示斜距,再根据垂直角折算为平距后,与设计的平距进行比较,看两者是否相等。根据其差值前后移动反光镜,直至两者相符,则反光镜处即为要测设的墩位。

## 二、桥涵施工高程测量

布设水准点由国家水准点引入,经复测后使用。为了施工方便,应在基点基础上设立若干施工水准点。基点是永久的,它要满足施工要求和变形观测时的永久使用要求。施工水准点只用于施工阶段,要尽量靠近施工地点。基点和水准点宜选在地基稳固、使用方便和不易破坏的地方。根据地形条件、使用期限和精度要求,可分别埋设混凝土标石、钢管标石和钻孔标石。

桥涵施工水准网要以较高的精度施测,因为它直接影响桥梁各部分高程放样的相对精度。规范要求2 000m以上的特大桥一般为三等,1 000~2 000m的特大桥为四等,1 000m以下的桥梁为五等。

跨河水准路线应选在桥址附近且河面最窄处。为避免折光影响,水准视线不宜跨过沙滩及施工区密集的地方。为提高精度,跨河桥梁水面宽超过300m时,应采用双线过河,并组成闭合环。

水准测量等级及精度要求如表2-2-4所示。

水准测量的等级及精度 表 2-2-4

| 等级 | 每公里高差中数中误差 | | 水准仪的型号 | 水准尺 | 观测次数 | | 往返较差、附和或环线闭合差 |
|---|---|---|---|---|---|---|---|
| | 偶然中误差 | 全中误差 | | | 与已知点联测 | 附和或环线 | |
| 二等 | ±1 | ±2 | $DS_1$ | 铟瓦 | 往返各一次 | 往返各一次 | $\pm 4\sqrt{L}$ |
| 三等 | ±3 | ±6 | $DS_1$ | 铟瓦 | 往返各一次 | 往一次 | $\pm 12\sqrt{L}$ |
| | | | $DS_3$ | 双面 | | 往返各一次 | |
| 四等 | ±5 | ±10 | $DS_3$ | 双面 | 往返各一次 | 往一次 | $\pm 20\sqrt{L}$ |
| 五等 | ±8 | ±16 | $DS_3$ | 双面 | 往返各一次 | 往一次 | $\pm 30\sqrt{L}$ |

高差偶然中误差按下式计算：

$$M_{\Delta} = \pm\sqrt{\frac{1}{4n}\left[\frac{\Delta\Delta}{L}\right]}$$

式中：Δ——测段往返测高差不符值(mm)；

$n$——往返测水准路线测段数；

$L$——水准测段长度(km)。

## 能力考核

**选择题**

1. 墩、台定位的方法主要有(　　)。

A. 直接丈量法　　B. 光电测距法

C. 三角网法　　D. 方向交会法

2. 当桥墩位于地势比较平坦、可通视、人可方便通过的地方时，可采用(　　)进行墩、台的定位。

A. 直接丈量法　　B. 光电测距法

C. 三角网法　　D. 方向交会法

3. 采用方向交会法时，误差三角形在桥轴线上的边长的容许范围是(　　)。

A. 对于墩底放样为 2.0cm，对于墩顶放样为 1.5cm

B. 对于墩底放样为 2.5cm，对于墩顶放样为 1.0cm

C. 对于墩底放样为 2.5cm，对于墩顶放样为 1.5cm

D. 对于墩底放样为 2.5cm，对于墩顶放样为 0.5cm

4. 下面有关施工水准点的内容哪些是正确的(　　)。

A. 满足永久使用要求　　B. 满足施工要求

C. 只用于施工阶段　　D. 靠近施工地点

**判断题**

1. 跨河水准测量路线，水面宽度超过 300m 时，应采用单线过河。(　　)

2. 基点是永久性的，在基点的基础上可设置若干水准点。(　　)

3. 桥梁施工水准网需要以较高的精度实测，规范要求 1 000m 以下的桥梁为四等。(　　)

4. 当墩、台中心处能安置反光镜，且经纬仪和反光镜之间可以通视时，可用光电测距法进

行桥梁墩、台的定位。(　　)

### 问答题

1. 直线桥梁墩、台定位的方法有哪几种?
2. 简述方向交会法进行墩、台定位的过程。
3. 桥梁施工的高程测量具体有哪些要求?
4. 施工水准点和基点的区别是什么?

# 单元三　桥梁基础施工

## 课题一　概　　述

**知识点：**

◎桥梁基础形式；

◎桥梁基础的主要施工方法。

**技能点：**

◎根据桥梁模型或实体工程认识基础类型；

◎桥梁基础的施工方法。

**【任务引入】**

基础是建筑物的下部结构，作为桥梁结构物的一个重要组成部分，它起着支承桥跨结构，保持体系稳定，把上部结构、墩、台自重及车辆荷载传给地基的重要作用。

**【任务分析】**

1. 桥梁基础的形式；

2. 桥梁基础的施工方法。

**【任务实施】**

### 一、桥梁基础施工的重要性

地基是指建筑物荷载作用下基底下方产生的变形不可忽略的那部分地层。而基础则是建筑物的下部结构，作为桥梁结构物的一个重要组成部分，它起着支承桥跨结构，保持体系稳定，把上部结构、墩、台自重及车辆荷载传给地基的重要作用。基础的施工质量直接决定着桥梁的强度、刚度、稳定性、耐久性和安全度。况且基础属于隐蔽工程，若出现质量问题不易发现和进行修补处理，因此，必须高度重视桥梁基础施工，严格按规范办事，确保工程质量。

### 二、桥梁基础的一般形式

公路桥梁由于其结构形式多种多样，所处位置的地形、地质、水文情况千差万别，因此其基础的形式也种类繁多。桥梁的常用基础形式有明挖扩大基础、桩基础、沉井基础、地下连续墙基础、管柱基础、组合式基础等，其中扩大基础、桩基础和沉井基础应用较多，本单元将予以重点介绍。

1. 扩大基础

扩大基础的埋置深度较浅，一般采用明挖基坑的方法进行施工，故又称这为明挖扩大基础或浅基础。

2. 桩基础

桩基础是深入土层的柱形构件，其作用是将作用于桩顶以上的荷载传递到土体中的较深处，可分为端承桩和摩擦桩。

3. 沉井基础

沉井基础是一种断面尺寸和刚度均比桩基础大得多的筒状结构。特点是埋置深度可以很大，整体性强、稳定性好，能承受较大的垂直荷载和水平荷载。沉井既是基础，又是施工时的挡土和围堰结构物。

4. 管柱基础

管柱基础是当桥址处的水文地区条件十分复杂，不能采用其他基础时，可考虑采用这种基础。因此，对于大型的深水或海水中的基础，特别是深水岩面不平，流速大的地方采用管柱基础是比较适宜的。

5. 地下连续墙

地下连续墙是用膨润土泥浆进行护壁，在防止开挖壁面坍塌的同时，在设计位置开挖一条狭长的深槽，然后将钢筋骨架放入槽内，并灌注水下混凝土，从而在地下形成连续墙体的一种基础形式。

## 三、桥梁基础施工的主要方法

桥梁基础因其形式和所处环境、地质、水文条件、桥梁结构体系、环保要求及施工条件等因素不同要选用不同的施工方法。

旱地土质地基上的扩大基础多采用明挖法，可以采用人工开挖也可采用机械开挖；若为岩石地基，还需进行适当的爆破施工。水中明挖基础必须采用人工开挖或者采取临时改河措施。

桩基础的成孔一般有挖孔和钻孔两种方法。挖孔适用于旱地无水或地下水位较低的密实土质地层或岩石地层。钻孔按地质条件不同可选用旋转钻成孔、冲击钻成孔、冲抓钻成孔等多种形式。桥梁基础的施工方法如图 3-1-1 所示。

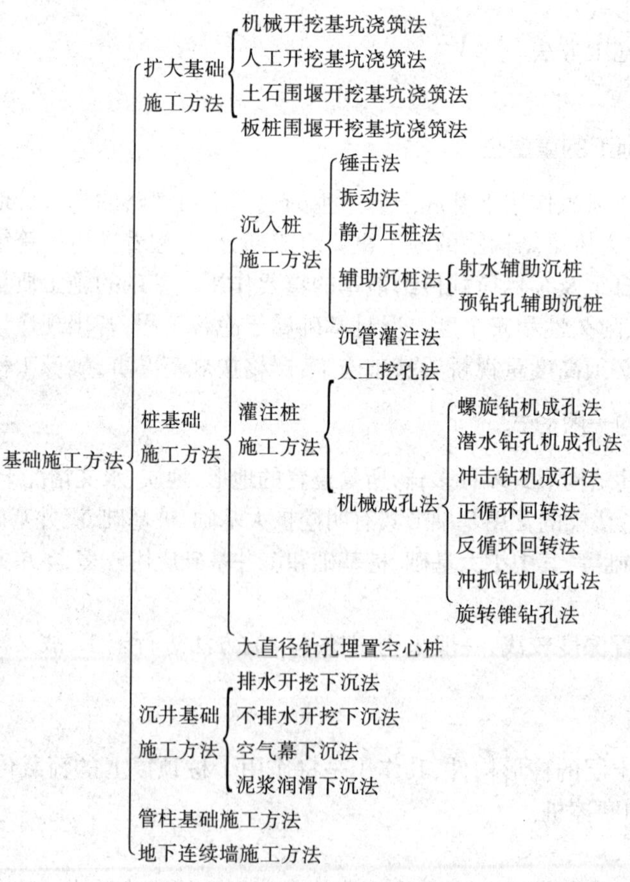


图 3-1-1　桥梁基础的施工方法

## 能力考核

**选择题**

1. 桩基础的适用条件是(　　)。

A. 适于作为地下挡土墙、挡水围堰、承受竖向和侧向荷载的桥梁基础

B. 适用于在深水、岩面不平、无覆盖层或覆盖层很厚的自然条件下,不宜修建其他类型基础时

C. 适用于各类土层

D. 适用于砂土、硬塑及软塑的黏性土和中密及软松的碎石土

2. 管柱的适用条件是(　　)。

A. 适于作为地下挡土墙、挡水围堰、承受竖向和侧向荷载的桥梁基础

B. 适用于在深水、岩面不平、无覆盖层或覆盖层很厚的自然条件下,不宜修建其他类型基础时

C. 适用于各类土层

D. 适用于砂土、硬塑及软塑的黏性土和中密及软松的碎石土

3. 地下连续墙的适用条件是(　　)。

A. 适于作为地下挡土墙、挡水围堰、承受竖向和侧向荷载的桥梁基础

B. 适用于在深水、岩面不平、无覆盖层或覆盖层很厚的自然条件下,不宜修建其他类型基础时

C. 适用于各类土层

D. 适用于砂土、硬塑及软塑的黏性土和中密及软松的碎石土

4. 当河底以下的土质为砂砾时,桥梁的基础可采用(　　)。

A. 桩基础

B. 沉井基础

C. 扩大基础

D. 管柱基础

**判断题**

1. 桥梁基础的形式有明挖扩大基础、桩基础、沉井基础、地下连续墙基础、管柱基础、组合式基础等。(　　)

2. 旱地土质地基扩大基础可采用明挖法。(　　)

3. 桩基础的成孔一般有挖孔和钻孔两种方法。(　　)

4. 大型的深水或海水中的基础,特别是深水岩面不平,流速大的地方采用管柱基础是比较适宜的。(　　)

5. 桩基础一般采用明挖的方法施工。(　　)

**问答题**

1. 桥梁基础的作用是什么?

2. 桥梁基础有哪些形式?

3. 什么是桩基础?

4. 什么是管柱基础?

5. 什么是沉井基础?

# 课题二　扩大基础施工

桥梁的扩大基础多是刚性浅基础，其施工方法常采用明挖法。明挖法的主要工序有：基础的定位放样、基坑开挖（坑壁支撑、基坑排水、基坑检验、基地土的处理）、基础砌筑及基坑回填等。

## 模块一　施工准备与围堰

**知识点：**

◎施工前的准备工作；

◎围堰的种类及适用条件。

**技能点：**

◎认识围堰类型；

◎公路桥梁施工常用的围堰。

**【任务引入】**

为了保证基础施工的正常进行，也为了保证基础的施工质量，在施工前需要进行一系列的准备工作。如果桥梁基础需要在水中进行施工，还要先设置围堰。

**【任务分析】**

1. 施工前的准备工作；

2. 围堰的类型及要求。

**【任务实施】**

### 一、施工前的准备工作

(1)首先要认真阅读施工图纸，领会设计意图，与现场情况进行核实，必要时进行补充调查，对基底高程、基础尺寸、桩位坐标、工程数量进行复核计算。

(2)根据地层、地质、水文情况、结构形式及现场环境状况，制定施工方案，编制施工组织计划，做出分项开工报告，报监理工程师审批。

(3)认真进行施工放样测量，设置控制桩，同时放出相邻几个墩、台基础的平面位置和高程，对其相对位置和坐标进行复核，确保准确无误。

(4)准备好基础施工所需的设备、材料、相应配套设施，例如：临时便道要畅通；砂石、水泥、钢材等材料要运至现场；电力供应要正常；凡与工程有关的事项均应协调妥当，保障工程开工后顺利实施。

(5)建立工程质量保证体系，制定完善的安全技术措施，进行安全技术交底。

### 二、围堰

基础施工最好是在无水或静水的条件下进行，但桥梁墩、台基础常常位于地表水位以下，有时流速还比较大，这样就需要采用围堰来满足以上的条件。围堰的作用主要是将基坑和坑外的水流分开，有时还起着支撑基坑坑壁的作用。

围堰的结构形式和材料要根据水深、流速、地质情况、基础形式以及通航要求等条件进行选择。

1. 一般规定和要求

围堰高度：应高出施工期间可能出现的最高水位（包括浪高）0.5～0.7m。

围堰外形：应考虑河流断面被压缩后，流速增大引起水流对围堰、河床的集中冲刷及影响通航、导流等因素。

堰内面积：应满足基础施工的需要（包括坑内集水沟、排水井工作富余空间等所需的工作面）。

围堰断面：应满足堰身强度和稳定的要求。

围堰质量：围堰修筑要求防水严密，尽量减少渗漏，以减轻排水工作。

2. 围堰实例

(1)为保持主航道通航，墩、台基础需在围堰内施工，如图3-2-1所示。

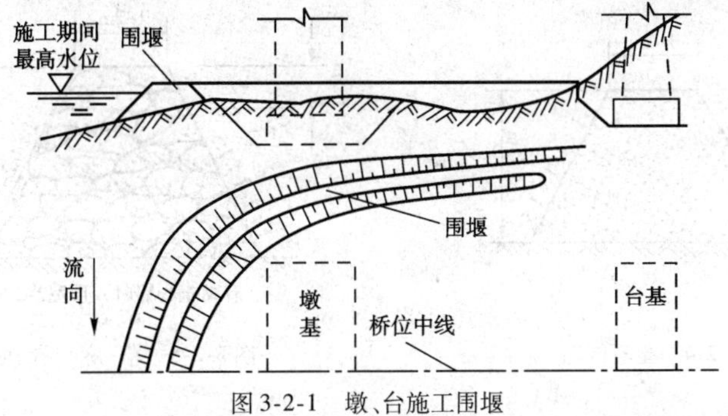

图3-2-1 墩、台施工围堰

(2)中小桥梁受地形限制，为维持水流与正常通航，可设置临时性引渠，在原河道的上下游设置围堰，如图3-2-2所示。

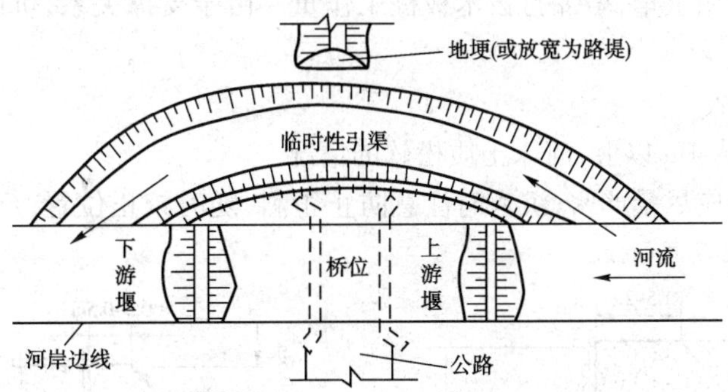

图3-2-2 河宽限制上下游围堰

(3)沿河流修筑土墙、驳岸时，为防止水浸，施工地段修建临时围堰，如图3-2-3所示。

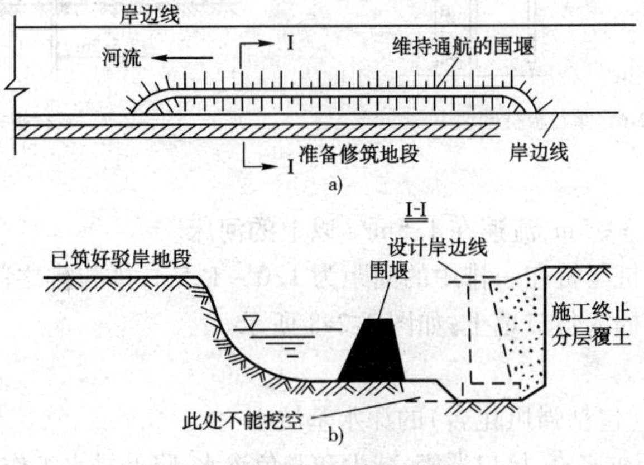

图3-2-3 驳岸挡墙施工围堰

3. 公路桥梁中常用的围堰形式

(1)土石围堰(图 3-2-4)

适用条件:适用于水深 1.5m 以内、水流流速 0.5m/s 以内,河床土质渗水较小的河流。

筑堰材料宜用黏性土或砂夹黏土,填出水面之后应进行夯实。堰底下河床上的树根、石块及杂物应清除干净。填土应自上游开始至下游合龙。

(2)草(麻)袋围堰

适用条件:水深 3m 以内,流速在 1.5m/s 以内,土质渗水性较小的河床。

堆码土袋的上下层和内外层应相互错缝,尽量堆码密实平整。必要时可由潜水配合进行,并整理坡脚,如图 3-2-5 所示。

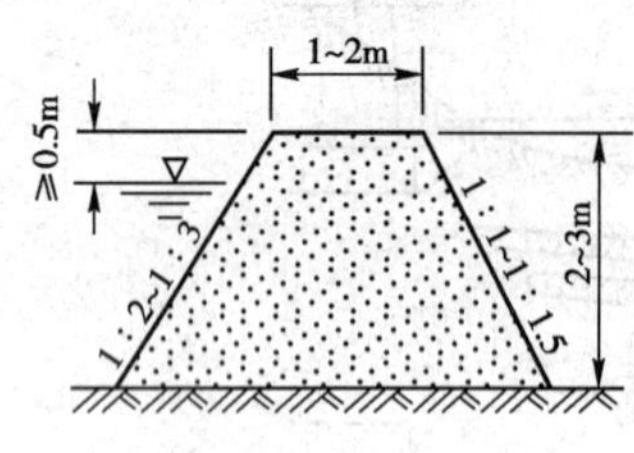

图 3-2-4　土石围堰

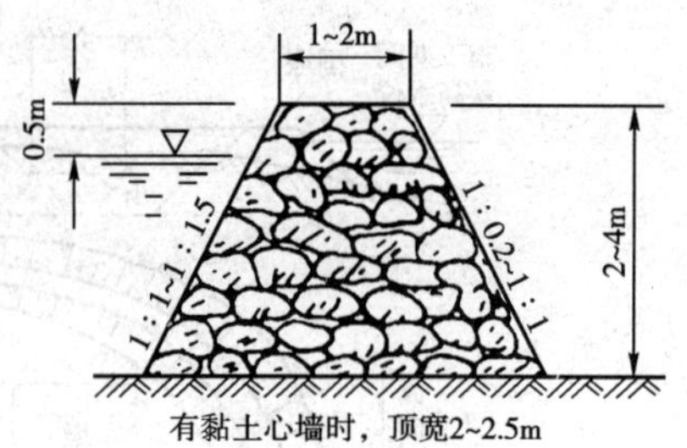

图 3-2-5　草(麻)袋围堰

(3)单行板桩围堰

适用条件:水深 3 ~4m 以内,土质河床。

可节约部分筑堰用土量,增加打拔木板桩工作量。由于支撑关系,坑内工作面尺寸加大,如图 3-2-6 所示。

(4)双行板桩围堰

适用条件:水深达 4m 以上,河床土质松软的情况。

板桩与板桩之间应尽量严密,沉入时注意防止歪斜,随时校正位置,行与行之间用金属拉系拉结牢固,如图 3-2-7 所示。

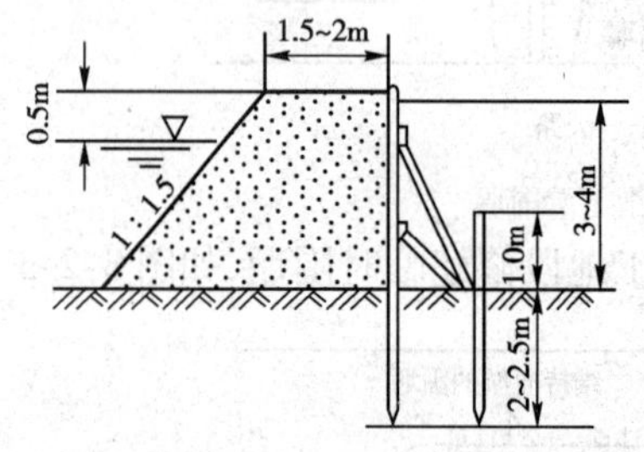

图 3-2-6　单行板桩围堰

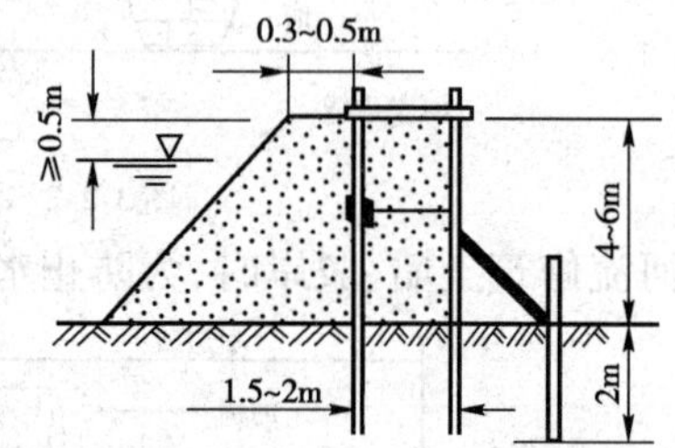

图 3-2-7　双行板桩围堰

(5)木桩土围堰

适用条件:水深达 3 ~5m,流速在 1.5m/s 以上的河床。

先打入两排木桩,桩与桩在一排中的间距为 1.0 ~1.5m,排与排之间为 1.5 ~2.0m,并以金属螺栓或铁丝拉紧,插入竹节填土,如图 3-2-8 所示。

(6)钢板桩围堰

适用条件:各类土(包括强风化岩)的深水基坑。

钢板桩施打要求板桩竖直,接口严密,减少和避免渗水,降低排水工作量,如图 3-2-9 所示。

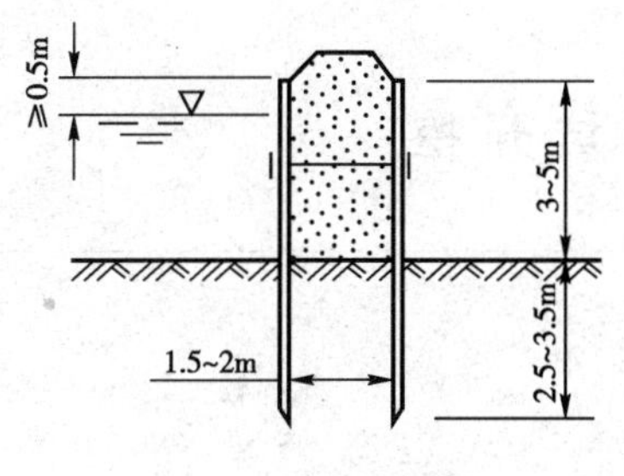

图 3-2-8　木桩土围堰

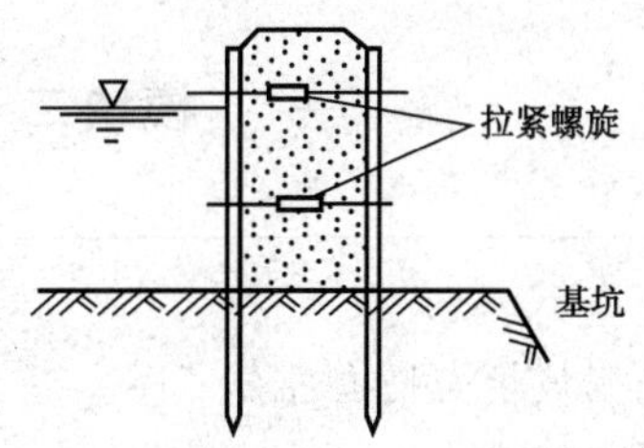


图 3-2-9　钢板桩围堰

## 能 力 考 核

### 选择题

1. 钢板桩围堰选用于(　　)的深水基坑。

A. 粉细土　　B. 砂土

C. 河床土质松软的情况　　D. 各类土(包括强风化岩)

2. 围堰的作用主要是(　　)。

A. 防水　　B. 围水

C. 起着支撑基坑坑壁　　D. A 和 C

3. 水中基础常用的方法是(　　)。

A. 围堰法　　B. 打桩法

C. 填土法　　D. 立架法

4. 单行板桩围堰适用条水深(　　)m 以内,土质河床。

A. 3 ~4　　B. 1 ~2

C. 0.5 ~1　　D. 4 ~5

5. 堰内面积应是(　　)为宜。

A. 满足基础施工的需要　　B. $10m^2$

C. $15m^2$　　D. $20m^2$

### 判断题

1. 围堰高度应高出施工期间可能出现的最高水位(包括浪高)0.5 ~0.7m。(　　)

2. 草(麻)袋围堰适用水深 3m 以内,流速在 1.5m/s 以内,土质渗水性较小的河床。(　　)

3. 施工前的准备工作首先是基坑开挖。(　　)

4. 建立工程质量保证体系,制定完善的安全技术措施,进行安全技术交底是施工前准备工作的一项主要内容。(　　)

5. 双行板桩围堰适用水深达 4m 以上,河床土质松软的情况。(　　)

### 问答题

1. 施工前准备工作有哪些?

2. 钢板桩围堰适用的条件?

3. 草(麻)袋围堰适用的条件?

4. 土石围堰适用的条件?

5. 围堰的设置有哪些规定和要求?

## 模块二　基 坑 开 挖

**知识点：**

◎基坑坑壁坡度与防护措施；

◎常用的支撑方式。

**技能点：**

◎确定基坑开挖线；

◎基坑开挖质量控制；

◎基底检验与处理。

**【任务引入】**

基坑的形状和开挖面的大小，可根据墩、台基础及下部结构的形式、施工条件的要求，挖成方形、矩形或长条形的坑槽。基坑开挖的断面是否设置坑壁支撑，可视土的类别性质、基坑暴露时间的长短、地下水位的高低以及施工场地大小等因素而定。

**【任务分析】**

1. 基坑开挖要点；

2. 坑壁支撑；

3. 基坑排水；

4. 基地检验与处理。

**【任务实施】**

### 一、基坑开挖

1. 施工要求

(1)基坑开挖前先要准确放样定出基础轴线，边线位置及高程，并用骑马桩将中心位置固定。

(2)在墩、台或其他建筑物附近开挖基坑时，基坑顶面应设置防止地面水流入基坑的拦水和排水设施。

(3)基坑顶面应设置防止地面水流入基坑的设施，基坑顶有动荷载时，坑顶边与动荷载间应留有不小于1m宽的护道，如动荷载过大宜增宽护道。如工程地质和水文地质不良，应采取加固措施。

2. 基坑底部工作面

在基坑的底部，为了施工方便应留有一定宽度的工作面，其宽度因土质的不同而取不同值。常见的几种情况如下：

(1)地下水位低于基坑底面高程

当基坑为渗水的土质基底，坑底尺寸应根据排水要求(包括排水沟、集水井、排水管网等)和基础模板设计所需基坑大小而定。一般基底应比基础的平面尺寸增宽0.5～1.0m，如图3-2-10所示。当基础为砌石时，$B=25\sim40$cm，若为混凝土及钢

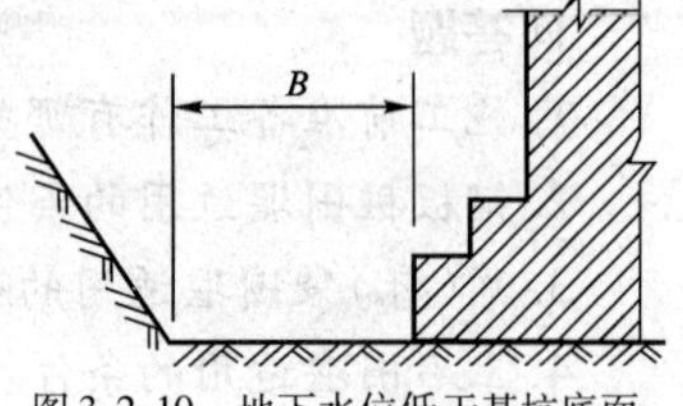


图3-2-10　地下水位低于基坑底面高程的工作图

筋混凝土时，$B=30\sim50$cm。

(2)采用集水坑(一般土质)明排水时，如图3-2-11所示。

(3)采用集水坑(软土)明排水时，如图3-2-12所示。

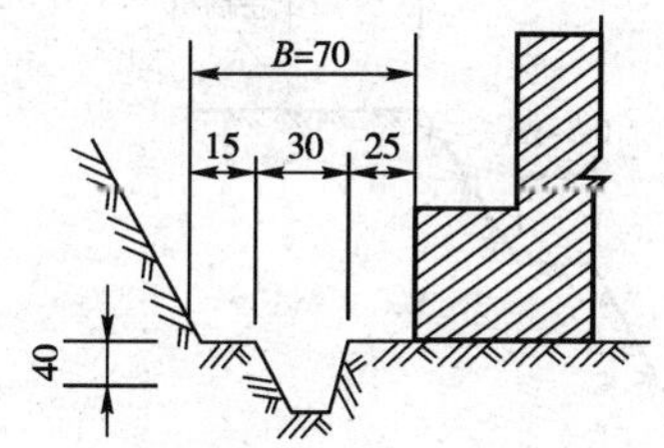


图3-2-11 采用集水坑(一般土质)明排水时的工作图(尺寸单位:cm)

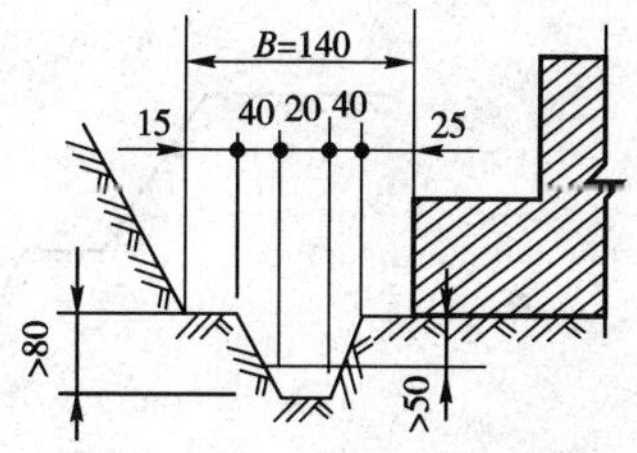


图3-2-12 采用集水坑(软土)明排水时的工作图(尺寸单位:cm)

(4)无支撑、板桩内挖土时，如图3-2-13所示。

软土挖土深度 $H\leqslant2$m 时，$B=0.5$m。边坡每3m高设置一道1m宽台阶。

(5)板桩内挖土时，如图3-2-14所示。

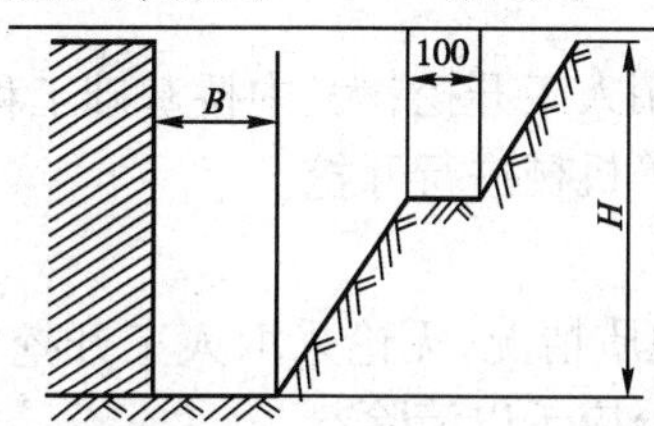


图3-2-13 无支撑、板桩内挖土时的工作图(尺寸单位:cm)

图3-2-14 板桩内挖土时的工作图

普通土、硬质土挖土深度 $2\text{m}<H\leqslant5$m 时，无支撑挖土 $B=1.0$m，板桩内挖土 $B=1.5$m。软、硬岩边坡每3m高设置一道1m宽台阶。

3. 基坑坑壁坡度与防护措施

(1)当基坑深度在5m以内，施工期较短，坑底在地下水位以上，土的湿度正常，土层构造均匀时，坑壁坡度可按表3-2-1确定。

**基坑坑壁坡度** 表3-2-1

| 坑壁土类 | 坑壁坡度 | | |
|---|---|---|---|
| | 坡顶无荷载 | 坡顶有静荷载 | 坡顶有动荷载 |
| 砂类土 | 1:1 | 1:1.25 | 1:1.5 |
| 卵石、砾类土 | 1:0.75 | 1:1 | 1:1.25 |
| 粉质土、黏质土 | 1:0.33 | 1:0.5 | 1:0.75 |
| 极软岩 | 1:0.25 | 1:0.33 | 1:0.67 |
| 软质岩 | 1:0 | 1:0.1 | 1:0.25 |
| 硬质岩 | 1:0 | 1:0 | 1:0 |

注:1. 坑壁有不同土层时，基坑坑壁坡度可分层选用，并酌设平台。

2. 坑壁土类按照现行《公路土工试验规程》(JTJ 051)划分。

3. 岩石单轴极限强度 <5.5MPa、5.5~30MPa、>30MPa 时，分别定为极软、软质、硬质岩。

4. 当基坑深度大于5m时，基坑坑壁坡度可适当放缓或加设平台。

(2)基坑深度大于5m时，应将坑壁坡度适当放缓或加设平台；如果土的湿度可能引起坑壁坍塌时，坑壁坡度应缓于该湿度下土的天然坡度。如图3-2-15所示。

（3）如土的湿度有可能使坑壁不稳定而引起坍塌时，基坑坑壁坡度应缓于该湿度下的天然坡度。

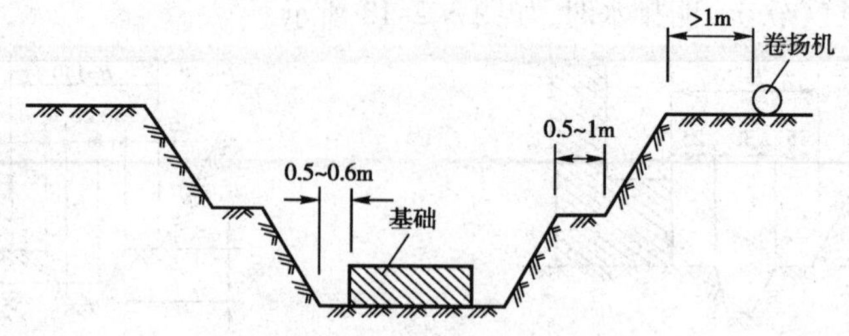

图 3-2-15　基坑布置

（4）当基坑有地下水时，地下水位以上部分可以放坡开挖；地下水位以下部分，若土质易坍塌或水位在基坑底以上较深时，应加固开挖。

（5）如果放坡开挖场地受限或工程量太大，可按具体情况采取挡板支撑、钢木结合支撑、混凝土护壁、钢板桩围堰、钢筋混凝土板桩围堰等防护措施。

4. 基坑开挖方法

小桥的浅基础，工程量不大且基坑无水，可用人工开挖；大、中桥基础工程，基坑深、平面尺寸大，挖方量增加，可用挖掘机、推土机、装载机等机械进行开挖。

5. 基坑开挖注意要点

（1）根据施工期限、设备条件、工地环境及地质情况，无论采取人工开挖，还是采用机械进行开挖，基底均应避免超挖，已经超挖或松动部分应予以清除。

（2）若施工时间较长，有可能遇到暴雨天气时，应在基坑外设临时截水沟或排水沟，防止雨水流入基坑内，使坑内土质变化。任何土质基坑挖至相应高程后，都不能长时间暴露、扰动或浸泡而削弱其承载能力。一般土质基坑挖至基底高程后，应保留 10 ~ 20cm 厚一层，在基础砌筑前人工突击挖除，迅速检验，随时进行基础施工。

（3）弃土堆的地点不得妨碍开挖基坑及其他作业，不能影响坑壁稳定，同时应满足水土保持和环境保护的有关要求。

## 二、基坑支撑

当坑壁土质不易稳定，并有地下水等影响，或者放坡工程量过大，或者施工现场与邻近建筑物靠近，不能采用放坡开挖时，可采用坑壁有支撑的基坑。常用的坑壁支撑形式及适用条件如下：

1. 断续的水平支撑（一挖到底再行支撑）

适用条件：能保持直立的干土或天然湿度的黏土类土，地下水很少，坑深 < 2m，如图 3-2-16所示。

2. 带间隔的水平支撑（井撑）

适用条件：能保持直立的干土或天然湿度的黏土类土，地下水很少，坑深 < 3m，并随着坑深的开挖相应设置支撑，如图 3-2-17 所示。

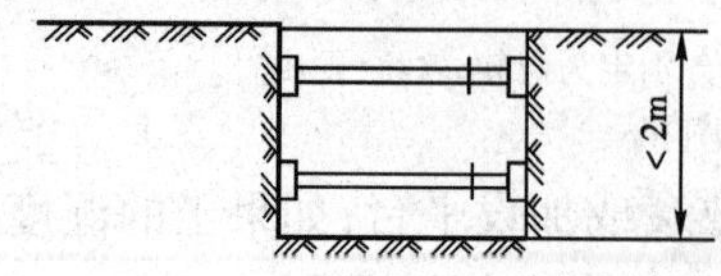

图 3-2-16　断续的水平支撑

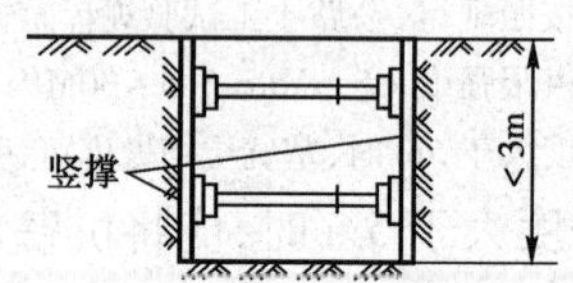

图 3-2-17　带间隔的水平支撑

3. 连续的水平支撑(密撑)

适用条件:在可能坍落的干土或天然湿度的黏土类土,地下水较少,坑深一般在 3 ~ 5m 之间,如图 3-2-18 所示。

4. 深基坑(沟)二层支撑

适用条件:挖土深度较大,基坑(沟槽)下部又有含水层,下部坑宽应考虑工作面,为此,开挖前要留有富余尺寸。挖至一定深度后再向下挖掘时进行第二层撑固,如图 3-2-19 所示。

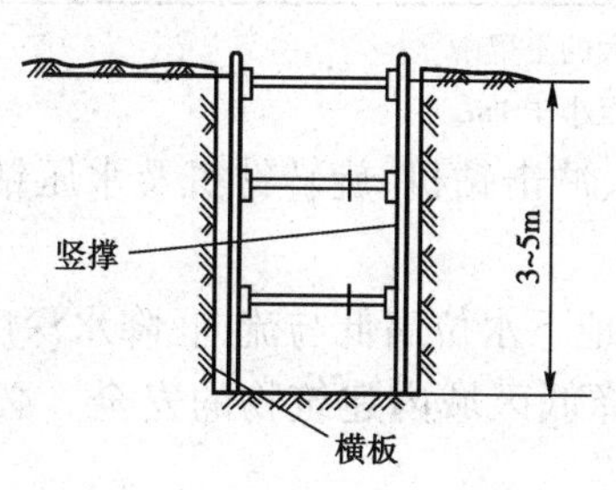


图 3-2-18　连续的水平支撑

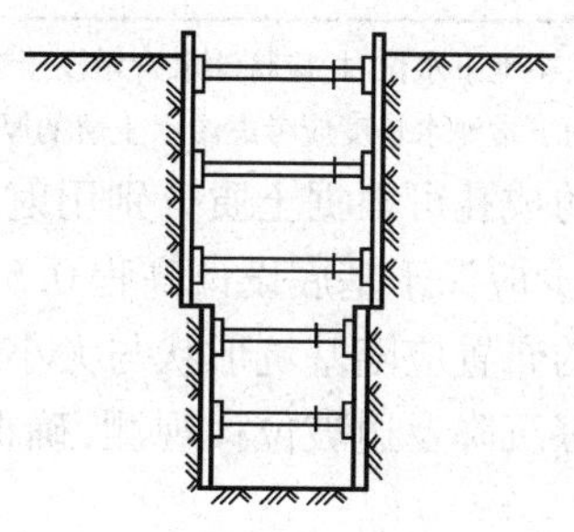

图 3-2-19　深基坑(沟)二层支撑

5. 基坑上部放坡达一定高度后直立坑壁支撑加固

适用条件:挖土较深,现场较开阔,上部可放坡后再直立撑固,如图 3-2-20 所示。

## 三、基坑排水

1. 集水井(沟)排水

适用于粉细砂土质以外的各种地层基坑。基坑开挖时,在坑底基础范围之外设置集水坑并沿坑底周围开挖排水沟,每隔 2 ~ 4m 设一个,井宽一般为 60 ~ 80cm,深度可为 80 ~ 100cm,使水流入集水坑内,排出坑外,如图 3-2-21 所示。

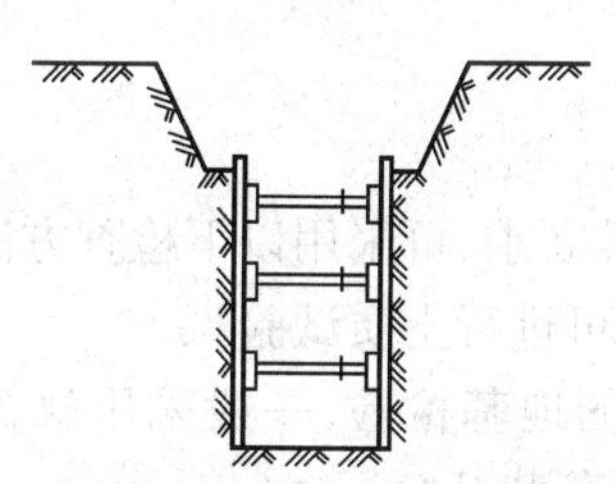

图 3-2-20　基坑上部放坡达一定高度后直立坑壁支撑加固

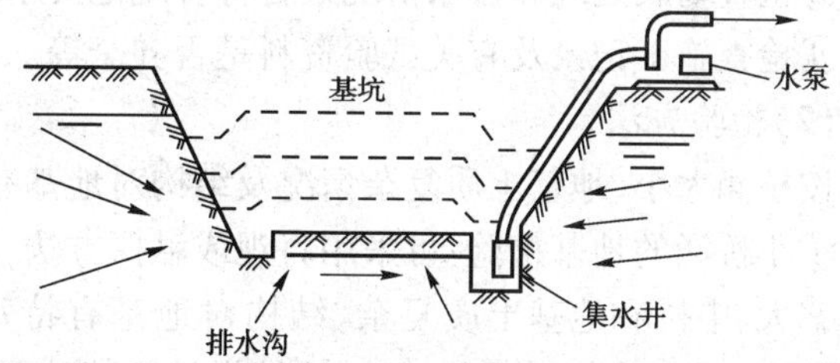


图 3-2-21　基底排水布置

2. 井点法排水

此法主要是利用“下降漏斗”来降低地下水位,基坑开挖前在基坑四周打入若干根井管,井管下端 1.5m 左右为滤管,上面钻有若干直径约 2mm 的滤水孔,各个井管用集水管连接,并不断抽水。这样可使地下水位逐渐降低到坑底设计高程以下,使施工能在污水的状态下进行。采用井点排水时须注意以下事项:

(1)此法适用于地下水位较高、有承压水、挖基较深、坑壁不易稳定的砂性土质基坑。

井点类别的选择,宜按照土壤的渗透系数、要求降低水位深度以及工程特点而定,见表 3-2-2。在无砂的黏质土中不宜使用。

各种井点法的适用范围 表 3-2-2

| 井点类别 | 土壤渗透系数（m/d） | 降低水位深度（m） | 井点类别 | 土壤渗透系数（m/d） | 降低水位深度（m） |
|---|---|---|---|---|---|
| 一级轻型井点法 | 0.1～80 | 3～6 | 电渗井点法 | <0.1 | 5～6 |
| 二级轻型井点法 | 0.1～80 | 6～9 | 管井井点法 | 20～200 | 3～5 |
| 喷射井点法 | 0.1～50 | 8～20 | 深井泵法 | 10～80 | >15 |
| 射流泵井点法 | 0.1<50 | <10 | | | |

注：1. 降低土层中地下水位时，应将滤水管埋没于透水性较大的土层中。

2. 井点管的下端滤水长度应考虑渗水土层的厚度，但不得小于1m。

(2)井管的成孔可根据土质分别用射水成孔、冲击钻机、旋转钻机及水压钻探机成孔。井点降水曲线至少应深于基底设计高程0.5m。

(3)井点的布置应随基坑形状与大小、土质、地下水位高低与流向、降水深度等要求而定。

(4)应做好沉降及边坡位移观测，确保水位降低区域内建筑物的安全。必要时应采取防护措施。

(5)降低底层土中地下水位时，应尽可能将滤水管埋设在透水性较好的土层中。

(6)在水位降低的范围内设置水位观测孔，其数量视工程情况而定。

(7)应对整个井点孔位加强维护和检查，保证不间断的进行抽水。

## 四、基底检验与处理

1. 基底检验

(1)检验内容

①检查基坑平面位置、尺寸大小、基底高程。

②检查基底土质情况和承载力是否与设计文件相符。

③检查基底处理和排水情况是否符合规范要求。

④检查施工记录及有关试验资料是否齐全等。

(2)检验方法

按桥涵大小、地基土质复杂情况及结构对地基有无特殊要求，可采用以下检查方法。

①小桥涵的地基检验：可采用直观或触探方法，必要时可进行土质试验。

②大、中桥和地基土质复杂、结构对地基有特殊要求的地基检验，一般采用触探和钻探（钻深至少4m）取样做土工试验，或按设计的特殊要求进行荷载试验。

③特大桥按设计要求处理。

(3)基底平面位置和高程允许偏差规定

①平面周边线位置不小于设计要求。

②基底高程：土质±50mm；石质+50mm，-200mm。

2. 基底处理

基地检验合格后，还应按不同的土质情况进行处理，地基处理的范围至少应宽出基础之外0.5m。

(1)符合设计要求的细粒土、特殊土基底，修整妥善后，应尽快修建基础，不得使基底浸水和长期暴露。

(2)对于强度和稳定性满足设计要求的粗粒土及巨粒土基底，应将其承重面平整夯实，其范围应满足基础的要求。基底有水不能彻底排干时,应将水引至排水沟,然后在其上修筑基础。

(3)风化的岩层,应挖至满足地基承载力要求或其他方面的要求为止。在未风化的岩层上修建基础前,应先将淤泥、苔藓、松动的石块清除干净,并洗净岩石。坚硬的倾斜岩层,应将岩层面凿平。倾斜度较大,无法凿平时,则应凿成多级台阶,台阶的宽度宜不小于0.3m。

(4)基础不应置于季节性冻融土层上,并不得直接与冻土接触。基础的基底修筑于多年冻土层(即永冻土)上时,基底之上应设置隔温层或保温层材料,且铺筑宽度应在基础外缘加宽1m。

按保持冻结的原则设计的明挖基础,其多年平均地温等于或高于-3℃时,应于冬季施工;多年平均地温低于-3℃时,可在其他季节施工,但应避开高温季节,并应按下列规定处理:

严禁地表水流入基坑;及时排除季节冻层内的地下水和冻土本身的融化水;必须搭设遮阳棚和防雨棚;施工前做好充分准备,组织快速施工。做好的基础应立即回填封闭,不宜间歇。必须间歇时,应以草袋、棉絮等加以覆盖,防止热量侵入。

施工时,明水应在距坑顶10m之外修排水沟。水沟内的水,应引离坑顶宣泄并及时排除融化水。

⑸影响基底稳定的溶洞,不得堵塞溶洞水路。干溶洞可用砂砾石、碎石、干砌或浆砌片石及灰土等回填密实。当基底干溶洞较大,回填处理有困难时,可采用桩基处理。桩基应进行设计,并经有关单位批准。

(6)对有泉眼的地基,可将有螺口的钢管紧紧打入泉眼,盖上螺帽并拧紧,阻止泉水流出;或向泉眼内压注速凝的水泥砂浆,再打入木塞堵眼。

当堵眼有困难时,可采用管子塞入泉眼,将水引流至集水坑排出或在基底下设盲沟引流至集水坑排出。待基础圬工完成后,向盲沟压注水泥浆堵塞。采用引流排水时,应注意防止砂土流失,引起基底沉陷。

基底泉眼,不论采用何种方法处理,都不应使基底饱水。

(7)当地基需要加固时,应根据设计要求及有关规范处理。

## 能力考核

**选择题**

1.基底检验内容有(　　)。

A.基底承载力　　B.是否有地下水

C.井点降水的布置　　D.施工记录

2.小桥的浅基础,工程量不大的无水基坑,可用(　　)开挖。

A.人工开挖　　B.射水开挖

C.推土机　　D.装载机

3.地基处理的范围至少应宽出基础之外(　　)m。

A.0.5　　B.1.0　　C.1.5　　D.2.0

4.小桥涵的地基检验,可采用(　　)。

A.直观或触探方法　　B.砂补法

C.灌砂法　　D.动态法

5.基坑顶有动荷载时,坑顶边与动荷载间应留有不小于(　　)宽的护道。

A. 1m　　B. 2m　　C. 3m　　D. 4m

判断题

1. 泉眼地基的处理可将有螺口的钢管紧紧打入泉眼，盖上螺帽并拧紧，阻止泉水流出；或向泉眼内压注速凝的水泥砂浆，再打入木塞堵眼。(　　)

2. 井点管的下端滤水长度应考虑渗水土层的厚度，但不得小于1m。(　　)

3. 集水井(沟)排水适用于粉、细砂、地下水位较高、有承压水、挖基较深、坑壁不易稳定的土质基坑。(　　)

4. 基底高程的允许误差为石质 ±50mm；土质 +50mm，−200mm。(　　)

5. 图 3-2-22 所示为垂直支撑。(　　)

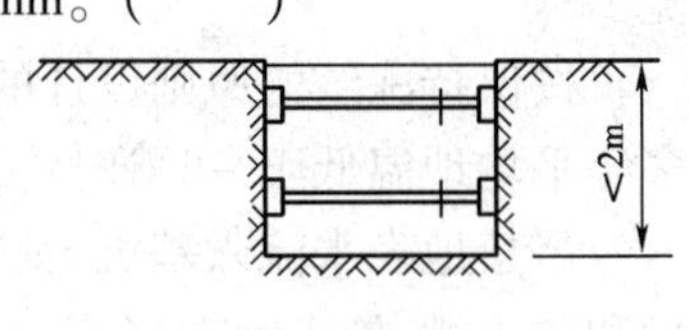


图　3-2-22

问答题

1. 基坑开挖施工有哪些要求？

2. 坑壁支撑的形式有哪些？

3. 简述基坑坑壁坡度与防护措施。

4. 基坑排水的主要方法有哪些？

5. 基底检验的内容有哪些？

## 模块三　基础浇筑

> **知识点：**
> ◎石砌基础的施工要点；
> ◎混凝土基础的施工要点。
> **技能点：**
> ◎石砌基础和混凝土基础施工；
> ◎基坑回填。

**【任务引入】**

地基检验合格后，应马上进行基础砌筑或浇筑，避免基坑坍塌或积水。

**【任务分析】**

扩大基础的形式有水泥砂浆砌片石(块石)基础、片石混凝土基础和钢筋混凝土基础等。

**【任务实施】**

### 一、石砌基础施工

石砌基础所采用的片(块)石应质地坚硬，无风化剥落和裂纹，强度、尺寸满足规范要求。进行砌筑时应注意：

(1) 砌筑基础前，必须用钢尺校核基础放线尺寸，其允许偏差不应超过规范的规定。

(2) 片(块)石在砌筑前必须浇水湿润，将表面的泥土、水锈等清洗干净。砌第一层片(块)石时，如基地为岩层或混凝土基础，应先将基地表面清洗、湿润。

(3) 砌石基础用的第一层石块应选择形状较为方正及尺寸较大的片石，大面朝下，放平、放稳。在土质基槽上砌石时，首先坐浆，再在基槽内将片石大面朝下铺满一层，空隙处用砂浆灌满，再用小石块填空挤入砂浆，用手锤打紧。在垫层上砌石时，先铺一层砂浆，再铺砌块。基础第二层以上的石块,应坐浆砌筑。灰缝厚度一般为 20~30mm。

(4)砌石基础应分层卧砌,上下错缝,内外搭砌。片石砌体宜以 2~3 层砌块为一工作层,一般每层厚约 30cm。上下层片石间搭接不小于 10cm,不得有通缝。每砌完一层后,其表面应大致平整,不可有尖角、驼背现象,以使上一层容易放稳,并有足够的接触面。不得采用外面侧立石块,中间填心的包心砌法。基础最上面一层,应选用较大片石砌筑。

(5)片石砌体的砌缝宽度一般不应大于 4cm;块石砌体的砌缝宽度不应大于 3cm。

(6)砌石基础扩大部分做成阶梯形,每阶内至少砌两层片石。上级阶梯的石块应至少压砌下级阶梯石块的 1/2。

(7)渗水基坑应注意排水,保证砂浆的凝结和砌体的强度。

## 二、混凝土基础施工

### 1. 模板

施工用模板一般用木模或钢模拼装成环形基础模板,四周支撑于土壁上。土质好时最下面一级基础可直接采用土模(原槽灌筑),不立模板。

### 2. 混凝土浇筑

首先在基础底面放出基础中线和内外轮廓线。灌注混凝土时,经常检查各部位尺寸是否正确,确保不发生变形。浇筑混凝土要连续,因故中途停止,应按施工缝处理。振捣器插入下层混凝土 50~100mm。

若基础截面积不大时,混凝土应连续一次浇筑完成,以保持整体性。大体积基础混凝土,可分块浇筑并符合下列规定:

(1)各分块面积不得小于 $50m^2$。

(2)每块高度不宜超过 2m。

(3)块与块间的竖向接缝面应与墩、台身或基础平截面短边平行,与平截面长边垂直。

(4)上下邻层间的竖向接缝,应错开位置做成企口,并应按施工接缝处理。

(5)如混凝土中加放片石时应符合:

①埋放石块的数量不宜超过混凝土结构体积的 25%(当设计为片石混凝土砌体时,石块可增加为 50%~60%)。

②应选用无裂纹、夹层且未被煅烧过的,厚度小于 15cm,具有抗冻性能的石块。

③石块的抗压强度应不小于 30MPa 及混凝土的强度。

④石块应清洗干净,应在捣实的混凝土中埋入一半以上;石块应分布均匀,净距不小于 10cm,距结构侧面和顶面净距不小于 15cm;对于片石混凝土,石块净距可以不小于 4~6cm,石块不得挨靠钢筋或预埋体。

## 三、钢筋混凝土基础的施工

旱地浇筑钢筋混凝土基础的主要工序如下。

(1)钢筋制作及安装:应在对基底及基坑验收完成后尽快绑扎、放置钢筋;在底部放置混凝土垫块,保证钢筋的混凝土净保护层厚度,同时安放墩柱或台身钢筋的预埋部分,保证其定位准确。

(2)钢筋检查:对全部钢筋进行检查验收,保证其根数、直径、间距、位置应满足设计文件和技术规范。

(3)混凝土浇筑:拌制好的混凝土运输至现场后,若高差不大,可直接倒入基坑内;若倾卸高度过大,为防止发生离析,应设置串筒或滑槽,槽内焊上减速钢梳,保证混凝土整体均匀运入基坑,用插入式振捣密实。浇筑应分层进行,但应连续施工,在下层混凝土开始凝结之前,应将上层混凝土灌注捣实完毕。基础全部筑完凝结后,要立即覆盖草袋、麻袋、稻草或沙子,并经洒水养生。养生时间一般普通硅酸盐水泥混凝土为7昼夜以上,矿渣水泥、火山灰质水泥或掺用塑化剂的混凝土应为14昼夜以上。

水中混凝土基础在基坑排水的情况下施工方法与旱地基础相同,只是在混凝土凝固后即可停止排水,也不需再进行专门的养生工作。

## 能力考核

**选择题**

1. 砌石基础的灰缝厚度一般为(　　)mm。
   A. 20~30　　B. 10~20　　C. 5~10　　D. 30~40
2. 在土质基槽上砌石时,首先要(　　)。
   A. 坐浆　　B. 砌石　　C. 挂线　　D. 测承载力
3. 抛在混凝土中的片石之间的净距不应小于(　　)cm。
   A. 5　　B. 8　　C. 10　　D. 15
4. 大体积基础混凝土,可分块浇筑并符合下列(　　)规定。
   A. 各分块面积不得小于50m²　　B. 每块高度不宜超过2m
   C. 用水化热大的水泥　　D. 用抗折强度高的水泥
5. 普通硅酸盐水泥混凝土的养生时间为(　　)昼夜以上。
   A. 7　　B. 14　　C. 28　　D. 32

**判断题**

1. 上下层片石间搭接不小于10cm,不得有通缝。(　　)
2. 砌石基础应分层卧砌,上下错缝,内外搭砌。(　　)
3. 片石混凝土中用片石的数量不宜超过混凝土结构体积的25%。(　　)
4. 大体积混凝土中用片石时,片石的抗压强度应不小于30MPa及混凝土的强度。(　　)
5. 拌制好的混凝土运输至现场后,可直接倒入基坑内。(　　)

**问答题**

1. 砌石基础砌筑时应注意什么?
2. 混凝土中加入片石应符合哪些条件?
3. 大体积混凝土基础浇筑时应注意哪些事项?
4. 简述水中钢筋混凝土基础的施工工序。

## 课题三　桩基础施工

桩基础按承受作用的不同分为摩擦桩、柱桩、嵌岩桩;按施工方法不同又可分为钻孔灌注桩、挖孔灌注桩、打入桩等。钻孔桩和挖孔桩应用最为广泛,本模块着重介绍这两种桩的施工方法。

## 模块一　钻孔前的准备工作

**知识点：**

◎钻孔前准备工作的内容；

◎护筒和泥浆的作用。

**技能点：**

◎埋设护筒；

◎制备泥浆；

◎制作钢筋笼。

**【任务引入】**

钻孔灌注桩由于其施工速度快，质量稳定，受气候环境影响小，因而被普遍采用。但其施工前的准备工作十分重要，只有条件充分才能保证施工顺利进行。

**【任务分析】**

1. 钻孔前的准备工作内容；

2. 护筒的埋设；

3. 制备泥浆；

4. 制作钢筋笼。

**【任务实施】**

桩基础施工前应根据已经定出的墩、台纵横中心轴线，应用全站仪直接定出桩基础轴线和各基桩桩位，并设置好固定桩标志或控制桩，以便施工时随时校核。

施工前的准备工作除以上所讲的确定桩位以外，主要还包括钻孔场地准备、机电设备和建筑材料准备、埋设护筒、制备泥浆和钢筋笼制作五个方面。

### 一、钻孔场地准备

(1)场地为旱地时，应清除杂物，换除软土，整平夯实。

(2)场地为陡坡时，可用枕木、型钢等搭设施工平台。

(3)场地为浅水时，宜采用筑岛法施工。筑岛面积应按钻孔方法、机具大小等要求决定；高度应高于最高施工水位0.5～1.0m。

(4)场地为深水时，可搭设施工平台，平台须牢靠稳定，能承受工作时所有静、动荷载，并考虑施工机械能安全进出。

### 二、机电设备、建筑材料准备

(1)机电设备准备：根据地质资料，确定科学合理的钻孔方法和钻孔设备。

①若用电力施工，则应架设好电力线路，配备合适的变压器。

②若用柴油机提供动力，则应购置与设备动力相匹配的柴油机和充足的燃油。

③准备混凝土搅拌机、电焊机、钢筋切割机等设备。

(2)建筑材料准备

①进场的水泥、砂、石、钢筋等原材料必须进行验收。

②进行工地取样、试验,编写试验报告,凡不合格者不得使用。

③按施工用量,钻孔开始前材料应准备妥当。

## 三、埋设护筒

【知识链接一】

护筒的作用是:①固定钻孔位置;②对钻头起导向作用;③保护孔口防止孔口土层坍塌;④隔离孔内孔外表层水,并保持钻孔内水位高出施工水位,以产生足够的静水压力稳固孔壁。

1. 护筒种类

有木护筒、钢护筒、钢筋混凝土护筒,如图3-3-1所示。当采用正反循环回转钻钻孔时,护筒内径一般宜比桩径大200~400mm。

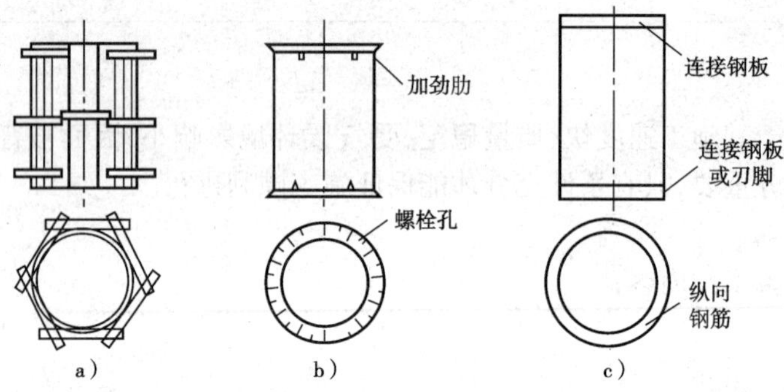


图3-3-1 护筒种类

a)木护筒;b)钢护筒;c)钢筋混凝土护筒

2. 护筒埋设方法

(1)挖埋式护筒

适用于旱地或岸滩(地下水位大于1m),可采用挖坑埋设法,护筒底部和四周填土须分层夯实,如图3-3-2所示。

图3-3-2 挖埋式护筒

a)挖坑;b)埋置护筒 c)挖埋式护筒简图

(2)填筑式护筒

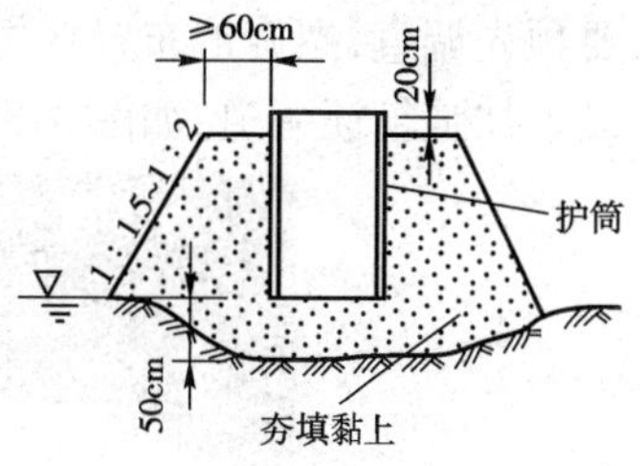

图 3-3-3　填筑式护筒

适用于桩位处地面高程与施工水位的高差小于1.5～2.0 m时,土台高度应使护筒顶端比施工水位高1.0～2.0m,土台边坡为1∶1.5～1∶2.0,如图3-3-3所示。

(3)围堰筑岛护筒

在水深小于3 m的浅水处,一般须围堰筑岛埋设护筒,岛面应高出施工水位1.5～2.0 m。亦可适当提高护筒顶面高程,以减少筑岛填土面积。若岛底河床为淤泥或软土,应予挖除换以砂土;若排淤换土工作量较大,则可采用长护筒,使其沉入河底土层中,如图3-3-4所示。

(4)深水护筒

适用于水深在3 m以上的深水河床中。其主要工序为搭设工作平台(有搭设支架、浮船、钢板桩围堰、筑岛等方法),下沉护筒的定位导向架与下沉护筒等,如图3-3-5所示。

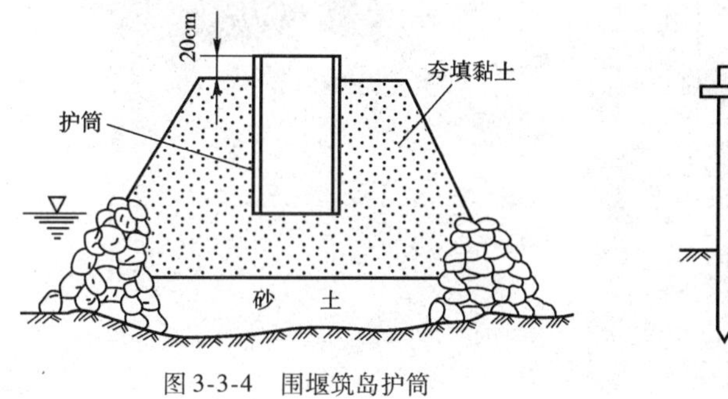

图 3-3-4　围堰筑岛护筒

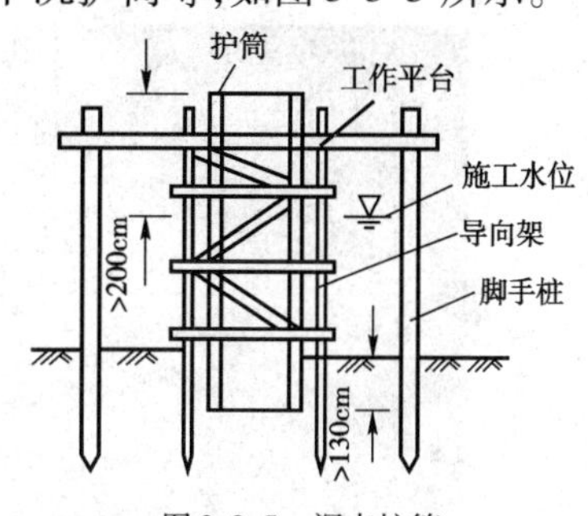

图 3-3-5　深水护筒

## 四、制备泥浆

**【知识链接二】**

*泥浆在钻孔中的作用:*

*(1)在孔内产生较大的静水压力,可防止坍孔;*

*(2)泥浆向孔外土层渗漏,由于钻头的活动,孔壁表面形成一层胶泥,具有护壁的作用;*

*(3)将孔内外水流切断,稳定孔内水位;*

*(4)泥浆比重大,能挟带钻渣,利于钻渣的排出。*

钻孔泥浆一般由水、黏土(或膨润土)和添加剂按适当配合比配制而成。按钻孔方法和地质情况,一般需采用泥浆悬浮钻渣和护壁。除地层本身全为黏性土能在钻进中形成合格泥浆外,开工前应准备数量充足和性能合格的黏土和膨润土。调制泥浆时,先将土加水浸透,然后用搅拌机或人工拌制,按不同地层情况严格控制泥浆相对密度。为保证在钻孔过程中,孔内保持有一定稠度的泥浆,一般比重以1.1～1.3为宜,特殊情况下也可用1.4以上。为了回收泥浆原料和减少环境污染,应设置泥浆循环净化系统,如图3-3-6所示。

## 五、钢筋骨架(笼)的制作

在钻孔之前或者钻孔的同时,就要制作好钢筋笼,以便成孔、清孔后尽快灌注水下混凝土,防止塌孔事故发生。

钢筋骨架(笼)应按图纸尺寸要求,按吊装和钢筋单根定长确定下料长度,注意主筋在50cm范围内接头数量不能超过截面主筋根数总数的50%;加强筋的位置和直径要准确;箍筋要预先调直,螺旋形布置在主筋外侧;定位筋应均匀对称地焊接在主筋外侧;每隔 2.0 ~ 2.5m 设置加强箍筋一道,如图 3-3-7 所示。

a)

b)

图 3-3-6　泥浆循环净化

a)泥浆循环;b)泥浆净化

a)

b)

图 3-3-7　钢筋骨架

a)钢筋骨架制作;b)成型钢筋骨架

长桩骨架宜分段制作,分段长度应根据吊装条件确定,应确保不变形,接头应错开。

应在骨架外侧设置控制保护层厚度的垫块,其间距竖向为 2m,横向圆周不得少于 4 处。骨架顶端应设置吊环。

## 能力考核

### 选择题

1. 定位筋应均匀对称的焊接在主筋外侧,每隔(　　)m 设置加强箍筋一道。

A. 1.0 ~ 2.0　　B. 2.0 ~ 2.5　　C. 2.5 ~ 3.5　　D. 3.5 ~ 5.5

2. 当采用正反循环回转钻钻孔时,护筒内径一般宜比桩径大(　　)mm。

A. 200 ~ 400　　B. 300 ~ 500　　C. 500 ~ 600　　D. 600 ~ 700

3. 钢筋骨架外侧设置控制保护层厚度的垫块,其间距竖向为(　　)m,横向圆周不得少于 4 处。骨架顶端应设置吊环。

A. 1　　B. 2　　C. 3　　D. 4

4. 深水护筒适用于水深在(　　)m 以上的深水河床中。

A. 1　　B. 2　　C. 3　　D. 4

5. 泥浆比重以(　　)为宜。

A. 1.0 ~ 1.2　　B. 1.1 ~ 1.3　　C. 1.2 ~ 1.4　　D. 1.3 ~ 1.5

**判断题**

1. 钻孔泥浆一般由水、砂土(或膨润土)和添加剂按适当配合比配制而成。(　　)
2. 挖埋式护筒适用于旱地或岸滩(地下水位大于 1m)。(　　)
3. 在水深小于 3m 的浅水处,一般须围堰筑岛埋设护筒。(　　)
4. 进场的水泥、砂、石、钢筋等原材料必须进行验收是场地准备的内容。(　　)
5. 钢筋笼在钻孔之前必须制作好。(　　)

**问答题**

1. 钻孔前为什么要埋置护筒?
2. 简述护筒的种类和埋设方法。
3. 桩基础施工前的准备工作有哪些?
4. 泥浆在钻孔中有何作用? 如何制备泥浆?

## 模块二　钻孔及浇筑水下混凝土

**知识点:**

◎钻孔灌注桩的施工工艺;

◎钻孔灌注桩的事故预防处理方法。

**技能点:**

◎清孔;

◎水下混凝土的浇注;

◎灌注桩施工质量控制;

◎事故的处理。

**【任务引入】**

钻孔灌注桩施工应根据土质、桩径大小、入土深度和机具设备等条件选用适当的钻具和钻孔方法,以保证能顺利达到预计孔深;再进行清孔、吊放钢筋笼和灌注水下混凝土。

**【任务分析】**

本课题主要从钻孔工艺流程、清孔、钢筋骨架安装和水下混凝土等几个方面进行分析,便于读者掌握钻孔灌注桩基础的施工方法。

**【任务实施】**

### 一、钻孔施工

1. 施工工艺流程

钻孔灌注桩的施工工艺流程,如图 3-3-8 所示。

2. 一般要求

(1)钻孔就位前,应对钻孔的各项准备工作进行检查,包括场地与钻机坐落处的平整和加固,主要机具的检查和安装。

(2)开孔孔位准确。钻时应慢速钻进,待导向部位或钻头全部进入地层后,方可加速钻进。

(3)压进的首节护筒必须竖直。钻孔开始后应随时检测其水平位置和竖直线，如发现偏移，应将护筒拔出，调整后重新压入钻进。

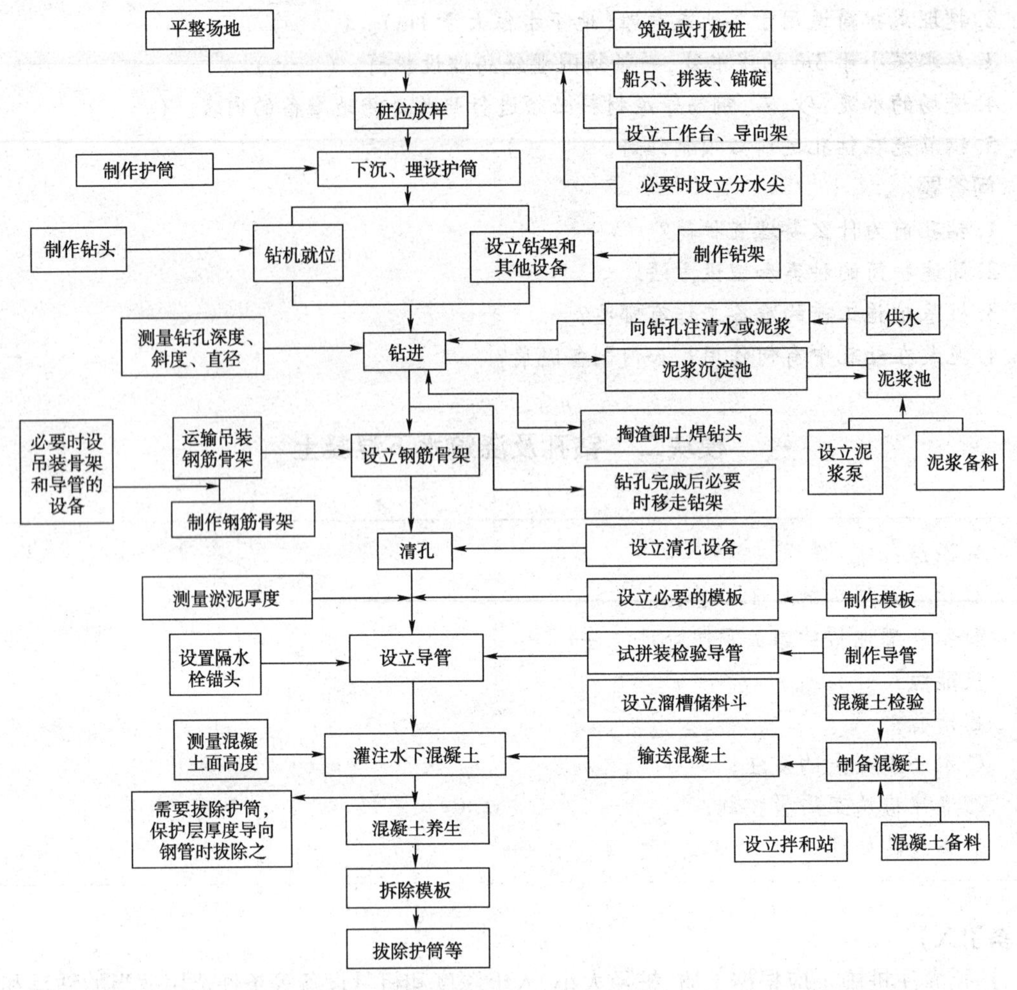


图 3-3-8　钻孔灌注桩的施工工艺流程图

(4)在钻孔排渣、提钻头除土或因故停钻时，应保持孔内具有规定的水位和要求的泥浆相对密度和黏度。处理孔内事故或因故停钻，必须将钻头提出孔外。

(5)回转钻机顶部的起吊滑轮缘，转盘中心和桩位中心三者应在同一铅垂线上，偏差不超过 2cm。

钻孔作业应分班连续进行，填写的钻孔施工记录，交接班时应交代钻进情况及下一班应注意事项。

3. 钻进施工(正循环钻进施工)

适应于淤泥、黏性土、砂土以及砾卵石粒经小于 10cm 含量少于 20% 的碎石土。孔径 60 ~ 150cm，孔深 50m。其优点是钻进与排渣同时连续进行，在适用的土层中钻进速度较快，但需要设置泥浆槽、沉淀池等，施工占地较多且机具设备较复杂。

用钻头旋转切削土体钻进，泥浆泵将泥浆压进钻杆顶部泥浆龙头，通过钻杆中心从钻头喷入钻孔内，泥浆携带钻渣沿钻孔上升，从护筒顶部排浆孔排出至沉淀池，钻渣在此沉淀而泥浆流入泥浆池循环使用，如图 3-3-9 所示。

## 二、清孔

(1)钻孔深度达到设计高程后,应对孔深、孔径检查,符合要求后方可清孔。

(2)清孔方法应根据设计要求、钻孔方法、机具设备条件和地层情况决定。

a)

b)

图 3-3-9　正循环钻进施工

a)钻进施工现场;b)钻进施工

①抽浆清孔法:适用于各种方法钻孔的柱桩和摩擦桩,一般用反循环钻机、空气吸泥机、水力吸泥机或离心吸泥泵等进行。如图 3-3-10 所示为空气吸泥机清孔,图 3-3-11 所示为离心吸泥泵清孔。

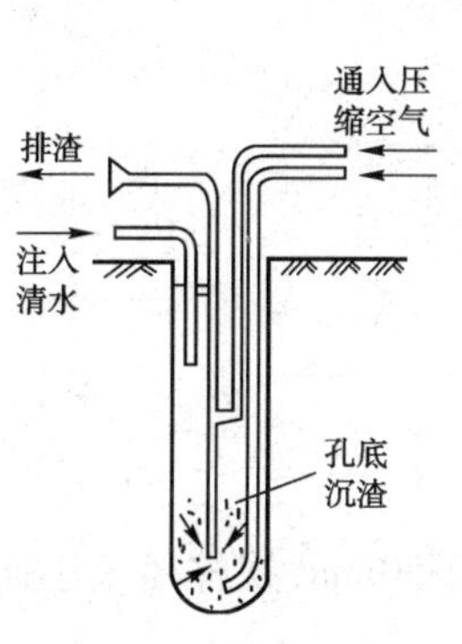


图 3-3-10　空气吸泥机清孔

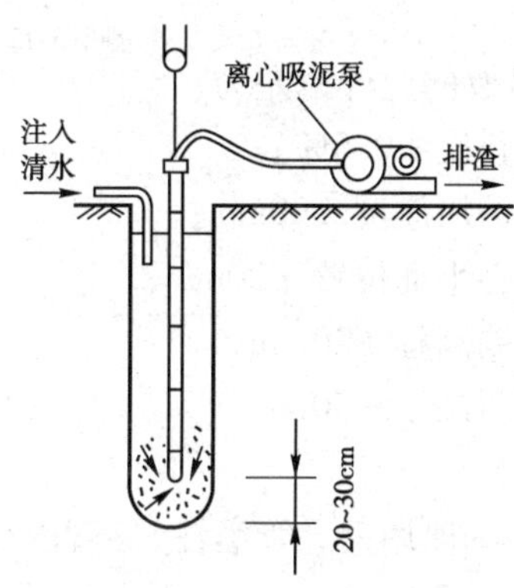


图 3-3-11　离心吸泥机清孔

②换浆清孔法:适用于正循环钻孔法的摩擦桩,于钻孔完成后,提升钻锥距孔底 10 ~ 20cm,继续循环,以相对密度较低(1.1 ~1.2)的泥浆压入,把钻孔内的悬浮钻渣和相对密度较大的泥浆换出。

③掏渣清孔法:用抽渣筒、大锅锥或冲抓钻清掏孔底粗钻渣,仅适用于机动推钻、冲抓、冲击钻孔的各类土层摩擦桩的初步清孔,掏渣前可先投入水泥 1 ~2 袋,再以钻锥冲出数次,使孔内泥浆、钻渣和水泥形成混合物,然后用掏渣工具掏渣。当要求清孔质量较高时,可使用高压水管插入孔底逐渐降低。

④喷射清孔法:只宜配合其他清孔法使用,是在灌注混凝土前对孔底进行高压射水或射风数分钟,使剩余少量沉淀物漂浮后,立即灌注水下混凝土。

(3)在吊入钢筋骨架后,灌注水下混凝土之前,应再次检查孔内泥浆性能指标和孔底沉淀厚度,如超过规定,应进行第二次清孔,符合要求后方可灌注水下混凝土。

(4)在清孔排渣时,必须注意保持孔内水头,防止坍孔。

(5)不得用加深钻孔深度的方式代替清孔。

## 三、钢筋骨架及导管吊装

### 1. 钢筋骨架的吊装

清孔结束后,随即吊放钢筋骨架,入孔一般用吊机。无吊机时,可采用钻机钻架、灌注塔架。起吊应按骨架长度的编号入孔。钢筋骨架应及时、准确地吊放、焊接、就位、牢固定位,如图3-3-12所示。

a)

b)

图3-3-12　吊放钢筋骨架

钢筋骨架吊放的允许偏差为:

(1)骨架倾斜度 ±0.5%;

(2)骨架保护层厚度 ±20mm;

(3)骨架中心平面位置 ±20mm;

(4)骨架顶端高程 ±20mm;

(5)骨架底面高程 ±50mm。

### 2. 导管

水下混凝土一般用钢导管灌注,导管内径为200~350mm,视桩径大小而定。导管安装如图3-3-13所示。

导管使用前应进行水密承压和接头抗拉试验,严禁用压气试压。进行水密试验的水压不应小于孔内水深1.3倍的压力,也不应小于导管壁和焊缝可能承受灌注混凝土时最大内压力$P$的1.3倍。$P$可按式(3-3-1)计算:

$$P = \gamma_c h_c - \gamma_w H_w \tag{3-3-1}$$

式中:$P$——导管可能受到的最大内压力(kPa);

$\gamma_c$——混凝土拌和物的重度(取24kN/m$^3$);

$h_c$——导管内混凝土柱最大高度(m),以导管全长或预计的最大高度计;

$\gamma_w$——井孔内水或泥浆的重度(kN/m$^3$);

$H_w$——井孔内水或泥浆的深度(m)。

图3-3-13　安装导管

## 四、水下混凝土的灌注

### 1. 灌注水下混凝土时应配备的主要设备及备用设备

灌注水下混凝土的搅拌机能力,应能满足桩孔在规定时间内灌注完毕。灌注时间不得长于首批混凝土初凝时间。若估计灌注时间长于首批混凝土初凝时间,则应掺入缓凝剂。

水下灌注混凝土的泵送机具宜采用混凝土泵,距离稍远的宜采用混凝土搅拌运输车。采用普通汽车运输时,运输容器应严密坚实,不漏浆、不吸水,便于装卸,混凝土不应离析。

2. 水下混凝土配制

可采用火山灰水泥、粉煤灰水泥、普通硅酸盐水泥或硅酸盐水泥,使用矿渣水泥时应采取防离析措施。水泥的初凝时间不宜早于2.5h,水泥的强度等级不宜低于42.5级。

粗集料宜优先选用卵石,如采用碎石宜适当增加混凝土配合比的含砂率。集料的最大粒径不应大于导管内径的1/6~1/8和钢筋最小净距的1/4,同时不应大于40mm。

细集料宜采用级配良好的中砂。

混凝土配合比的含砂率宜采用0.4~0.5,水灰比宜采用0.5~0.6。有试验依据时含砂率和水灰比可酌情增大或减小。

混凝土拌和物应有良好的和易性,在运输和灌注过程中应无显著离析、泌水现象。灌注时应保持足够的流动性,其坍落度宜为180~220mm。

每立方米水下混凝土的水泥用量不宜小于350kg,当掺有适宜数量的减水缓凝剂或粉煤灰时,可不少于300kg。

混凝土拌和物的配合比符合设计要求。

3. 水下混凝土灌注

在灌注水下混凝土之前,应再次检查孔内泥浆性能指标和孔底沉淀厚度,如超过规定,应进行第二次清孔,符合要求后方可灌注水下混凝土。

混凝土拌和物运至灌注地点时,应检查其均匀性和坍落度等,如不符合要求,应进行第二次拌和,二次拌和后仍不符合要求时,不得使用。

用导管灌注水下混凝土,拌和物是通过导管下口进入首批的混凝土的下面,托着首批混凝土及其上面的泥浆上升。必须做到两点:

(1)导管顶端比孔内水位至少高出4m以上,如图3-3-14a)所示,以保证升托导管底端以上混凝土及泥浆所必需的压力。

(2)尽量缩短灌注时间,使灌注工作在首批混凝土仍具塑性的时间内完成。

在开始灌注首批混凝土时,导管下口至孔底的距离,以25~40cm为宜,如图3-3-14a)所示。首批混凝土浇筑是否顺利,对灌桩质量和成败影响很大。必须注意两点:

①首批混凝土与导管内的水之间,必须采取隔离措施,如图3-3-14b)所示。拌和物下落

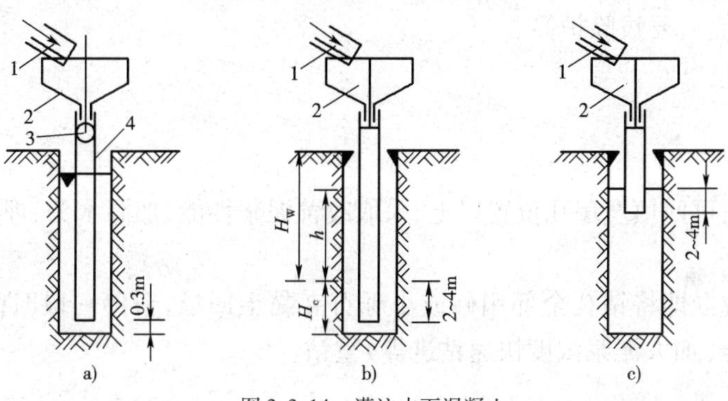


图3-3-14　灌注水下混凝土

1-通混凝土储料槽;2-漏斗;3-隔水栓;4-导管

后，混凝土应连续灌注。

②首批灌注混凝土的数量应能满足导管首次埋置深度（≥1.0m）和填充导管底部的需要，如图 3-3-14a）所示。

所需混凝土数量可参考式（3-3-2）计算。

$$V \geqslant \pi D^2 (H_1 + H_2)/4 + \pi d^2 h_1/4 \tag{3-3-2}$$

式中：$V$——灌注首批混凝土所需数量（$m^3$）；

$h_1$——桩孔内混凝土达到埋置深度 $H_c$ 时，导管内混凝土柱所需的高度（m），见图 3-3-15；

$$h_1 \geqslant \gamma_w H_w / \gamma_c$$

$H_c$——灌注首批混凝土所需井孔内混凝土面至孔底的高度（m），

$$H_c = H_1 + H_2;$$

$H_w$——井孔内混凝土面以上水或泥浆深度；

$D$——桩孔直径（m）；

$d$——导管内径（m）；

$\gamma_w$——井孔内水或泥浆的密度（$kN/m^3$）；

$\gamma_c$——混凝土拌和物的密度（$kN/m^3$）；

$H_2$——导管初次埋置深度（m），$H_2 \geqslant 1.0m$；

$H_1$——桩孔底至导管底端间距，一般约为 0.4m。

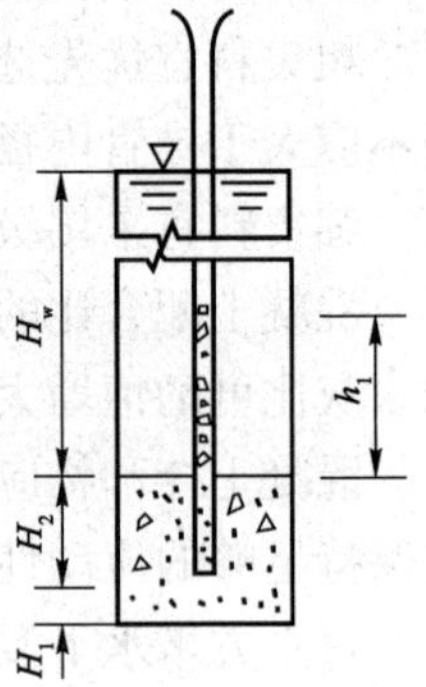

图 3-3-15　首批混凝土

在灌注过程中，每灌一段时间，就要及时抽拔导管，导管在混凝土中的埋置深度宜控制在 2～4m，如图 3-3-14c）所示。提升过快会形成断桩；抽拔不及时或埋入过深，混凝土初凝后导管不能拔出，会造成工程事故。

在灌注过程中，应经常测探井孔内混凝土面的位置，及时地调整导管埋深。

为防止钢筋骨架上浮，当灌注的混凝土顶面距钢筋骨架底部 1m 左右时，应降低混凝土的灌注速度。当混凝土拌和物上升到骨架底口 4m 以上时，提升导管，使其底口高于骨架底部 2m 以上，即可恢复正常灌注速度。

灌注的桩顶高程应比设计值高出一定高度，一般为 0.5～1.0m，以保证混凝土强度，多余部分接桩前必须凿除，残余桩头应无松散层。

灌注将近结束时，应核对混凝土的灌入数量，以确定所测混凝土的灌注高度是否正确。

灌注过程中，应将孔内溢出的水或泥浆引流至适当地点处理，不得随意排放，污染环境及河流。混凝土灌注完后要拔除护筒。

## 五、事故处理

1. 塌孔

塌孔不严重时，可回填至塌孔位置以上，采取改善泥浆性能、加高水头、埋深护筒等措施继续钻进。

若塌孔严重，应立即将钻孔全部用砂或小砾石夹黏土回填，暂停一段时间使其性能稳定后，再采取相应措施（加大泥浆浓度快速钻进等）重钻。

2. 孔身偏斜、弯曲

一般可在偏斜处吊挂钻锥反复扫孔，使钻孔正直。偏斜严重时应回填黏性土到偏斜处，待沉淀密实后再重钻。

3. 扩孔、缩孔

扩孔是孔径增大，要采取防止塌孔和防止钻锥摆动过大的措施。缩孔一是由于钻锥磨损过大焊补不及时，应及时补焊钻锥；二是因地层中有遇水膨胀的软土、黏土泥岩造成的，应选用失水率小的优质泥浆护壁。

4. 钻孔漏浆

若发现护筒内水头不能保持，水位下降，证明有漏浆现象，宜采用将护筒周围填土筑实，增加护筒沉埋深度，适当减小水头高度或采取加稠泥浆，加入黏土慢速转动等措施。

5. 糊钻、埋钻

常出现于正反循环回转钻进和冲击钻进中。遇此情况应对泥浆稠度、钻渣进出口、钻杆内径大小、排渣设备进行检查计算，并控制适当进尺。若已严重糊钻，应停钻提出钻锥，清除钻渣。遇到塌方或其他原因造成埋钻时，应使用空气吸泥机吸走埋钻的泥沙，提出钻锥。

## 六、质量检验及质量标准

(1)钻孔在终孔和清孔后，应对孔位、孔深等进行检验。

(2)孔径、孔形和倾斜度宜采用专用仪器测定，当缺乏专用仪器时，可采用外径为钻孔桩钢筋笼直径加100mm(不得大于钻头直径)，长度为4～6倍外径的钢筋检孔器吊入钻孔内检测。

(3)钻孔成孔的质量标准见表3-3-1。

**钻孔成孔质量标准** 表3-3-1

| 项　目 | 允许偏差 |
|---|---|
| 孔的中心位置(mm) | 群桩：100<br>单排桩：50 |
| 孔径(mm) | 不小于设计桩径 |
| 倾斜度 | 钻孔：小于1% |
| 孔深 | 摩擦桩：不小于设计规定；支承桩：比设计深度超深不小于50mm |
| 沉淀厚度(mm) | 摩擦桩：符合设计要求；<br>当设计无要求时，对于直径≤1.5m的桩，≤300mm；<br>对桩径>1.5m或桩长>40m或土质较差的桩，≤500mm；<br>支承桩：不大于设计规定 |
| 清孔后泥浆指标 | 相对密度：1.03～1.10；黏度：17～20Pa·s；<br>含砂率：<2%；胶体率：>98% |

## 能力考核

### 选择题

1. 钻孔中遇有孔偏斜，且偏斜严重时，应采取的措施是(　　)。

A. 采取深埋护筒法

B. 在偏斜处吊住钻锥反复扫孔，使钻孔正直

C. 应回填黏性土到偏斜处，待沉积密实后重新钻进

D. 适当减小水头高度或加稠泥浆

2. 钻孔桩中距不得小于成孔直径的(　　)倍。

A. 1.5　　B. 2.0　　C. 2.5　　D. 3.0

3. 钻孔桩在水下施工时,混凝土强度等级不应低于(　　)。

A. C20　　B. C15　　C. C25　　D. C30

4. 桩基础的特点有(　　)。

A. 埋置深度大　　B. 承载力高　　C. 有较大的承载面积

D. 沉降量小而均匀　　E. 稳定性好

5. 钻孔灌注桩在开始灌注首批混凝土时,导管下口至孔底的距离,以(　　)cm 为宜。

A. 25 ~40　　B. 20 ~50　　C. 10 ~50　　D. 50 ~60

6. 水下混凝土配合比中,每立方米水下混凝土的水泥用量不宜小于(　　)kg。

A. 350　　B. 300　　C. 400　　D. 500

**判断题**

1. 塌孔严重时,可回填至塌孔位置以上,采取改善泥浆性能、加高水头、埋深护筒等措施继续钻进。(　　)

2. 正循环钻孔的摩擦桩采用换浆清孔法。(　　)

3. 定位筋应均匀对称地焊接在主筋外侧,每隔 2.0 ~2.5m 设置加强箍筋一道。(　　)

4. 水下混凝土灌注时应保持足够的流动性,其坍落度宜为 180 ~220mm。(　　)

5. 在开始灌注首批混凝土时,导管下口至孔底的距离以 25 ~40 cm 为宜。(　　)

**问答题**

1. 简述钻孔的施工工艺。

2. 清孔有哪些方法?

3. 简述常见的钻孔事故和处理方法。

4. 水下混凝土灌注时有哪些注意事项?

5. 简述安放导管的注意事项。

## 模块三　挖孔灌注桩施工

**知识点:**

◎挖孔桩的适用范围;

◎挖孔桩的特点。

**技能点:**

◎挖孔施工。

**【任务引入】**

在遇到无地下水或少量地下水,且较密实的土层或风化岩层的情况下,可采用挖孔桩的方法施工。

**【任务分析】**

本课题主要从挖孔灌注桩的定义、适用范围、施工机具及施工工艺等方面进行分析、讲解。

【任务实施】

## 一、定义

挖孔灌注桩(以下简称挖孔桩)是采用人工挖掘方法进行成孔,然后安装钢筋笼,浇筑混凝土成型。

## 二、挖孔桩的适用范围

挖孔桩适用于无地下水或少量地下水,且较密实的土层或风化岩层。若孔内产生的空气污染物超过现行《环境空气质量标准》(GB 3095—1996)规定的三级标准浓度限值时,必须采取通风措施,方可采用人工挖孔。

## 三、挖孔桩的特点

(1)挖孔设备简单,施工现场较干净,噪声小,振动小,无挤土现象;

(2)施工速度快,可按施工进度要求决定同时开挖桩孔的数量,必要时,各桩孔可同时施工;

(3)土层情况明确,可直接观察到地质变化情况,桩底沉渣清除干净,施工质量可靠;

(4)桩径不受限制,承载力大,与其他桩相比较经济。

但挖孔桩的施工,工人在井下作业,劳动条件差,施工中应特别重视流沙、流泥、有害气体等影响,要严格按操作规程施工,制订可靠的安全措施。

## 四、挖孔桩的直径

挖孔桩的直径除了能满足设计承载力的要求外,还应考虑施工操作的要求,故桩芯直径不宜小于800mm,桩底一般都扩大,扩底变径尺寸按$[(D_1-D)/2]:h=1:4$,$h_1 \geq (D_1-D)/4$进行控制,如图3-3-16所示。当采用现浇混凝土护壁时,护壁厚度一般不少于$D/10+5$(cm),每步高1m,并有100mm放坡。

## 五、施工机具

挖孔桩施工机具比较简单,主要有:

(1)垂直运输工具,如电动葫芦和提土桶,用于施工人员、材料和弃土等的垂直运输。

(2)排水工具,如潜水泵,用于抽出桩孔中的积水。

(3)通风设备,如鼓风机、输风管,用于向桩孔中强制送入空气。

(4)挖掘工具,如镐、锹、土筐等。

(5)若遇到坚硬的土层或岩石,还需准备风铺和爆破设备。此外,还有照明灯、对讲机、电铃等。

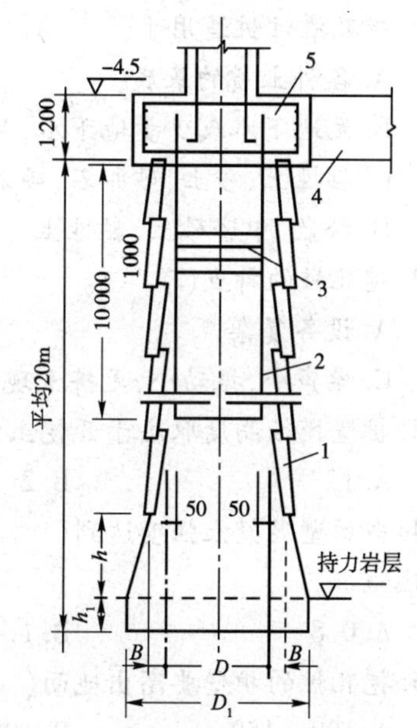

图3-3-16 人工挖孔桩构造图(尺寸单位:mm)

1-护壁;2-主筋;3-箍筋;4-地梁;5-桩帽

## 六、施工工艺

为了确保人工挖孔桩施工过程中的安全,必须考虑防止土体坍滑的支护措施。支护的方法很多,例如可采用现浇混凝土护壁、喷射混凝土护壁、型钢或木板桩工具护壁、沉井等。下面以现浇混凝土分段护壁为例说明人工挖孔桩的施工工艺。

(1)按设计图纸放线、定桩位。

(2)开挖土方。采取分段开挖,每段高度决定于土壁保持直立状态的能力,一般以0.5~1.0m为一个施工段,开挖范围为设计桩芯直径加护壁的厚度。

(3)支设护壁模板。模板高度取决于开挖土方施工段的高度,一般为1m,由4~8块活动钢模饭(或木模板)组合而成。

(4)在模板顶放置操作平台。平台可用角钢和钢板制成半圆形,两个合起来即为一个整圆,用来临时放置混凝土和浇筑混凝土用。

(5)浇筑护壁混凝土。护壁混凝土要注意捣实,因它起着防止土壁塌陷与防水的双重作用。第一节护壁厚宜增加100~150mm,上下节护壁用钢筋拉结。

(6)拆除模板继续下一段的施工。当护壁混凝土强度达到1.2MPa,常温下约24h方可拆除模板、开挖下一段的土方,再支模浇筑护壁混凝土,如此循环,直至挖到设计要求的深度。

(7)安放钢筋笼。绑扎好钢筋笼后整体安放。

(8)浇筑桩身混凝土。当桩孔内渗水量不大时,抽除孔内积水后,用串筒法浇筑混凝土。如果桩孔内渗水量过大,积水过多不便排干,则应用导管法浇筑水下混凝土。

挖孔桩在开挖过程中,须专门制订安全措施。如施工人员进入孔内必须戴安全帽;孔内有人时,孔上必须有人监督防护;护壁要高出地面150~200mm,挖出的土方不得堆在孔四周1.2m范围内,以防滚入孔内;孔周围要设置0.8m高的安全防护栏杆;每孔要设置安全绳及安全软梯;孔下照明要用安全电压;使用潜水泵,必须有防漏电装置;桩孔开挖深度超过10m时,应设置鼓风机,专门向井下输送洁净空气,风量不少于25L/s等。

## 能力考核

**选择题**

1. 挖孔灌注桩适用于(　　)。

A. 各种土质的基底

B. 无地下水或少量地下水,且较密实的土层或风化岩层

C. 黏性土、砂土、砂卵石、碎石、岩石等各类土层

D. 松散、中密砂土、黏性土

2. 挖孔桩的特点(　　)。

A. 设备复杂　　B. 施工现场不干净

C. 噪声小,振动小,无挤土现象　　D. 施工速度慢

3. 护壁模板高度取决于开挖土方施工段的高度,一般为(　　)m。

A. 1　　B. 2　　C. 3　　D. 4

4. 当护壁混凝土强度达到(　　)MPa,常温下约24h方可拆除模板,再开挖下一段的土方及其他施工。

A. 0.8　　B. 1.2　　C. 2.4　　D. 3.2

5. 挖孔桩的护壁要高出地面(　　)。

A. 100~150mm　　B. 100~200mm　　C. 150~200mm　　D. 150~250mm

**判断题**

1. 挖孔灌注桩是采用人工挖掘方法进行成孔,然后安装钢筋笼,浇筑混凝土成型。(　　)

2. 挖孔桩的直径除了能满足设计承载力的要求外，还应考虑施工操作的要求，故桩芯直径不宜小于800mm，桩底一般都扩大。(　　)

3. 浇筑桩身混凝土时当桩孔内渗水量过大时，抽除孔内积水后，用串筒法浇筑混凝土。(　　)

4. 人工挖孔桩必须考虑设置防止土体坍滑的支护措施。(　　)

5. 因为挖孔桩是采用人工开挖桩孔，所以不需要任何施工机具。(　　)

**问答题**

1. 什么是挖孔灌注桩？

2. 挖孔桩的直径有哪些要求？

3. 挖孔桩的施工机具主要有哪些？

4. 简述挖孔桩的施工工艺。

## 课题四　沉井基础施工简介

**知识点：**

◎沉井的适用条件；

◎沉井的组成。

**技能点：**

◎沉井基础的施工；

◎沉井施工过程中质量事故的处理。

**【任务引入】**

在桥涵设计中，根据地质情况有时会采用沉井基础。沉井基础是实体基础的一种，由于它具有整体性强、承载力大和施工技术简单等优点，所以沉井基础在桥梁工程中得到广泛的应用。

**【任务分析】**

1. 沉井的概念及适用条件；

2. 沉井的组成；

3. 沉井基础的施工工艺。

**【任务实施】**

### 一、沉井的概念及使用条件

沉井是一个无底无盖的井状结构物，是以在井内不断除土，井体借自重克服外壁与土的摩阻力而不断下沉至设计高程，并经过封底、填芯以后，使其成为桥梁墩、台或其他结构物的基础。

沉井基础的特点是埋置深度可以很大，整体性强、稳定性好，能承受较大的垂直荷载和水平荷载。沉井既是基础，又是施工时的挡土和围堰结构物，施工工艺也不复杂。根据经济合理、施工上可能的原则，一般在下列情况下可采用沉井基础。

(1)上部荷载较大，而表层地基土的容许承载力不足，做扩大基础开挖工作量大以及支撑难，但在一定深度下有较好持力层，采用沉井基础与其他深基础相比较，经济上较为合理时。

(2)在山区河流中，虽然土质较好，但冲刷大，或河中有较大卵石不便桩基础施工时。

(3)岩石表面较平坦且覆盖层薄，但河水较深，采用扩大基础施工围堰有困难时。

## 二、沉井的组成

沉井主要由井壁、刃脚、隔墙、井孔、凹槽、射水管、封底和盖板等部分组成。

1. 刃脚

刃脚在沉井的最下端，用钢板做成，形如刀刃，当沉井下沉时，起切入土中的作用，如图3-4-1所示。

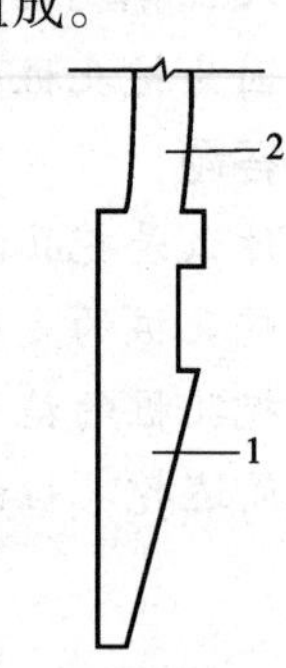


图3-4-1 钢板刃脚示意图

1-钢刃脚；2-井壁

2. 井壁

井壁沉井的外壁，用钢筋混凝土逐节现浇而成。下沉的过程中，除起挡土作用外，还以其自重克服外壁与地基土之间的摩阻力和刃脚底部的土阻力，使沉井逐渐下沉，直至设计高程。

3. 隔墙

隔墙是把沉井分成若干小间，以减小由外侧土压力对井壁的弯矩，加强沉井的刚度。此外，在施工时，便于挖土和可以控制沉井下沉的偏差。

4. 井孔

井孔是挖土排土的工作场所和通道。井孔尺寸应满足施工要求，宽度(直径)不宜小于3m。井孔布置应对称于沉井中心轴，便于对称挖土使沉井均匀下沉。

5. 凹槽

凹槽设在井孔下端近刃脚处，其作用是使封底混凝土与井壁有较好的结合，封底混凝土底面的反力更好的传给井壁(如井孔全部填实的实心沉井也可不设凹槽)。凹槽的深度约0.15~0.25m，高约1.0m。

6. 射水管

当沉井下沉深度大，穿过的土质又较好，估计下沉会产生困难时，可在井壁中预埋射水管组。射水管应均匀布置，以利于控制水压和水量来调整下沉方向。一般水压不小于600kPa。

7. 封底和盖板

沉井沉至设计高程进行清基后，便浇筑封底混凝土。混凝土达到设计强度后，可从井孔中抽干水并填满混凝土或其他圬工材料。如井孔中不填料或仅填以沙砾则须在沉井顶面筑钢筋混凝土盖板，盖板厚度一般为1.5~2.0m。封底混凝土底面承受地基土和水的反力，这就要求封底混凝土有一定的厚度(可由应力验算决定)，其厚度根据经验也可取不小于井孔最小边长的1.5倍。封底混凝土顶面应高出刃脚根部不小于0.5m，并浇灌到凹槽上端。封底混凝土强度等级对岩石地基用C15，一般地基用C20。井孔中充填的混凝土，其强度等级不应低于C10。

## 三、沉井的施工工艺

沉井的施工工序是：

(1)在进行沉井施工时，先在沉井位置开挖基坑，坑的四周打桩，设置工作平台。

(2)铺砂垫层，搁置垫木。

(3)制作钢刃脚，并浇筑第一节钢筋混凝土井筒。

(4)待第一节井筒的混凝土达到一定强度后，抽出垫木，并在井筒内挖土，或用水力吸泥，使沉井下沉。沉井下沉施工可分为排水下沉和不排水下沉。

(5)然后加高沉井,分节浇筑,沉井在井壁自重的作用下,逐渐下沉。

(6)当沉井下沉到设计高程后,用混凝土封底,浇筑钢筋混凝土底板,形成地下结构。沉井施工过程,如图 3-4-2 所示。

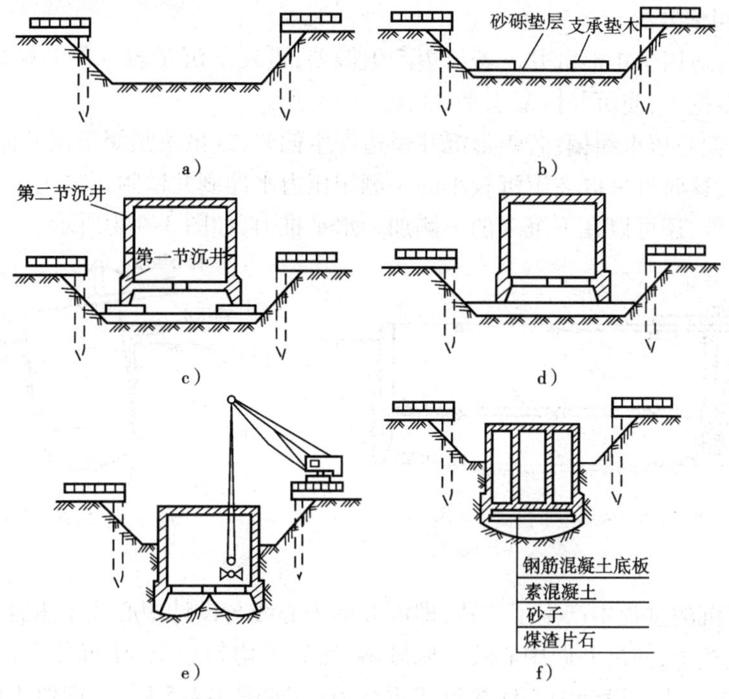


图 3-4-2　沉井施工主要程序示意图

a)打桩、开挖、搭台;b)铺砂垫层、承垫木;c)沉井制作;d)抽取承垫木后;e)挖土下沉;f)封底、回填、浇筑其他部分结构

## 四、基底处理

沉井沉到设计高程后,应检验基底的地质情况是否与设计相符。当采用排水下沉时,可直接检验、处理;采用不排水下沉时,应由潜水员进行水下检验、处理,必要时取样鉴定。

基底面应尽量整平,高差要保证水下封底混凝土在刃脚和隔墙下满足设计要求的最小厚度,以提高水下混凝土的灌注质量。

防止封底混凝土和基底间掺入有害夹层。基底为岩层时,岩面残留物(风化岩碎块、卵石、砂)应清除干净,清除后的有效面积(即沉井底面积扣除在刃脚下一定宽度不可能完全清除干净的面积)不得小于设计要求。基底为砂质或黏质土时,应铺以碎石或砾石垫层,以铺至刃脚尖以上 20cm 处为好。对排水下沉的沉井,还须沿刃口周边下面以碎石或砾石填平夯实。

井壁、隔墙及刃脚与封底混凝土接触面处的污泥应予清除。

基底检验合格后,应及时进行封底。对于排水下沉的沉井,在清基时,如渗水量上升速度小于或等于 6mm/min,可按普通混凝土浇筑方法进行封底;若渗水量大于上述规定时,宜采用水下混凝土(导管法灌注)进行封底。

## 五、沉井在施工过程中的质量事故及处理

沉井在下沉过程中,常出现的工程质量事故,主要是沉井产生倾斜和位移。

1. 倾斜

(1)倾斜的原因

由于土质软硬不同,各处存在较大的差异,或因局部遇上障碍物,致使沉井下沉不均匀,从而产生倾斜。这种倾斜对工程来说,是不允许出现的,所以需要进行纠偏。

(2)常用的纠偏方法

①压重纠偏:适用于矩形沉井。若长边产生偏差,可在下沉量较少的一端用铸铁块、砖块等重物压上,并多挖土,使沉井恢复水平,如图 3-4-3 所示。

②压力水加偏心压重纠偏:若矩形沉井短边产生偏差,或虽不是矩形沉井而是小直径的圆形沉井发生偏差,这时可采取在下沉较小的一侧用压力水冲刷井壁附近的土,并在沉井上端加以偏心压重。此外,还可以在下沉多的一侧加一水平推力,如图 3-4-4 所示。

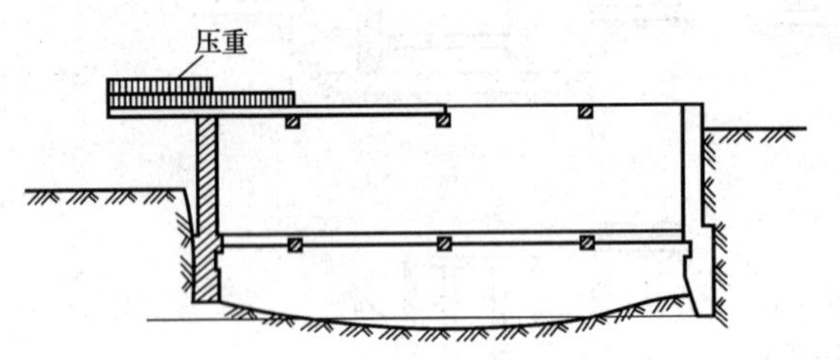


图 3-4-3 偏心压重纠偏示意图

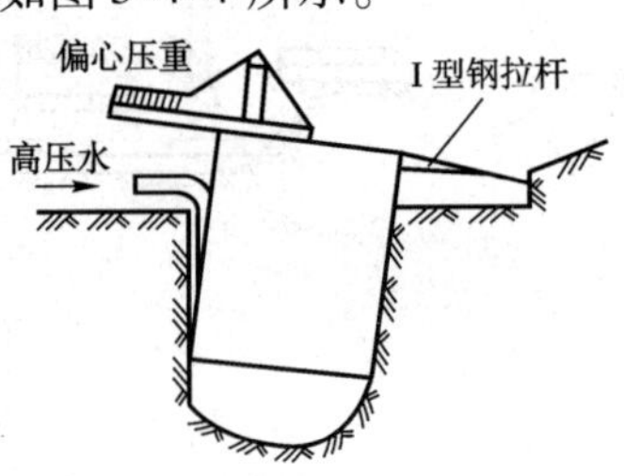


图 3-4-4 沉井纠偏示意图

2. 位移

当沉井在下沉的过程中产生了位移,即沉井的中心线与设计中心线不重合。这时,可在沉井中心线一侧先挖土,使沉井向中心线一侧倾斜,然后再均匀挖土,使沉井沿设计中心线一侧下沉,直到沉井中心线与设计中心线接近或重合为止,如图 3-4-5 所示,即纠正位移完成。

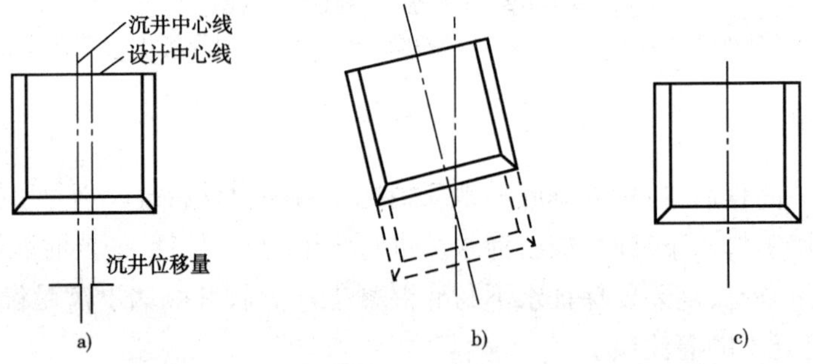


图 3-4-5 沉井位移纠正方法示意图

a)沉井位移;b)纠正过程;c)纠正完毕

## 能力考核

### 选择题

1. 凹槽设在井孔下端近刃脚处,凹槽的深度约(  )m,高约 1.0m。

A. 0.1 ~0.25 B. 0.15 ~0.25 C. 0.1 ~0.3 D. 0.15 ~0.35

2. 沉井沉到设计高程后,当采用排水下沉时,可(  )基底。

A. 直接检验和处理

B. 潜水员下水检验和处理

C. 取样鉴定

3. 沉井在下沉过程中，常出现的工程质量事故，主要是沉井产生(　　)。

A. 倾斜　　B. 位移　　C. 开裂　　D. 失稳

4. 沉井下沉施工可采用(　　)的下沉法。

A. 排水法　　B. 不排水法　　C. 冲击法　　D. 挖土法

5. 沉井基础适用条件(　　)。

A. 岩石表面较平坦且覆盖层薄，但河水较深，采用扩大基础施工围堰有困难时

B. 水流较大时

C. 水流较小时

D. 河床断面较平坦时

**判断题**

1. 沉井下沉必须排水下沉。(　　)

2. 沉井下到设计高程后必须进行封底。(　　)

3. 沉井在下沉的过程中产生位移，即沉井的中心线与设计中心线不重合。(　　)

4. 沉井下沉过程中常用的纠偏方法有压力水加偏心压重纠偏。(　　)

5. 井孔布置可不对称于沉井中心轴。(　　)

**问答题**

1. 什么是沉井？

2. 沉井由哪几部分组成？

3. 沉井基础有何特点？

4. 简述沉井基础的施工工序。

5. 简述沉井在施工过程中常见的质量事故及处理方法。

# 单元四　桥梁墩、台施工

桥梁墩、台是桥梁结构的重要组成部分，承担着桥梁上部结构所产生的作用，并将作用有效地传递给地基基础。桥梁墩、台施工是桥梁工程施工中的一项重要内容，其施工质量的优劣，对桥梁工程的使用功能影响重大。在施工过程中，首先应选择合理、科学的施工方法，然后准确地测定墩、台的位置，采用验收合格的建筑材料，正确地进行模板制作与安装，严格执行施工规范的规定，确保施工质量达到设计要求。

桥梁墩、台施工方法通常分为两大类：一类是现场就地浇筑与砌筑；另一类是拼装预制的混凝土砌块、钢筋混凝土或预应力混凝土构件。前者具有工序简单，使用机具较少，操作技术易于掌握等优点，目前多数工程采用这种施工方法；但是施工工期较长，耗费劳动力和物力较多。后者施工进度较快，能减轻工人劳动强度，可以进行工业化制造等优点；但对施工机械、施工队伍的技术熟练程度要求更高，随着交通建设事业的发展，它的应用前途更广阔。

## 课题一　概　　述

### 模块一　桥墩构造

**知识点：**

◎ 梁桥桥墩的类型与构造；

◎ 拱桥桥墩的类型与构造。

**技能点：**

◎ 根据桥墩的适用条件正确选用桥墩类型。

**【任务引入】**

桥梁桥墩的类型多种多样，要学习桥墩的施工方法，就需要了解各类桥墩的基本构造。

**【任务分析】**

1. 梁桥桥墩的类型与构造；

2. 拱桥桥墩的类型与构造。

**【任务实施】**

#### 一、梁桥桥墩构造

1. 重力式桥墩

重力式桥墩由墩帽、墩身和基础3部分组成。

墩帽一般用不低C20混凝土筑成，其顶面在横桥向常做成一定的排水坡，四周应挑出墩身约5～10cm的范围作为滴水（檐口），如图4-1-1所示。在墩帽内，大、中跨径桥梁应设置构造钢筋，小跨径桥梁，当桥宽较窄时，除严寒地区外，可不设构造钢筋。

对于中、小跨径的桥梁，支座可直接安置在墩帽上，为了使支座传来的压力均匀分布到墩顶上，可在支座下设置 1 ~ 2 层钢筋网。钢筋网的尺寸为支座的 2 倍，钢筋直径一般为 8 ~ 12mm，网格间距为 7 ~ 10cm。

对于大跨径的桥梁，需在墩顶上设置钢筋混凝土支撑垫石(图 4-1-2)，支座要放在支撑垫石上。支撑垫石的平面尺寸要根据支座大小、支座传来的荷载大小和支撑垫石下墩顶混凝土的强度而定，一般要求支座边缘距支撑垫石边缘的距离不小于 15 ~ 20cm，支撑垫石的厚度一般为其长度的 1/2 ~ 1/3。

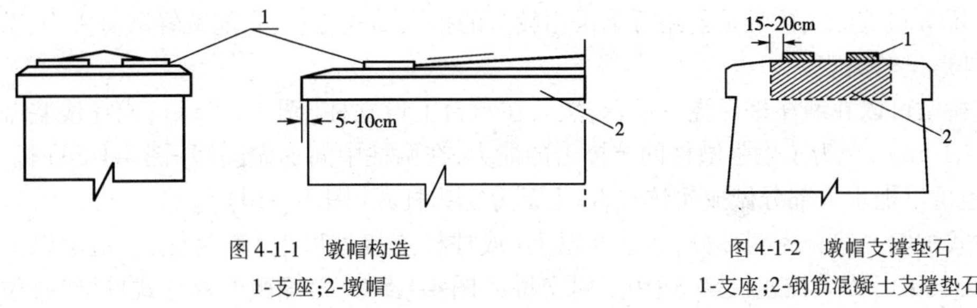


图 4-1-1　墩帽构造

1-支座;2-墩帽

图 4-1-2　墩帽支撑垫石

1-支座;2-钢筋混凝土支撑垫石

墩身的平面形状，在河中可以做成圆端形或尖端形，在无水岸墩或高架桥也可做成矩形，在水流与桥梁斜交时，可做成圆形。墩身可用浆砌块石或混凝土筑成。

设在天然地基上的桥墩基础一般采用 C15 以上的混凝土或 M5 砂浆砌片石(或块石)筑成。基础平面尺寸应较墩身底面尺寸略大。在竖向，基础可以做成单层式的或 2 ~ 3 层台阶式的。

重力式桥墩的优点是承载能力大，缺点是圬工数量多，重力大，适用于荷载较大或河流中流冰和漂浮物较多的桥梁。

2. 钢筋混凝土薄壁桥墩

由于重力式桥墩重力大，当地基土质条件较差时，为了减轻地基的应力，可考虑采用钢筋混凝土薄壁桥墩(图 4-1-3)，其墩身厚度约为墩高的 1/10 ~ 1/15(一般为 30 ~ 50cm)。其圬工数量比重力式桥墩节省 70% 左右，但需耗用较多的钢筋。

3. V 形桥墩和 Y 形桥墩

大跨径桥梁，当上部结构为连续梁时，为了缩短两桥墩的跨径，桥墩结构可采用顶部分开、底部连在一起的 V 形桥墩[图 4-1-4a)]和顶部分开、底部与直立桥墩连在一起的 Y 形桥墩[图 4-1-4b)]。由于这种桥墩能缩短上部结构的跨径，所以上部结构所产生的弯矩比用其他形式的桥墩减少很多。

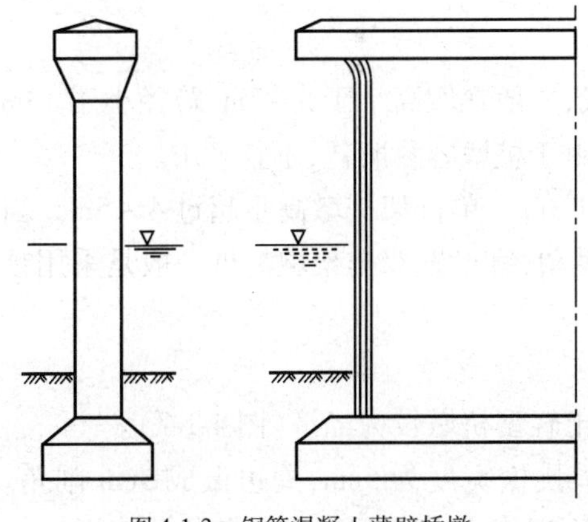

图 4-1-3　钢筋混凝土薄壁桥墩

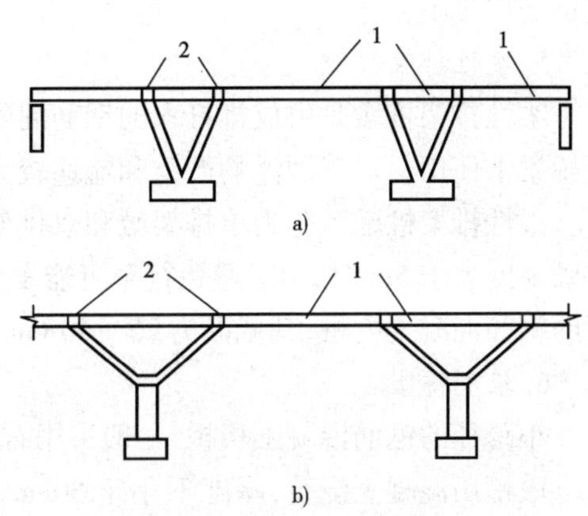


图 4-1-4　V 形桥墩和 Y 形桥墩

1-预制梁;2-接头

V 形桥墩的高度一般都设计成等高，墩底可以是固接的，也可以是铰接的。Y 形桥墩的高度可以不同，但斜臂顶至底的距离应保持不变，这样可以使所有的斜臂都具有统一的体形。

V 形和 Y 形桥墩具有优美的外形，它能增加上部结构的跨径，减少桥墩数目，但施工比较复杂，需设置临时墩和用钢脚手架来支承斜臂的重力。

4. 柱式桥墩和桩柱式桥墩

柱式桥墩和桩柱式桥墩是公路桥梁采用较多的桥墩形式之一，它能减轻墩身重力，节约圬工材料，外形又较美观。

柱式桥墩可以在灌注桩顶浇一承台，然后在承台上设立柱[图 4-1-5a)]；或在浅基础上设立柱[图 4-1-5b)]。为了增强墩柱间抗撞击的能力，在两柱中间加做隔墙[图 4-1-5c)]。当桥墩较高，也可以把水下部分做成实体式，以上部分仍为柱式[图 4-1-5d)]。

桩柱式桥墩一般分为两部分，在地面以上（或柱桩连接处以上）称为柱，在地面以下称为桩。[图 4-1-5e)]为单柱式桩墩，适用于斜交桥；[图 4-1-5f)]为等截面双柱式桩墩，桩位施工的精度要求高；[图 4-1-5g)]为变截面双柱式桩墩。为了增加桩柱的横向刚度，在桩柱之间设置横系梁[图 4-1-5g)]。

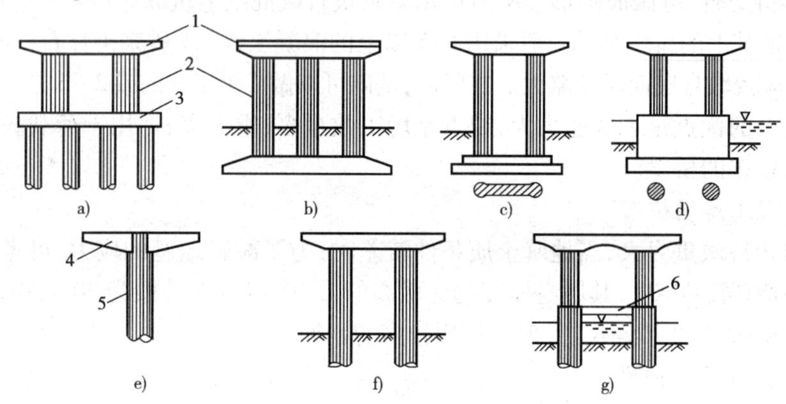


图 4-1-5　梁桥柱式和桩柱式桥墩

1-盖梁；2-立柱；3-承台；4-悬臂盖梁；5-单立柱；6-横系梁

桩柱式桥墩施工方便，特别是采用钻孔灌注桩时，钻孔直径较大，墩身的刚度也比较大，桩内钢筋用量不多。

5. 柔性排架桩墩

柔性排架桩墩是由成排打入的钢筋混凝土桩构成，一般在墩高小于 5 ~ 7m，跨径小于 13m 的桥梁上使用。对于漂浮物严重和流速较大的河流，由于桩墩容易磨耗，不宜采用。

柔性排架桩墩可分为单排架墩和双排架墩（图 4-1-6）。单排架桩墩高不超过 4 ~ 5m。当桩墩高度大于 5m 时，为了避免行车可能发生的纵向晃动，宜设置双排架墩。桩一般是采用预制的钢筋混凝土方桩，其截面为 25 ~ 40 cm 的矩形。

6. 轻型桥墩

小跨径的钢筋混凝土板桥，一般采用石砌或混凝土轻型桥墩较为经济（图 4-1-7）。

墩帽用混凝土浇筑，厚度不小于 30cm。墩帽四周挑檐宽度为 5cm，周边做成 5cm 削角。当桥面的横向排水不用三角垫层调整时，可在墩帽顶面以中心向两端加做三角垫层。墩帽上要预埋栓钉，位置与上部结构块件的栓孔相适应。

墩身用混凝土或浆砌块石做成，宽度不小于60cm，两边坡度为直立，两头做成圆墩形。

基础采用C15号混凝土或M5浆砌片石（或块石）做成，平面尺寸较墩身底面尺寸略大（一般大20cm）。基础多做成单层式的，其高度在60cm上下。

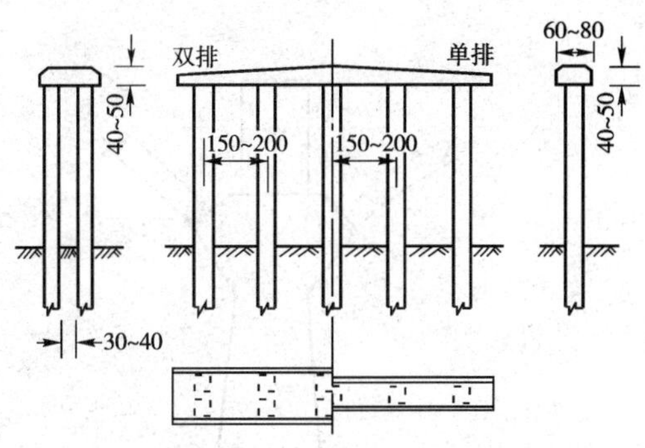

图4-1-6　柔性排架桩墩（尺寸单位：cm）

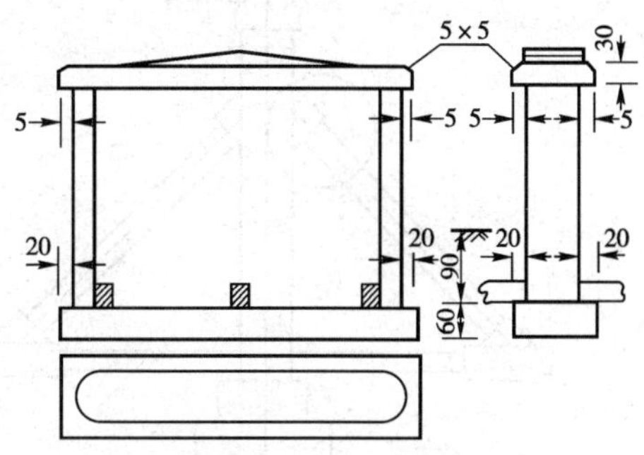

图4-1-7　轻型桥墩（尺寸单位：cm）

## 二、拱桥桥墩构造

1. 重力式桥墩

拱桥重力式桥墩，其形式基本上与梁桥重力式桥墩相仿。因为承受较大的水平推力，所以，拱桥重力式桥墩的宽度尺寸比梁桥大。同时，墩帽顶部宜做成斜坡（图4-1-8）。

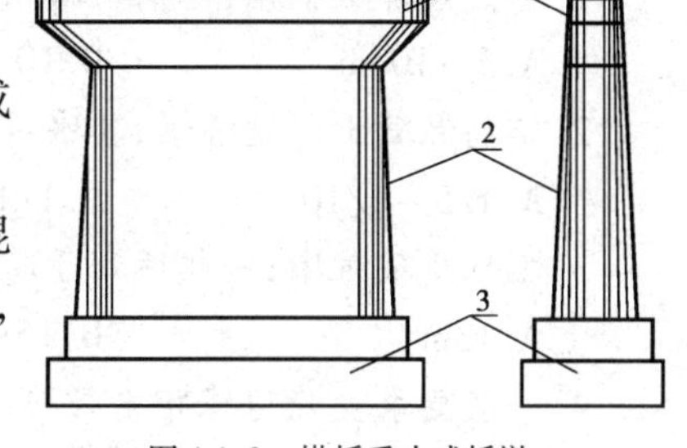

图4-1-8　拱桥重力式桥墩

1-墩帽；2-墩身；3-基础

墩帽可用浆砌块石（或料石）做成（对应于石拱桥），或用混凝土做成（对应于混凝土或钢筋混凝土拱桥）。

拱桥墩身体积较大，除了用块石砌筑外，也有用片石混凝土浇筑的。有时为了节省圬工砌体，可将墩身做成空心，中间填以砂石。

拱桥桥墩基础与梁桥相同。

2. 柱式桥墩和桩柱式桥墩

拱桥的柱式桥墩和桩柱式桥墩与梁桥相同。由于承受较大的水平推力，柱和桩的直径比梁桥大，根数也比梁桥多。当跨径较大（40～50m）时，可以采用双排桩。

3. 单向推力墩

多跨拱桥根据施工和使用要求，每隔3～5孔设置单向推力墩，目前常用的单向推力墩有以下几种形式。

（1）普通柱墩加设斜撑及拉杆的单向推力墩

这种单向推力墩是在普通墩柱上对称增设一对钢筋混凝土斜撑（图4-1-9），以提高其抵抗单向水平推力的能力。接头只承受压力而不承受拉力。在基础埋置深度不大且地基条件较好时，也可把桥墩基础加宽成“⊥”形的单向推力墩。

（2）悬臂式单向推力墩

悬臂式单向推力墩是在桥墩的顺桥向双向挑出悬臂（图4-1-10）。当邻孔遭到破坏后，由于悬臂端的存在，使拱支座竖向反力通过悬臂端而成为稳定力矩，保证了单向推力墩不致遭到损坏。

(3)实体单向推力墩

当桥墩较矮及单向推力不大时,只需加大实体墩身的尺寸即可。

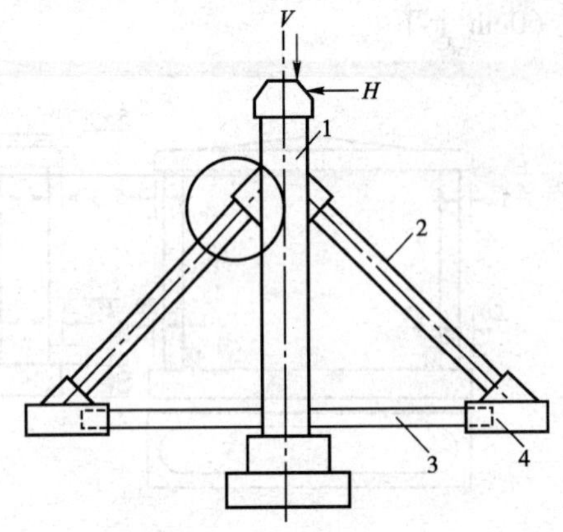


图 4-1-9 普通柱墩加设斜撑及拉杆的单向推力墩

1-立柱;2-斜撑;3-拉杆(用预应力);4-基础板

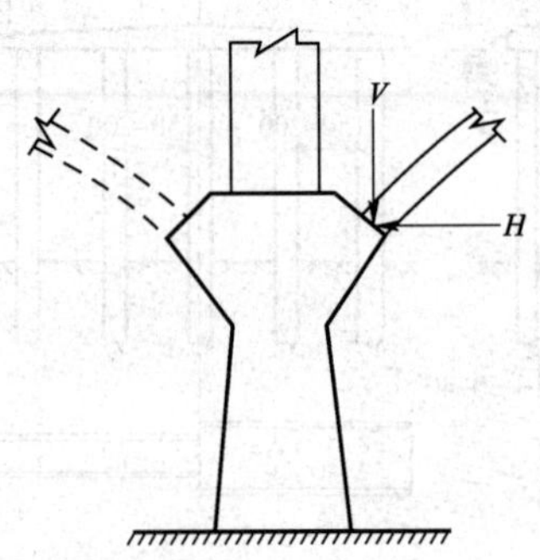


图 4-1-10 悬臂式单向推力墩

## 能 力 考 核

### 选择题

1. 重力式桥墩墩帽,四周应挑出墩身约(　　)作为滴水。

A. 5~10cm　　B. 10~15cm　　C. 15~20cm

2. 钢筋混凝土薄壁桥墩,其墩身厚度约为墩高的(　　)。

A. 1/5~1/10　　B. 1/10~1/15　　C. 1/15~1/20

3. 柔性排架桩墩,一般适用于跨径小于(　　)的桥梁上使用。

A. 13m　　B. 15m　　C. 17m

4. 一般要求支座边缘距支撑垫石边缘的距离不小于(　　)。

A. 10~15cm　　B. 15~20cm　　C. 20~25cm

5. 轻型桥墩墩身用混凝土或浆砌块石做成,宽度不小于(　　)。

A. 60cm　　B. 80cm　　C. 100cm

### 判断题

1. 重力式桥墩墩帽内,小跨径桥梁应设置构造钢筋。(　　)
2. 对于大跨径的桥梁,需在墩顶上设置钢筋混凝土支撑垫石。(　　)
3. 钢筋混凝土薄壁桥墩的优点是承载能力大,缺点是圬工数量多,重力大。(　　)
4. 轻型桥墩的墩帽上要预埋栓钉,位置与上部结构块件的栓孔相适应。(　　)
5. 因需承受较大的水平推力,拱桥重力式桥墩的宽度尺寸比梁桥大。(　　)

### 问答题

1. 重力式桥墩特点和适用条件是什么?
2. 柱式桥墩和桩柱式桥墩的区别有哪些?
3. V 形桥墩和 Y 形桥墩有什么特点?
4. 柔性排架桩墩的构造有哪些要求?
5. 单向推力墩有哪些形式?

# 模块二　桥台构造

**知识点：**

◎梁桥桥台的类型与构造；

◎拱桥桥台的类型与构造。

**技能点：**

◎根据桥台的适用条件正确选用桥台类型。

**【任务引入】**

桥梁桥台的类型多种多样，要学习桥台的施工，还需要先了解桥台的基本形式和构造要求。

**【任务分析】**

1. 梁桥桥台的类型与构造；

2. 拱桥桥台的类型与构造。

**【任务实施】**

## 一、梁桥桥台构造

### 1. 重力式 U 形桥台

重力式 U 形桥台由台帽、台身（前墙和侧墙）和基础三部分组成（图 4-1-11）。前墙除承受上部结构传来的荷载外，还承受路堤的水平压力。前墙顶部设置台帽，以放置支座和安设上部构造，其构造要求与墩帽基本相同。台顶部分用防护墙（或称雉墙）将台帽与填土隔开，侧墙用以连接路堤并抵挡路堤填土向两侧的压力。

侧墙长度可根据锥形护坡长度决定，侧墙后端应伸入路堤锥坡内 75cm，以防填土松坍。尾端上部做成垂直，下部按一定坡度缩短，前端与前墙相连，改善了前墙的受力条件。桥台前墙的下缘一般与锥坡下缘相齐。两个侧墙间应填以渗透性较好的土。为了排除桥台前墙后面的积水，应于侧墙间略高于高水位的平面上铺一层向路堤方向设有斜坡的夯实黏土作为防水层，并在黏土层上再铺一层碎石，将积水引向设于桥台后横穿路堤的盲沟内（图 4-1-11）。

桥台两侧设有锥形护坡，锥坡的坡度一般由纵向（顺路堤方向）为 1∶1 逐渐变至横向为 1∶1.5，以便和路堤边坡一致。锥坡的平面形状为 1/4 椭圆。锥坡用土夯筑而成，其表面用片石砌筑。

重力式 U 形桥台，主要依靠自身重力和台内填土重力来保持稳定，其构造虽然简单，但圬工数量大，并由于自身重力而增加对地基的压力，因此，一般宜在填土高度和跨径不大的桥梁中采用。

### 2. 钢筋混凝土薄壁桥台

钢筋混凝土薄壁桥台是由扶壁式挡土墙和两侧的薄壁侧墙所构成（图 4-1-12）。挡土墙由厚度不小于 15cm（一般为 15～30cm）的前墙和每隔 2.5～3.5m 设置的扶壁所组成。台顶由竖直小墙和支于扶壁上的水平板构成承梁部分，以支承桥跨。侧墙由两个边扶壁构成，在边扶壁上建有钢筋混凝土耳墙。

这种桥台比重力式U形桥台可减少圬工体积40%～50%，同时还因自身重力轻而减小对地基的压力。但其构造复杂，钢筋用量也比较多，适用于在软土地基上建造的桥梁。

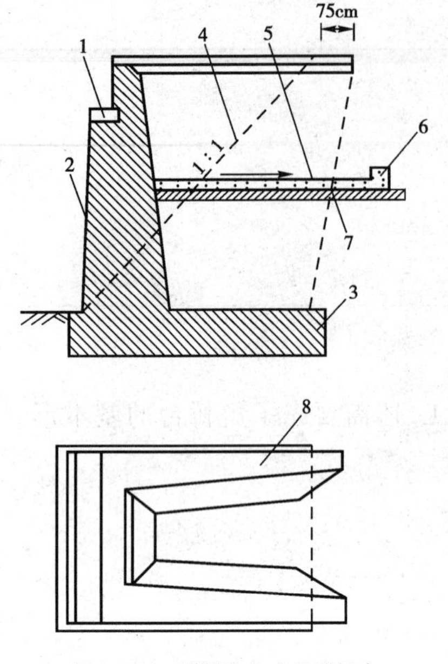


图4-1-11　梁桥重力式U形桥台

1-台帽；2-前墙；3-基础；4-锥形护坡；5-碎石；6-盲沟；7-夯实黏土；8-侧墙

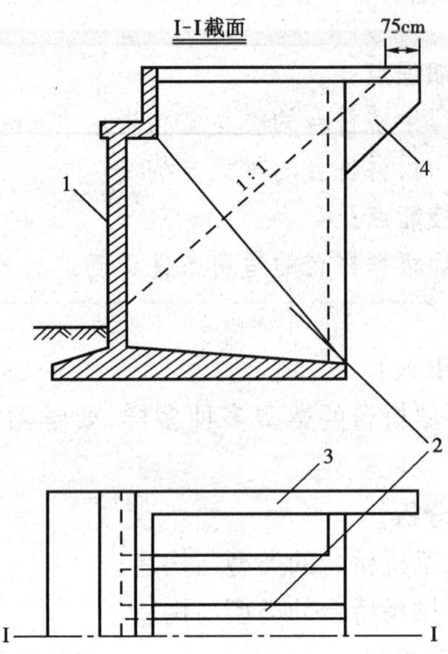


图4-1-12　钢筋混凝土薄壁桥台

1-前墙；2-扶壁；3-侧墙；4-耳墙

3. 埋置式桥台

当路堤填土高度超过6～8m时，可采用埋置式桥台。它是将台身埋在锥形护坡中，只露出台帽，以安放支座和上部结构。由于台身埋入土中，利用台前锥坡产生的土压力来抵消台后的主动土压力，可以增加桥台的稳定性，桥台的尺寸也相应减小。但埋置式桥台的锥坡挡水面积大，对桥孔下的过水面积有所压缩。

埋置式桥台台顶部分的内角到路堤锥坡表面的距离不应小于50cm，否则应在台顶缺口的两侧设置横隔板，使台顶部分与路堤锥坡的填土隔开，防止土壅到支承平台上。桥台通过耳墙与路堤衔接，耳墙伸进路堤的长度一般不小于50cm。

重力式埋置桥台的台身可用混凝土、片石混凝土或浆砌块石筑成，耳墙用钢筋混凝土做成。台身常做成向后倾斜，这样可减小台后土压力和基底合力偏心距。但施工时应注意桥台前后均匀填土，以防倾倒[图4-1-13 a)]。

除了重力式埋置桥台外，还有立柱式埋置桥台[图4-1-13 b)]、框架式埋置桥台[图4-1-13 c)]和桩式埋置桥台[图4-1-13 d)]。这些桥台均较重力式桥台轻巧，能节约大量圬工。

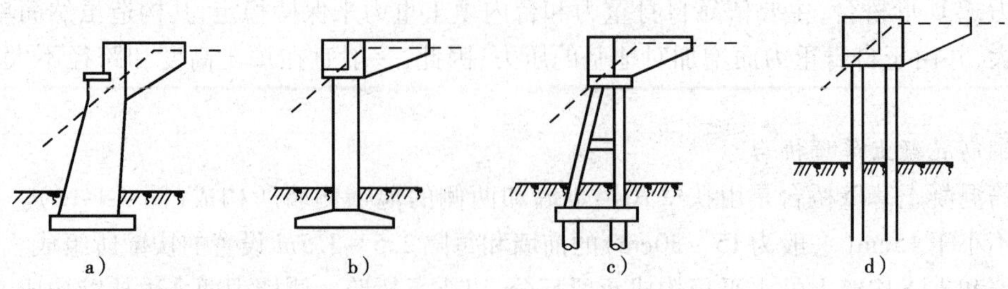


图4-1-13　埋置式桥台

在高等级公路中，对于桩式埋置桥台，由于桩的下沉量很小、路基下沉量较大而引起桥头跳车时，需设置桥头搭板。

4.轻型桥台

轻型桥台用于跨径不大于13m的板(梁)桥，且不宜多于3孔，全长不大于20m。

台帽用混凝土浇筑，厚度不小于30cm。当填土高度较高或跨径较大时，宜采用有台背的台帽。当上部构造不设三角垫层时，可在台帽上做成有斜坡的三角垫层。

台身用混凝土浇筑或块石砌筑，宽度不小于60cm，两边坡度为直立。两边翼墙与桥台连成整体，成为一字形桥台[图4-1-14 b)]；也有把翼墙与桥台设缝分离，翼墙与水流方向成30°夹角，成为八字形桥台[图4-1-14 a)]。为了节约圬工数量，也可在边柱上设置耳墙[图4-1-14 c)]。为了增加桥台抵抗水平推力的抗弯刚度，也可将台身做成T形截面[图4-1-14 d)]。

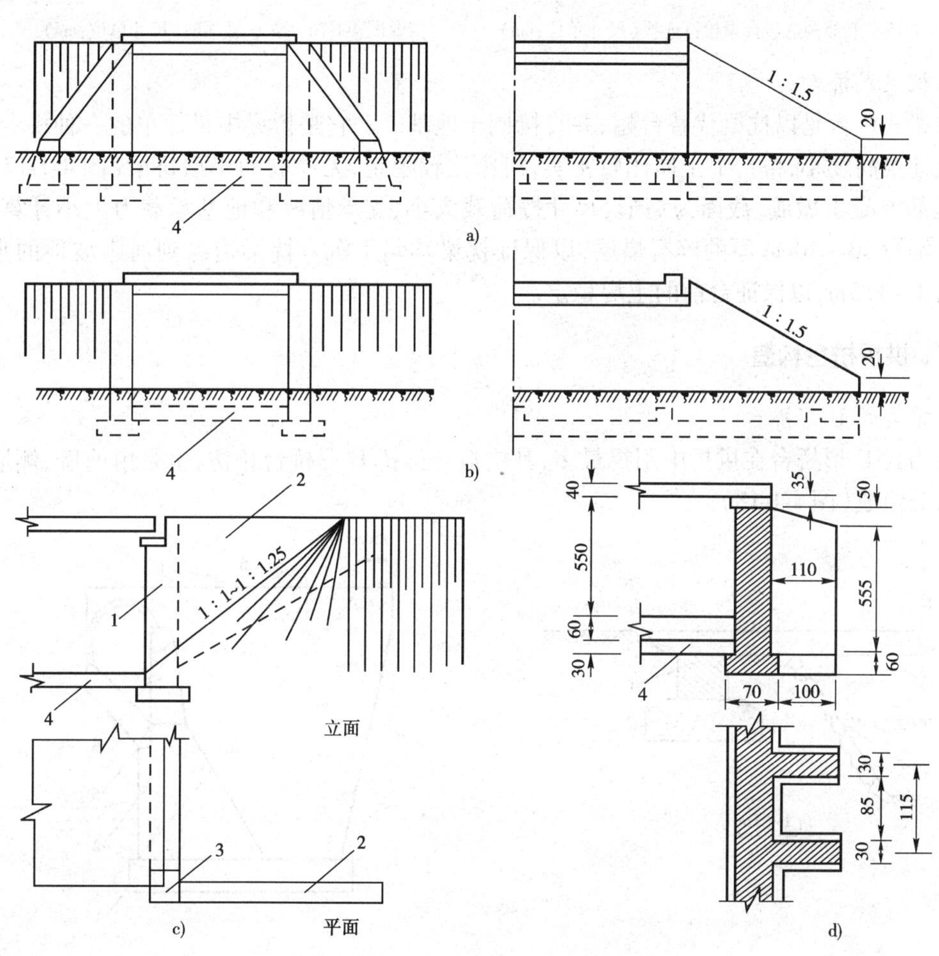


图4-1-14 轻型桥台(尺寸单位:cm)

1-台墙;2-耳墙;3-边柱;4-支承梁

轻型桥台在墩、台基础间设置支撑梁，在上部结构与台帽之间设置锚固栓钉连接，使上部结构与支撑梁共同支撑桥台、承受台后土压力，从而减小桥台尺寸，节省圬工数量。

上部构造与台帽间应用栓钉连接，栓钉孔、上部结构与台背之间用小石子混凝土(标号同上部结构)或砂浆填实(图4-1-15)。栓钉直径不宜小于上部构造主筋的直径，锚固长度为台帽厚度加上三角垫层和板厚。

桥台下端与相邻桥台(墩)之间设置支承梁。支承梁的尺寸一般为 20cm × 30cm,设在铺砌层及冲刷线之下,中距为 2 ~ 3m。对于多孔桥的一字形桥台,墩与台之间的支承梁需设置支承梁顶座(图 4-1-16)。

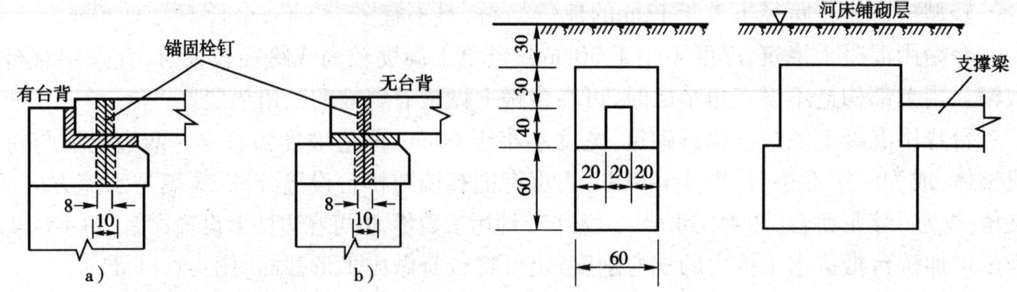


图 4-1-15　上部构造与台帽栓钉连接(尺寸单位:cm)　　图 4-1-16　支承梁顶座(尺寸单位:cm)

5. 枕梁式桥台

枕梁式桥台是以枕梁代替台帽,并直接搁于地基上。它是桥梁中最简单的一种桥台,适用于桥梁建筑高度小,桥台下土质比较密实,河床比较稳定,无冲刷的小型桥梁(图 4-1-17)。枕梁用钢筋混凝土做成,截面为矩形,尺寸按荷载大小、支承情况和地基承载力大小计算确定。枕梁下铺设 50 ~ 70cm 厚的碎石垫层,以保证枕梁均匀下沉。枕梁边缘到河床坡顶的水平距离应为 1 ~ 1.5m,以保证台前的土堤稳定。

## 二、拱桥桥台构造

1. 重力式 U 形桥台

重力式 U 形桥台在拱桥中用得最多,其构造与梁桥 U 形桥台相仿,也是由前墙、侧墙和基础三部分组成(图 4-1-18)。

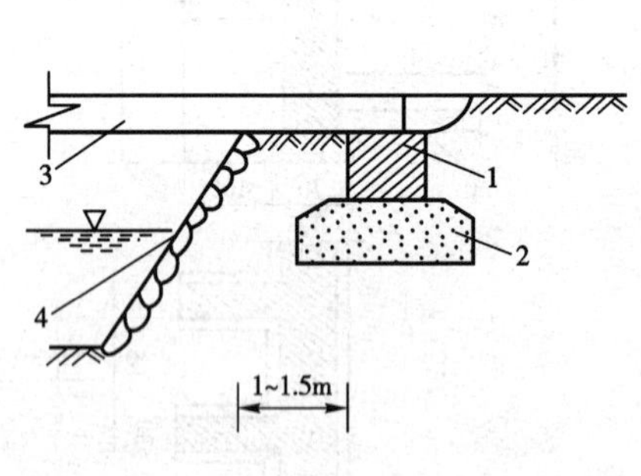


图 4-1-17　枕梁式桥台

1-枕梁;2-碎石;3-梁;4-护坡

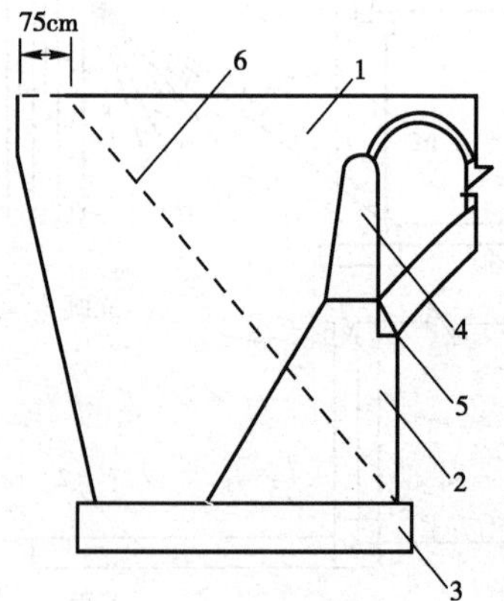


图 4-1-18　拱桥重力式 U 形桥台

1-侧墙;2-前墙;3-基础;4-防护墙;5-台帽;6-锥坡

前墙承受拱圈推力和路堤填土压力。前墙上设有台帽,构造和拱桥墩帽相同。对空腹式拱桥,在前墙顶设有防护墙。侧墙和前墙连成整体,伸入路堤锥坡内 75cm,并抵挡路堤填土向两侧的压力。

2. 组合式桥台

组合式桥台由台身和后座两部分组成(图 4-1-19)。台身基础承受竖向力,一般采用桩基础。拱的水平推力则主要由后座基底摩阻力及台后的土侧压力来平衡。组合式桥台的承台与后座间必须密切贴合并设置沉降变形缝，以适应两者间的不均匀沉降。后座基底高程应低于拱脚下缘高程，力求台后土侧压力和基底摩阻力的合力作用点同拱座中心高程一致。

3. 轻型桥台

(1)八字形轻型桥台和前倾式轻型桥台

八字形桥台的台身可做成等厚度的或变厚度的。变厚度的台身背坡一般为 2:1 ~4:1，台口尺寸应满足抗剪强度要求。两边八字翼墙与台身分开，其顶宽为 40cm，前坡为 10:1，后坡为 5:1(图 4-1-20)。

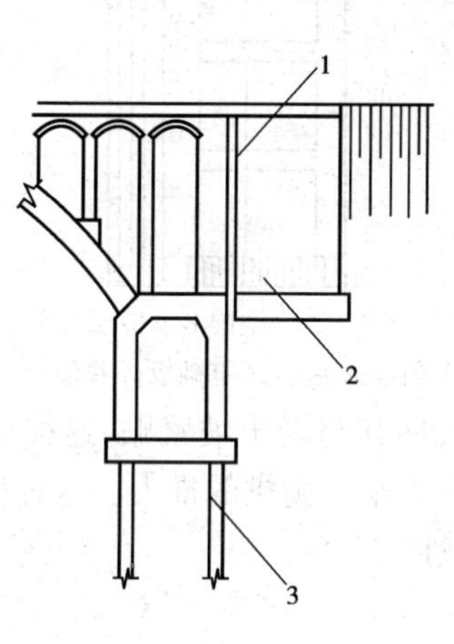

图 4-1-19　组合式桥台

1-沉降变形缝;2-后座;3-基桩

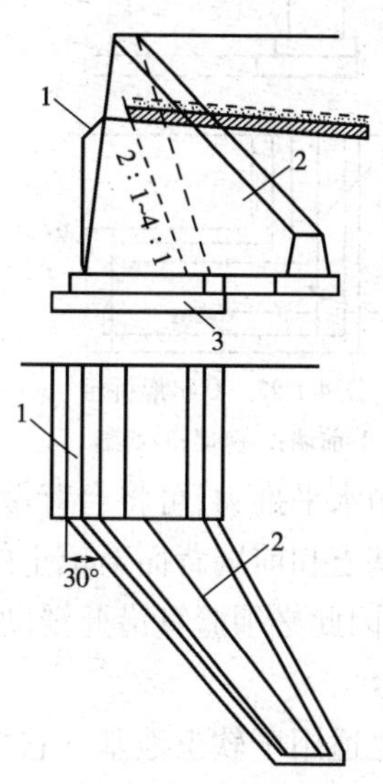

图 4-1-20　一字形桥台

1-台身;2-八字翼墙;3-基础

前倾式桥台由于台身向桥孔方向倾斜，因此比直立台身的受力情况要好，用料要省。前倾台身可做成等厚度的，前倾坡度可达 4:1。其缺点是施工比较麻烦(图 4-1-21)。

(2)U 字形轻型桥台和山字形轻型桥台

U 字形桥台由前墙(等厚度的)和平行于行车方向的侧墙组成(图 4-1-22)。前墙的构造和八字形的桥台台身相同。侧墙顶宽为 50cm，内侧坡度为 4:1。

当桥台宽度较大时，为了保证前墙和侧墙的整体性，可在 U 字形桥台的中间加一道背撑，成为山字形桥台。

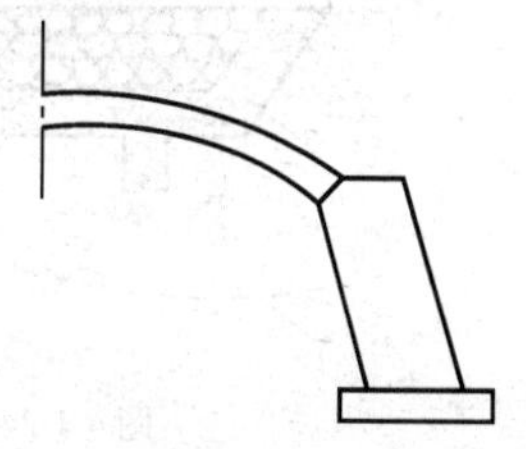
图 4-1-21　前倾式一字形桥台

4. 空腹 L 形桥台

空腹 L 形桥台适用于软土地基上的桥台本身不高的空腹式拱桥。它由前墙、后墙、基础板和撑墙部分组成(图 4-1-23)。前墙承受拱圈传来的压力，后墙支承台后土压力。在前后墙之间加设撑墙 3 ~4 道，它是前后墙间的传力构件，又是后墙和基础板的加劲构件。上下游的边撑墙还起着挡土的作用，中间的撑墙高度则根据后墙的受力情况决定。空腹可以是敞口的，也可以加设盖板，腹内可以填土也可以不填土。

5. 履齿式桥台

履齿式桥台又称飞机式桥台，由前墙、侧墙、底板和撑墙几部分组成(图 4-1-24)，适用于软弱地基上的低路堤的拱桥。桥台的底板一般是用片石混凝土浇筑，其厚度在 50cm 左右，并不设钢筋。底板下面设齿槛以增加抗滑稳定性，齿槛的宽度和深度一般均不宜小于50cm。底板上设置撑墙以增强刚度。

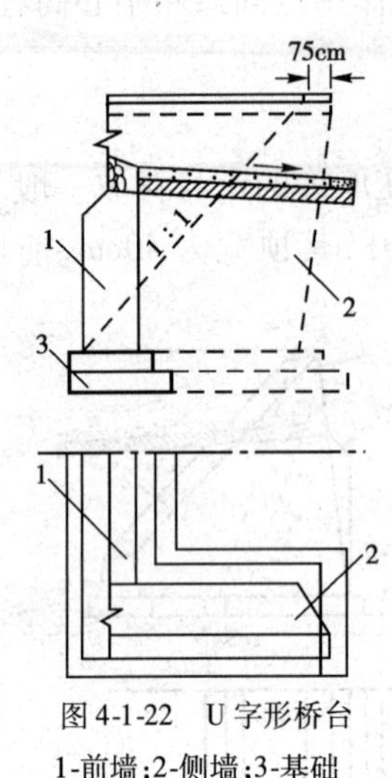


图4-1-22　U字形桥台

1-前墙；2-侧墙；3-基础

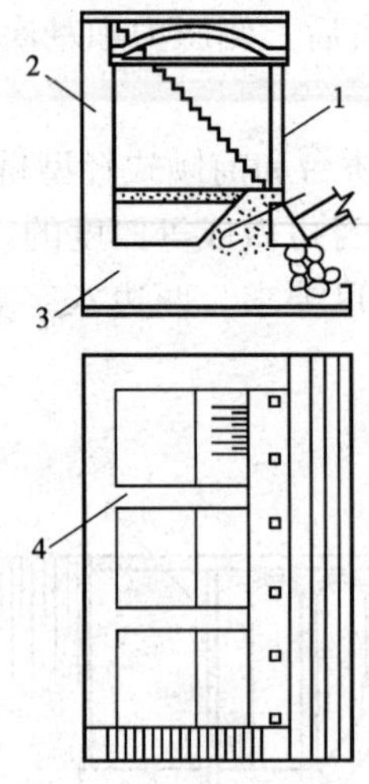


图4-1-23　空腹L形桥台

1-前墙；2-后墙；3-基础板；4-撑墙

为了抵抗拱的水平推力，可将台背做成斜挡板，使其与老土坡紧贴，这样就可以利用尾部斜墙背面的原地基土和前墙背面新填土的水平土压力来平衡拱的推力。这种桥台容易沿图中所示的虚线滑动，因此必须验算沿此滑动面的稳定性。

6. 屈膝式桥台

屈膝式桥台也适用于软土地基。它可以看成为横卧的L形桥台（图4-1-25），是直接利用原状土作拱座，施工中应尽量不破坏表层好土。

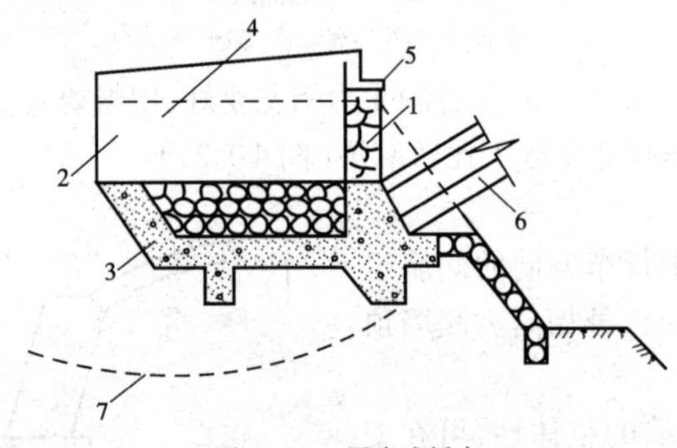


图4-1-24　履齿式桥台

1-前墙；2-侧墙；3-底板；4-撑墙；5-腹拱台帽；6-主拱圈；7-滑动面

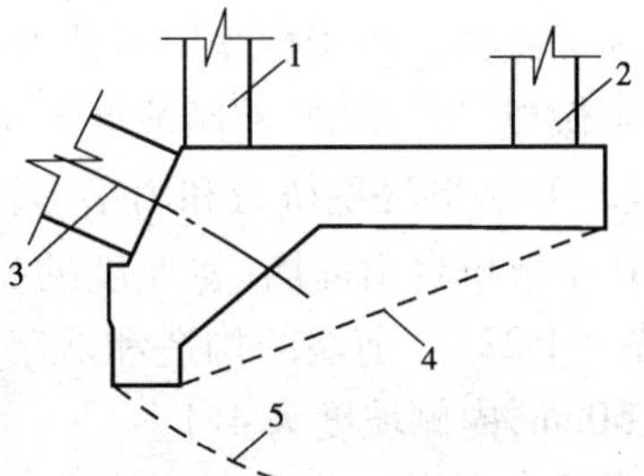

图4-1-25　屈膝式桥台

1-前墙；2-后墙；3-压力线；4-受力面；5-滑动面

屈膝式桥台在构造上较履齿式桥台更为简单。它的受力面为图中虚线4所示，受力面最好与桥台外力的合力方向垂直，且没有偏心是最为理想的。必要时也要验算地基土的稳定性，如图中虚线5。

## 能力考核

### 选择题

1. 重力式U形桥台，侧墙后端应伸入路堤锥坡内(　　)。

A. 60cm　　　B. 75cm　　　C. 90cm

2. 埋置式桥台，适用于当路堤填土高度超过(　　)时。

A. 6 ~ 8m　　　　B. 8 ~ 10m　　　　C. 10 ~ 12m

3. 埋置式桥台,通过耳墙与路堤衔接,耳墙伸进路堤的长度一般不小于(　　)。

A. 50cm　　　　B. 70cm　　　　C. 90cm

4. 轻型桥台,需设置支承梁,支承梁的尺寸一般为(　　)。

A. 20cm × 30cm　　　　B. 30cm × 40cm　　　　C. 40cm × 50cm

5. 履齿式桥台的底板一般是用片石混凝土浇筑,其厚度在(　　)左右,并不设钢筋。

A. 100cm　　　　B. 80cm　　　　C. 50cm

**判断题**

1. 重力式 U 形桥台,一般宜在填土高度和跨径不大的桥梁中采用。(　　)

2. 重力式 U 形桥台的锥坡的坡度一般由横向(顺路堤方向)为1∶1逐渐变至纵向为1∶1.5。(　　)

3. 轻型桥台,由于台身埋入土中,利用台前锥坡产生的土压力来抵消台后的主动土压力。(　　)

4. 枕梁式桥台是以枕梁代替台帽,并直接搁于地基上。(　　)

5. 组合式桥台,台身基础承受竖向力,一般采用桩基础。(　　)

**问答题**

1. 重力式 U 形桥台由哪几部分组成? 其作用是什么?

2. 埋置式桥台的受力特点是什么?

3. 轻型桥台的适用条件是什么?

4. 拱桥轻型桥台有哪些类型? 其构造特点是什么?

5. 履齿式桥台由哪几部分组成? 其结构特点是什么?

## 课题二　圬工墩、台施工

桥梁墩、台在使用过程主要承受压力,设计时经常选用受压性能较好的材料。圬工墩、台是用胶结材料将天然石料、混凝土预制块件等块材按一定规则砌筑而成的整体结构。其特点是材料来源分布广泛,综合力学性能持久稳定,自重一般较大,施工中机械化程度较低,方法易于掌握。因此圬工墩、台常用于中、小桥梁中。

**知识点:**

◎圬工墩、台施工放样的类型;

◎圬工墩、台施工的材料;

◎圬工墩、台施工的程序;

◎圬工墩、台施工的质量要求。

**技能点:**

◎圬工墩、台施工的定位放样;

◎圬工墩、台的施工;

◎圬工墩、台施工质量评价。

**【任务引入】**

桥梁圬工墩、台施工,如何把分散的块材砌筑成整体,发挥材料的整体受力作用,则要根据墩、台砌筑的不同部位,选择正确的施工工艺和方法。

【任务分析】

要发挥圬工墩、台的整体受力作用,首先应进行墩、台中心线的定位放样和砌筑时的定位放样以及充分的材料准备,然后采用科学的施工工艺进行砌筑,并且能对砌体的质量作出正确的评价。

【任务实施】

## 一、砌筑墩、台的定位放样

放样是根据施工测量定出的墩、台中心线,放出砌筑墩、台的轮廓线,再依线砌筑。

【知识链接一】

桥梁墩、台中心定位是桥梁施工测量中的关键性工作,就是根据设计图纸上桥位桩号里程,以控制点为基础,放出墩、台中心的位置。常用的测设方法有直接丈量法、角度交会法与极坐标法。

墩、台砌筑的定位放样方法有:

1. 垂线法

适宜于墩、台身和基础较低的情况,此时可依据平面轮廓线砌筑圬工。对直坡墩、台可用吊垂球的方法来控制定位石的位置。为了吊垂球方便,吊点与轮廓线间留 1 ~ 2cm,见图 4-2-1a)。对于斜坡墩、台可用规板控制定位石的位置,见图 4-2-1b)。规板根据设计横截面尺寸,用竹、木制作,作为砌筑时的尺寸依据,如图 4-2-2 所示。规板可按墩、台宽度(即横桥向之长)设置 2 ~ 3 只,规板之间可随时(固定)拉线以利控制平面校验,还可以斜边靠近墩、台面,悬垂线若与所画墨线重合,则表示所砌墩、台斜度符合要求。

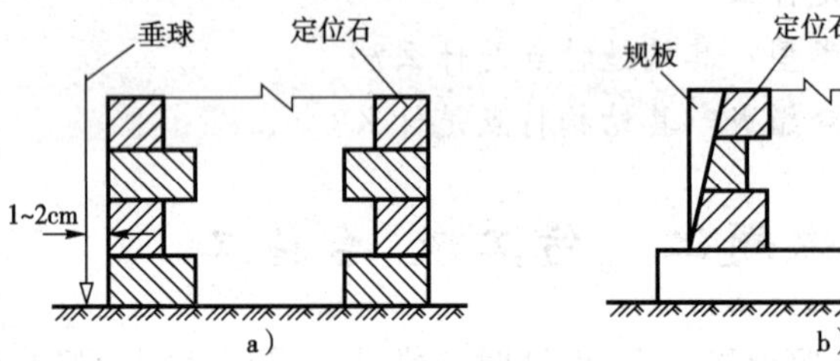


图 4-2-1 垂线定位法

2. 瞄准法

当墩、台身较高时,可采用瞄准法控制定位石,如图 4-2-3 所示。当墩身每升高 1.5 ~ 2m 时,沿墩、台平面棱角埋设铁钉,使上下铁钉位于一个垂直平面上,并挂以铅丝。砌筑时,拉直铅丝,使之与下段铅丝瞄成一直线,即可以此安砌定位石于正确位置。为确保各部尺寸正确,采用此法时,每砌 2 ~ 3m,应用仪器测定中线,进行各部分尺寸的校核,以确保各部尺寸正确。

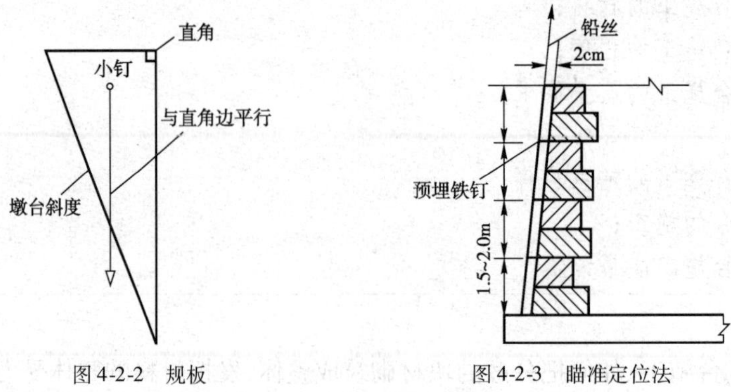


图 4-2-2 规板　　图 4-2-3 瞄准定位法

## 二、材料准备

圬工墩、台是用片石、块石、粗料石及混凝土预制块件以水泥砂浆砌筑的,石料与砂浆的规格要符合有关规定。浆砌片石一般适用于高度小于6m的墩、台身、基础、镶面以及各式墩、台身填腹;浆砌粗料石则用于磨耗及冲击严重的分水体及破冰体的镶面工程以及有整齐美观要求的桥墩、台身等。

【知识链接二】

片石是符合工程要求的岩石,经开采选择所得的形状不规则的、边长一般不小于15cm的石块。块石是符合工程要求的岩石,经开采并加工而成的形状大致方正的石块。料石是按规定要求经凿琢加工而成的形状规则的石块。

将石料吊运并安砌到正确位置是砌石工程中比较困难的工序。当质量小或距地面不高时,可用简单的马凳跳板直接运送;当质量较大或距地面较高时,可采用固定式动臂吊机、桅杆式吊机或井式吊机,将材料运到墩、台上,然后再分运到安砌地点。用于砌石的脚手架应环绕墩、台搭设,用于堆放材料,并支持施工人员砌筑镶面定位行列及勾缝。脚手架一般常用固定式轻型脚手架(适用于6m以下的墩、台)、简易活动脚手架(能用在25m以下的墩、台)以及悬吊式脚手架(用于较高的墩、台)。

## 三、墩、台施工

1.基础砌筑

当基坑开挖完毕并经检查验收后,即可砌筑基础。砌筑应自外缘开始(定位行列),砌好外圈后再填砌腹部,见图4-2-4。

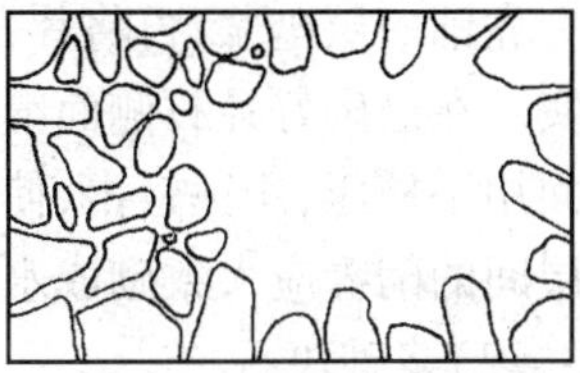

基础一般采用片石砌筑。当基底为土质时,基础底层石块可不铺坐灰,石块干铺于基土上;当基底为岩石时,则应铺坐浆再砌石块。第一层砌筑的石块应尽可能挑选大块的,平放铺砌,且轮流丁放或顺放,并用小石块填塞空隙,灌以砂浆,然后再开始一层层平砌。每砌2~3层就要大致找平后再砌。

图4-2-4　片石砌体定位行列和填腹

2.墩、台身砌筑

当基础砌筑完毕,并检查平面位置和高程均符合设计要求后,即可砌筑墩、台身。砌筑前应将基础顶面洗刷干净,砌筑时,桥墩先砌上下游圆石头或分水尖,桥台先砌四角转角石,后在已砌石料上挂线,砌筑边部外露部分,最后砌筑腹部。

墩、台身可采用浆砌片石、块石或粗料石。表面石料一般采用一丁一顺的排列方法,砌筑进度应均匀,高低不应相差过大,每砌2~3层应大致找平。为了美观和更好地防水,墩、台表面砌缝的外露面需另行勾缝,但隐蔽处只需用砂浆刮平即可。可按自然缝勾缝,见图4-2-5a),或按一定尺寸勾成方格缝,见图4-2-5b)。勾缝的形式一般采用凸缝或平缝,浆砌规则块材也可采用凹缝。勾缝砂浆的强度等级应按设计文件规定,一般主体工程不低于M10,附属工程不低于M7.5。砌筑时,外层砂浆留出距石面10~20mm的空隙,以备勾缝。勾缝最好在整个墩、台砌筑后自上而下进行,以保证勾缝整齐干净,见图4-2-5c)。

【知识链接三】

砌筑用砂浆的类别和强度等级应符合设计规定。砂浆强度等级以M××表示,为70.7mm×70.7mm×70.7mm试件标准养护28d的抗压强度(单位为MPa)。常用的砂浆强度等级分为 M20、M15、M10、M7.5、M5、M2.5 六个等级。

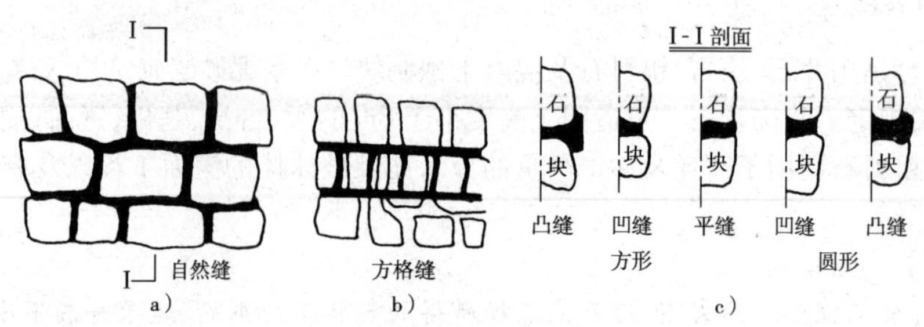


图 4-2-5 勾缝的形式

3. 墩、台砌筑工艺要点

(1)浆砌片石

①灌浆法

砌筑时片石应水平分层铺放,每层高度 15 ~ 20cm,空隙应以碎石填塞,灌以流动性较大的砂浆,边灌边砌。对于基础工程,可用平板振捣器振捣,振捣器应放置在石块上面的砂浆层上,直到砂浆不再渗入砌体后,方可结束。

②铺浆法

先铺一层坐浆,把片石铺上,每层高度一般不应超过 40cm。并选择厚度合适的石块,用作砌平整理,空隙处先填满较稠的砂浆,再用适当的小石块卡紧填实。然后再铺上坐灰,用同样的方法继续铺砌上层石块。

③挤浆法

先铺一层坐浆,再将片石铺上,经左右轻轻扰动几下,再用手锤轻击石块,将灰缝砂浆挤压密实。在已砌好片石侧面继续安砌时,应在相邻侧面先抹砂浆,再砌片石,并向下面和抹浆的侧面用手挤压,用锤轻击,使下面和侧面的砂浆挤实。分层高度宜在 70 ~ 120cm 之间,分层与分层间的砌缝应大致砌成水平。

(2)浆砌块石

一般多采用铺浆法和挤浆法。砌体应分层平砌,石块丁顺相间,上下层竖缝应尽量错开,分层厚度一般不小于 20cm。对于厚大砌体,如不易按石料厚度砌成水平层时,可设法搭配,使每隔 70 ~ 120cm 能够砌成一个比较平整的水平层,如图 4-2-6 所示。

(3)浆砌粗料石

一般采用铺浆和挤浆相结合的方法。砌筑前应按石料及灰缝厚度,预先计算层数,使其符合砌体竖向尺寸。石块上下与和两侧修凿面都应和石料表面垂直,同一层石块和灰缝宽度应取一致。

砌筑时宜先将已修凿的石块试摆,为求水平缝一致,可先平放于木条和铁棍上,然后将石块沿边棱(图 4-2-7)*A-A* 翻开,在石块砌筑地点的砌石上及侧缝处抹砂浆一层并将其摊平,再将石块翻回原位,以木槌轻击,使石块结合紧密。垂直缝中砂浆若有不满,应补填插捣至溢出为止。石块下垫放的木条或铁棍,在砂浆捣实后即行取出,空隙处再以砂浆填补压实。

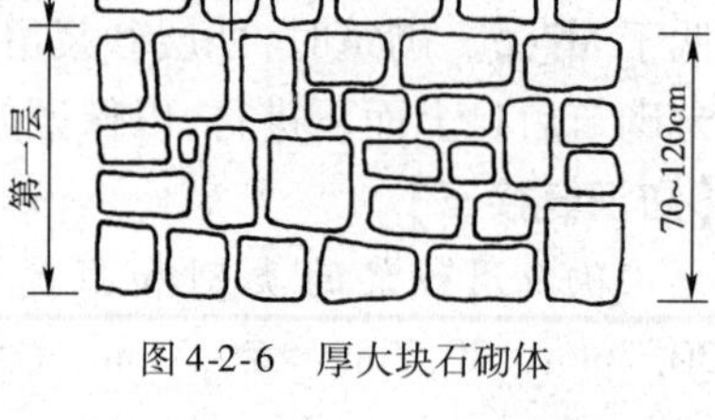

垂直错缝不得小于8cm
第二层
第一层
70~120cm

图 4-2-6 厚大块石砌体

4. 砌筑注意事项

为了使各个石块结合而成的砌体结合紧密,能抵抗作用在其上的外力，砌筑时必须做到下列几点：

(1)石料在砌筑前应清除污泥、灰尘及其他杂质，以利石块与砂浆的黏合。在砌筑前应将石块充分润湿，以免石块吸收砂浆中的水分。

(2)浆砌片石的砌缝宽度一般不应大于4cm；浆砌块石不得大于3cm；浆砌料石不应大于2cm。上下层砌石应相互重叠，竖缝应尽量错开，浆砌块石的竖缝错开距离不小于8cm；浆砌粗料石不应小于10cm，见图4-2-8，这样集中力能分布到砌体整体上。

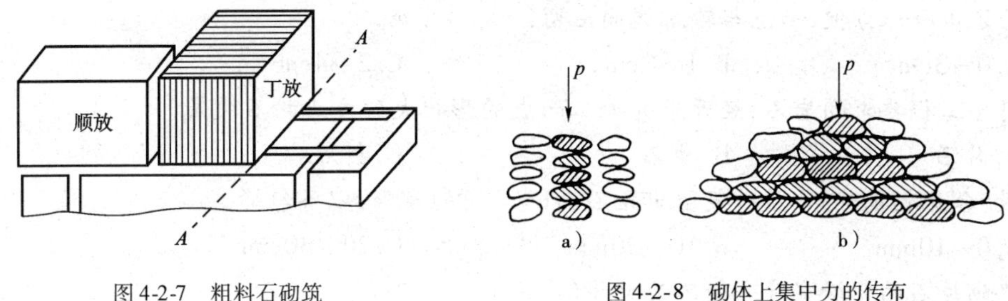


图4-2-7　粗料石砌筑

图4-2-8　砌体上集中力的传布
a)不当砌法；b)正确砌法

(3)应将石块大面向下，使其有稳定的位置，不得在石块下面用高于砂浆层厚度的石块支垫。

(4)浆砌砌体中石块都应以砂浆隔开，砌体中的空隙应用石块和砂浆填满。

(5)在砂浆尚未凝固的砌层上，应避免受外力碰撞。砌筑中断后应洒水润湿，进行养护。重新开始砌筑时，应将原砌筑表面清扫干净，洒水润湿，再铺浆砌筑。

## 四、墩、台砌体的质量要求

(1)砌体质量应符合下列规定：

①砌体所用各项材料类别、规格及质量符合要求。

②砌缝砂浆或小石子混凝土铺填饱满，强度符合要求。

③砌缝宽度、错缝距离符合规定，勾缝坚固、整齐，深度和形式符合要求。

④砌筑方法正确。

⑤砌体位置、尺寸不超过允许偏差。

(2)墩、台砌体位置及外形尺寸允许偏差如表4-2-1。

墩、台砌体位置及外行尺寸允许偏差　　表4-2-1

| 项目 | | 允许偏差(mm) |
|---|---|---|
| 名称 | 类别 | |
| 轴线偏位 | | 10 |
| 墩、台长度与宽度 | 片石 | +40，-10 |
| | 块石 | +30，-10 |
| | 粗料石 | +20，-10 |
| 大面积平整度(2m直尺检查) | 片石 | 30 |
| | 块石 | 20 |
| | 粗料石 | 10 |
| 竖直度或坡度 | 片石 | 0.5%H |
| | 块石、粗料石 | 0.3%H |
| 墩、台顶面高程 | | ±10 |

## 能力考核

**选择题**

1. 为确保各部尺寸正确，采用瞄准法时，每砌(　　)，应用仪器测定中线，进行各部分尺寸的校核，以确保各部尺寸正确。

A. 2 ~ 3m　　B. 3 ~ 4m　　C. 4 ~ 5m

2. 为了吊垂球方便，吊点与轮廓线间应留(　　)距离。

A. 0 ~ 3cm　　B. 1 ~ 2cm　　C. 2 ~ 4cm

3. 符合工程要求的岩石，经开采并加工而成的形状大致方正的石块是(　　)

A. 片石　　B. 块石　　C. 料石

4. 墩、台身砌筑时，外层砂浆留出距石面(　　)的空隙，以备勾缝。

A. 0 ~ 10mm　　B. 10 ~ 20mm　　C. 20 ~ 30mm

5. 浆砌片石的砌缝宽度一般不应大于(　　)。

A. 2cm　　B. 3cm　　C. 4cm

6. 灌浆法砌筑片石时，应水平分层铺放，每层高度约为(　　)。

A. 10 ~ 15 cm　　B. 15 ~ 20cm　　C. 20 ~ 30cm

7. 浆砌片石一般适用于高度小于(　　)的墩、台身、基础、镶面以及各式墩、台身填腹。

A. 4m　　B. 6m　　C. 8m

**判断题**

1. 墩、台施工放样是先放出墩、台砌筑的轮廓线，再定出墩、台的中心线。(　　)
2. 垂线法适宜于墩、台身和基础较低的定位放样。(　　)
3. 墩、台身砌筑时，桥墩先砌上下游圆石头或分水尖，桥台先砌四角转角石。(　　)
4. 石料在砌筑前应清除污泥、灰尘及其他杂质，以利石块与砂浆的黏合。(　　)
5. 墩、台身砌筑时，在砂浆尚未凝固的砌层上，可以受外力碰撞。(　　)
6. 砌体中石块都应以砂浆隔开，砌体中的空隙应用石块和砂浆填满。(　　)
7. 基础用片石砌筑时，如基底为土质时，则应铺坐浆再砌石块。(　　)

**问答题**

1. 桥梁墩、台砌筑常用的定位放样方法有哪些？其适用条件是什么？
2. 斜坡墩、台规板如何控制定位石的位置？
3. 桥梁墩、台基础砌筑时有哪些要求？
4. 桥梁墩、台身勾缝有哪些要求？
5. 灌浆法与铺浆法的区别是什么？
6. 墩、台砌体砌筑时应注意哪些事项？

# 课题三　混凝土墩、台施工

混凝土墩、台具有较高的抗压强度，而抗拉强度较低，可以根据墩、台的受力情况，合理地配置钢筋可形成承载能力较高、刚度较大的结构。混凝土材料中占比例较大的是砂、石材料，便于就地取材；混凝土可模性较好，可以根据设计需要浇筑成各种形状的墩、台；形成的结构整体性、耐久性较好。

## 模块一　混凝土墩、台的施工

**知识点：**
◎混凝土墩、台模板的要求；
◎混凝土墩、台模板的类型；
◎混凝土墩、台施工的质量要求。
**技能点：**
◎混凝土墩、台模板的制作；
◎混凝土墩、台的施工。

**【任务引入】**

混凝土墩、台结构造型灵活，可以根据需要浇筑成各种形状，同时能发挥混凝土材料抗压强度高的优点，形成的结构整体性、耐久性较好。

**【任务分析】**

为了保证混凝土墩、台的质量，在施工过程中应重视墩、台模板的制作与安装和混凝土的浇筑。最后能对混凝土墩、台的质量作出评价。

**【任务实施】**

就地浇筑的混凝土墩、台施工有两个主要工序，一是墩、台模板的制作与安装；二是混凝土的浇筑。

1. 墩、台模板

(1)模板设计原则

根据《公路桥涵施工技术规范》(JTJ 041—2000)的规定，模板的设计原则如下：

①宜优先使用胶合板和钢模板。

②在计算作用的作用下，对模板结构按受力程序分别验算其强度、刚度及稳定性。

③模板板面之间应平整，接缝严密，不漏浆，保证结构物外露面美观，线条流畅，可设倒角。

④结构简单，制作、拆除方便。

模板一般可采用钢材、胶合板、塑料和其他符合设计要求的材料制成。浇筑混凝土之前，模板应涂刷脱模剂，外露面混凝土模板的脱模剂应采用同一种品种，不得使用废机油等油料，且不得污染钢筋及混凝土的施工缝处。重复使用的模板应经常检查、维修。

(2)常见模板类型

①拼装式模板：系用各种尺寸的标准模板利用销钉连接，并与拉杆、加劲构件等组成墩、台所需形状的模板。如图4-3-1所示，将墩、台表面划分为若干小块，尽量使每部分板扇尺寸相同，以便于周转使用。板扇高度通常与墩、台分节灌注高度相同，一般可为3～6m，宽度可为1～2m，具体视墩、台尺寸和起吊条件而定。拼装式模板由于在厂内加工制造，因此板面平整、尺寸准确、体积小、

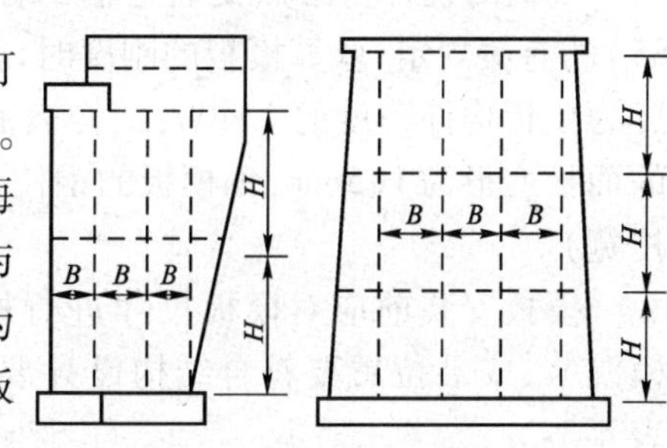

图4-3-1　墩台模板划分示意图

质量轻，拆装容易、快速，运输方便，故应用广泛。

②整体吊装模板：系将墩、台模板水平分成若干段，每段模板组成一个整体，在地面拼装后吊装就位(图4-3-2)。分段高度可视起吊能力而定，一般可为2～4m。整体吊装模板的优点是安装时间短，无需设施工接缝，加快了施工进度，提高了施工质量；将拼装模板的高空作业改为平地操作，有利于施工安全；模板刚性较强，可少设拉筋或不设拉筋，节约钢材；可利用模板外框架作简易脚手架，不需另搭施工脚手架；结构简单，装拆方便，对建造较高的桥墩较为经济。

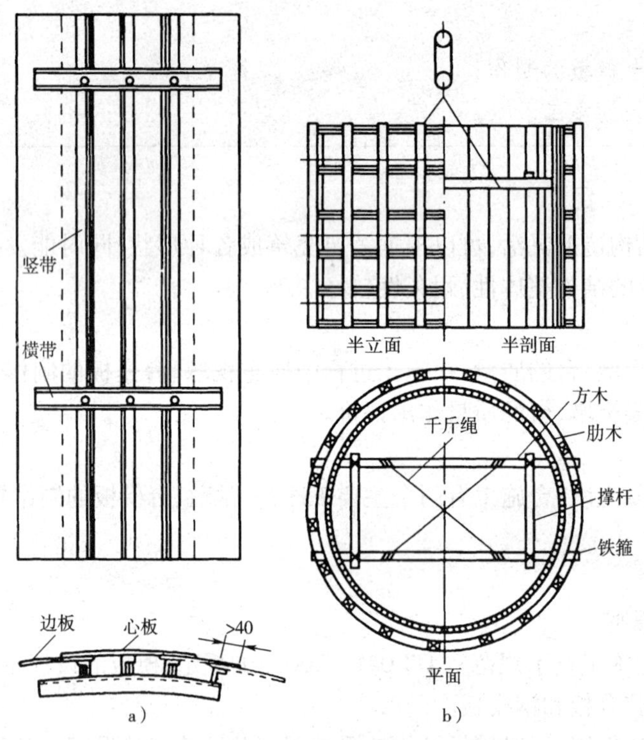


图4-3-2　圆形桥墩整体模板

③组合型钢模板：系以各种长度、宽度及转角标准构件，用定型的连接件将钢模拼成结构用模板，具有体积小、质量轻、运输方便、装拆简单、接缝紧密等优点，适用于在地面拼装、整体吊装的结构上。

④滑动钢模板：适用于各种类型的桥墩(详见本课题模块二)。各种模板在工程上的应用，可根据墩、台高度，墩、台形式，机具设备，施工期限等条件，因地制宜，合理选用。

模板的设计可参照交通运输部标准《公路桥涵钢结构及木结构设计规范》(JTJ 025—85)的有关规定，验算模板的刚度时，其变形值不得超过下列数值：结构表面外露的模板，挠度为模板构件跨度的1/400；结构表面隐蔽的模板，挠度为模板构件跨度的1/250；钢模板的面板变形为1.5mm，钢模板的钢棱、柱箍变形为$L/500$和$B/500$(其中$L$为计算跨径，$B$为柱宽)。

模板安装前应对模板尺寸进行检查；安装时要坚实牢固，以免振捣混凝土时引起跑模漏浆；安装位置要符合结构设计要求。有关模板制作与安装的允许偏差见表4-3-1和表4-3-2。

**模板制作的允许偏差** 表4-3-1

| 项　次 | 项　目 | | 允许偏差(mm) |
|---|---|---|---|
| 木模板 | (1)模板的长度和宽度 | | ±5.0 |
| | (2)不刨光模板相邻两板表面高低差 | | 3.0 |
| | (3)刨光模板相邻两板表面高低差 | | 1.0 |
| | (4)平板模板表面最大的局部不平(用2m直尺检查) | 刨光模板 | 3.0 |
| | | 不刨光模板 | 5.0 |
| | (5)拼合板中木板间的缝隙宽度 | | 2.0 |
| | (6)榫槽嵌接紧密度 | | 2.0 |
| 钢模板 | (1)外形尺寸 | 长和宽 | 0，-1 |
| | | 肋高 | ±5 |
| | (2)面板端偏斜 | | ≤0.5 |
| | (3)连接配件(螺栓、卡子等)的孔眼位置 | 孔中心与板面的间距 | ±0.3 |
| | | 板端孔中心与板端的间距 | 0，-0.5 |
| | | 沿板长、宽方向的孔 | ±0.6 |
| | (4)板眼局部不平(用300mm长平尺检查) | | 1.0 |
| | (5)板面和板侧挠度 | | ±1.0 |

**模板安装的允许偏差** 表4-3-2

| 项　次 | 项　目 | | 允许偏差(mm) |
|---|---|---|---|
| 一 | 模板高程 | (1)基础 | ±15 |
| | | (2)墩、台 | ±10 |
| 二 | 模板内部尺寸 | (1)基础 | ±30 |
| | | (2)墩、台 | ±20 |
| 三 | 轴线偏位 | (1)基础 | ±15 |
| | | (2)墩、台 | ±10 |
| 四 | 装配式构件支承面的高程 | | +2，-5 |
| 五 | 模板相邻两板表面高低差 | | 2 |
| | 模板表面平整(用2m直尺检查) | | 5 |
| 六 | 预埋件中心线位置 | | 3 |
| | 预留孔洞中心线位置 | | 10 |
| | 预留孔洞截面内部尺寸 | | +10，-0 |

2. 混凝土浇筑施工要点

墩、台身混凝土施工前，应将基础顶面冲洗干净，凿除表面浮浆，整修连接钢筋。灌注混凝土时，应经常检查模板、钢筋及预埋件的位置和保护层的尺寸，确保位置正确，不发生变形。混凝土施工中，应切实保证混凝土的配合比、水灰比和坍落度等技术性能指标满足规范要求。

(1)混凝土的运送

**【知识链接一】**

混凝土的运送能力应适应混凝土凝结速度和浇筑速度的需要，使浇筑工作不间断并使混凝土运到浇筑地点时仍保持均匀性和规定坍落度。混凝土运至浇筑地点后发生离析、严重泌水或坍落度不符合要求时,应进行第二次搅拌。二次搅拌时不得任意加水,确有必要时,可同时加水和水泥以保持其原水灰比不变。如二次搅拌仍不符合要求,则不得使用。

墩、台混凝土的水平与垂直运输相互配合方式与适用条件可参照表4-3-3选用。如混凝土数量大,浇筑捣固速度快时,可采用混凝土皮带运输机或混凝土输送泵。运输带速度应不大于1.2m/s,其最大倾斜角:当混凝土坍落度小于40mm时,向上传送为18°,向下传送为12°;当坍落度为40~80mm时,则分别为15°与10°。

**混凝土的运输方式及适用条件** 表4-3-3

| 水平运输 | 垂直运输 | 适用条件 | | 附注 |
|---|---|---|---|---|
| 人力混凝土手推车、内燃翻斗车、轻便轨人力推运翻斗车、混凝土吊车 | 手推车 | 中、小桥,水平运距较近 | $H<10$m | 搭设脚手平台,铺设坡道,用卷扬机拖拉手推车上平台 |
| | 轨道爬坡翻斗车 | | $H<10$m | 搭设脚手平台,铺设坡道,用卷扬机拖拉手推车上平台 |
| | 皮带输送机 | | $H<10$m | 倾角不宜超过15°,速度不超过1.2m/s,高度不足时,可用两台串联使用 |
| | 履带(或轮胎)起重机起吊高度≈20m | | $10<H<20$m | 用吊斗输送混凝土 |
| | 木制或钢制扒杆 | | $10<H<20$m | 用吊斗输送混凝土 |
| | 墩外井架提升 | | $H>20$m | 在井架上安装扒杆提升吊斗 |
| | 墩内井架提升 | | $H>20$m | 适用于空心桥墩 |
| | 无井架提升 | | $H>20$m | 适用于滑动模板 |
| 轨道牵引车输送混凝土、翻斗车或混凝土吊斗汽车倾斜车、汽车运送混凝土吊斗、内燃翻斗车 | 履带(或轮胎)起重机起吊高度≈30m | 大、中桥,水平运距较远 | $20<H<30$m | 用吊斗输送混凝土 |
| | 塔式吊机 | | $20<H<50$m | 用吊斗输送混凝土 |
| | 墩外井架提升 | | $H<50$m | 井架可用万能杆件组装 |
| | 墩内井架提升 | | $H>50$m | 适用于空心桥墩 |
| | 无井架提升 | | $H>50$m | 适用于滑动模板 |
| 索道吊机 | | $H>50$m | | |
| 混凝土输送泵 | | $H<50$m | | 可用于大体积实心墩、台 |

注:$H$——墩高。

(2)混凝土的灌注速度

为保证灌注质量,混凝土的配制、输送及灌注的速度不得小于式(4-3-1)的计算值。

$$v \geqslant Sh/t \tag{4-3-1}$$

式中:$v$——混凝土配料、输送及灌注的容许最小速度($m^3/h$);

$S$——灌注的面积($m^2$);

$h$——灌注层的厚度(m);

$t$——所用水泥的初凝时间(h)。

如混凝土的配制、输送及灌注需时较长,则应采用式(4-3-2)计算。

$$v \geqslant Sh(t-t_0) \tag{4-3-2}$$

式中:$t_0$——混凝土配制、输送及灌筑所消费的时间(h);

其余符号意义同前。

混凝土灌筑层的厚度 $h$,可根据使用捣固方法按规定数值采用。

墩、台是大体积圬工,为避免水化热过高,导致混凝土因内外温差引起裂缝,可采取如下措施:

①用改善集料级配、降低水灰比、掺加混合材料与外加剂、掺入片石等方法减少水泥用量。

②采用 $C_3A$ 和 $C_3S$ 含量小、水化热低的水泥,如火山灰质水泥、矿渣水泥、粉煤灰水泥、低强度水泥等。

③减小浇筑层厚度,加快混凝土散热速度。

④混凝土用料应避免日光曝晒,以降低初始温度。

⑤在混凝土内埋设冷却管通水冷却。

当浇筑的平面面积过大,不能在前层混凝土初凝或能重塑前浇筑完成次层混凝土时,为保证结构的整体性,宜分块浇筑。分块时应注意:各分块面积不得小于 $50m^2$;每块高度不宜超过2m;块与块间的竖向接缝面应与墩、台身或基础平截面短边平行,与平截面长边垂直;上下邻层间的竖向接缝应错开位置做成企口,并应按施工接缝处理。混凝土中填放片石时应符合有关规定。

(3)混凝土浇筑

为防止墩、台基础第一层混凝土中的水分被基底吸收或基底水分渗入混凝土,对墩、台基底处理除应符合天然地基的有关规定外,尚应满足以下要求:

①基底为非黏性土或干土时,应将其湿润。

②如为过湿土时,应在基底设计高程下夯填一层10~15cm厚片石或碎(卵)石层。

③基底面为岩石时,应加以润湿,铺一层厚2~3cm水泥砂浆,然后于水泥砂浆凝结前浇筑第一层混凝土。

墩、台身钢筋的绑扎应和混凝土的灌注配合进行。在配置第一层垂直钢筋时,应有不同的长度,同一断面的钢筋接头应符合施工规范的规定,水平钢筋的接头,也应内外、上下互相错开。钢筋保护层的净厚度,应符合设计要求。如无设计要求时,则可取墩、台身受力钢筋的净保护层不小于30mm,承台基础受力钢筋的净保护层不小于35mm。墩、台身混凝土宜一次连续灌注,否则应按桥涵施工规范的要求,处理好连接缝。墩、台身混凝土未达到终凝前,不得泡水。混凝土墩、台的位置及外形尺寸允许偏差见表4-3-4。

**混凝土、钢筋混凝土基础及墩、台允许偏差**(单位:mm)　　表4-3-4

| 项次 | 项　目 | | 基础 | 承台 | 墩、台身 | 柱式墩、台 | 墩、台帽 |
|---|---|---|---|---|---|---|---|
| 1 | 端面尺寸 | | ±50 | ±30 | ±20 | | ±20 |
| 2 | 垂直或斜坡 | | | | 0.2% $H$ | 0.3% $H$≤20 | |
| 3 | 底面高程 | | ±50 | | | | |
| 4 | 顶面高程 | | ±30 | ±20 | ±10 | ±10 | |
| 5 | 轴线偏位 | | 25 | 15 | 10 | 10 | 10 |
| 6 | 预埋件位置 | | | | 10 | | |
| 7 | 相邻间距 | | | | | | |
| 8 | 平整度 | | | | | ±15 | |
| 9 | 跨径 | $L_0$≤60m | | | ±20 | | |
| | | $L_0$>60m | | | ± $L_0$>3 000 | | |

续上表

| 项次 | 项　目 | | 基础 | 承台 | 墩、台身 | 柱式墩、台 | 墩、台帽 |
|---|---|---|---|---|---|---|---|
| 10 | 支座处顶面高程 | 简支梁 | | | | | ±10 |
| | | 连续梁 | | | | | ±5 |
| | | 双支座梁 | | | | | ±2 |

注：$H$——墩、台结构高度；$L_0$——标准跨径。

3. 墩、台顶帽施工

墩、台顶帽是用来支承桥跨结构的，其位置、高程及垫石表面平整度等，均应符合设计要求，以避免桥跨结构安装困难，或使顶帽、垫石等出现破裂或裂缝，影响墩、台的正常使用功能和耐久性。以下介绍墩、台顶帽施工的主要工序。

(1)墩、台帽放样

墩、台混凝土(或砌石)灌(砌)筑至离墩、台帽底下约30~50cm高度时，即需测出墩、台纵横中心线，并开始竖立墩、台帽模板，安装锚栓孔或安装顶埋支座垫板、绑扎钢筋等。台帽放样时，应注意不要以基础中心线作为台帽背墙线，浇筑前应反复核实，以确保墩、台帽中心和支座垫石等位置方向与水平高程等不出差错。

(2)墩、台帽模板

墩、台帽系支撑上部结构的重要部分，其尺寸位置和水平高程的准确度要求较严，浇筑混凝土应从墩、台帽下约30~50cm处至墩、台帽顶面一次浇筑，以保证墩、台帽底有足够厚度的紧密混凝土。图4-3-3为混凝土桥墩墩帽模板图，墩帽模板下面的一根拉杆可利用墩帽下层的分布钢筋，以节省铁件。台帽背墙模板应特别注意纵向支撑或拉条的刚度，防止浇筑混凝土时发生鼓肚，侵占梁端空隙。

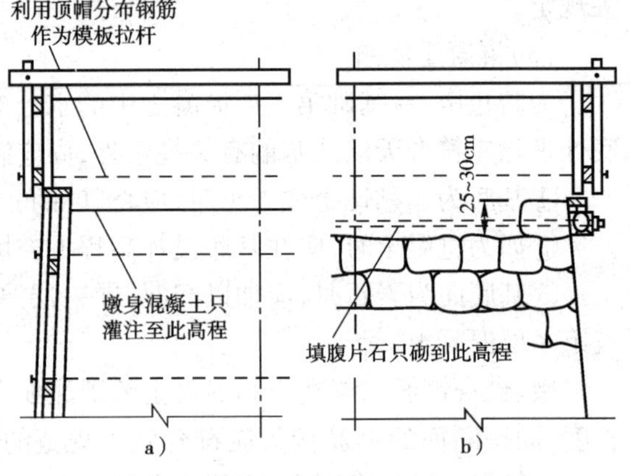

图4-3-3　混凝土桥墩墩帽模板

a)混凝土墩顶模板；b)石砌桥墩墩帽模板

(3)钢筋和支座垫板的安设

墩、台帽钢筋绑扎应遵照《公路桥涵施工技术规范》(JTJ 041—2000)有关钢筋工程的规定。墩、台帽上的支座垫板的安设一般采用预埋支座垫板和预留锚栓孔的方法。前者须在绑扎墩、台帽和支座垫石钢筋时将焊有锚固钢筋的钢垫板安设在支座的准确位置上，即将锚固钢筋和敦、台帽骨架钢筋焊接固定，同时将钢垫板作一木架，固定在墩、台帽模板上。此法在施工时垫板不易准确定位，应经常校正。后者须在安装墩、台帽模板时，安装好预留孔模板，在绑扎钢筋时注意将锚栓孔位置留出。此法安装支座施工起来方便，安设的支座垫板位置准确。

## 能力考核

**选择题**

1. 墩、台结构表面外露的模板，其挠度不得超过跨度的(　　)。

A. 1/200　　B. 1/300　　C. 1/400

2. 墩、台混凝土浇筑至离墩、台幅底下约(　　)时，开始安装模板。

A. 10~30cm　　B. 30~50cm　　C. 40~70cm

3. 墩、台砌体顶面高程允许偏差为(　　)。

A. ±5mm　　B. ±10mm　　C. ±15mm

4. 墩、台基底面如为岩石时，应加以润湿，铺一层厚(　　)水泥砂浆，然后于其凝结前浇筑第一层混凝土。

A. 2～3cm　　B. 3～4cm　　C. 4～5cm

5. 木模板制作时，长度和宽度的允许误差为(　　)。

A. ±5mm　　B. ±10mm　　C. ±15mm

**判断题**

1. 模板涂刷脱模剂时，不得污染钢筋及混凝土的施工缝。(　　)

2. 整体吊装模板，适用于在地面拼装、整体吊装的结构上。(　　)

3. 墩、台身混凝土未达到初凝前，不得泡水。(　　)

4. 墩、台身混凝土施工前，应将基础顶面冲洗干净，凿除表面浮浆，整修连接钢筋。(　　)

5. 墩、台帽混凝土浇筑应从墩、台帽下约30～50cm处至墩、台帽顶面分两次浇筑。(　　)

**问答题**

1. 混凝土墩、台模板设计的原则是什么？

2. 混凝土墩、台常见模板有哪些类型？其特点是什么？

3. 混凝土墩、台浇筑前，其基底处理应满足哪些要求？

4. 混凝土墩、台浇筑时，为避免水化热过高引起裂缝，应采取哪些措施？

5. 混凝土墩、台帽放样时有哪些要求？

## 模块二　滑动模板施工

**知识点：**

◎滑动模板的构造；

◎滑动模板的提升工艺。

**技能点：**

◎滑模浇筑混凝土施工。

**【任务引入】**

公路路线设计时，为了缩短线路、节省造价、提高运营效益，常常选择高桥墩的桥梁类型。滑动模板施工对于高桥墩的桥梁，具有施工进度快、质量有保证的优点，应用广泛。

**【任务分析】**

滑动模板的施工，应熟悉滑动模板的构造和提升工艺，重点掌握滑动模板的组装、混凝土的灌注、滑模的提升与收坡等施工要点。

**【任务实施】**

公路通过深沟宽谷或大型水库时，若采用高桥墩能使桥梁更为经济合理，不仅可以缩短线路、节省造价，而且可以提高运营效益，减少日常维护工作。高桥墩可分为实体墩、空心墩与钢架墩。自20世纪70年代以后，较高的桥墩一般均采用空心墩。

高桥墩的施工设备与一般桥墩所用设备大体相同，但其模板却另有特色，一般有滑动模板、爬升模板、翻升模板等几种，这些模板都是依附于灌注的混凝土墩壁上，随着墩身的逐步加高而向上升高。目前滑动模板的高度已达百米。滑动模板施工的主要优点：施工进度快，在一般气温下，每昼夜平均进度可达5～6m；混凝土质量好，采用干硬性混凝土，机械振捣，连续作业，可提高墩、台质量；节约木材和劳动力，有资料统计表明，可节省劳动力30%，节约木材70%；滑动模板可用于直坡墩身，也可用于斜坡墩身，模板本身附带有内外吊篮、平台与拉杆等，以墩身为支架，墩身混凝土的浇筑随模板缓慢滑升连续不断地进行，故而安全可靠。下面将重点介绍滑动模板施工法。

## 一、滑动模板构造

滑动模板系将模板悬挂在工作平台的围圈上，沿着所施工的混凝土结构截面的周界组拼装配，并随着混凝土的灌注由千斤顶带动向上滑升。滑动模板的构造，由于桥墩类型、提升工具的类型不同，模板构造也稍有差异，但其主要部件与功能则大致相同，一般主要由工作平台、内外模板、混凝土平台、工作吊篮和提升设备等组成，如图4-3-4所示。

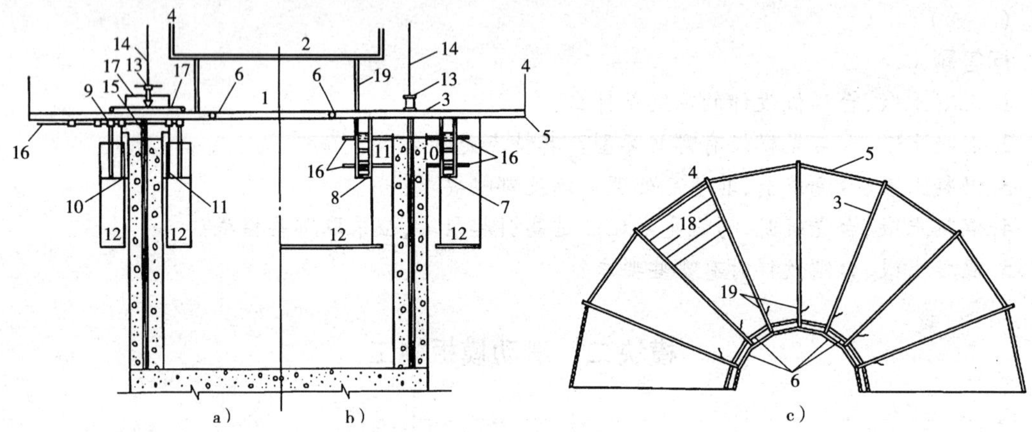


图4-3-4　滑动模板构造示意图

a）等壁厚收坡滑模半剖面（螺杆千斤顶）；b）不等壁厚收坡滑模半剖面（液压千斤顶）；c）工作平台半剖面

1-工作平台；2-混凝土平台；3-辐射梁；4-栏杆；5-外钢环；6-内钢环；7-外立柱；8-内立柱；9-滚轴；10-外模板；11-内模板；12-吊篮；13-千斤顶；14-顶杆；15-导管；16-收坡螺杆；17-顶架横梁；18-步板；19-混凝土平台柱

### 1. 工作平台

工作平台1由外钢环5、辐射梁3、内钢环6、栏杆4、步板18组成，除提供施工操作的场地外，还用它把滑模的其他部分与顶杆14相互连接起来，使整个滑模结构支承在顶杆上。可以说，工作平台是整个滑模结构的骨架，因此，应具有足够的强度和刚度。

### 2. 内外模板

内外模板10、11采用薄钢板制作。用于上下壁厚相同的直坡空心桥墩的滑模，内外模板均通过立柱7、8固定在工作平台的辐射梁上；用于上下壁厚相同的斜坡空心墩的收坡滑模，内外模板仍固定在立柱上，但立柱架（或顶梁17）不是固定在辐射梁上，而是通过滚轴9悬挂在辐射梁上，并可利用收坡丝杆16沿辐射方向移动立柱架及内外模板位置；用于斜坡式不等壁厚空心墩的收坡滑模，则内外立柱固定在辐射梁上，而在模板与立柱间安装收坡丝杆，以便分别移动内外模板的位置。

### 3. 混凝土平台

混凝土平台2由辐射梁、步板、栏杆等组成，利用立柱19支承在工作平台的辐射梁上，供堆放及灌注混凝土的施工操作之用。

4. 工作吊篮

工作吊篮12系悬挂在工作平台的辐射梁和内外模板的立柱上，它随着模板的提升而向上移动，供施工人员对刚脱模的混凝土进行表面修饰和养生等施工操作之用。

5. 提升设备

提升设备由千斤顶13、顶杆14、顶杆导管15等组成，通过顶升工作平台的辐射梁使整个滑模提升。

## 二、滑动模板提升工艺

滑动模板提升设备主要有提升千斤顶、支承顶杆及液压控制装置等几部分。以下讲解其提升过程。

1. 螺旋千斤顶提升步骤(图4-3-5)

(1)转动手轮2使螺杆3旋转，使千斤顶顶座4及顶架上横梁5带动整个滑模徐徐上升。此时，上卡头6、卡瓦7、卡板8卡住顶杆，而下卡头9、卡瓦7、卡板8则沿顶杆向上滑行，当滑至与上下卡瓦接触或螺杆不能再旋转时，即完成一个行程的提升。

(2)向相反方向转动手轮，此时，下卡头、卡瓦、卡板卡住顶杆1，整个滑模处于静止状态。仅上卡头、卡瓦、卡板连同螺杆、手轮沿顶杆向上滑行，至上卡头与顶架上横梁接触或螺杆不能再旋转时为止，即完成整个一个循环。

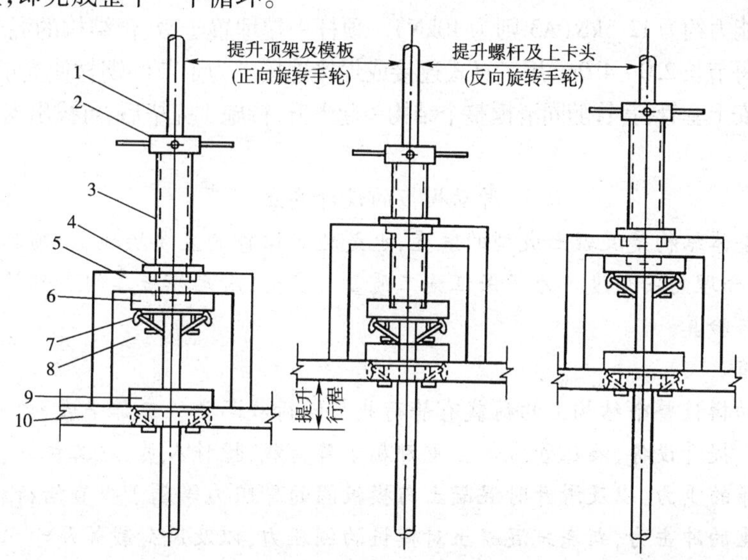


图4-3-5 螺旋千斤顶提升示意图

1-顶杆；2-手轮；3-螺杆；4-顶座；5-顶架上的横梁；6-上卡头；7-卡瓦；8-卡板；9-下卡头；10-顶梁下横梁

2. 液压千斤顶提升步骤(图4-3-6)

(1)进油提升：利用油泵将油压入缸盖3与活塞5间，在油压作用时，上卡头6立即卡紧顶杆1，使活塞固定于顶杆上[图4-3-6a)]。随着缸盖与活塞间进油量的增加，使缸盖连同缸筒4、底座9及整个滑模结构一起上升，直至上、下卡头6、8顶紧时[图4-3-6b)]，提升暂停。此时，缸筒内排油弹簧完全处于压缩状态。

(2)排油归位：开通回油管路，解除油压，利用排油弹簧7推动下卡头使其与顶杆卡紧，同时推动上卡头将油排出缸筒，在千斤顶及整个滑模位置不变的情况下，使活塞回到进油前位置。至此,完成一个提升循环[图 4-3-6c)]。为了使各液压前千斤顶能协同一致地工作,应将油泵与各千斤顶用高压油管连通,由操作台统一集中控制。

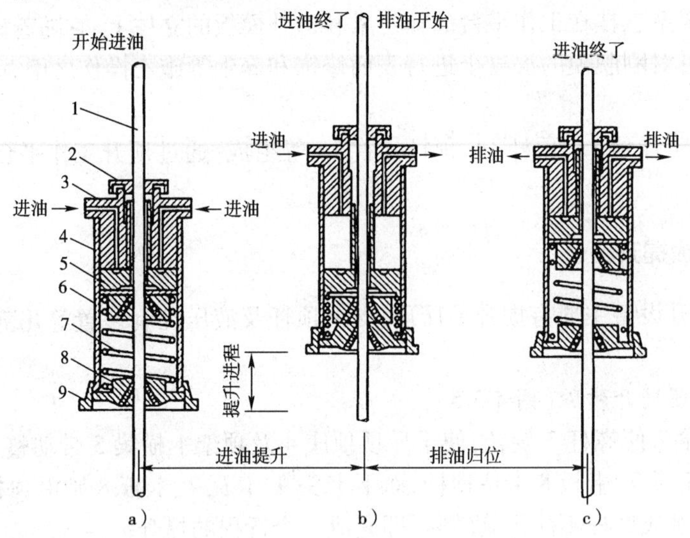


图 4-3-6 液压千斤顶提升步骤

1-顶杆;2-行程调整帽;3-缸盖;4-缸筒;5-活塞;6-上卡头;7-排油弹簧;8-下卡头;9-底座

提升时,滑模与平台上临时荷载全由支撑顶杆承受。顶杆多用 A3 与 A5 圆钢制作,直径 25mm,A5 圆钢的承载能力约为 12.5kN(A3 则为 10kN)。顶杆一端埋置于墩、台结构的混凝土中,一端穿过千斤顶芯孔,每节长 2.0 ~4.0m,用工具式连接或焊接连接。为了节约钢材使支承顶杆能重复使用,可在顶杆外安上套管,套管随同滑模整个结构一起上升,待施工完毕后,可拔出支承顶杆。

**【知识链接二】**

滑动模板的设计要点

滑动模板整体结构是混凝土成型的装置,也是施工操作的主要场地,必须具有足够的整体刚度、稳定性和合理的安全度。为了保证施工质量与安全,滑动模板各组成部件必须按强度和刚度进行设计与验算。

1. 荷载取值

作用在滑动模板整个结构上的荷载有静荷载与活荷载两类。工作平台、内外模板、混凝土平台、工作吊篮、提升设备、液压管线等自重都属于静荷载;操作人员、施工机具、平台上堆放的材料及半成品等的重力,以及滑升时混凝土与模板间的摩阻力等属于垂直活荷载;向模板内倾倒混凝土时产生的冲击力,新浇筑混凝土对模板的侧压力,以及风荷载等属于水平活荷载。具体可按有关规范与设计要求分别取值。

2. 确定支撑顶杆和千斤顶的数量

(1) 支撑顶杆的数量

其最小值 $n$ 按下式计算:

$$n = KP/N \tag{4-3-3}$$

式中:$P$——滑动模板提升时全部静荷载和垂直活荷载;

$N$——单根支撑顶杆的容许承载能力,按下式取值。

$$N = \psi A[\sigma] \tag{4-3-4}$$

式中:$\psi$——纵向弯曲系数,可根据长细比大小查表确定;支撑顶杆的计算长度 $L_0$ 应根据不同的施工情况予以决定，如正常提升时，其自由长度 $L$ 取千斤顶上卡头至新浇筑层混凝土底部的距离，并视其上卡头处为固结、下端为铰接，所以 $L_0=0.7L$；

$A$——支撑顶杆的截面面积；

$[\sigma]$——支撑顶杆的抗压容许应力；

$K$——工作条件系数，液压千斤顶取值为0.8。

提升过程中支撑顶杆实际受力情况比较复杂，其容许承载能力应根据工程实践的经验选用。上述计算确定的支撑杆数量，还应根据结构物的平面和局部构造加以适当的调整。

(2)千斤顶的数量

液压千斤顶起重力约为30kN，施工时考虑其他因素后，按15kN取值，大体上与支撑顶杆的承载能力相同。即一根支撑顶杆上安装一台千斤顶，所需千斤顶数量与支撑杆数量相同。

3. 确定支撑顶杆、千斤顶、顶升架和工作平台的布置方案

(1)支撑顶杆和千斤顶的布置方案：一般有均匀布置、分组集中布置以及分组集中与均匀布置相结合等。在筒壁结构中多采用均匀布置方案，在平面较为复杂的结构中则宜采用分组集中与均匀相结合的布置方案。

千斤顶在布置时，应使各千斤顶所承受的荷载大致相同，以利同步提升。当平台上荷载分布不均匀时，荷载较大的区域和摩阻力较大的区段，千斤顶布置的数量要多些。考虑到平台荷载内重外轻，在数量上内侧应较外侧布置多些，以避免顶升架提升时向内倾斜。

(2)顶升架的布置方案：应根据结构形式、建筑平面、平台荷载与刚度等进行布置。筒壁结构顶升架可采用均匀布置方案，间距控制在1.2~2.5m。

(3)工作平台的布置方案：必须保证其结构的整体性与足够的刚度，应根据施工对象的结构特点、荷载大小和分布情况，顶升架和千斤顶的布置要求，以及垂直运输方式等来确定工作平台的布置方案。圆形结构中，工作平台的承重结构、承重桁架或梁宜采用辐射形布置。使平台的刚度好，作用在各顶升架上的荷载比较均匀。方形结构中，工作平台的承重结构可单向或双向布置，单向布置时，承重梁间应设置水平支撑，两端的承重梁应设置垂直支撑，以加强平台的结构整体性和稳定性。

4. 模板的设计

包括模板尺寸的确定和模板的刚度的选择。模板必须具有足够的刚度，才能保证浇筑混凝土和提升过程中，在混凝土侧压力作用下不发生超过允许范围的变形值。一般条件下，模板在水平荷载作用下，按简支板计算，其支点间在力作用方向的变形不应超过跨径的1/1000。作用在模板上的水平荷载主要是新浇筑混凝土的侧压力，此时，模板按简支板计算。因为滑模施工中，模板有一定倾斜度，出模混凝土具有0.05~0.25MPa的强度，所以模板底部的混凝土对模板已不存在侧压力。在侧压力作用的高度范围内，模板承受的侧压力图形见图4-3-7。

新浇混凝土的侧压力计算式为：

$$P=\frac{1}{2}\gamma h \tag{4-3-5}$$

式中：$P$——新浇混凝土侧压力的计算最大值(kPa)；

$\gamma$——混凝土的重度(kN/m$^3$)；

$h$——侧压力的计算作用高度，$h=0.65\sim0.70H$，$H$ 为模板高度。

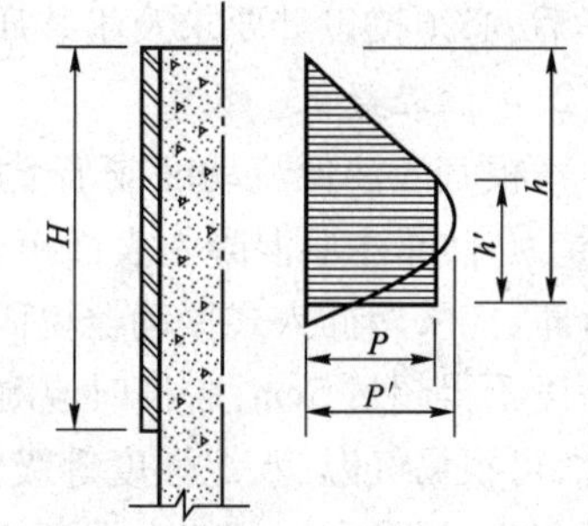

图4-3-7 作用在模板上的侧压力计算简图

侧压力的合力为 $0.75Ph$，合力作用点在距模板上口距离 $3h/5$ 处。

5. 顶升架与工作平台的设计

顶升架的构造形式，主要是根据结构水平截面形状、部位和千斤顶的类型决定的。一般常采用一字形的单横梁式或双横梁式。顶升架承受提升时的全部垂直荷载，以及混凝土与模板的侧压力等水平荷载，其计算内容包括顶升架立柱间的净宽 $W$ 和立柱设计。对于等截面结构的滑模工程，净宽 $W$ 为：

$$W = A + 2(B + C + D) + E \tag{4-3-6}$$

式中：$A$——结构的截面宽度(m)；

$B$——模板的厚度(m)；

$C$——围圈的宽度(m)；

$D$——支撑围圈的支托宽度(m)；

$E$——由于模板的倾斜度要求两侧放宽的尺寸(m)。

顶升架的横梁底面与模板顶面间的距离，对于钢筋混凝土结构取值0.45～0.50m，主要是为了满足绑扎水平钢筋和预埋件的要求。顶升架的立柱按拉弯构件计算。

工作平台的计算可视其具体受力情况，按常用的结构计算方法验算其强度。

此外，还有液压系统的设计。

图4-3-8为泸州长江大桥主墩用滑动模板构造示意图。该滑模的最大平面尺寸为18.5m×11.9m，高度为4.6m，系按自重、施工卷扬机重力(约600kN)、操作人员荷载、施工机具(600kN)、起吊荷载(90kN)及摩阻力等总计1540kN提升力进行设计。选用84个QY3.5油压千斤顶进行顶升，为安全考虑，每个千斤顶按20kN提升力进行设计。共可顶升1680kN。支撑顶杆用A3钢 $\phi$28mm，共计84根。千斤顶共分9组，供油根据滑模各部受力的大小，布置在35个提升架上，由一台油泵给各千斤顶供油。主墩施工高度为30～40m。

## 三、滑模浇筑混凝土施工要点

1. 滑模组装

在墩位上就地进行组装时，安装步骤如下。

(1)在基础顶面搭枕木垛，定出桥墩中心线。

(2)在枕木垛上先安装内钢环，并准确定位，再依次安装辐射梁、外钢环、立柱、千斤顶、模板等。

(3)提升整个装置，撤去枕木垛，再将模板落下就位，随后安装余下的设施；内外吊架待模板滑升至一定高度，及时安装；模板在安装前，表面需涂润滑剂，以减少滑升时的摩阻力；组装完毕后，必须按设计要求及组装质量标准进行全面检查，并及时纠正偏差。

2. 灌注混凝土

滑模宜灌注低流动度或半干硬性混凝土，灌注时应分层、分段对称地进行，分层厚度20～30cm为宜，灌注后混凝土表面距模板上缘宜有不小于10～15cm的距离。混凝土入模时，要均匀分布，应采用插入式振动器捣固，振捣时应避免触及钢筋及模板，振动器插入下一层混凝土的深度不得超过5cm；脱模时混凝土强度应为0.2～0.5MPa，以防在其自重压力下坍塌变形。为此，可根据气温、水泥强度等级经试验后掺入一定量的早强剂，以加速提升；脱模后8h左右开始养生，用吊在下吊架上的环绕墩身的水管(带小孔)来进行。养生水管一般设在距模板下缘1.8～2.0m处效果较好。

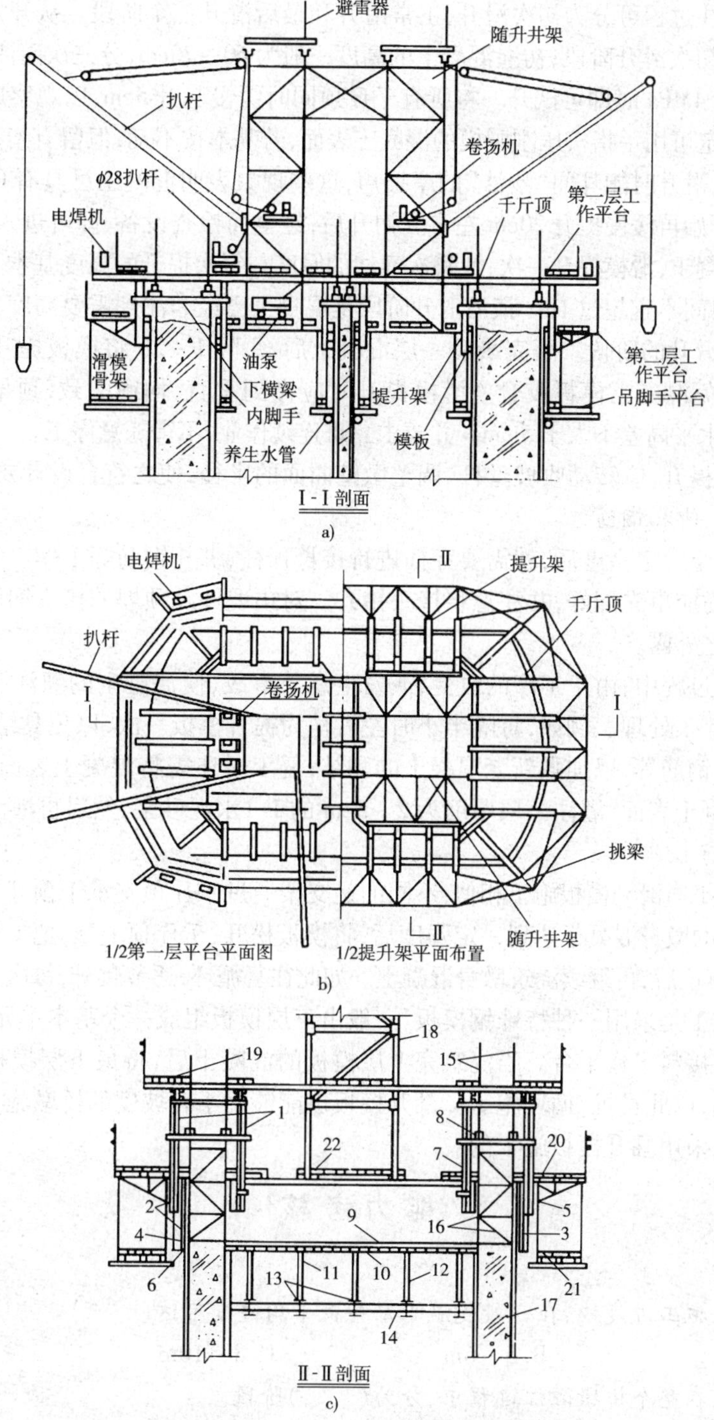


图 4-3-8　泸州大桥主墩滑模构造示意

1-提升架;2-滑模角钢;3-下层模板角钢;4-下层外模;5-上层模板;6-下层接长提升架立柱;7-内模板;8-液压千斤顶;9-下层外模拉杆;10-隔板混凝土底模板;11-底模木横架;12-底模立柱;13-I25 工字钢横梁;14-工字钢平撑;15-支撑杆;16-加固支撑杆平斜撑;17-墩身钢筋混凝土;18-随升井架;19-第一层工作平台;20-第二层工作平台;21-吊脚手平台;22-随升井架 I22 工字钢横梁

3. 提升与收坡

整个桥墩灌注过程可分为初次滑升、正常滑升和最后滑升三个阶段。从开始灌筑混凝土到模板首次试升为初次滑升阶段；初灌混凝土的高度一般为60～70cm，分三次灌注，在底层混凝土强度达到0.2～0.4MPa时即可试升。将所有千斤顶同时缓慢起升5cm，以观察底层混凝土的凝固情况。现场鉴定可用手指按压刚脱模的混凝土表面，若基本按不动，但留有指痕，砂浆不沾手，用指甲划过有痕，滑升时能耳闻"沙沙"的摩擦声，这些现象表明混凝土已具有0.2～0.4MPa的脱模强度，可以开始再缓慢提升20cm左右。初升后，经全面检查设备，即可进入正常滑升阶段。即每灌注一层混凝土，滑模提升一次，使每次灌注的厚度与每次提升的高度基本一致。在正常气温条件下，提升时间不宜超过1h。最后滑升阶段是混凝土已经灌注到需要高度，不再继续灌注，但模板尚需继续滑升的阶段。灌完最后一层混凝土后，每隔1～2h将模板提升5～10cm，滑动2～3次后即可避免混凝土模板胶合。滑模提升时应做到垂直、均衡一致，顶架间高差不大于20mm，顶架横梁水平高差不大于5mm。并要求三班连续作业，不得随意停工。

随着模板的提升，应转动收坡丝杆，调整墩壁曲面的半径，使之符合设计要求的收坡坡度。

4. 接长顶杆、绑扎钢筋

模板每提升至一定高度后，就需要穿插进行接长顶杆、绑扎钢筋等工作。为了不影响提升时间，钢筋接头均应事先配好，并注意将接头错开。对预埋件及预埋的接头钢筋，滑模抽离后，要及时清理，使之外露。

在整个施工过程中，由于工序的改变，或发生意外事故，使混凝土的灌注工作停止较长时间，即需要进行停工处理。例如，每隔半小时左右稍为提升模板一次，以免黏结；停工时在混凝土表面要插入短钢筋等，以加强新老混凝土的黏结；复工时还需将混凝土表面凿毛，并用水冲走残渣，湿润混凝土表面，灌注一层厚度为2～3cm的1∶1水泥砂浆，然后再灌注原配合比的混凝土，继续滑模施工。

爬升模板施工与滑动模板施工相似，不同的是支架通过千斤顶支承于预埋在墩壁中的预埋件上。待浇筑好的墩身混凝土达到一定强度后，将模板松开，千斤顶上顶，把支架连同模板升到新的位置，模板就位后，再继续浇筑墩身混凝土。如此往复循环，逐节爬升，每次升高约2m。

翻升模板施工是采用一种特殊钢模板，一般由三层模板组成一个基本单元，并配置有随模板升高的混凝土接料工作平台。当浇筑完上层模板的混凝土后，将最下层模板拆除翻上来拼装成第四层模板，以此类推，循环施工。翻升模板也能够用于有坡度的桥墩施工。侯月线子沟大桥高桥墩就是采用翻升模板施工的。

## 能力考核

**选择题**

1. 滑动模板施工进度快，在一般气温下每昼夜平均进度可达(　　)。

A. 3～5m　　B. 5～6m　　C. 8～10m

2. 滑动模板在整个桥墩灌注过程中，分为(　　)阶段。

A. 2个　　B. 3个　　C. 4个

3. 滑动模板混凝土灌注时，应分层、分段对称地进行，分层厚度宜为(　　)。

A. 10～20cm　　B. 20～30cm　　C. 30～40cm

4. 滑动模板在底层混凝土强度达到(　　)时即可试升。

A. 0.1～0.2MPa　　B. 0.2～0.4MPa　　C. 0.4～0.6MPa

5. 滑动模板混凝土灌注时，应采用插入式振动器振捣，振动器插入下层混凝土的深度不得超过(　　)。

A. 5cm　　B. 10cm　　C. 15cm

**判断题**

1. 公路通过深沟宽谷或大型水库，采用高桥墩能使桥梁更为经济合理。(　　)
2. 滑动模板只能用于直坡墩身，不能用于斜坡墩身。(　　)
3. 千斤顶数量与支撑杆数量相同，即一根支撑顶杆上安装一台千斤顶。(　　)
4. 混凝土平台，供堆放及灌注混凝土的施工操作用。(　　)
5. 滑动模板的设计，包括模板尺寸和模板刚度的确定。(　　)

**问答题**

1. 滑动模板施工有什么优点？
2. 滑动模板一般由哪几部分组成？其作用是什么？
3. 螺旋千斤顶提升步骤是什么？
4. 滑动模板组装步骤是什么？
5. 滑动模板提升与收坡时有哪些要求？

## 课题四　桥台附属工程施工

**知识点：**

◎桥台附属工程的类型；

◎桥台附属工程的质量标准。

**技能点：**

◎锥坡施工放样；

◎台后填土施工；

◎台后搭板施工。

**【任务引入】**

桥台附属工程的作用是防止路堤填土向河中坍塌，并抵御水流的冲刷。采用科学、合理的施工方法是保证桥台附属工程发挥作用的关键。

**【任务分析】**

桥台附属工程的施工，应掌握附属工程的类型，熟悉其施工要点，重点是掌握锥坡施工的方法。

**【任务实施】**

### 一、锥坡施工

1. 锥坡放样的基本方法

先将坡脚椭圆曲线放出，然后在锥坡顶的交点处钉上一根木桩，系上一根可伸缩的长木条或铁丝，使其与椭圆曲线上各点相连。长木条或铁丝沿椭圆曲线运动的轨迹，就是浆砌或干砌石料时的曲面。砌筑时，随时转动长木条或铁丝来校核曲面，见图4-4-1。

放样应先根据锥体的高度 $H$、桥头道路边坡坡率 $m$ 和桥台河坡边坡坡率 $n$，计算出锥坡底

面椭圆的长轴 $A$ 和短轴 $B$，以此作为锥坡底椭圆曲线的平面坐标轴。

(1)图解法(双圆垂直投影)

当桥头锥坡处无堆积物，而河坡处又较干燥，可用图解法放出椭圆曲线。

用 $A$(长轴)和 $B$(短轴)作半径，画出同心四分之一圆，如图 4-4-2 所示。将圆分成若干等分，由等分点分别与圆心相连，得若干条射线(射线越多，连成的椭圆曲线越精确)，与大圆曲线得交点 1、2、3……，与小圆曲线得交点 1′、2′、3′……，过大圆各交点与过小圆各交点互作垂线相交得 Ⅰ、Ⅱ、Ⅲ……各点，连接起来成椭圆曲线。

(2)对角线曲线坐标法

当桥头锥坡处有堆积物或河坡处有水而无法作 1/4 同心圆时，可采用对角线坐标法作出锥坡底的椭圆曲线(图 4-4-3)。

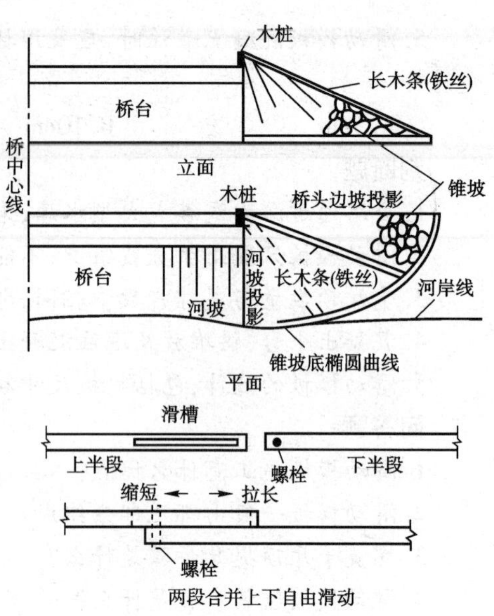

图 4-4-1　锥坡与可伸缩的长木条

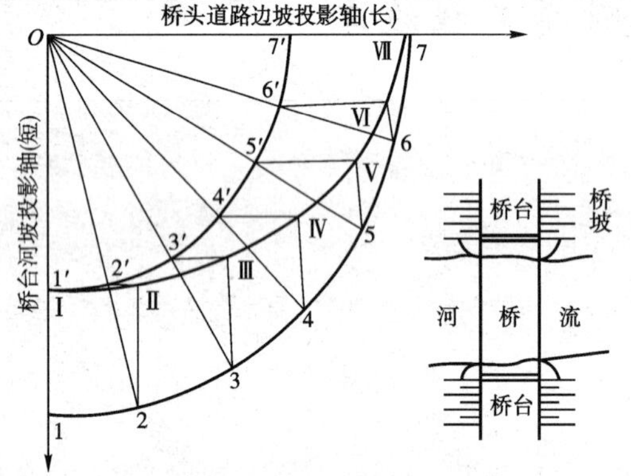

图 4-4-2　图解法示意(桥的右上角锥坡)

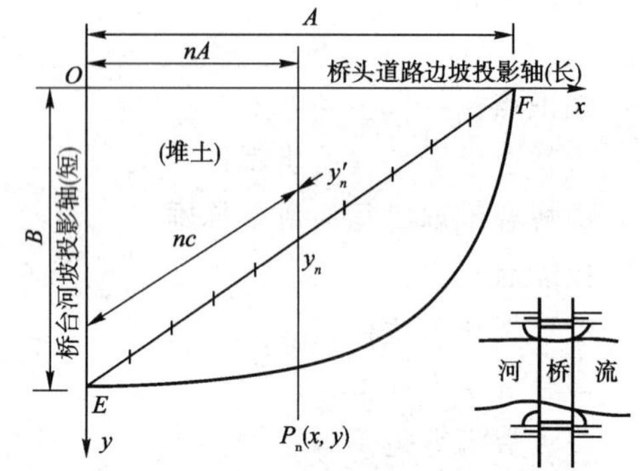

图 4-4-3　对角线曲线坐标法(桥的右上角锥坡)

将长半轴分为 10 等分，则椭圆曲线纵坐标的 $y$ 值可根据表 4-4-1 求得。以 $EF$ 连线为基线，分 $EF$ 为 10 等分，在此线上由 $E$ 点量 $nc$ 距离，在平行于 $OE$ 轴方向量 $y_n$ 值得 $P_n$ 点。

**椭圆曲线纵坐标值**　　表 4-4-1

| 等分 $n$ 值 | $\frac{1}{10}$ | $\frac{2}{10}$ | $\frac{3}{10}$ | $\frac{4}{10}$ | $\frac{5}{10}$ | $\frac{6}{10}$ |
|---|---|---|---|---|---|---|
| 横坐标 $x$ 值 | 0.1$A$ | 0.2$A$ | 0.3$A$ | 0.4$A$ | 0.5$A$ | 0.6$A$ |
| 纵坐标 $y$ 值 | 0.995$B$ | 0.980$B$ | 0.954$B$ | 0.917$B$ | 0.866$B$ | 0.800$B$ |
| $y'_n$ | 0.900$B$ | 0.800$B$ | 0.700$B$ | 0.600$B$ | 0.500$B$ | 0.400$B$ |
| $y_n=y-y'_n$ | 0.095$B$ | 0.180$B$ | 0.254$B$ | 0.317$B$ | 0.366$B$ | 0.400$B$ |
| 等分 $n$ 值 | $\frac{7}{10}$ | $\frac{8}{10}$ | $\frac{9}{10}$ | $\frac{9.5}{10}$ | $\frac{10}{10}$ | |
| 横坐标 $x$ 值 | 0.7$A$ | 0.8$A$ | 0.9$A$ | 0.95$A$ | $A$ | |
| 纵坐标 $y$ 值 | 0.714$B$ | 0.600$B$ | 0.436$B$ | 0.312$B$ | 0 | |
| $y'_n$ | 0.300$B$ | 0.200$B$ | 0.100$B$ | 0.050$B$ | 0 | |
| $y_n=y-y'_n$ | 0.414$B$ | 0.400$B$ | 0.336$B$ | 0.262$B$ | 0 | |

$$y_n = y - y'_n \tag{4-7}$$

式中：$y$——椭圆曲线纵坐标值（表 4-4-1）；

$n$——等分数值（如 10 等分，$n$ 为 0.1、0.2、0.3、0.4、…、1）。

用同样的方法定出各点，连成曲线见图 4-4-3。$E$ 为桥台河坡坡脚，$F$ 为桥头道路边坡坡脚，由于 $E$ 和 $F$ 为固定两点，故方向准确，易于放样。

（3）斜桥锥坡放样

遇到斜桥，锥坡椭圆曲线仍可采用坐标值量距放样，但需将表 4-4-1 所示的横坐标值根据桥梁与河道的交角大小予以修正，如图 4-4-4 所示。修正后的长半轴为 $OF = A\sec\alpha$，所以横坐标的数值为表 4-4-1 中的 $x$ 值乘以 $\sec\alpha$（$\alpha$ 为斜交角度）。纵坐标 $y$ 值与表中相同。

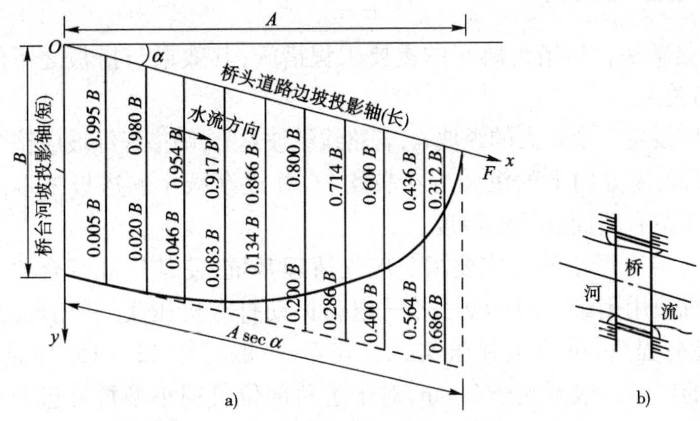


图 4-4-4 斜桥锥坡底曲线（桥的右上角锥坡）

2. 锥坡施工

锥坡施工主要包括填土和坡脚与坡面的石块砌筑。此项工作要在桥台竣工后及与台后填土同时进行，并应按设计宽度一次填足。

先测放出锥坡底脚椭圆曲线，再根据坡脚的设计高度与宽度，用片石或块石砌筑锥坡坡脚，坡脚底层应用碎石或卵砾石作反滤层，防止锥坡内土方被水冲流失。石块缝隙需用砂浆填满，可不必勾缝。

坡脚砌筑完毕后，在锥坡内进行填土并分层夯实使之达到最佳密实度，在坡面上预留出坡面石块的砌筑厚度。填土高度应按设计高程和坡度一次填足，若砌筑石块厚度不够，可将土挖去一部分，不允许在填土不足时，用临时填土或砌石补边等法处理。锥坡拉线放样时，坡顶应预先放高约 2～4cm，使锥坡随同锥体填土沉降后，坡度仍符合设计规定。

锥坡坡面一般用块石或片石砌筑，石料底部需用粒径不大于 5cm、含泥量不超过 5% 和含砂量不超过 40% 的砂砾作垫层。砌筑时，应经常用坡面长尺或铁丝纠正坡面石块的平整度与坡度。根据土质情况，应在坡面设置泄水孔。锥坡与路肩或地面的连接必须平顺，以利排水，并避免砌体背后冲刷或渗透坍塌。坡面石块缝隙需用砂浆嵌实并应勾成自然状态的凸缝。方格缝适用于挡土墙的勾缝。

## 二、桥台后填土施工要求

（1）桥台后填土应与桥台施工协调进行。填土应尽量选用渗水土，如黏土含量较少的砂质土。土的含水量要适量，在北方冰冻地区要防止冻胀。如遇软土地基，为增大土抗力，台后适当长度内的填土可采用石灰土（掺 5% 石灰）。

(2)填土应分层夯实,每层松土厚 20 ~ 30cm,一般应夯 2 ~ 3 遍,使得夯实后的土厚度为 15 ~ 20cm,密实度达到 85% ~ 90%,并作密实度测定。靠近台背处的填土打夯较困难时,可用木棍、拍板打紧捣实,与路基搭接处宜挖成台阶形。

(3)石砌圬工桥台台背与土接触面应涂抹两道热沥青或用石灰三合土、水泥砂浆胶泥做不透水层作为台后防水处理。

(4)对于梁式桥的轻型桥台台后填土,应在桥面完成后,在两侧平衡地进行。

(5)台背填土顺路线方向长度,一般应自台身起,底面不小于桥台高度加 2m,顶面不小于 2m。

## 三、桥台后搭板的施工要点

(1)设置搭板是解决台后错台跳车的重要工程措施,其效果与搭板之下的路堤压缩程度和搭板长度有密切关系。

(2)桥头搭板应设置一个较大的纵坡 $i_2$,若路线纵坡是 $i_1$,则搭板纵坡应符合 $10\% \leqslant i_2 - i_1 \leqslant 15\%$,以保证在台后长度方向上的沉降分布较均匀,并逐渐减小。搭板末端顶面应与路基平齐,搭板前端顶面应留有路面面层的厚度。

(3)对台后填土应有严格的压实要求。应先清理基坑,使其尺寸符合要求。接着进行基底压实,如果压路机使用困难可用小型手推式电动振动打夯机压实,并用环刀法测定压实度。基底填筑达到规定高程后,可填筑并压实二灰碎石,一般可用 12 ~ 15t 压路机压实,每层碾 6 ~ 8遍,分层压实的厚度一般不大于 20cm,对于边角部位可用小型打夯机补压。可在填压达到搭板顶部的高程,压实或通行车辆一段时间后,再挖开浇筑搭板和枕梁。

(4)对上述填筑桥台后路堤材料有困难时,至少应选用透水性良好的砂性土,或掺用 40% ~70% 的砂石料,分层厚度 20 ~ 30cm,压实度不小于 95%。靠近后墙部位(1.5m 宽)可用小型打夯机,也可填筑块片石及级配砂砾石,用振动器振实。用透水性材料填筑时,应以干密度控制施工质量。

(5)台背填筑前应在土基上或某一合适高度设置泄水管或盲沟,并注意将泄水管或盲沟引出路基之外。

## 能 力 考 核

**选择题**

1. 台背填土顺路线方向长度,一般应自台身起,底面不小于桥台高度加(　　),顶面不小于(　　)。

A. 3m、5m　　　B. 4m、2m　　　C. 2m、2m

2. 锥坡拉线放样时,坡顶应预先放高约(　　),使其沉降后,坡度仍符合设计规定。

A. 1 ~ 2cm　　　B. 2 ~ 4cm　　　C. 3 ~ 5cm

3. 桥头搭板应设置一个较大的纵坡 $i_2$,若路线纵坡是 $i_1$,则搭板纵坡应符合(　　)$\leqslant i_2 - i_1 \leqslant$(　　)。

A. 10%、15%　　　B. 15%、20%　　　C. 5%、10%

**判断题**

1. 对角线曲线坐标法适宜于桥头锥坡处有堆积物、河坡处有水时的施工放样。(　　)

2. 图解法将圆分成等分越多,连成的椭圆曲线越精确。(　　)

3. 斜桥锥坡椭圆曲线放样时,仍可采用坐标值量距放样。(　　)
4. 锥坡填土不足时,可以允许用临时填土或砌石补边的方法处理。(　　)
5. 锥坡填土应分层夯实,填料一般以砂土为宜。(　　)

**问答题**

1. 图解法锥坡放样的步骤是什么?
2. 斜桥锥坡如何放样?
3. 桥台锥坡施工时有哪些要求?
4. 桥台后搭板的施工要点是什么?
5. 桥台后填土施工要求包括哪些内容?

# 单元五　钢筋混凝土简支梁桥施工

## 课题一　简支梁桥施工方法和施工工序

钢筋混凝土简支梁桥上部结构的施工方法主要有现浇法和预制安装法。

**知识点：**

◎就地浇筑施工的方法和特点；

◎装配式施工的基本过程和特点；

◎就地浇筑和装配式钢筋混凝土梁桥的施工工序。

**技能点：**

◎能根据实际情况基本确定简支梁桥的施工方法并进行施工操作。

【任务引入】

施工方法的选择决定着梁桥的经济性、安全性和施工进度等，所以要根据现场等情况选择适当的施工方法。

【任务分析】

本课题概括地介绍了简支梁桥的施工方法和工序，具体的施工工艺和方法将在以下的模块中介绍。

【任务实施】

### 一、简支梁桥施工方法

1. 就地浇筑施工（现浇法）

现浇法是在桥孔位置搭设支架，在支架上安装模板，绑扎及焊接钢筋骨架，并在现场浇筑混凝土，待混凝土达到强度后拆除模板和支架的施工方法。由于施工需用大量的模板和支架，一般仅在小跨径桥或交通不便的边远地区采用。但对一些变宽的异形桥、弯桥等复杂的混凝土结构，加之近年来临时钢构件和万能杆件系统的大量应用，在其他施工方法都比较困难时，或经过比较，该方法施工方便、费用较低时，也常在大、中跨径桥梁中采用就地浇筑法。

现浇法的特点：

(1)无需预制场地，不需大型起吊和运输设备。

(2)梁体钢筋可不中断，桥梁整体性好，施工平稳可靠。

(3)需要大量的模板和支架，施工费用高。跨河桥梁搭设支架还会影响河道的通航与排洪，施工期间支架可能受到洪水和漂浮物的威胁。

(4)施工工期长、费用高，施工质量不易控制。

(5)需要有较大的施工场地，施工管理复杂。

2. 装配式施工（预制安装法）

在预制工厂或在运输方便的桥址附近设置预制场进行梁的预制工作，然后采用一定的架设方法进行安装。预制构件安装的方法很多，各需不同的安装设备，可根据施工的实际情况合理选择。

预制安装法的特点：

(1)上下部结构可平行施工,工期短。

(2)由于是工厂生产制作,构件质量好,有利于确保构件质量和尺寸精度,并尽可能多地采用机械化施工。

(3)混凝土收缩徐变影响小,质量易于控制。

(4)有效利用了劳动力,降低了工程造价。

(5)施工速度快,适用于紧急施工工程。

(6)需预制场地和运输吊装设备,当预制块间受力钢筋中断时需作接缝处理。

## 二、简支梁桥的施工工序

就地浇筑钢筋混凝土简支梁桥的施工工序一般为:

搭设支架→安装模板→安装钢筋骨架→现场浇筑混凝土→拆除模板。

装配式钢筋混凝土简支梁桥的施工工序一般为:

装配式梁(板)等构件预制→构件移运堆放→运输→预制梁(板)架设安装→横向联结施工→桥面系施工。

## 能力考核

### 选择题

1. 钢筋混凝土简支梁桥上部结构常用的施工方法有(　　)。

A. 预制安装法　　B. 现浇法　　C. 转体法　　D. 劲性骨架法

2. 就地浇筑法的特点有(　　)。

A. 整体性好,不需大型起重设备　　B. 工期短

C. 需要大量的施工支架　　D. 质量易于控制

3. 装配式简支梁桥的施工工序包括(　　)。

A. 预制　　B. 搭设支架　　C. 安装模板　　D. 运输安装

### 判断题

1. 钢筋混凝土构件在混凝土强度达到设计强度75%以上,预应力混凝土构件在预应力张拉以后才可出坑。(　)

2. 就地浇筑梁桥的施工质量比装配式梁桥易于控制。(　)

### 问答题

1. 简述就地浇筑施工的过程。

2. 简述装配式简支梁桥的施工过程。

3. 现浇法和预制安装法各有哪些特点?

4. 就地浇筑和装配式钢筋混凝土简支梁桥的施工工序是什么?

# 课题二　钢筋混凝土简支梁桥的制造工艺

## 模块一　支架与模板的施工

支架和模板是施工过程中的临时结构物,其控制着梁体尺寸的精度,而且对工程质量、施工进度、施工安全和工程造价有直接影响。

**知识点：**

◎支架的类型、构造及其适用条件；

◎模板按使用材料的分类及对模板的要求；

◎模板和支架制作与安装过程中的技术要求和质量标准；

◎预拱度的基本概念和设置原理。

**技能点：**

◎能够参与模板和支架的制作与安装工作；

◎能够进行模板和支架的拆除工作；

◎能够进行模板和支架施工中的质量控制。

**【任务引入】**

支架和模板是桥涵就地浇筑和预制水泥混凝土、钢筋混凝土、预应力混凝土和圬工构件的基本设备，其起到了支撑和定型的作用，是桥涵施工不可缺少的环节。

**【任务分析】**

本课题主要从支架和模板的类型、构造、制作、安装、拆除和预制过程中预拱度的设置等几方面进行介绍。

**【任务实施】**

## 一、支架类型及构造

就地浇筑简支梁桥的上部结构时，应在桥孔位置搭设支架，以支承模板和钢筋混凝土以及其他施工荷载。支架的类型主要有：

1. 满布式木支架

满布式木支架常用于陆地、不通航的河道、桥墩不高或桥位处水不深的桥梁。其形式可采用排架式、人字撑式或八字撑式。排架式是最简单的满布式支架，主要由排架和纵梁等部件组成，纵梁为抗弯构件，跨径一般不大于4m。人字撑式和八字撑式支架构造较复杂，纵梁需加设可变形的人字撑或八字撑。因此，在浇筑混凝土时应适当安排浇筑程序，均匀、对称地进行浇筑，以防发生较大变形。此类支架的跨径可达8m左右。

满布式木支架的排架，可设置在枕木或桩基上，基础需坚实可靠，以保证排架的沉陷值不超过规定要求。当排架较高时，为保证支架的横向稳定，除在排架上设置撑木外，还需在排架两端外侧设置斜撑木或斜立柱。

满布式支架的卸落设备一般采用木楔、木马或砂筒等，可设置在纵梁支点处或桩顶帽木上面。

2. 钢木混合支架

为加大支架跨径，减少排架数量，支架的纵梁可采用工字钢，其跨径可达10m，并且支架多改用木框架结构，以提高支架的承载力及稳定性，如图5-2-1所示。

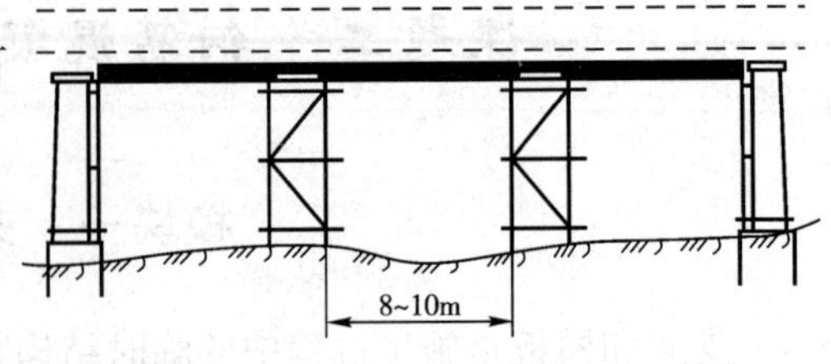

图5-2-1　钢木混合支架

3. 万能杆件拼装支架

用万能杆件可拼装成各种跨度和高度的支架，

其跨度需与杆件本身长度成整倍数。

用万能杆件拼装的桁架高度，可达2m、4 m、6m或6m以上。当高度为2m时，腹杆拼为三角形；高度为4m时，腹杆拼为菱形；高度超过6m时，则拼成多斜杆的形式。

用万能杆件拼装墩架时，柱与柱之间的距离应与桁架之间的距离相同，桩高除柱头及柱脚外，应为2m的倍数。

用万能杆件拼装的支架在荷载作用下的变形较大，应考虑预加压重，预加重力相当于灌注的混凝土重力。

4. 装配式公路钢桥桁节拼装支架

用装配式公路钢桥桁节可拼装成桁架梁和塔架。为加大桁架梁孔径和利用墩、台作支承，也可拼成八字斜撑桁架梁。桁架梁与桁架梁之间，应用抗风拉杆和木斜撑等进行横向联结，以保证桁架梁的稳定。

装配式公路钢桥桁节拼装的支架在荷载作用下的变形很大，应进行预压。

5. 轻型钢支架

桥下地面较平坦，有一定承载力的梁桥，为节省木料，宜采用轻型钢支架。轻型钢支架的梁和柱，以工字钢、槽钢或钢管为主要材料，斜撑、连接系等可采用角钢。构件应制成统一规格和标准，排架应预先拼装成片或组，并以混凝土、钢筋混凝土枕木或木板作为支承基底。为了防止冲刷，支承基底需埋入地面以下适当的深度。为适应桥下高度，排架下应垫以一定厚度的枕木或木楔等。为便于支架和模板的拆卸，纵梁支点处应设置木楔，如图5-2-2所示。

6. 墩、台自承式支架

在墩、台上留下承台式预埋件，上面安装横梁及架设适宜长度的工字钢或槽钢，即构成模板的支架。这种支架适用于跨径不大的梁桥，但支立时需考虑梁的预拱度、支架梁的伸缩以及支架和模板的卸落等所需条件。

7. 模板车式支架

这种支架适用于跨径不大，桥墩为立柱式的多跨梁桥，如图5-2-3所示，在墩柱施工完毕后即可立即铺设轨道，拖进孔间，进行模板的安装，此法可简化安装工序，节省安装时间。

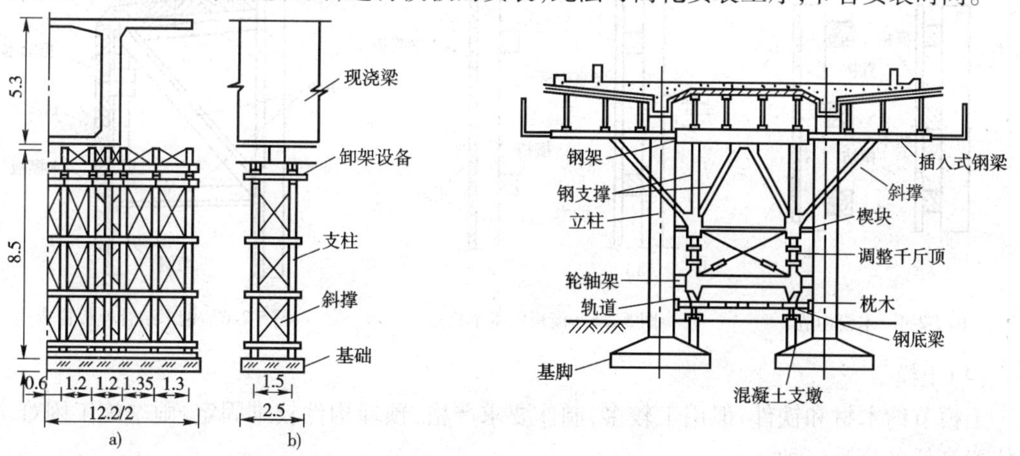


图5-2-2　轻型钢支架（尺寸单位：m）

图5-2-3　模板车式支架

当上部构造混凝土浇筑完毕，强度达到要求后，模板车即可整体向前移动，但移动时需将斜撑取下，将插入式钢梁节段推入中间钢梁节段内，并将千斤顶放松。

## 二、模板类型及构造

1. 模板的种类

模板按制作材料可分为以下几种:

(1)木模

桥梁施工中最常用的模板是木模,其由紧贴于混凝土表面的模板、支撑模板的肋木、立柱或横枋和拉杆等组成,如图 5-2-4 所示。其优点是制作容易,但木材耗量大、成本较高。

模板可以竖直拼装[图 5-2-5a)]或水平拼装[图 5-2-5b)],厚度通常为 3 ~ 5cm,板宽为 15 ~ 20cm,不宜过薄或过宽,以免翘曲。

肋木一般用 8cm × 12cm 或 10cm × 12m 枋木,间距为模板跨度,可根据模板的厚度、受力的大小、模板的强度和刚度进行验算而定。

立柱可用 10cm × 12cm 或 10cm × 14cm 的枋木、也可用 100mm × 100mm × 12mm 角钢制作,或用万能杆件代用。立柱的间距即肋木的跨度,根据对肋木的强度和刚度的演算而定。

拉杆是立柱的支点,承受立柱传来的反力,一般采用两端带丝扣的 $\phi16$ 或 $\phi12$ 圆钢。拉杆的间距,在水平方向按立柱间距设置;竖直方向即立柱的跨径,在选定了立柱的断面以后,由对立柱的强度和刚度验算求得。

(2)钢模

钢模是用钢板代替木模板,用角钢代替肋木和立柱。钢板厚度一般为 4mm,角钢尺寸应根据计算确定。

钢模造价虽高,但周转次数多,实际成本低;结实耐用,接缝严密,能经受强力振捣;浇筑的构件表面光滑,故目前采用日益增多。

(3)钢木结合模

钢木结合模用角钢作支架,木模板用平头开槽螺栓连接于角钢上,表面钉以黑铁皮。这种模板节约木料,成本较低,同时具有较大的刚度和稳定性,如图 5-2-6 所示。

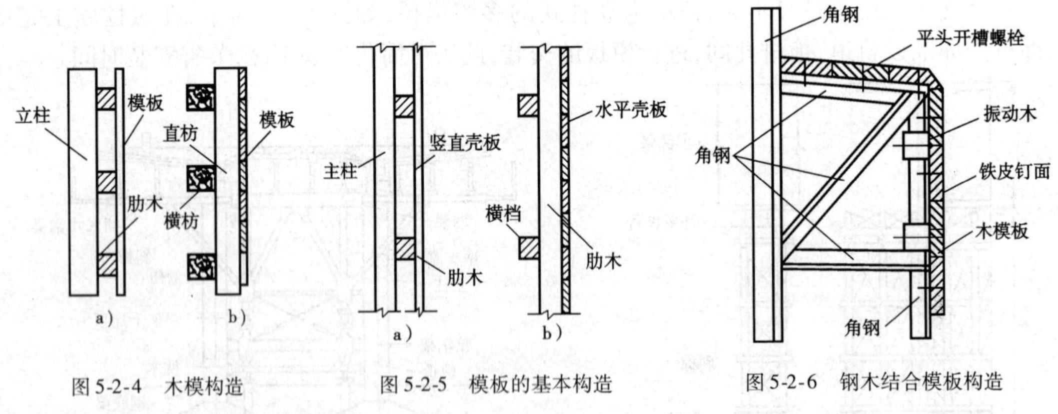


图 5-2-4 木模构造　　图 5-2-5 模板的基本构造　　图 5-2-6 钢木结合模板构造

(4)土模

土模节约木材和铁件,但用工较多,制作要求严格,预埋构件较难固定,雨季施工困难。按其位置高低可分为三种:

①地下式土模:在已平整的地坪上就地放样,挖槽成型,构件大多埋入地下,外漏 5cm 左右。

②半地下式土模:构件一半埋入地下,所挖出的土作为两边侧模。

③地上式土模：构件全部外露在地坪上，侧模由填土夯筑而成。

2. 上部结构模板的构造实例

（1）实心板模板

图 5-2-7 为装配式钢筋混凝土实心板的模板构造，模板为单元可折式，设置模板的地基应夯实整平，图中的小木桩只有在地基较软的情况下才采用。

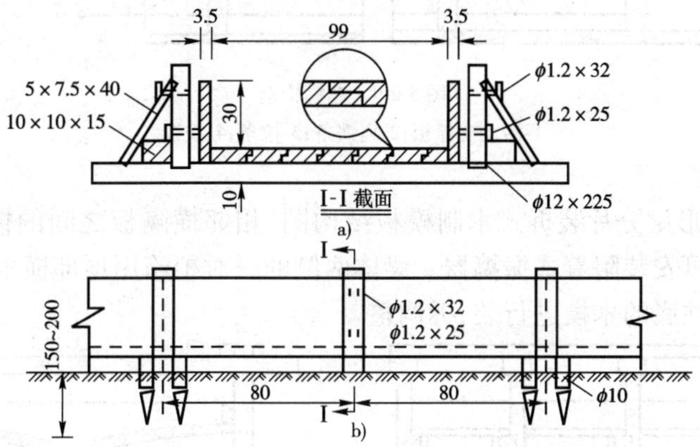


图 5-2-7　实心板模板图（尺寸单位：cm）

（2）空心板模板

图 5-2-8 为装配式钢筋混凝土空心板的模板构造，图 5-2-9 为芯模构造。它采用四合式活动模板，为了便于搬运装拆，按桥长分为两节，每节由四块单元体组成，每隔 70cm 左右设木骨架一道，且以扁铁条相连接。中间设活动支撑板，支撑板除一个角用铰链连接外，其余三个角均以活榫支撑，支撑板中间开孔，用来适应拉条在立芯模和拆芯模时的活动范围。芯模在底板浇筑后架立，顶上用临时支架固定，在两侧混凝土浇筑高度达芯模的 2/3 时，可将顶上的临时支架拆除。

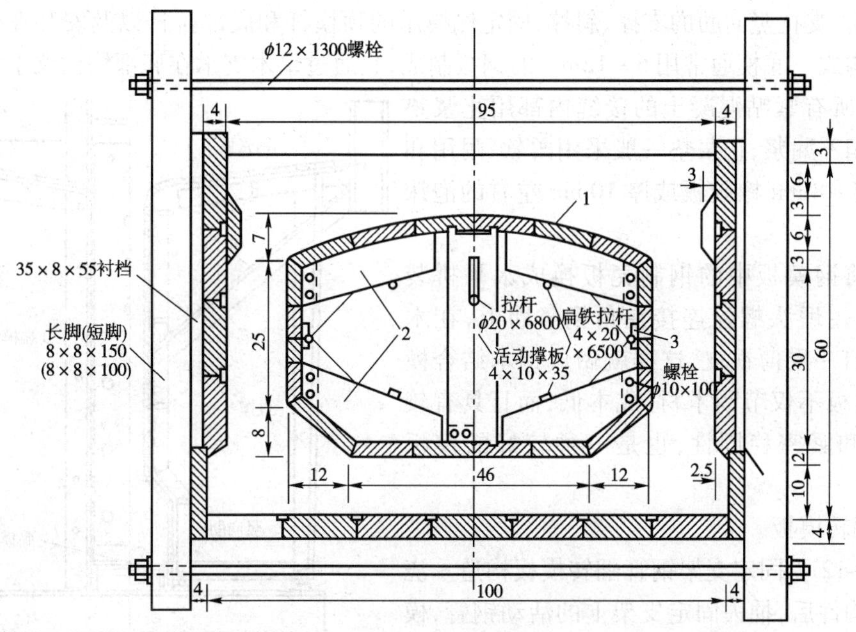


图 5-2-8　空心板横截面构造（单位：铁件为 mm，其他为 cm）

1-芯模板；2-骨架；3-铁铰链

目前也多采用充气胶囊作为空心板的内模。胶囊可单独使用,也可与外套胶囊结合使用。使用时充气成型,所需气压根据混凝土侧压力与胶囊内径大小而定。

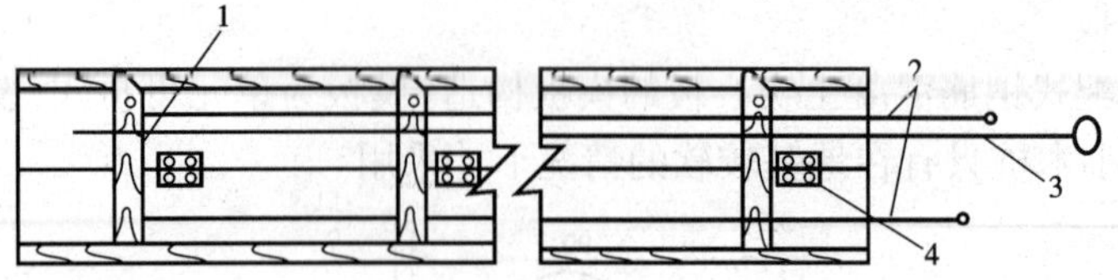


图 5-2-9 芯模构造

1-活动支撑板;2-扁铁条;3-拉条;4-铁铰

(3)T 形梁模板

图 5-2-10 为 T 形梁分片装拆式木制模板结构图,相邻横隔板之间的模板形成一个柜箱,在柜箱内的横档上可安装附着式振捣器。梁体两侧的一对柜箱用顶部横木和穿通梁肋的螺栓拉杆来固定。并借柱底的木楔进行装、拆调整。

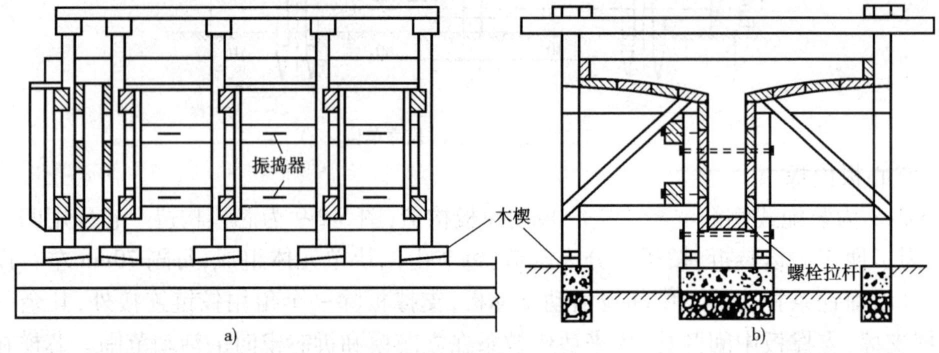


图 5-2-10 T 形梁的木模构造

图 5-2-11 为分片装拆式钢模板的结构图,侧模是由厚度一般为 4 ~ 8mm 的钢壳板、角钢做成的水平肋、支托竖向肋的支撑、斜撑、固定侧模用的顶横杆和底部拉杆以及安装在壳板上的振捣架等构成。底模通常用 6 ~ 12mm 的钢板制成,它通过垫木支承在底部钢横梁上。在拼装钢模板时,所有紧贴混凝土的接缝内都用止浆垫使接缝密闭不漏浆,止浆垫一般采用柔软、耐用和弹性大的 5 ~ 8mm 橡胶板或厚 10mm 左右的泡沫塑料。

如果将钢模板中的钢制壳板换成水平拼装的木壳板,用埋头螺栓连接在角钢竖肋上,在木壳板上再钉一层薄铁皮,这样就做成钢木结合模板,这种模板不仅节约木材,成本低,而且具有较大的刚度和紧密稳固性,也是一种较好的模板结构。

(4)翻转模板

图 5-2-12 为固定支架钢管翻转模板构造。浇筑混凝土构件后,抽去固定支架上的活动钢管,模板随时可在支架上翻转,原地垂直跌落,然后抬起模板即可。

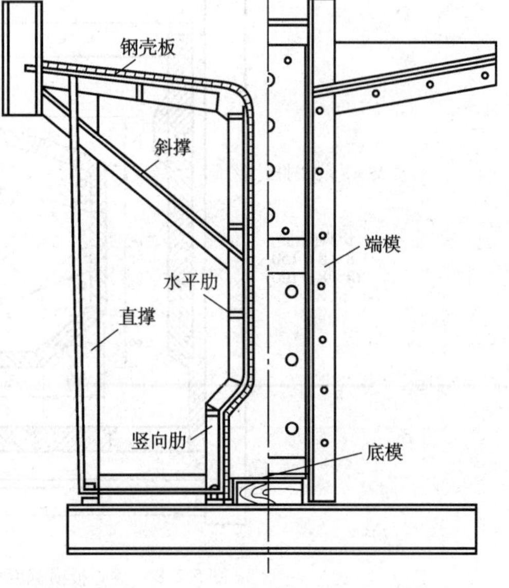


图 5-2-11 钢模板的组成

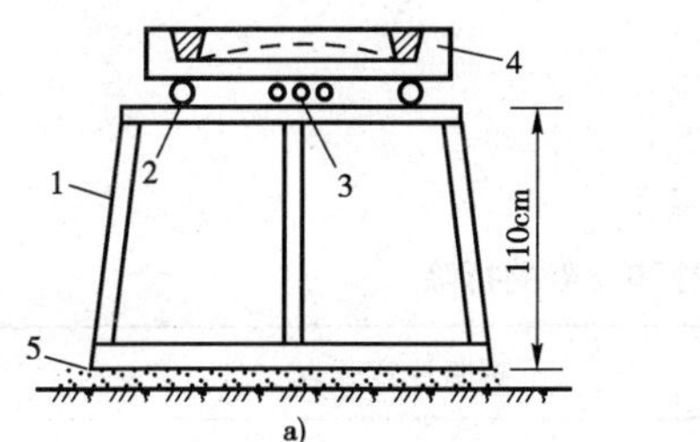

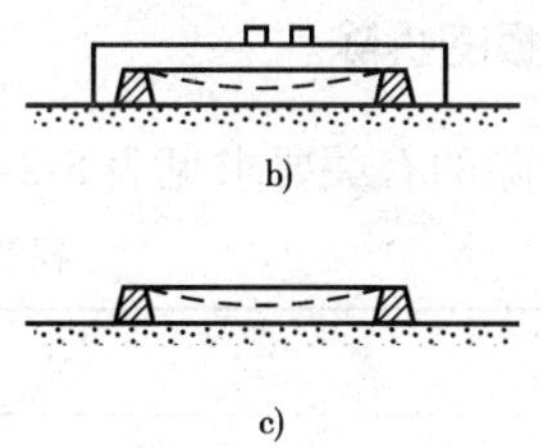


图 5-2-12　固定支架翻转模板构造

a）活动钢板抽出前；b）活动钢板抽出后；c）脱模后的构件

1-角钢支架；2-活动钢管；3-翻砖轴钢管；4-翻转模板；5-砂垫层

## 三、支架和模板的制作与安装

1. 支架和模板在制作和安装时的注意事项

（1）构件连接应尽量紧密，以减小支架变形，使沉降量符合预计数值。

（2）为保证支架稳定，应防止支架与脚手架和便桥等接触。

（3）模板的接缝必须密合，如有缝隙，需堵塞严密，以防跑浆。

（4）建筑物外露面的模板应抛光并涂以石灰乳浆、肥皂水或润滑油等润滑剂。

（5）为减少施工现场的安装拆卸工作和便于周转使用，支架和模板应尽量制成装配式组件或块件。

（6）钢制支架宜制成装配式常备构件，制作时应注意构件外形尺寸的准确性，一般应使用样板放样制作。

（7）模板应用内撑支撑，用螺栓栓紧。使用木内撑时，应在浇筑到该部位时及时撤去木撑。

2. 制作及安装质量标准

支架和模板在使用前应进行检验，保证其坚固、稳定，位置及尺寸符合设计要求。支架、模板制作和安装时的允许偏差见《公路桥涵施工技术规范》（JTJ 041—2000）中表 9.6.1、表 9.6.2 的规定。

3. 支架和模板的安装

（1）安装前按图纸要求检查支架和模板尺寸与形状，合格后才准进入施工现场。

（2）安装后不便涂刷脱模剂的内侧模板应在安装前涂刷脱模剂，顶板模板安装后，布扎钢筋前涂刷脱模剂。

（3）支架结构应满足立模高程的调整要求，按设计高程和施工预拱度立模。

（4）承重部位的支架和模板，必要时应在立模后预压，消除非弹性变形和基础的沉陷。预压重力相当于以后所浇筑混凝土的重力，当结构分层浇筑混凝土时，预压重力可取浇筑混凝土质量的 80%。

（5）相互连接的模板，模板面要对齐，连接螺栓不要一次紧到位，整体检查模板线形，发现偏差及时调整后再锁紧连接螺栓，固定好支撑杆件。

（6）模板连接缝间隙大于 2mm 应用灰膏类填缝或用粘胶带密封。预应力管道锚具处空隙大时用海绵泡沫填塞，防止漏浆。

（7）主要起重机械必须配备经过专门训练的专业人员操作，指挥人员、驾驶员和挂钩工人要统一信号。

（8）遇 6 级以上大风时应停止施工作业。

## 四、支架和模板的拆除

支架和模板拆除的有关要求见表 5-2-1。

模板和支架的拆除　　表 5-2-1

| 项　　目 | 拆除注意要点 |
| --- | --- |
| 非承重模板的拆除 | 应在混凝土强度能保证其表面及棱角不因拆除模板而受损坏时拆除。一般当混凝土抗压强度达到 2.5MPa 时可拆除侧模板 |
| 承重模板、拱架及支架拆卸 | 钢筋混凝土结构的承重模板、拱架和支架,应在混凝土强度能承受其自重力及其他可能的叠加荷载时,方可拆除;一般跨径等于或小于 3m 的梁、板、拱达到设计强度的 70% 时方可拆卸。如设计上对拆除承重模板、拱架、支架另有规定,应按照设计规定执行 |
| 砖、石拱桥的拱架卸落时间 | 1. 浆砌砖、石拱桥需待砂浆强度达到设计要求,如设计无要求则需达到砂浆强度的 70%;<br>2. 跨径小于 10m 的小拱桥,宜在拱上建筑全部完成后卸架;中等跨径实腹式拱,宜在护拱砌完后卸架;大跨径空腹式拱,宜在拱上小拱横墙砌好(未砌小拱圈)时卸架;<br>3. 当需要实行裸拱卸架时,应对裸拱进行截面强度及稳定性验算,并采取必要的稳定措施 |
| 卸落拱架和支架的程序 | 卸落拱架应按设计所规定的要求进行。如无设计规定时,应详细拟定卸落程序,分几个循环卸完,卸落量开始时宜小,以后逐渐增大,在纵向应对称、均衡卸落。在拟定卸落程序时应注意以下几点:<br>1. 在卸落前应在卸架设备(如简单木楔和组合木楔等)上画好每次卸落量的标记;<br>2. 满布式拱架卸落时,一般可从拱顶向拱脚依次循环卸落;拱架可在两支座处同时卸落;<br>3. 简支梁、连续梁宜从跨中向两支座依次循环卸落;悬臂梁宜先卸挂梁及悬臂的支架,再卸无铰跨内的支架;<br>4. 多孔拱桥卸架时,若桥墩容许承受单孔施工荷载,可单孔卸落,否则应多孔同时卸落;<br>5. 卸落拱架时,应设专人用仪器观测拱圈挠度和墩、台变化情况,并详细记录。 |
| 墩、台模板的拆除 | 桥墩、台模板宜在其上部结构施工前拆除。拆除模板、卸落拱架和支架时,不允许用猛力敲打和强扭等粗暴的方法进行 |
| 其他注意事项 | 模板、拱架和支架拆除后,应将其表面灰浆、污垢清除干净,并应维修整理,分类妥善存放,防止变形开裂 |

## 五、施工预拱度

1. 预拱度的概念

在支架上浇筑梁式上部构造时,卸架后上部构造要产生一定的挠度。为使上部构造在卸架后能获得设计规定的外形,需在施工时设置预拱度。

2. 确定预拱度时应考虑的因素

(1)卸架后上部构造本身及活载一半所产生的竖向挠度 $\delta_1$;

(2)支架在荷载作用下的弹性压缩 $\delta_2$;

(3)支架在荷载作用下的非弹性压缩 $\delta_3$;

(4)支架基底在荷载作用下的非弹性沉陷 $\delta_4$;

(5)由混凝土收缩及温度变化而引起的挠度$\delta_5$。

3. 预拱度的设置

根据梁的挠度和支架变形所计算出来的预拱度之和为预拱度最高值,应设置在梁跨中。其他各点预拱度,应以中间点为最高值,以梁两端为零,按直线或二次抛物线进行分配。

**【知识链接一】**

预拱度的计算

上部构造及支架的各项变形值之和,即为应设置的预拱度。

各项变形值可按下列方法计算和确定:

1. 桥跨结构应设置预拱度,其值等于恒载和半个静活载所产生的竖向挠度$\delta_1$。当恒载和静载产生挠度不超过跨径的1/1 600时,可不设预拱度。

2. 当满布式支架杆件长度为$L$,弹性模量为$E$,压应力为$\sigma$时,其弹性变形$\delta_2$等于$\sigma L/E$;当支架为桁架等形式时,应按具体情况计算其弹性变形。

3. 支架在每一个接缝处的非弹性变形,在一般情况下,横纹木料为3mm;顺纹木料为2mm;木料与金属或木料与圬工的接缝为1~2mm;顺纹与横纹木料接缝为2.5mm。

卸落设备砂筒内砂料压缩和金属筒变形的非弹性压缩量,根据压力的大小、砂子细度模数及筒径、筒高确定。一般200kN压力砂筒为4mm;400kN压力砂筒为6mm;砂未预先压紧者10mm。

4. 支架基底的沉陷,可通过试验确定或参考表5-2-2估算。

支架基底沉陷(cm)　　表5-2-2

| 土　壤 | 枕　梁 | 柱 | |
|---|---|---|---|
| | | 当柱上有极限荷载时 | 柱的支承能力不充分利用时 |
| 砂土 | 0.5~1.0 | 0.5 | 0.5 |
| 黏土 | 1.5~2.0 | 1.0 | 0.5 |

## 六、支架和模板的要求

(1)具有足够的强度和稳定性,能可靠地承受施工中的各项荷载。

(2)具有足够的刚度,在施工中不变形,以保证工程构造物的设计形状、尺寸和各部分之间相互位置的正确性。

(3)模板面要平整、接缝严密,确保新浇混凝土在强烈振动下不漏浆。

(4)构造简单、制作便利、装拆方便,提高模板的周转使用率。

## 能力考核

### 选择题

1. 对于陆地或不通航的河道,或桥墩不高,桥位处水深较浅的桥梁常采用(　　)。

A. 钢木混合支架　　B. 轻型钢支架

C. 模板车式支架　　D. 满布式木支架

2. 模板需满足的要求有(　　)。

A. 具有足够的强度、刚度和稳定性

B. 接缝严密、不漏浆

C. 制作便利、装拆方便

D. 利用率高

3. 模板和支架在制作和安装时应注意(    )。

A. 构件连接紧密,减小支架变形

B. 模板接缝紧密,以防跑浆

C. 模板和支架尽量制成装配式组件或块件

D. 安装前应对模板和支架进行检查

4. 确定预拱度时应考虑的因素有(    )。

A. 卸架后上部构造本身及活载一半所产生的竖向挠度

B. 支架在荷载作用下的弹性压缩

C. 支架在荷载作用下的非弹性压缩

D. 支架基底在荷载作用下的非弹性沉陷

E. 由混凝土收缩及温度变化而引起的挠度

问答题

1. 支架模板按制作材料可分为几种?各有何特点?
2. 空心板的芯模施工目前常用的是什么方法?
3. 模板和支架在制作和安装时的注意事项有哪些?
4. 模板和支架在拆除时需要注意哪些方面?
5. 施工预拱度应如何设置?

## 模块二　钢筋加工与安装

普通钢筋从加工到形成钢筋骨架需要经过钢筋的整直、切断、除锈、弯制、焊接和绑扎等工序,加工之前还应先对钢筋进行抽检。

**知识点:**

◎钢筋加工准备工作的内容及要求;

◎钢筋接长的工艺及质量控制;

◎钢筋骨架焊接的一般顺序和工艺。

**技能点:**

◎能进行钢筋的检查与保管;

◎能独立按施工图纸要求加工与制作钢筋;

◎能参照规范要求检查和控制加工钢筋的质量。

**【任务引入】**

钢筋焊接和安装的好坏对构件质量影响很大,工程完工后也难以检查,如有缺陷,事后无法纠正,所以一定要严格控制加工钢筋和形成钢筋骨架的各道工序。

**【任务分析】**

本课题主要介绍了钢筋加工前的检查与保管、下料长度的计算、钢筋的接长和绑扎、钢筋骨架的焊接与安装等几方面的内容。

【任务实施】

## 一、准备工作

1. 钢筋的检查与保管

(1)钢筋的外观检查和力学性能检查

进场钢筋应具有出厂质量证明书,对中、小桥所用的钢筋,使用前可不进行抽检;对大桥所用的钢筋,应进行抽检。检验内容主要包括钢筋的冷拉、冷弯和可焊性试验,有关规定按《公路桥涵施工技术规范》(JTJ 041—2000)办理。

(2)钢筋的保管

钢筋进场后,应妥善保管,具体应做到:

①钢筋堆放选择在地势较高处,上用料棚遮盖,下设垫块,离地不小于20cm;

②钢筋应按不同钢种、等级、牌号、规格及生产厂家等分类挂牌堆放,并标明数量;

③钢筋不要和酸、碱和油一类物品一起存放,以免污染。

2. 钢筋的调直

直径10mm以下的细钢筋多卷成盘形,粗钢筋常弯成“发卡”形,以便运输和储存。因此,运到工地的钢筋应先调直。

盘圆钢筋应先放开,截成30~40m的长度,再用人力或电动绞车拉直,也可用钢筋调直机调直。

粗钢筋可放在工作台上用手锤敲直,也可用手工扳子或自动机床矫直。调直后的钢筋应平直、无局部曲折。

3. 钢筋的除锈

钢筋表面应洁净,使用前应将油渍、漆污及浮皮等清除干净,使钢筋与混凝土间的黏结力得以充分发挥。可用钢丝刷或喷砂枪喷砂进行除锈去污,也可将钢筋在砂堆中来回抽动以除锈去污。

调直去污后的钢筋表面伤痕不应使钢筋截面减少5%以上。

4. 钢筋的配料

应根据设计图将不同直径和长度的钢筋按规格和编号顺序填写配料单,见表5-2-3。

钢筋配料单 表5-2-3

| 构件号 | 图号 | 钢号 | 钢筋编号 | 直径 | 形状 | 下料长度 | 根数 | 总数 | 备注 |
|---|---|---|---|---|---|---|---|---|---|
| | | | | | | | | | |

(1)钢筋的弯钩

为了增加主钢筋在混凝土内的抗滑移能力和锚固作用,光圆钢筋的端部应做成半圆弯钩,直径不小于2.5$d$;螺纹钢筋因本身已有足够的黏结力,一般可不设弯钩;需要弯起的钢筋和斜钢筋的两端做成圆弧段,曲率半径不小于20$d$。

用I级钢筋制作的箍筋,其末端应做弯钩,弯曲直径应大于主筋直径,且不小于箍筋直径的2.5倍。弯钩平直部分长度,不宜小于箍筋直径的5倍;有抗震要求的结构,不应小于箍筋直径的10倍。箍筋弯钩的形式,如图5-2-13所示;有抗震要求的结构,可按图5-2-13c)的形式加工。

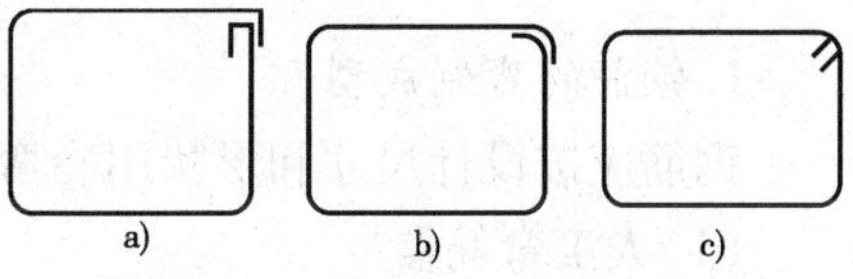

a) b) c)

图5-2-13 箍筋弯钩形式图

a)90°/180°;b)90°/90°;c)135°/135°

钢筋弯制和末端弯钩应符合设计要求,如无规定时,应符合表5-2-4规定。

受力主钢筋制作和末端弯钩形状 表 5-2-4

| 弯曲部位 | 弯曲角度 | 形状图 | 钢筋种类 | 弯曲直径 D | 平直部分长度 | 备注 |
|---|---|---|---|---|---|---|
| 末端弯钩 | 180° | 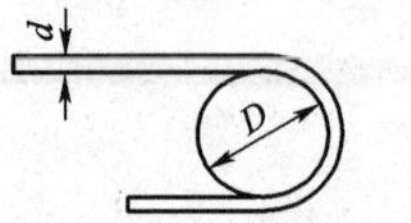 | I | ≥2.5$d$ | ≥3$d$ | $D$ 为钢筋直径 |
| | 135° | 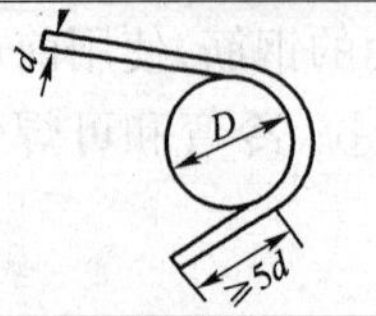 | HRB335 | $\phi$8 ~ $\phi$25 ≥4$d$ | ≥5$d$ | |
| | | | HRB400 | $\phi$28 ~ $\phi$40 ≥5$d$ | | |
| | 90° | 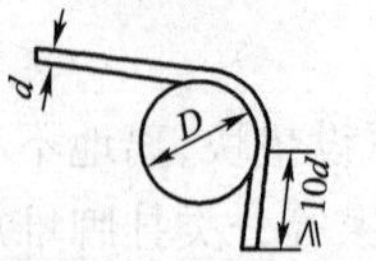 | HRB335 | $\phi$8 ~ $\phi$25 ≥4$d$ | ≥10$d$ | |
| | | | HRB400 | $\phi$28 ~ $\phi$40 ≥5$d$ | | |
| 中间弯钩 | 90°以下 | 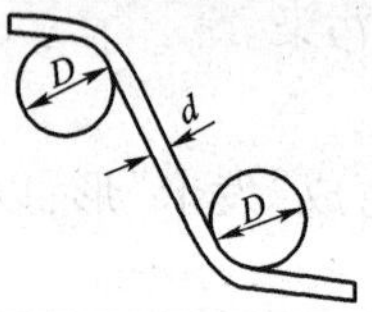 | 各类 | ≥20$d$ | | |

注:环氧树脂涂层钢筋当进行弯曲加工时,对直径 $d$ 大于 20mm 的钢筋,其弯曲直径不应小于 4$d$;对直径大于 20mm 的钢筋,其弯曲直径不宜小于 6$d$。

(2)钢筋的弯折

根据结构受力要求,有时需将部分受力钢筋弯折,如图 5-2-14 所示。

(3)下料长度计算

钢筋下料长度 = 钢筋设计长度 + 接头长度 - 弯曲伸长量

注:钢筋设计长度——施工图上标明的钢筋长度值;

接头长度——钢筋接长所需要的长度;

弯曲伸长量——钢筋弯曲后长度的伸长值,一般按下列数字估算伸长量:弯 45°时伸长 0.5$d$;弯 90°时伸长 1$d$;弯 180°时伸长 1.5$d$。$d$ 为钢筋的直径。

(4)钢筋的切断

钢筋的切断可依直径大小,用人工或机械方法进行。人工截切直径 25mm 以上的钢筋,可用钢锯;截切 10 ~ 22 mm 的钢筋,可用上下搭口及铁锤;截切 10mm 以下的钢筋可用剪刀。机械截切可用电动剪切机。

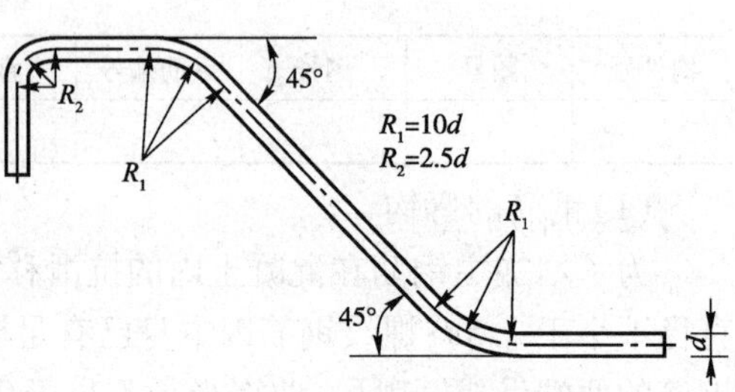

$R_1$=10$d$
$R_2$=2.5$d$

图 5-2-14 钢筋的弯折

## 二、钢筋加工

### 1. 钢筋的弯制成型

钢筋应按设计尺寸和形状用冷弯的方法弯制成型。

(1)人工弯筋器

当弯制钢筋的工作量不大时,可用人工弯筋器在成型台上弯制。人工弯筋器由扳手与底盘组成,底盘固定于成型台两端,底盘上有固定的扳柱,扳柱间的净距应较弯曲的最大钢筋直径大2mm。当弯曲较细的钢筋时，应加以适当厚度的钢套，以防弯制时钢筋滑动。

**【知识链接二】**

扳手与扳柱间的净距称为扳距。为保证钢筋弯制的形状和尺寸准确，弯制钢筋时应有一定的扳距，扳距由钢筋直径与弯曲角度大小决定，如表5-2-5所示。弯制钢筋时应缓慢进行，不能骤然加力，以免弯曲处发生裂痕。

**扳距参考表**(mm) 表5-2-5

| 角度<br>直径(mm) | 180° | 90° | 45° | 135° |
|---|---|---|---|---|
| 8 | 40 | 20 | 10 | 30 |
| 12 | 50 | 25 | 15 | 40 |
| 16 | 70 | 40 | 20 | 50 |
| 19 | 80 | 45 | 25 | 60 |
| 22 | 100 | 50 | 30 | 70 |
| 25 | 110 | 55 | 35 | 80 |
| 28 | 120 | 60 | 40 | 90 |

(2)电动弯筋机

当弯制大量钢筋时，宜采用电动弯曲机，能弯制6～40mm的钢筋，并可弯成各种角度。

弯制每种钢筋的第一根时，应反复修正，使其与设计尺寸和形状相符，并以此样件做标准，用以检验以后弯制的钢筋。成型后钢筋，对受力钢筋顺长度方向全长容许偏差不得大于+5mm或－10mm；弯起钢筋各部分尺寸容许偏差不得大于+20mm或－20mm；箍筋各部分尺寸容许偏差不得大于+5mm或－5mm。

2. 钢筋接长

常用钢筋接长的方式有闪光接触对焊、电弧焊和绑扎搭接3种。闪光接触对焊的接头传力性能好、省钢料、能焊接各种钢筋，并避免了布筋的拥挤；在不能进行闪光接触对焊时，可采用电弧焊，焊接接头应尽量错开布置。绑扎接头的质量差、费钢料，只有在无焊接条件下才可采用。

(1)闪光接触对焊

闪光接触对焊可分不加预热的连续闪光和加预热的闪光两种方法。一般常用不加预热的连续闪光焊，若对焊机功率不足，不能连续闪光焊时，对直径较粗的钢筋，可采用加预热的闪光焊。

采用不加预热的连续闪光焊时，将夹紧于对焊机钳口内的钢筋接通电源，使轻微接触，钢筋端头逐渐发生熔化，在钢筋熔融到既定的长度值后，对钢筋进行快速的顶锻，至此焊接操作完成。

采用预热闪光焊接时，将钢筋两端面轻微接触，便立即激发瞬时的闪光，然后移开钢筋，连续接触或移开使钢筋端部逐渐加热。移近次数视钢筋直径和对焊机功率而定，一般在3～20次范围内变动，最后对钢筋进行快速顶锻。

为保证对焊接头质量，被焊钢筋的焊接端应裁切平整，端部断面应与钢筋轴线垂直，两焊接端面应彼此平行。焊接时接头外的熔渣应予除去。

钢筋对焊完毕，应检查接头的外观，并分批切取接头进行力学性能试验。

外观检查应满足下列要求：

①接头应有适当的镦粗和均匀的金属毛刺；

②钢筋表面没有裂缝和明显的烧伤；

③接头如有弯折，其角度不得大于4°；

④两根钢筋轴线在接头的偏移不得大于钢筋直径的0.1倍，亦不得大于2mm。

力学性能试验，其质量应符合下列要求：

①接头处抗拉极限强度不能小于该种钢筋的抗拉极限强度；

②试件绕芯棒做90°冷弯试验时，不得沿焊接部位出现裂缝。芯棒直径的规定为：Ⅰ级钢筋为$2d$；Ⅱ、Ⅲ级钢筋为$3d$；Ⅳ级钢筋为$5d$；直径大于25mm的钢筋，芯棒直径增加$1d$。

(2)电弧焊

电弧焊是将一根导线接在被焊钢筋上，另一根导线接在夹有焊条的焊钳上，将接触焊件接通电流，并立即将焊条提起2~3mm，产生电弧（温度高达4 000℃），将焊条和钢筋熔化并汇合成一条焊缝，至此焊接结束。焊接接头的有关规定如表5-2-6所示：

焊接接头其技术要求如下：

①被焊接的两根钢筋的轴线应位于同一直线上，即将两钢筋搭接端部预先折向一侧。

②当采用帮条焊接，两帮条的轴线与被焊接的两钢筋轴线处于同一平面内。

**焊接接头的类型** 表5-2-6

| 项次 | 焊接接头类型 | | | 接头结构 | 适用范围 | |
|---|---|---|---|---|---|---|
| | | | | | 钢筋级别 | 钢筋直径 $d$(mm) |
| 1 | 电阻点焊 | | | $d$ | Ⅰ、Ⅱ级冷拔低碳钢丝 | 6~14；<br>3~5 |
| 2 | 闪光对焊 | | | $d$ | Ⅰ~Ⅲ级钢筋；Ⅳ级 | 10~40；<br>10~25 |
| 3 | 电弧焊 | 帮条焊 | 双面焊 | $2d$ ($2.5d$) | Ⅰ~Ⅲ级钢筋 | 10~40 |
| | | | 单面焊 | $8d$ ($10d$) | Ⅰ~Ⅲ级钢筋 | 10~40 |
| | | 搭接焊 | 双面焊 | $4d$ ($5d$) | Ⅰ、Ⅱ级钢筋 | 10~40 |
| | | | 单面焊 | $8d$ ($10d$) | Ⅰ、Ⅱ级钢筋 | 10~40 |
| | | 熔槽帮条焊 | | $4d$ ($5d$) | Ⅰ~Ⅲ级钢筋 | 25~40 |
| | | 坡口焊 | 平焊 | 20~40 | Ⅰ~Ⅲ级钢筋 | 18~40 |
| | | | 立焊 | 20~40 | Ⅰ~Ⅲ级钢筋 | 18~40 |

续上表

<table>
<tr><th rowspan="2">项次</th><th colspan="3" rowspan="2">焊接接头类型</th><th rowspan="2">接头结构</th><th colspan="2">适 用 范 围</th></tr>
<tr><th>钢筋级别</th><th>钢筋直径 $d$(mm)</th></tr>
<tr><td rowspan="3">3</td><td rowspan="3">电弧焊</td><td colspan="2">钢筋与钢板搭接焊</td><td>4d（5d）</td><td>Ⅰ、Ⅱ级钢筋</td><td>8～40</td></tr>
<tr><td rowspan="2">预埋件T形接头焊</td><td>贴角焊</td><td></td><td>Ⅰ、Ⅱ级钢筋</td><td>6～16</td></tr>
<tr><td>穿孔塞焊</td><td></td><td>Ⅰ、Ⅱ级钢筋</td><td>≥18</td></tr>
</table>

③帮条焊接的帮条应用与被焊接钢筋同钢种、同直径的钢筋制作，其总截面面积不应小于被焊钢筋的截面积。

④钢筋接头采用搭接或帮条电弧焊时，应尽量做成双面焊缝，只有当不能做成双面焊缝时，才允许采用单面焊缝。

⑤焊缝长度规定见表 5-2-7。

**钢筋焊缝的最小长度** 表 5-2-7

| 混凝土强度等级 | C15 | | ≥C20 | |
|---|---|---|---|---|
| 受力情况 / 钢筋种类 | 受拉 | 受压 | 受拉 | 受压 |
| Ⅰ级钢筋 | 35$d$ | 25$d$ | 30$d$ | 20$d$ |
| Ⅱ级钢筋 | 40$d$ | 30$d$ | 35$d$ | 25$d$ |
| Ⅲ级钢筋 | 45$d$ | 35$d$ | 40$d$ | 30$d$ |

注：1. $d$ 为钢筋直径。

2. 位于受拉区的搭接长度同时不应小于 25mm，位于受压区的搭接长度同时不应小于 20mm；当受拉区和受压区分不清时，搭接长度按受拉区规定。

⑥接头处钢筋轴线的偏移不得大于钢筋直径的 0.1 倍，亦不得大于 3mm。

⑦焊缝高度应等于被焊接钢筋直径的 0.25 倍，且不小于 4mm；焊缝宽度应为直径的 0.7 倍，且不小于 10mm，如图 5-2-15 所示。

⑧钢筋接头外观检查和抗拉试验要求：焊缝应表面平顺，没缺口、凹陷、气孔和焊瘤；抗拉极限强度应不小于被焊钢筋的抗拉极限强度。

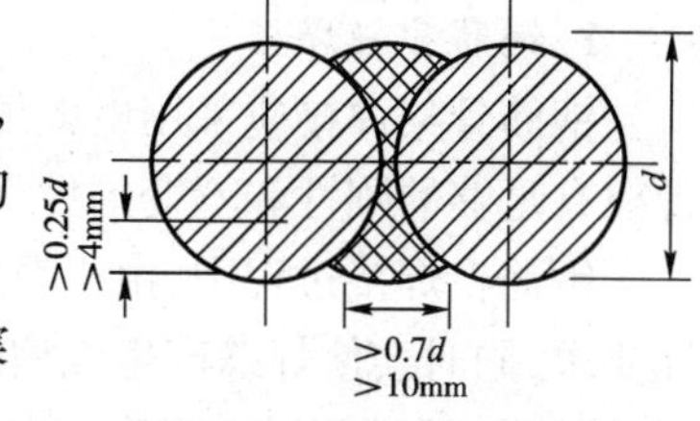

图 5-2-15 焊缝宽度和高度

⑨焊接时对施焊场地和焊工应有适当的防风、雨、雪、严寒和钢料预热高温侵害的保护设施。场地气温为 -20～5℃时，被焊钢筋应采取技术措施，气温低于 -20℃不得施焊。

(3)铁丝绑扎搭接

当没有焊接条件时，接头可用铁丝绑扎搭接，但钢筋直径不能超过 25mm，其搭接长度见表 5-2-8。但对轴心受拉和小偏心受拉构件中主钢筋均应焊接，不得采用绑扎接头。

受拉钢筋绑扎接头的搭接长度　　表 5-2-8

| 钢筋类型 | | 混凝土强度等级 | | |
|---|---|---|---|---|
| | | C20 | C25 | C30 |
| Ⅰ级钢筋 | | $35d$ | $30d$ | $25d$ |
| 月牙纹 | HRB335 钢筋 | $45d$ | $40d$ | $35d$ |
| | HRB400 钢筋 | $55d$ | $50d$ | $45d$ |

注：1. 当带肋钢筋直径 $d$ 不大于 25mm 时，其受拉钢筋的搭接长度应按表中值减少 $5d$ 采用；当带肋钢筋直径 $d$ 大于 25mm 时，其受拉钢筋的搭接长度应按表中值增加 $5d$ 采用。

2. 当混凝土在凝固过程中受力钢筋易受扰动时，其搭接长度宜适当增加。

3. 在任何情况下，纵向受拉钢筋的搭接长度不应小于 300mm；受压钢筋的搭接长度不宜小于 200mm。

4. 当混凝土强度等级低于 C20 时，Ⅰ级、HRB335 钢筋的搭接长度应按表中 C20 的数值相应增加 $10d$；HRB500 钢筋不宜采用绑扎接长。

5. 对有抗震要求的受力钢筋的搭接长度，当抗震烈度为 7 度（及以上）时，应增加 $5d$。

6. 两根不同直径的钢筋搭接长度，以较细的钢筋直径计算。

接头的绑扎的要求如下：

①受拉区的Ⅰ级钢筋绑扎接头的末端应做弯钩，HRB335、HRB400 钢筋的绑扎接头末端可不做弯钩。

②直径等于和小于 12mm 的受压Ⅰ级钢筋的末端，可不做弯钩，但搭接长度不应小于钢筋直径的 30 倍。

③钢筋搭接处，应在中心和两端用铁丝扎牢。

3. 钢筋接头在结构中的位置

对于有接头的钢筋，应使焊接或绑扎接头设置在内力较小处，并错开布置，两接头间距离不小于 1.3 倍搭接长度，且应符合下列规定：

（1）配置在搭接长度区段内（指 $30d$ 长度范围内，但不得小于 50cm）的受力钢筋，当采用焊接接头时，在受拉区接头的截面积不得超过结构的受力钢筋总截面积的 50%，在受压区不受限制；当采用绑扎接头时，在受拉区不得超过 25%，在受压区不得超过 50%。

（2）同一根钢筋上应尽量少设接头。

（3）电弧焊接和绑扎接头与钢筋弯曲处的距离不应小于 10 倍钢筋直径，也不应位于构件的最大弯矩处。

## 三、钢筋骨架焊接与安装

1. 钢筋骨架焊接

钢筋骨架焊接应采用电弧焊，先焊成单片平面骨架，然后再将平面骨架焊成立体骨架，使骨架有足够的刚性和不变形性，以便吊运。

钢筋在焊接过程中，由于温度变化，骨架将会发生翘曲变形，使骨架形状和尺寸不符合设计要求，同时会使焊缝产生收缩应力而开裂。因此，为了防止施焊过程中骨架变形，常用先点焊后跳焊（即错开焊接次序）的方法进行焊接；另外采用双面焊缝使骨架变形尽可能的均匀对称。

钢筋按设计图纸布置就绪后，各钢筋用点焊固定相对位置，使钢筋骨架各部位不致因施焊时加热膨胀及冷却收缩而走动。

无论点焊或全焊，骨架相邻部位的钢筋不能连续施焊，而应该错开焊接（即跳焊），如图5-2-16

所示。同一部位有多层钢筋时,各条焊缝也不能一次焊好,应错开施焊。当多层钢筋直径不同时,可先焊两直径相同的,再焊直径不同的。

在拼装T形骨架时,还应考虑焊接变形和梁的预拱度对骨架尺寸的影响,在电焊工作台上预留拱度,其值可参考表5-2-9的规定。

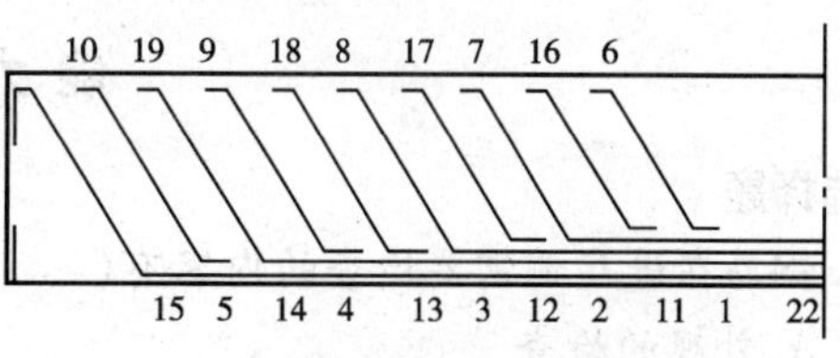


图5-2-16 钢筋骨架焊接顺序

**焊接骨架预留拱度值** 表5-2-9

| T梁跨径(m) | 10 | 16 | 20 |
|---|---|---|---|
| 工作台上预拱度(cm) | 3~5 | 4~5 | 5~7 |

2. 钢筋的安装

安装钢筋之前,应详细检查模板各部尺寸、模板有无歪斜、裂缝及变形等。所有变形和尺寸与设计不符之处应在安装钢筋之前予以修正。

焊接成型的钢筋骨架,安装时用起重设备吊入模板内即可。

绑扎钢筋的安装:梁肋钢筋一般先安箍筋,再安下排主筋,后安上排钢筋。在钢筋安装中,为保证位置正确,达到设计及构造要求,需注意以下几点:

(1)钢筋交叉应用铁丝绑扎结实,必要时亦可用电焊焊接。

(2)除设计有特殊规定外,梁中箍筋应与主筋垂直。

(3)箍筋弯钩的叠合处,在梁中应沿梁长方向置于上面并交错布置。

(4)为了保证混凝土保护层厚度,应在钢筋与模板间设置混凝土垫块。垫块应错开布置,并与钢筋扎紧。

(5)为保证及固定钢筋相互间的横向净距,两排钢筋之间可使用混凝土隔块,或用短钢筋扎结坚固。

(6)为保证钢筋骨架有足够的刚度,必要时可增加架立钢筋。

安装钢筋时的允许偏差,不得大于表5-2-10中的规定值。

**安装钢筋时的允许偏差值** 表5-2-10

| 检查项目 | | | 允许偏差(mm) |
|---|---|---|---|
| 受力钢筋间距 | 两排以上排距 | | ±5 |
| | 同排 | 梁、板、拱肋 | ±10 |
| | | 基础、锚碇、墩、台、柱 | ±20 |
| | 灌注桩 | | ±20 |
| 箍筋、横向水平干劲、螺旋筋间距 | | | 0,-20 |
| 钢筋骨架尺寸 | | 长 | ±10 |
| | | 宽、高或直径 | ±5 |
| 弯起钢筋位置 | | | ±20 |
| 保护层厚度 | | 柱、梁、拱肋 | ±5 |
| | | 基础、锚碇、墩、台 | ±10 |
| | | 板 | ±3 |

## 能力考核

**选择题**

1. 钢筋在进厂前需要检查的内容有(　　)。

A. 外观的检查　　B. 力学性能检查

C. 出厂证明书　　D. 钢筋的等级和规格

2. 盘条钢筋拉直时应对拉力进行控制,任何一段伸长量不超过(　　)。

A. 2%　　B. 1%　　C. 3%　　D. 4%

3. 钢筋骨架的焊接应采用(　　)。

A. 电阻点焊　　B. 闪光对焊　　C. 电弧焊

4. 焊接钢筋不需要进行(　　)的检查。

A. 外观检查　　B. 冷拉试验　　C. 冷弯试验　　D. 可焊性试验

5. 接头处如有弯折,其角度不得大于(　　)。

A. 2°　　B. 3°　　C. 4°　　D. 5°

**判断题**

1. 钢筋堆放时离地面不小于10cm。(　　)
2. 直径小于10mm的弯折钢筋计算下料长度时要考虑折减数值。(　　)
3. 焊接钢筋骨架时一般采用先点焊后跳焊的方法。(　　)
4. 梁肋绑扎钢筋的安装顺序是先安箍筋,再安上排钢筋,后安下排钢筋。(　　)
5. 两根焊接钢筋在接头处的偏移不大于5mm。(　　)

**问答题**

1. 普通钢筋的下料长度如何确定?
2. 钢筋接长的方式有哪几种?各有何特点?
3. 对于焊接钢筋需要进行哪些检查?
4. 如何将钢筋焊接成立体骨架?
5. 钢筋安装过程中需要注意哪些方面?

## 模块三　混凝土施工

**知识点:**

◎施工配合比的计算方法;

◎混凝土拌和、运输方法及注意事项;

◎混凝土养生和拆模的注意事项;

◎混凝土缺陷的修补方法。

**技能点:**

◎能进行混凝土施工配合比的计算和控制;

◎能操作常用的小型机具;

◎能现场组织中小规模的混凝土施工;

◎能对混凝土构件常见缺陷进行处理。

【任务引入】

在浇筑混凝土前，要拌制混凝土，并运到施工现场进行浇筑、振捣、养护和拆模。还要根据现场实际情况确定浇筑程序和速度、拌和物的运输方法、振捣方法等。

【任务分析】

本模块主要介绍混凝土的拌制、运输、浇筑、振捣、养护和拆模等过程中所需掌握的工艺和注意事项，及混凝土冬季施工的要点和质量检查。

【任务实施】

## 一、混凝土施工配合比

试验室配合比计算是以干燥材料为基准的，而施工现场存放的砂石材料都含有一定水分，所以要将试验室配合比换算为施工配合比。下面介绍混凝土施工配合比的确定。

施工时，每立方米混凝土水、砂和石的实际称量为：

水的称量 = 用水量 - 砂、石材料中含水的质量；

砂是称量 = 砂的用量 + 砂中含水的质量；

石的称量 = 石的用量 + 石料中含水的质量；

水泥称量不变。

## 二、混凝土的拌和

混凝土拌和通常以机械为主，人工为辅。主要工程工作量为机械拌和，少量塑性混凝土采用人工拌和。

1. 人工拌和

人工拌和混凝土是在铁板或不渗水的拌和板上人工进行拌和的。拌和时先将每次拌和所需的砂料堆正中耙成浅沟，然后将水泥倒入沟中，干拌至颜色一致，再将石子倒入里面加水拌和，反复湿拌若干次至全部颜色一致，石子和水泥砂浆无分离为止。

2. 机械拌和

机械拌和是混凝土在搅拌机内进行。优点是混凝土质地均匀、强度高、速度快。

(1)配料

对集料含水率应经常进行检测，雨天施工应增加测定次数，据以调整集料和水的用量。

我国施工规范规定混凝土原材料的配料误差如下：

现场拌制时，水泥、混合材料、水和外加剂的配料误差不得超过 ±2%，粗、细集料不得超过 ±3%；预制场或集中拌和站拌制，水泥、水、混合材料和外加剂的配料误差不得超过 ±1%，粗细集料不得超过 ±2%。

(2)装料

为了保证混凝土的搅拌质量，减少机械磨损和水泥飞扬，减少混凝土的黏罐现象，降低能耗和提高劳动生产率等，目前所采用的装料顺序有一次投料法和二次投料法等。

①一次投料法

这是目前广泛使用的一种方法，工艺简单，操作方便。当采用自落式搅拌机时，加料顺序是先砂子，次水泥，后石子，此顺序可减少水泥飞扬。

②二次投料法

二次投料法分为预拌水泥砂浆法和预拌水泥净浆法。预拌水泥砂浆法是先将水泥、砂和水投入拌筒搅拌1~1.5min后,加入石子再搅拌1~1.5min。预拌水泥净浆法是先将水和水泥投入搅拌筒搅拌1/2规定时间,再加入砂石搅拌到规定时间。试验证明,二次投料法的搅拌质量明显高于一次投料法。若水泥用量不变,混凝土强度可提高15%左右,或在混凝土强度相同的情况下,可减少水泥用量15%~20%。

(3)搅拌

在施工过程中,应注意拌和速度与混凝土浇筑速度的密切配合,随时检查与校正混凝土坍落度,水泥、砂和石料的质量,过磅的衡器,严格控制水灰比,配合比不得任意更改,并按规定制作混凝土试件。

搅拌时间是从全部原材料投入拌筒时起,到开始卸料时为止的时间。

我国《公路桥涵施工技术规范》(JTJ 041—2000)规定不同情况下搅拌混凝土的最短时间如表5-2-11所示。

**混凝土最短搅拌时间** 表5-2-11

| 搅拌机类别 | 搅拌机容量(L) | 混凝土坍落度(mm) | | |
|---|---|---|---|---|
| | | 30 | 30~70 | 70 |
| | | 混凝土最短搅拌时间(min) | | |
| 自落式 | ≤400 | 2.0 | 1.5 | 1.0 |
| | ≤800 | 2.5 | 2.0 | 1.5 |
| | ≤1 200 | — | 2.5 | 1.5 |
| 强制式 | ≤400 | 1.5 | 1.0 | 1.0 |
| | ≤1 500 | 2.5 | 1.5 | 1.5 |

注:1.当掺有外加剂时,搅拌时间应适当延长。

2.当采用其他形式的搅拌设备时,搅拌的最短时间应按设备说明书的规定或按经验确定。

(4)检查

在施工现场搅拌的混凝土,应拌和均匀,颜色一致,不得有离析和泌水现象。搅拌完毕后,应检测混凝土的坍落度,并观察其黏聚性和保水性。

## 三、混凝土的运输

混凝土搅拌完毕需运到施工现场进行浇筑。混凝土在运输过程中应保持均匀性、不分层、不离析和不漏浆,坍落度先后相差不超过30%,并有充足的时间进行浇筑振捣。若混凝土到达浇筑地点时,已出现离析和初凝现象,则必须在浇筑前进行二次搅拌,方可入模浇筑。

1.运输工具

(1)手推车

主要用于短距离平运输,轻巧方便,其容量为0.07~0.1$m^3$。

(2)机动翻斗车

轻便灵活、速度快、效率高、能自动卸料、操作简便,用于短距离混凝土的运输或砂石等散装材料的倒运。其容量为0.4$m^3$,一般与出料容积为400L的搅拌机配套使用。

(3)混凝土搅拌运输车

它是将搅拌筒安装在汽车底盘上,再把搅拌站生产的混凝土装入拌筒内,然后运至施工现场。在运输过程中,混凝土搅拌筒始终作慢速转动,从而使混凝土经过长期运输后,不会出现离析现象，保证了混凝土的质量。常用于混凝土的长距离运输。

当运输距离很长，采用上述运输工具难以保证混凝土质量时，可采用装载干料运输、拌和用水另外存放的方法，当快到浇筑地点时加水搅拌，待到达浇筑地点时已拌和完成，便可进行浇筑。

(4)混凝土泵

混凝土泵是利用泵体的挤压力将混凝土挤进管路系统并到达浇筑地点，同时完成水平运输和垂直运输。混凝土泵适用于多层建筑、水下及隧道等工程施工。其优点是既能连续浇筑混凝土、中间不停顿、施工速度快、生产效率高、降低劳动强度，还可以提高混凝土的强度和密实度。

混凝土泵有活塞泵、气压泵和挤压泵等类型，应用最广泛的是活塞泵。根据其构造和工作机理的不同，活塞泵又可分为机械式和液压式两种。

目前，混凝土的最大运输距离，水平运输可达800m，垂直运输可达300m。

2. 运输过程中的质量控制

混凝土应以最少的转运次数和最短的时间，从搅拌地点运至浇筑现场。混凝土从搅拌机中卸出到浇筑完毕的延续时间不宜超过表5-2-12所示的规定。

**混凝土从搅拌机中卸出到浇筑完毕的延续时间**(min)　　表5-2-12

| 混凝土强度等级 | 气温 | |
|---|---|---|
| | ≤25℃ | >25℃ |
| ≤C30 | 120 | 90 |
| >C30 | 90 | 60 |

注：1. 对掺有外加剂或采用快硬水泥拌制的混凝土，其延续时间应按试验确定。

2. 对轻集料混凝土，其延续时间应适当缩短。

在运输过程中，由于运输工具失水漏浆、集料吸水和夏季高温天气等原因，混凝土坍落度会有不同程度的减小。为了保证混凝土运至施工现场后能顺利浇筑，运输工具应严密不漏浆，运输前用水湿润容器，夏季应采取措施防止水分大量蒸发。

## 四、混凝土的浇筑

混凝土浇筑对于混凝土的密实性、结构的整体性和构件尺寸的准确性都起着决定性作用，故在浇筑过程中，需采取一系列措施来保证混凝土工程的质量。

1. 一般要求

(1)浇筑前准备工作

混凝土浇筑前应检查模板的高程、尺寸、位置、强度和刚度等是否满足要求；模板的清洁、润滑和紧密程度；木模板应浇水湿润；钢筋及预埋件的数量、型号、规格、摆放位置和保护层厚度等是否满足要求。

(2)混凝土的自由倾落高度

为保证混凝土在自由倾落过程中不发生离析现象，应遵守下列规定：

①从高处直接倾卸时，自由倾落高度不宜超过2m。

②当倾落高度超过2m时，应通过串筒、溜管(槽)或振动溜管等设施输送；倾落高度超过10m时，应设置减速装置。

③在串筒出料口下面，混凝土堆积高度不宜超过1m。

④当钢筋较密时,混凝土自由倾落高度不宜超过 30cm,以免因钢筋碰撞而导致石子与砂浆分离。

(3)混凝土浇筑层厚度

混凝土应分层浇筑,在下层混凝土初凝或能重塑前完成上层混凝土浇筑。混凝土分层浇筑厚度不宜超过表 5-2-13 规定。

**混凝土分层浇筑厚度** 表 5-2-13

| 捣实方法 | | 浇筑层厚度(mm) |
|---|---|---|
| 用插入式振动器 | | 300 |
| 用附着式振动器 | | 300 |
| 用表面振动器 | 无筋或配筋稀疏时 | 250 |
| | 配筋较密时 | 150 |
| 人工捣实 | 无筋或配筋稀疏时 | 200 |
| | 配筋较密时 | 150 |

注:表列规定可根据结构物和振动器型号等情况适当调整。

(4)工作缝的处理

混凝土浇筑工作需连续进行,如必须停歇,间歇时间应尽量缩短,并在前层混凝土初凝前完成次层混凝土的浇筑。混凝土运输浇筑的间歇时间不得超过表 5-2-11 所示规定。当间歇时间超过表中的数值时,应按工作缝处理,方法如下:

①须待下层混凝土强度达到 1 200kPa(钢筋混凝土为 2 500kPa)后方可浇筑上层混凝土。

②浇筑混凝土前应凿除施工缝处下层混凝土表面的水泥砂浆和松弱层。

③凿毛处理的混凝土表面,应用水冲洗干净。浇筑新混凝土前,垂直缝应刷一层净水泥浆,水平缝应在全部连接面上铺一层厚为 1 ~ 2cm 的 1∶2水泥砂浆。

④无筋构件的工作缝应加锚固钢筋和石榫。

2. 混凝土浇筑方法

混凝土的浇筑方法直接影响到混凝土的密实度和整体性,必须根据混凝土的拌制能力、运距、浇筑速度、气温和振捣能力等因素,制定混凝土的浇筑工艺。

中小跨径的 T 梁一般采用水平分层浇筑,空心板一般也是先浇底板水平层混凝土。

对于大型构造物,每小时混凝土浇筑量相当大,使混凝土的生产能力很难适应,采用斜层浇筑方法,可减少浇筑层的面积,从而减少每小时混凝土的浇筑量;也可上下层同时浇筑,但上层和下层前后浇筑距离应保证在 1.5m 以上;当面积超过 100 ~ 150m$^2$ 时,还可把混凝土分成几个单元浇筑,每个单元面积不小于 50m$^2$,高度不小于 1.5m,上下两个单元之间的垂直缝应彼此相间,互相错开 1 ~ 1.5m,单元间结合处按工作缝处理。

## 五、混凝土的振捣

为了增加混凝土的密实度,提高混凝土的强度和耐久性,应用振捣器对混凝土进行振捣,在缺乏或不能用振动器时,可采用人工振捣。

1. 人工振捣

采用人工振捣的混凝土,应按规定分层浇筑,每层需用捣钎捣实,并注意沿模板边缘捣边。捣边时要用手锤轻敲模板,使之振动。捣实时应注意均匀进行,大力振捣不如用小力振捣快而有效。

2. 机械振捣

(1)平板式振捣

采用平板振捣器放在浇筑层的表面振捣,适用于振捣面积较大的混凝土,如矩形板、空心板的底板和顶板。

(2)附着式振捣

采用附着式振捣器安装在模板外部振捣,适用于薄壁构件,如T梁的主梁和横隔板。振捣器的布置与构件厚度有关,当厚度小于15cm时,可两面交错布置;当厚度大于15cm时,应两面对称布置。振捣器布置的间距不应大于它的作用半径。此法是借助振动模板以捣实混凝土,效果并不理想,且对模板要求高,故一般只在钢筋过密而无法采用插入式振捣器时方可采用。

(3)插入式振捣

采用插入式振捣器插入混凝土内部振捣,适用于非薄壁构件的振捣,如实心板、墩台基础和墩台身。振捣棒插入混凝土时应垂直,不可触及模板和钢筋。插点要均匀,两点间距离以1.5倍作用半径为宜,如图5-2-17所示。作用半径可实际测得,一般为40～50cm。振捣上一层的混凝土时应将振捣器略微插入下层(3～5cm),以消除两层之间的接触面。

振捣时间以混凝土不再下沉、气泡不再发生、水泥砂浆开始上浮、表面平整为止。达到这种程度所需时间,平板式振捣器为25～40s;插入式振捣器为15～30s。过久的振捣所造成的危害比振捣不足更大。

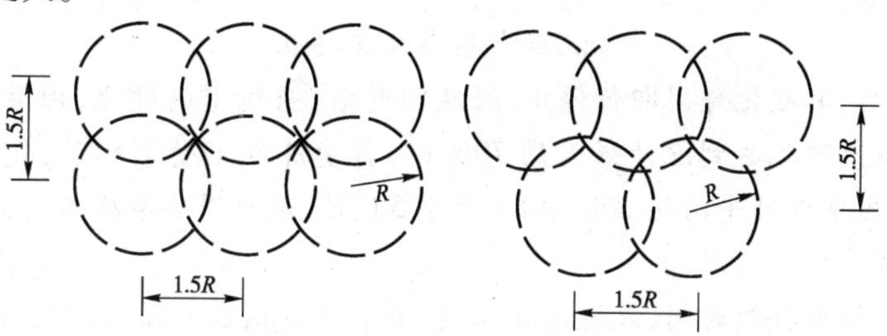


图5-2-17　插入式振捣器移位示意图

## 六、混凝土的养护与模板拆除

1. 混凝土的养护

(1)对于塑性混凝土应在浇筑后12h内,对于干硬性混凝土应在浇筑后1～2h内,用湿麻袋、草帘或湿砂遮盖,并经常洒水。

(2)混凝土洒水养护时间随环境气温和水泥品种而异,在常温下(15～25℃),用普通水泥拌制的不得少于7d;用矾土水泥拌制的不得少于3d;用矿渣水泥、火山灰质水泥拌制的或在施工中掺用塑化剂的不得少于14d。干燥、炎热天气应适当延长,气温低于+5℃时不得浇水。

(3)浇水次数的多少,以能保持混凝土表面处于湿润状态为度。

(4)混凝土浇筑完毕后的硬化初期(最初的2～3d),应尽量使其不受任何振动。

2. 模板与支架的拆除

模板和支架的卸落应从挠度最大处(正弯矩最大处)开始,分别向两支点对称均匀、逐次进行,使整个承重结构逐渐受力,以免突然受力而遭到破坏。

模板与支架的拆除期限与混凝土的硬化速度、气温及结构性质等有关,如表5-2-14所示。

模板和支架拆除的最短期限(d)　　表 5-2-14

| 混凝土强度达到设计强度的百分数 | 拆模项目 | 昼夜平均温度(℃) | | | |
|---|---|---|---|---|---|
| | | 30~20 | 20~15 | 15~10 | 10~5 |
| 25% | 梁及柱的侧面模板,以及不承受混凝土重力的模板 | 2 | 3 | 4 | 5 |
| 50% | 跨径小于3m的底面模板,墩、台直立模板主梁侧面模板 | 6 | 7 | 8 | 10 |
| 70% | 跨径大于3m的底面模板,跨径小于12m主梁的底面模板及其支架 | 12 | 14 | 18 | 24 |
| 100% | 跨径大于12m主梁的底面模板及其支架,拱架模板,拱架及其支架 | 21 | 25 | 28 | 35 |

拆除模板和支架时应注意:

(1)在混凝土未达到允许拆模所需强度之前,不能拆除模板或支架;

(2)为了判定混凝土强度是否达到拆模所需的要求,要根据与构件同条件养护的混凝土试件的强度试验结果来确定;

(3)拆模顺序是先拆除不承重的侧面模板,再拆除承重的水平模板。

【知识链接三】

混凝土冬季施工要点

混凝土受冻后,其硬化作用即行停止,温度回升后,虽能重新硬化,但最终强度被削弱了。经验证明,当混凝土硬化达到设计强度的70%时,再受冻就不受影响了,气温回升后,仍可达到正常的强度。当室外日平均气温连续5d低于5℃时,应采用冬季施工法浇筑混凝土。

(1)一般措施

减少用水量,增加拌和时间,改进运输工具,并在其周围设置保温装置,减少热量损失。

(2)原材料加热

①当温度不能满足需要时,应先考虑对拌和用水加热,仍不能满足需要时,再对集料进行加热。水泥只保温,不得加热。各项材料加热的温度不得超过表5-2-15的规定。

拌和水及集料最高温度(℃)　　表 5-2-15

| 项　目 | 拌和水 | 集　料 |
|---|---|---|
| 强度等级小于52.5级的普通硅酸盐水泥、矿渣硅酸盐水泥 | 80 | 60 |
| 强度等级等于及大于52.5级的普通硅酸盐水泥,矿渣硅酸盐水泥 | 60 | 40 |

注:当集料不加热时,水可加热到100℃,但水泥不应与80℃以上的水直接接触.投料顺序为先投集料和已加热的水,然后再投入水泥。

②冬季拌和混凝土时,集料不得带有冰雪和冻结块。投料前,用热水或蒸汽冲洗搅拌机。拌和时,先将集料和水拌和一定时间,再加水泥搅拌,以避免水泥与热水接触,产生"假凝现象"。拌和时间应较常温时延长50%。混凝土拌和物的出机温度不宜低于10℃,入模温度不得低于5℃。

(3)掺用早强剂

掺用早强剂,可加快混凝土强度发展,防止混凝土早期冻结。常用的有氯化钙、氯化钠、三乙醇胺、亚硝酸钠复合剂等。

(4)提高养护温度

①蓄热法:养护时不得低于10℃,外界气温不低于-20℃。一般采用加厚模板、双层模板,覆盖稻草、草帘、锯末等作为保温材料。

②暖棚法:是把结构物用棚子盖起来,在棚内生火,使温度保持在10℃左右,不低于5℃。

③电热法:在混凝土内埋入导线(钢筋或铅丝)通电,使电能变为热能。

④蒸汽加热法:是把构件放在封闭的养护室内,通以湿热蒸汽加以养护。

蒸汽养护分三个阶段:

①升温阶段:为防止混凝土因体积膨胀太快而产生裂缝,升温时塑性混凝土不宜超过10~15℃/h,干硬性混凝土不宜超过30~35℃/h,厚大构件不宜超过10℃/h,且当表面系数小于6时,也不得超过10℃/h。

②恒温阶段:硅酸盐水泥、普通水泥拌制的混凝土养护温度不宜超过60℃,其他水泥拌制的混凝土不宜超过80~85℃。恒温时间为8~12h。

③降温阶段:降温时不宜超过15~20℃/h,对厚大构件不宜超过10℃/h。

3. 混凝土的质量检查

混凝土质量检查应贯穿于施工全过程,从混凝土配料、搅拌、运输、浇筑直至最后对混凝土试块强度的评定。只有对每一个环节认真施工、加强监督,才能保证混凝土的质量。

(1)基本要求

①原材料

施工中要经常检查水泥的品种、标号是否与设计一致;使用时是否已超过3个月的有效期;配合比是否严格执行;砂石的级配、含泥量和杂质含量是否满足要求等。每一工作班至少检查两次。

②混凝土搅拌后

检查坍落度是否满足设计要求,每一工作班至少检查两次。混凝土运至浇筑地点的坍落度与要求的坍落度差值不得超过表5-2-16中的规定。

混凝土坍落度与要求坍落度之间的允许偏差(mm)　表5-2-16

| 要求坍落度 | <50 | 50~90 | >90 |
|---|---|---|---|
| 允许偏差 | ±10 | ±20 | ±30 |

③制作混凝土试件,应根据工程量大小、工程部位等情况,按下列要求确定:

a. 不同标号和不同配合比的混凝土应分别制作试件。

b. 对墩、台每100~150$m^3$混凝土应制作试件一组;对钢筋混凝土结构每50~100 $m^3$混凝土应制作试件一组。

c. 每一班至少制作试件一组,如配合比相同,并经适当控制时,同一工程不同部位的混凝土,可合并制作试件一组。

d. 对于零星分散的混凝土工程,可根据质量控制情况及当地条件,减少或免留试件。

(2)外观检查及允许偏差

混凝土结构拆模后,应检查其表面有无麻面、蜂窝、露筋、孔洞等缺陷,预留孔道是否畅通无堵塞,如有应加以修正。

①麻面。是模板表面粗糙、清理不干净、接缝不严密发生漏浆或振捣不充分等原因引起

的，构件表面呈现无数的小凹点，无钢筋外露现象。

②蜂窝。是材料配合比不准确、浆少石多、振捣中严重漏浆或振捣不充分等原因引起的，结构中出现蜂窝状窟窿，集料间有空隙存在。

③露筋。是由于垫块位移、钢筋紧贴模板、混凝土保护层厚度不够，石子粒径过大、配筋过密、水泥砂浆不能充满钢筋四周，混凝土振捣不密实、漏浆等原因引起的，结构内钢筋未被混凝土包住而暴露在外。

对较小面积且数量不多的蜂窝、露筋、露石的混凝土表面，可用钢丝刷或压力水洗刷基层，再用1:2～1:2.5的水泥砂浆抹平即可。

对较大面积的蜂窝、露筋、露石的混凝土表面，应按全深度凿去薄弱混凝土层和突出的集料颗粒，再用钢丝刷或压力水将表面冲洗干净，最后用比原混凝土强度高一级的细集料混凝土堵塞，并振捣密实。

④孔洞。是混凝土漏振或离析、石子成堆、杂物掺入混凝土中等原因引起的，混凝土结构局部没有混凝土，形成空腔。

修补孔洞时，可先将孔洞处松软的混凝土和突出的集料颗粒凿去，顶部凿成斜面，再用清水冲洗干净，保持湿润状态72h以后，用水泥砂浆或水泥将结合面抹一遍，然后用比原混凝土强度高一级的细集料混凝土浇筑，振捣密实并加强养护。

⑤裂缝。是混凝土结构常见的缺陷，产生的原因较复杂，如养护不当、表面失水过多、温差过大等易产生干缩裂缝或温度裂缝；地基不均匀沉降可造成构件产生贯穿的裂缝。

对于结构表面细小裂缝可将裂缝冲洗干净，再用水泥砂浆填补；对于较大较深的裂缝，可先将裂缝凿成凹槽，用水冲洗干净后，再用1:2～1:2.5水泥砂浆或环氧胶泥填补；对结构整体性和承载力有明显影响或影响结构防水、防渗性能的裂缝，可采用灌浆方法修补，对于宽度小于0.5mm的裂缝可采用化学灌浆，对于宽度大于0.5mm的裂缝可采用水泥灌浆。

## 能力考核

**选择题**

1. 现场拌制混凝土时，水泥、混合材料、水和外加剂的配料误差不得超过(　　)。

A. ±1%　　B. ±2%

C. ±3%　　D. ±4%

2. 混凝土拌和完毕，应对混凝土的(　　)进行检查。

A. 拌和物的均匀性　　B. 坍落度

C. 黏聚性　　D. 保水性

3. ≤C30的混凝土在气温小于25℃时，从搅拌机中卸出到浇筑完毕所延续的时间不宜超过(　　)min。

A. 60；　　B. 90　　C. 120；　　D. 100

4. 浇筑钢筋较密的混凝土时，自由倾落高度一般不超过(　　)。

A. 20cm　　B. 30cm　　C. 40cm　　D. 50cm

5. 当室外日平均气温连续5d低于(　　)时，应采取冬季施工方法施工。

A. 0℃　　B. 5℃　　C. 10℃　　D. －5℃

**判断题**

1. 混凝土从高处直接倾卸时，其自由倾落高度一般不宜超过4m。(　　)

2. 混凝土分层浇筑时,应在下层混凝土初凝或能重塑前浇筑完成上层混凝土。(　　)

3. 人工振捣混凝土时,小力振捣不如大力振捣快而有效。(　　)

4. 混凝土浇水养护的时间随环境气温和水泥品种而异。(　　)

5. 混凝土搅拌后主要检查其均匀性。(　　)

**问答题**

1. 简述一次投料法和二次投料法的装料过程?

2. 如何处理混凝土在浇筑间歇时产生的工作缝?

3. 混凝土养护时应注意那些方面?

4. 拆除模板和支架时应注意哪些方面?

5. 冬季施工常采用的技术措施有哪些?

# 课题三　装配式构件的起吊、运输和安装

## 模块一　装配式构件的起吊和运输

**知识点:**

◎构件吊点的位置;

◎预制构件起吊、堆放时的注意事项;

◎构件场内运输方法及其操作要点;

◎浮运架梁法和高空架梁法。

**技能点:**

◎能参与和指导预制梁的起吊和运输工作。

**【任务引入】**

当混凝土强度达到设计强度的75%时,需将构件吊起从预制的底座上移出来,并运到桥头或桥孔下。

**【任务分析】**

本模块主要介绍了吊点位置的选择、构件的起吊方法和运输方法。

**【任务实施】**

### 一、构件的起吊和堆放

构件的起吊,是指把预制构件从预制厂底座上移出来,也称为"出坑"。

1. 吊点选择

构件起吊的位置一般为吊环或吊孔的位置。

(1)细长构件

细长构件中所放的钢筋,是按照起吊受力情况配置的;而吊点位置是根据细长构件内正弯矩和负弯矩相等条件确定的。因此,吊点选择不当会使构件产生裂缝以至断裂。

无预埋吊环或吊孔时,对于上下面有相同配筋的等截面直杆构件,单点吊可设在离端头 $0.293L$ 处,双点吊可设在离端头 $(0.22\sim0.25)L$ 处,$L$ 为构件长。

(2)一般构件

一般构件多采用双点吊，如梁、板等。由于钢筋配置上下不对称，上缘稀少，下缘密集，一般均在距支点不远处设置吊点，以减少起吊时吊点处负弯矩。

(3)厚大构件

厚大构件多采用四点吊，以防止吊运过程中构件翻身。

2.起吊方法

(1)三角扒杆偏吊法

三角扒杆偏吊法就是将手拉葫芦斜挂在三角扒杆上，偏吊一次移动一次扒杆，把构件逐步移出，如图5-3-1所示。

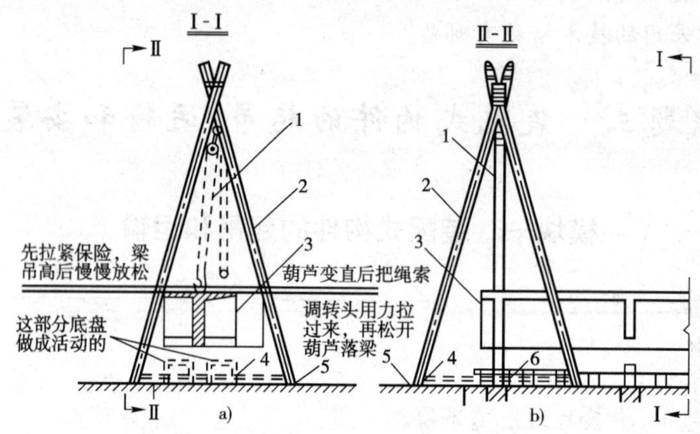


图5-3-1　三角扒杆偏吊法

1-手拉葫芦;2-三角扒杆;3-梁;4-绊脚绳;5-木楔;6-底座

(2)横向移滚法

横向移滚法就是把构件从预制底座上抬高后，在构件底面两端装置横向移动设备，用手拉葫芦牵引，把构件移出底座，如图5-3-2所示。

在装置横向滚移设备时，从底座上抬高构件的办法有吊高法和顶高法。吊高法是用小型门架配神仙葫芦把构件从底座吊起，如图5-3-3所示。顶高法是用特制凹形托架(图5-3-4)配千斤顶把构件从底座顶起，如图5-3-5所示。滚移设备包括走板、滚筒和滚道三部分，如图5-3-6所示。走板托在构件底面，与构件一起行走。滚筒放在走板与滚道之间，由于它的滚动而使构件行走。滚筒用硬木或无缝钢管制成，其长度比走板宽度每边长出15~20cm，以便操作。滚道是滚筒的走道，有木滚道和钢轨滚道两种。

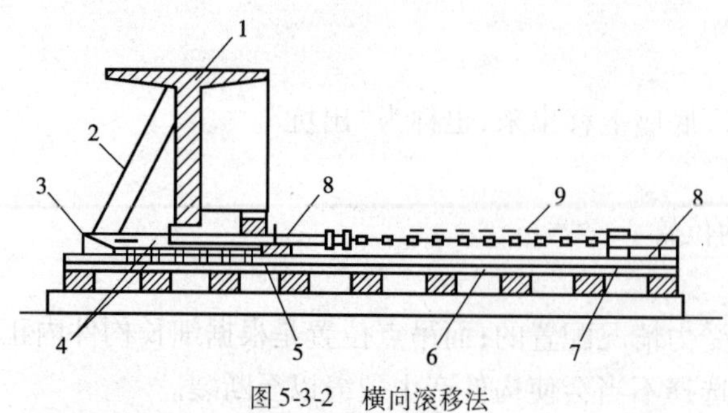

图5-3-2　横向滚移法

1-梁;2-临时支撑;3-保险三角木;4-走板及滚筒;5-端横隔板下用木块垫实;6-滚道;7-手拉葫芦用木板垫平;8-千斤索;9-手拉葫芦

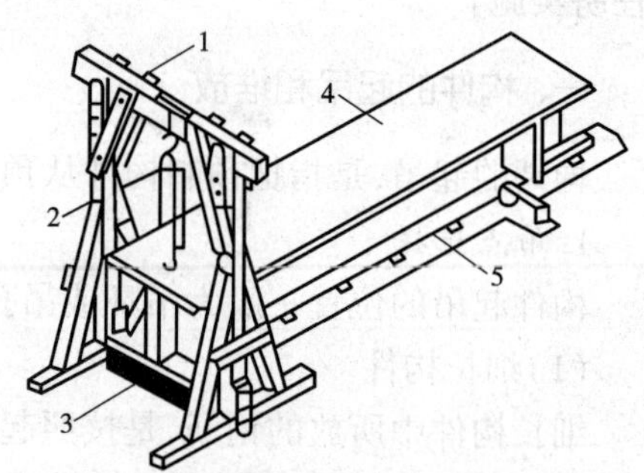

图5-3-3　小型门架吊梁

1-小型门架;2-手拉葫芦;3-滚移设备;4-梁;5-梁的底座

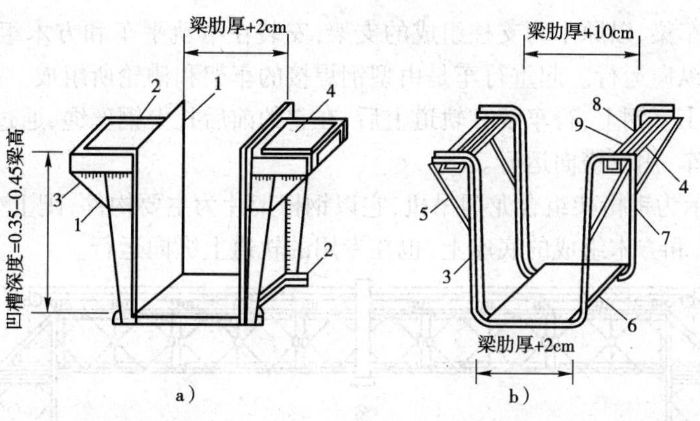


图 5-3-4 凹形托架

1-钢板；2-槽钢；3-焊缝；4-加强钢板；5-圆钢加强；6-支承钢板；7-小钢轨骨架；8-定位钢板；9-钢轨

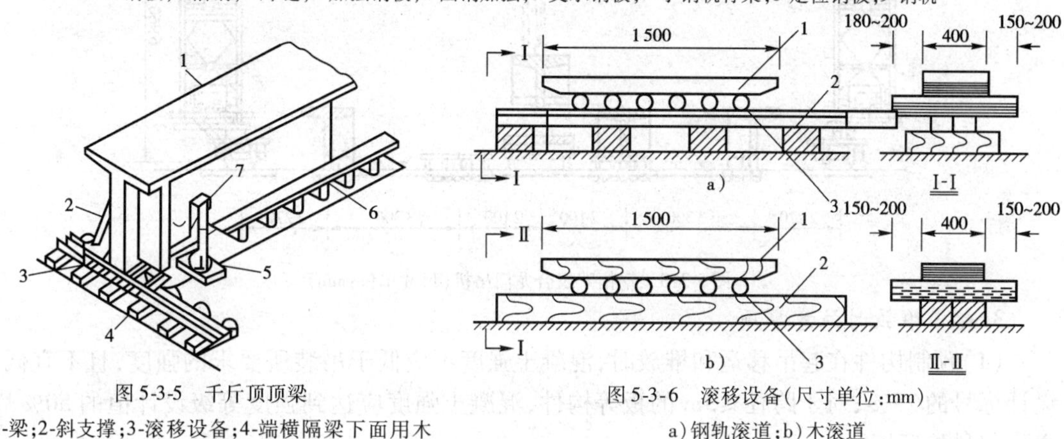


图 5-3-5 千斤顶顶梁

1-梁；2-斜支撑；3-滚移设备；4-端横隔梁下面用木楔塞紧；5-千斤顶；6-梁的底座；7-凹形托梁

图 5-3-6 滚移设备（尺寸单位：mm）

a）钢轨滚道；b）木滚道

1-走板；2-滚道；3-滚筒

（3）龙门吊机法

就是用专设的龙门吊机把构件从底座上吊起，横移至运输轨道，卸落在运构件的平车上。

龙门吊机（也称龙门架）是由底座、机架和起重行车三部分组成，运行在专用轨道上。吊机的运动方向有三个，即荷重上下升降、行车的横向移动和机架的纵向运动，可用电力或人力推动。

龙门吊机的结构有钢木组合和钢桁架组合两种。图 5-3-7 所示为钢木组合龙门吊机，它

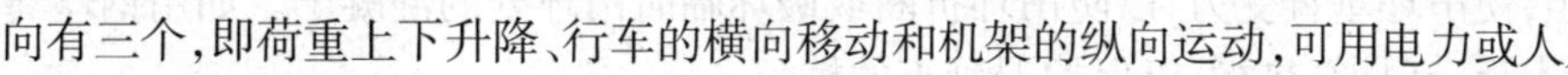

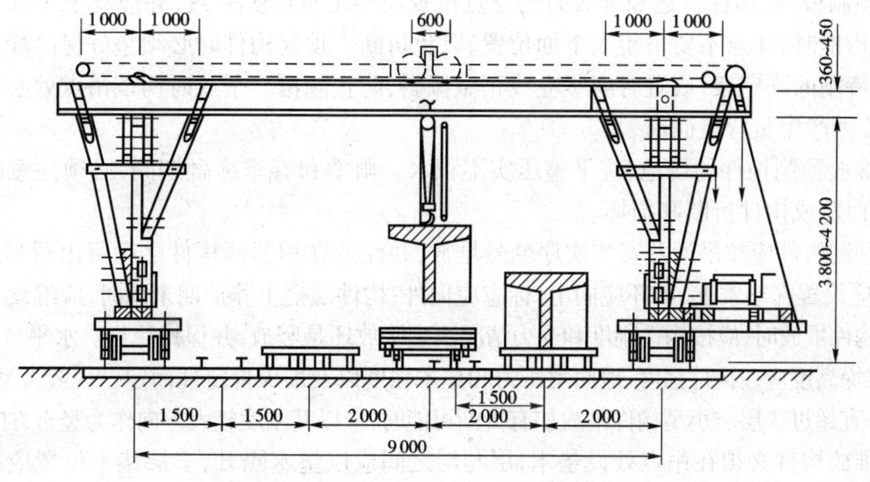


图 5-3-7 钢木组合龙门吊机（尺寸单位：mm）

是以工字梁为行车梁、以原木为支柱组成的支架,安装在窄轨平车和方木组成的底座上,可以在专用的轨道上纵向运行。起重行车是由型钢焊接的车架和槽轮所组成。行车的轨道用钢轨焊接在行车梁的工字钢上,行车装在轨道上后,在它的前后扎上钢丝绳,通过导向轮,连接到装置在底座上的绞车,用以横向运行。

图 5-3-8 所示为钢桁架组合龙门吊机,它以钢桁架片为主要构件,配上少量原木组成的机架,安装在由平车和方木组成的底座上,也在专用的轨道上纵向运行。

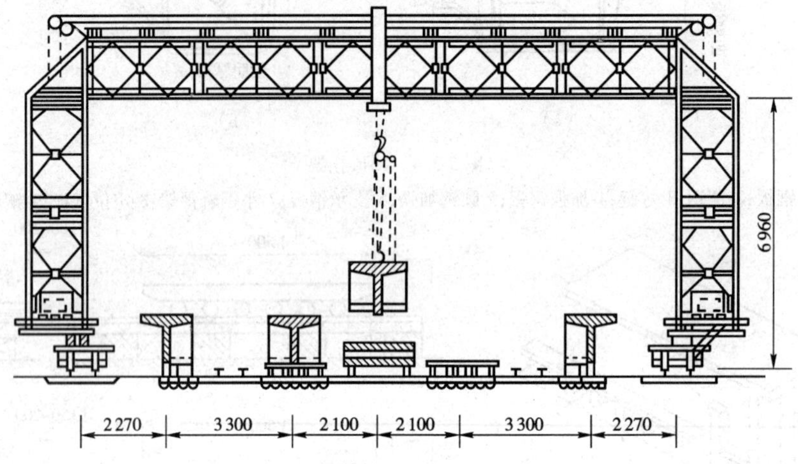


图 5-3-8 钢桁架组合龙门吊机(尺寸单位:mm)

3. 起吊堆放时注意事项

(1)预制构件在起吊移运和堆放时,混凝土强度不应低于吊装所要求的强度,且不宜低于设计标号的 75%;对于跨径≤3m 的板等构件,混凝土强度应达到强度等级设计值的 50% 后,方可起吊移运。

(2)预制构件在拆模后、出坑前,应检查其实际尺寸、伸出的预埋钢筋(或钢板)、吊环的位置及混凝土质量,并进行适当修补处理。尖角、凸出或细长构件在装卸移运过程中应用木板保护。

(3)构件的吊环应顺直,使吊环能顺利套入。吊绳(千斤绳)交角大于 60°时,必须设置吊架或扁担,使吊环垂直受力,以防吊环折断或破坏临时吊环处的混凝土。如用钢丝绳捆绑起吊时,需用木板、麻袋等垫衬,以保护混凝土的棱角。

(4)预制板、梁构件移运和堆放时的支点位置应与吊点位置一致,并应支承牢固。起吊及堆放板式构件时,注意不要吊错上下面位置,以免折断。顶起构件时必须垫好保险垛。构件移运时应有特制的固定架,放置时应竖立或稍微倾斜,防止倾覆。平放时两端吊点处必须设支搁方木,以免因产生负弯矩而断裂。

(5)堆放预制构件的场地,应平整压实不积水。雨季和春季冻融期间,必须注意防止地面软化下沉而造成构件折断和损坏。

(6)预制构件应按吊运及安装次序顺号堆放,并注意在相邻两构件之间留出适当通道。构件堆垛时应设置在垫木上,吊环应向上,标志应向外;构件混凝土养护期未满时,应继续养护。

(7)构件堆放时,应按构件刚度和受力情况决定平放还是竖放,并保持稳定。水平分层堆放构件时,其堆垛高度应按构件强度、地面耐压力和垫木强度以及堆垛稳定性而定。一般大型构件以 2 层为宜,不宜超过 3 层。小型构件堆放如有折断可能时,应以其刚度较大方向作为竖直方向。

(8)堆放构件必须在吊点处设垫木,层与层之间应以垫木隔开,多层垫木位置应在一条垂直线上。

## 二、构件的运输

装配式预制构件通常在桥头附近的预制场或桥梁预制厂内预制。为此,需要通过一定的运输工具将预制构件运到桥头或桥孔下。从工地预制场到桥头或桥孔下的运输称为场内运输,将预制梁从桥梁预制厂(或场)运往桥孔或桥头的运输称为厂外运输。

### 1. 场内运输

(1)纵向滚移法运梁

用滚移设备,以人力或电动绞车牵引,把构件从工地预制场运往桥位处。其设备和操作方法与横向滚移基本相同,不过走板的宽度要适当加宽,以便在走板上装置斜撑,使T形梁具有足够的稳定性,如图5-3-9所示。

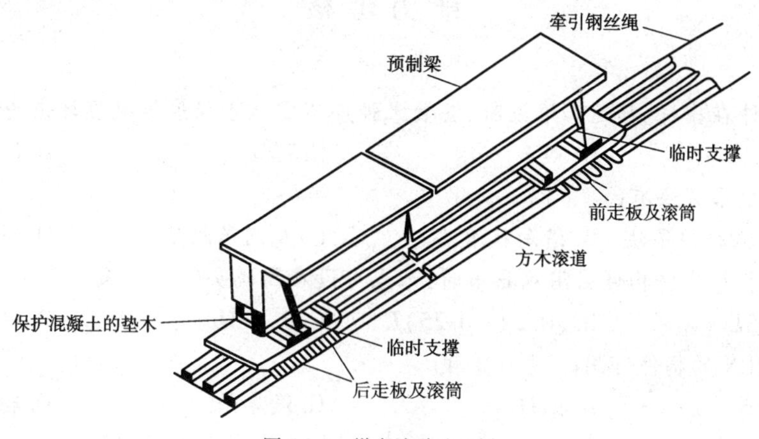


图5-3-9　纵向滚移法运梁

(2)轨道平车法运梁

把构件吊装在轨道平车上,用电动绞车牵引,沿专用临时铁路线运往桥位处。轨道平车设有转盘装置,以便装上车后能在曲线轨道上运行。同时装设制动装置,以便在运行过程中发生情况时刹车。运构件时,牵引的钢丝绳必须挂在后面一辆平车上,或从整根构件的下部缠绕一周后再引向导向轮至绞车。对于T形梁,还应加设斜撑,以确保稳定,如图5-3-10所示。

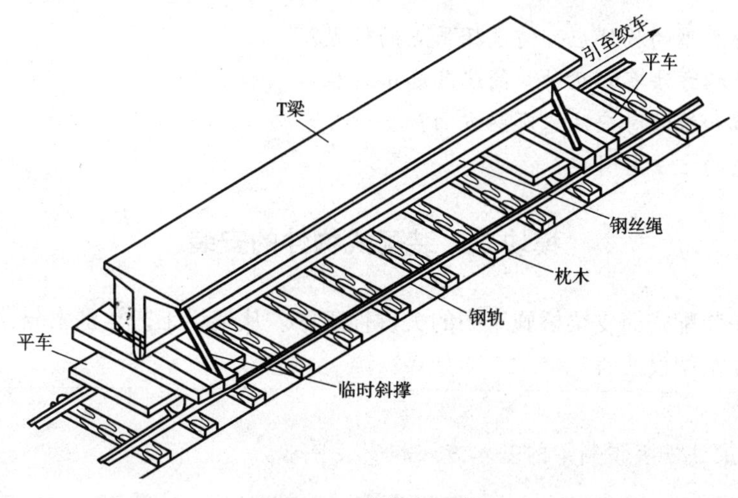


图5-3-10　轨道平车运梁

### 2. 场外运输

距离较远的场外运输,通常采用汽车、大型平板拖车、火车或驳船。

受车厢长度、载重量的限制，一般中、小跨径的预制板、梁或小构件（如栏杆、扶手等）可用汽车运输。50kN 以内的小构件可用汽车吊装卸；大于 50kN 的构件可用轮胎吊、履带吊、龙门架或扒杆装卸。要运较长构件时，可在汽车上先垫以长的型钢或方木，再搁放预制构件，构件的支点应放在近两端处，以避免道路不平、车辆颠簸引起的构件开裂。特别长的构件应采用大型平板拖车或特制的运梁车运输。常见的平板车可参见《公路桥涵施工技术规范》。

使用大型平板拖车运梁时，车长应满足支承间距要求，构件装车时需平衡放正，以使车辆承重对称均匀。构件支点下及相邻两构件间，需垫麻袋或草帘，以防止构件相互碰撞。构件下的支点需设活动转盘以免搓伤混凝土。预制简支梁运输时应竖立放置，并用斜撑支撑（应支在梁腹上，不得支在梁板上，以免梁板根部发生负弯矩而开裂），以防梁倾倒。

## 能力考核

**选择题**

1. 预制构件在出坑、移运和堆放时，混凝土强度不宜低于强度等级设计值的（　　）。

A. 50%　　B. 60%　　C. 70%　　D. 75%

2. 构件的起吊方法有（　　）。

A. 三角扒杆偏吊法　　B. 横向移滚法　　C. 龙门吊机法　　D. 纵向滚移法

3. 对于细长等直杆构件采用双点吊时，吊点可设在离端头（　　）处。

A. $0.293L$　　B. $(0.22 \sim 0.25)L$　　C. $0.193L$　　D. $(0.32 \sim 0.35)L$

4. 大于 50kN 的构件可用（　　）装卸。

A. 龙门架　　B. 扒杆　　C. 汽车吊　　D. 轮胎吊

**判断题**

1. 构件堆放时，对于大型构件不宜多余 4 层。（　　）
2. 吊点位置是根据细长构件内正弯矩和负弯矩相等的条件确定的。（　　）
3. 场内运输时常采用横向滚移法和轨道平车法运梁。（　　）
4. 构件平放时需在下方设支搁方木，以免产生负弯矩而断裂。（　　）

**问答题**

1. 对于各种类型的构件应如何选择吊点的位置？
2. 构件起吊的方法有哪几种？简述其起吊过程。
3. 构件起吊和堆放时应注意哪些方面？
4. 场内运输的方法有哪些？

## 模块二　装配式构件的安装

构件安装是装配式简支梁桥施工中的关键性工序。从架梁工艺类别来分，有陆地架设法、浮吊架设法和高空架设法等。

**知识点：**

◎陆地架梁法安装预制梁的基本方法和安装要求。

**技能点：**

◎能参与和指导预制梁安装工作；

◎能进行预制梁安装的质量控制。

【任务引入】

装配式构件在运到桥头或桥孔下后,需将梁架设到位。

【任务分析】

本模块主要介绍陆地架设法、浮吊架设法和高空架设法 3 种架梁的方法。

【任务实施】

## 一、陆地架梁法

### 1. 移动式支架架梁法

此法是在架设孔的地面上,顺桥轴线方向铺设轨道,其上设置可移动支架,预制梁的前端搭在支架上,通过移动支架将梁移运到要求的位置后,再用龙门架或人字扒杆吊装;或者在桥墩上设枕木垛,用千斤顶卸下,再将梁横移就位,如图 5-3-11 所示。

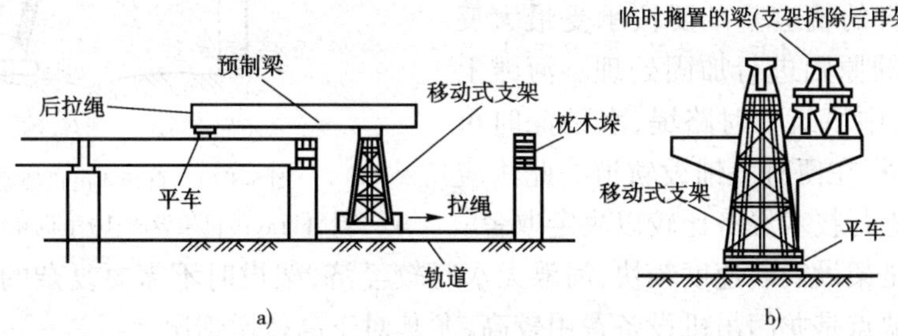


图 5-3-11 移动式支架架设法

利用移动支架架设,设备较简单,可安装重型的预制梁。无动力设备时,可使用手摇卷扬机或绞盘移动支架进行架设。一般不适宜在桥孔下有水、地基过于松软、桥墩过高的情况下使用。

### 2. 摆动式支架架梁法

此法是将预制梁(板)沿路基牵引到桥台上并稍悬出一段,悬出距离根据梁的截面尺寸和配筋确定。从桥孔中心河床上悬出的梁(板)端底下设置人字扒杆或木支架,如图 5-3-12 所示,前方用牵引绞车牵引梁(板)端,此时支架随之摆动而到对岸。为防止摆动过快,应在梁(板)的后端用制动绞车牵引制动。

此法较适宜用于高跨比稍大的桥梁,当河中有水时也可用此法,但需在水中设一个简单的小墩,以供设立木支架用。

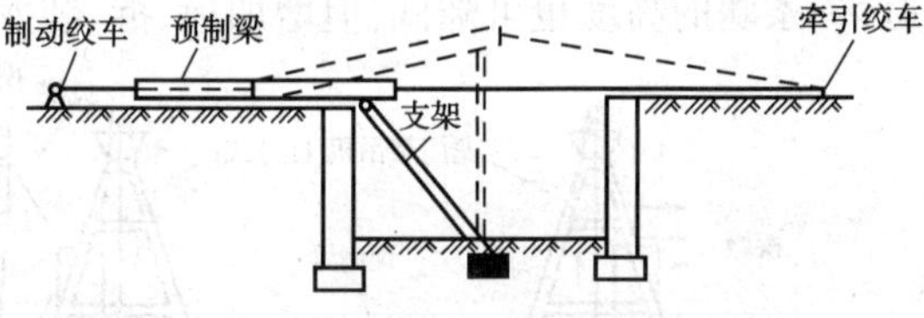


图 5-3-12 摆动式支架架设法

### 3. 自行式吊机架梁法

一般中小跨径预制梁(板)的架设安装多采用自行式吊机。其优点是本身有动力、架设迅速、可缩短工期,不需要架设临时动力设备,不必进行架设设备的准备工作,不需要其他方法架梁时所具备的技术工种。

自行式吊机架梁可采用一台吊机架设、两台吊机架设、吊机和绞车配合架设等方法。

当预制梁重量不大,而吊机又有相当的起重能力,河床坚实无水或少水,允许吊机行驶、停搁时,可采用一台吊机架梁法,如图 5-3-13a)所示。此时应注意钢丝绳与梁面夹角一般以 45°~60°为宜,否则应使用起重梁(扁担梁)。对跨径不大的预制梁,吊机起重臂跨径 10m 以上且起重能力超过梁重的 1.5 倍时,吊机可放在一孔已安装好的桥面上,架设安装次一孔梁(板)。

两台吊机架梁法是用两台自行式吊机各吊住梁(板)的一端,将梁(板)吊起并架设安装。

吊机和绞车配合架梁，如图 5-3-13b）所示。预制梁一端用拖履滚筒支垫，另一端用吊机吊起，前方用绞车或绞盘牵引预制梁前进。梁前进时，吊机起重臂随之转动。梁前端就位后，吊机行驶到后端，提起梁后端取出拖履滚筒，再将梁放下就位。

4. 跨墩或墩侧龙门架架梁法

此法是以胶轮平板拖车、轨道平车或跨墩龙门架将预制梁送到桥孔，再用跨墩龙门架或墩侧高低脚龙门架将梁吊起，然后横移到梁设计位置，最后落梁就位完成架梁工作。

搁置龙门架脚的轨道基础要按承受最大反力时能保持安全的原则进行加固处理。河滩上如有浅水，可在水中填筑临时路堤，水稍深时可考虑修建临时便桥，在便桥上铺设轨道。此法应与其他架设方法进行技术经济比较以决定取舍。

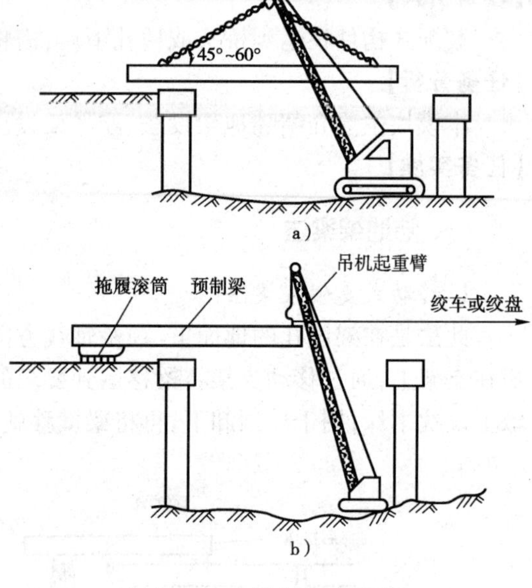


图 5-3-13 自行式吊机架梁法

a）一台自行式吊机架设法；b）吊机和绞车配合架梁

此法的优点是架设安装速度较快，河滩无水时较经济，架设时不需要复杂的技术工艺，作业人员较少。但缺点是龙门吊机设备费用较高，尤其对于高桥墩情况。

跨墩龙门架的架梁程序，如图 5-3-14a）所示，预制梁可由轨道平车运送至桥孔，如两台龙门架吊机自行且能达到同步运行时，也可利用跨墩龙门架将梁吊着运送到桥孔，再吊起横移落梁就位。

墩侧高低脚龙门架，如图 5-3-14b）所示，其架设程序与跨墩龙门架基本相同，但预制梁必须用轨道平车或胶轮平车拖板运送至桥孔。一孔各片梁安装完毕后，将 1 号墩的龙门架拆除运送到 3 号墩安装使用，以后如此循环使用。为了加快预制梁吊起横移就位速度，可准备 3 台高低脚龙门架，设置在 1、2、3 号墩侧。待第一跨各梁安装完毕，即可安装第二跨，与此同时，将 1 号墩的龙门架拆除运送到 4 号墩安装使用。这种高低脚龙门架较跨墩龙门架可减少一条轨道，一条腿的高度也可降低，但增加运、拆、装龙门架的工作量，并需要多准备 1 台龙门架。

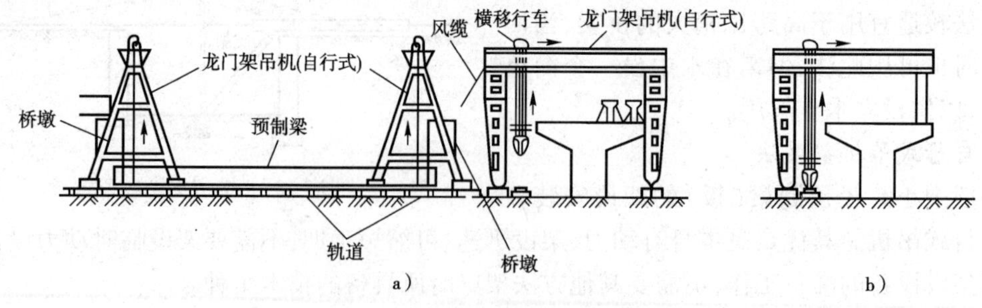


图 5-3-14 龙门架架设法

a）跨墩龙门架架设；b）墩侧高低脚龙门架架设

## 二、浮运架梁法

浮运架梁法是将预制梁移装到浮船上，并浮运到架设孔，然后就位安装。采用此法时，河流需有适当的水深，水深由梁重而定，一般宜大于 2m；水位应平稳或涨落有规律，如潮汐河流；

流速及风力不大;河岸能修建预制梁装卸码头;具有坚固适用的船只。其优点是桥跨中不需设临时支架,可以用一套浮运设备架设安装多跨同跨径预制梁,较为经济;架梁时浮运设备停留在桥孔的时间较少,不影响河流通航。

浮运架设法采用如下三种方法:

1. 装船浮运至架设孔起吊就位安装法

此法可采用在引道栈桥或岸边设置栈桥码头,在码头上组拼龙门架,用龙门架吊运预制梁上船。吊装预制梁的浮船结构,如图 5-3-15 所示。

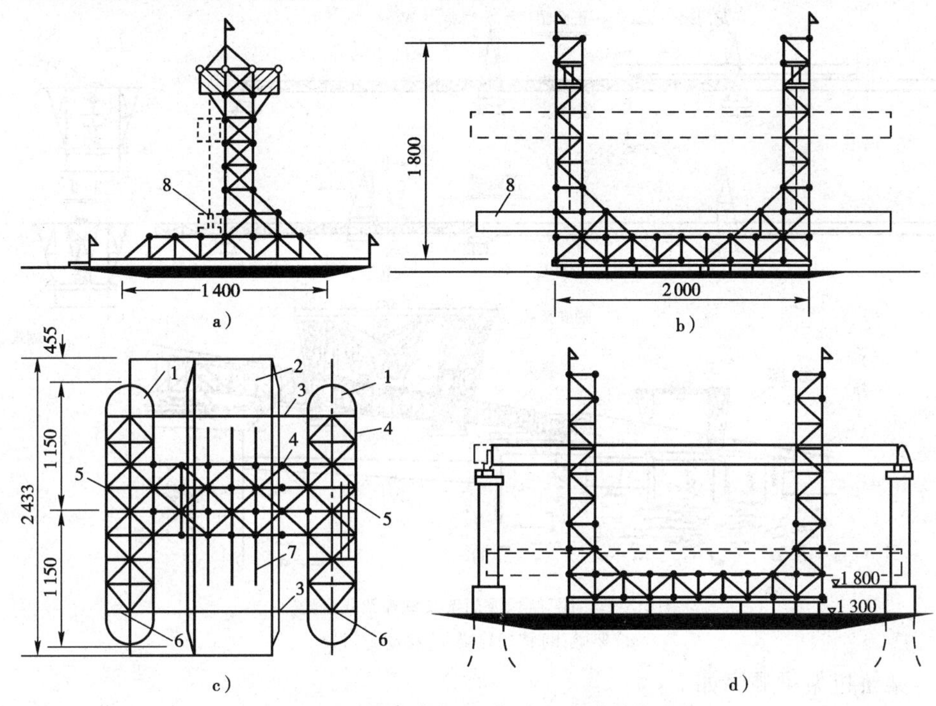


图 5-3-15 预制梁装船浮运架设法(尺寸单位:mm)

a)侧面;b)正面;c)平面;d)墩位安装

1-190kN 浮桥船;2-800kN 铁驳船;3-联结 36 号工字钢;4-万能杆件;5-吊点位置;6-50kN 卷扬机;7-56 号工字钢;8-预制梁

2. 对浮船充排水架设法

将预制梁装载在一艘或两艘浮船中的支架枕木垛上,使梁底高度高于墩、台支座顶面 0.2~0.3m,然后将浮船托运至架设孔,充水入浮船,使浮船吃水加深,降低梁底高度使预制梁安装就位。在有潮汐的河流上架设预制梁时,可利用潮汐时水位的涨落调整梁底高程,安装就位。若潮汐水位高度不够,可在浮船中用水泵充水或排水进行解决。

3. 浮船支架拖拉架设法

将预制梁拖拉滚移到岸边,并将其一端拖至浮船支架上,再用如前所述的移动式支架架设法沿桥轴线拖拉浮船至对岸,预制梁亦相应拖拉至对岸。预制梁前端抵达安装位置后,用龙门架或人字扒杆安装就位,如图 5-3-16 所示。

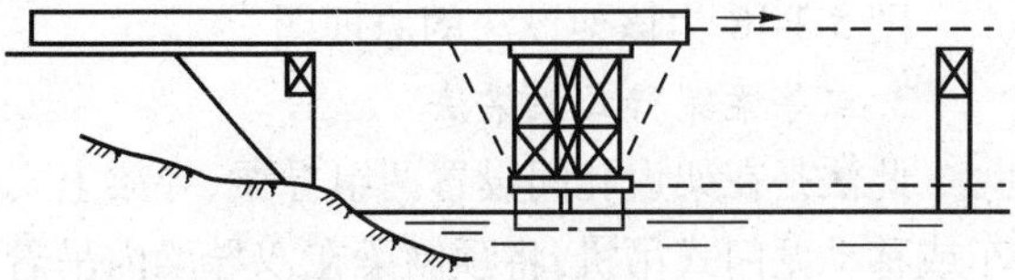

图 5-3-16 浮船支架拖拉架设法

## 三、高空架梁法

1. 联合架桥机架梁(蝴蝶架架梁法)

此法适用于架设安装跨径 30m 以下的多孔桥梁。其优点是完全不设桥下支架,不受水深流急影响,架设过程中不影响桥下通航、通车,预制梁的纵移、起吊、横移、就位都比较方便。缺点是架设设备用钢量较多,但可周转使用。

联合架桥机由两套门式吊机、一个托架(即蝴蝶架)、一根两跨长的钢导梁三部分组成,如图5-3-17所示。钢导梁顶面铺设运梁平车和托架行走的轨道。门式吊机由工字梁组成,并在上下翼缘处及接头的地方用钢板加固。门式吊机顶横梁上设有吊梁用的行走小车。为了不影响架梁的净空位置,其立柱做成拐脚式(俗称拐脚龙门架)。门式吊机的横梁高程,由两根预制梁叠起的高度加平车及起吊设备高确定。蝴蝶架是专门用来托运门式吊机转移的,它由角钢组成。整个蝴蝶架放在平车上,可沿导梁顶面轨道行走。

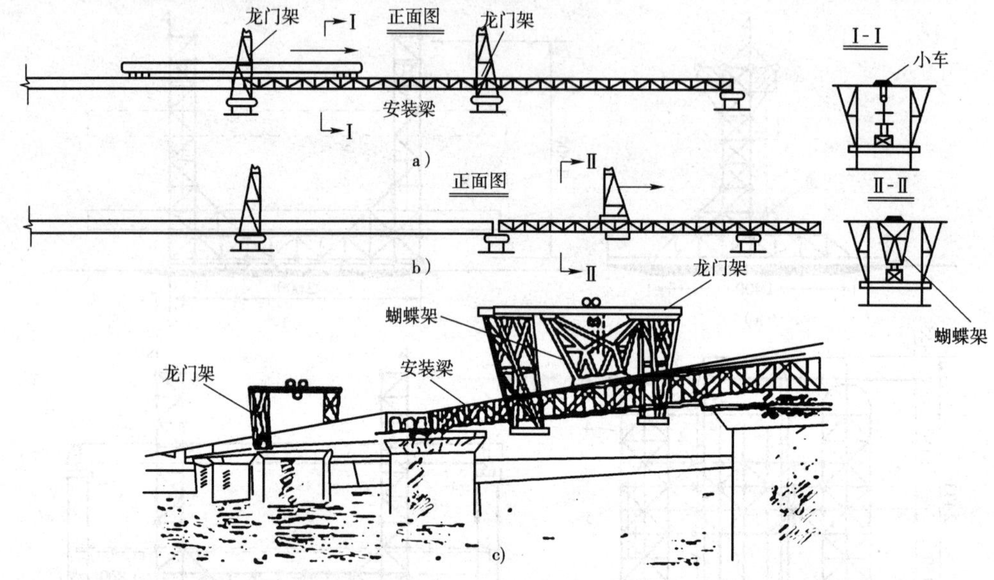


图5-3-17　用导梁、龙门架及蝴蝶架联合架梁

a)架梁;b)移动导梁;c)移动龙门架

联合架桥机架梁顺序如下:

(1)在桥头拼装导梁,梁顶铺设钢轨,并用绞车纵向拖拉导梁就位。

(2)拼装蝴蝶架和门式吊机,用蝴蝶架将两个门式吊机移运至架梁孔的桥墩(台)上。

(3)用平车将预制梁沿轨道运送至架梁孔位,将导梁两侧可以安装的预制梁用两个门式吊机吊起,横移并落梁就位。

(4)将导梁所占位置的预制梁临时安放在已架设好的梁上。

(5)用绞车纵向拖拉导梁至下一孔后,将临时安放的梁由门式吊机架设就位,并用电焊将各梁联结起来。

(6)在已架设的梁上铺接钢轨,再用蝴蝶架按顺序将两个门式吊机托起并运至前一孔的桥墩上。

如此反复,直至将各孔梁全部架设好为止。

图5-3-18为该架设法的原理图。

2. 双导梁穿行式架梁法

此法是在架设孔间设置两组导梁,导梁上安设配有悬吊预制梁设备的轨道平车和起重行车或移动龙门式吊机,将预制梁在双导梁内吊着运到规定位置后,再落梁、横移就位。横移时一种是由两组导梁吊着预制梁整体横移;另一种是导梁设在宽度以外,预制梁在龙门吊机上横移,导梁不横移,此法比第一种横移法安全。

此法优点与联合架桥机法相同，适用于墩高、水深的情况下，架设多孔中小跨径的装配式桥梁，但不需蝴蝶架而配备双组导梁，故架设跨径可较大，吊装的预制梁可较重。我国用该类型的吊机架设了梁长 51m、重力达 1 310kN 的预应力混凝土 T 形梁桥。

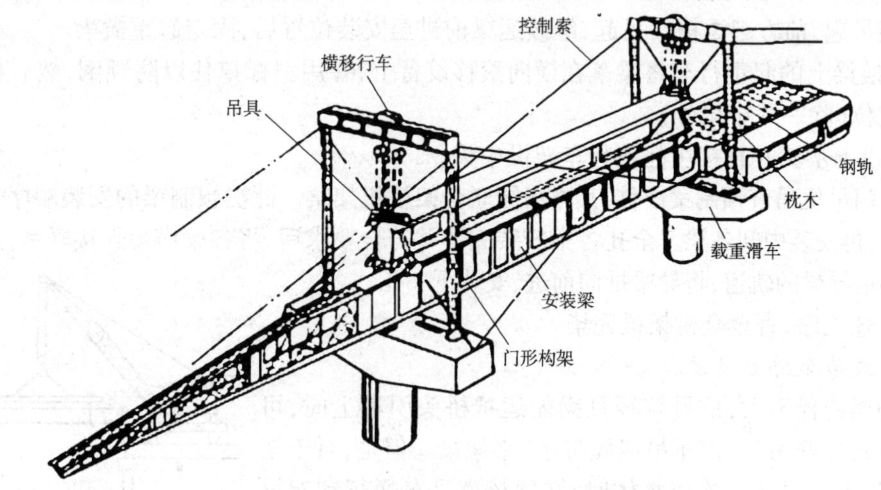


图 5-3-18 联合架桥机(单导梁)架设法原理图

两组分离布置的导梁可用公路装配式钢桥桁节、万能杆件设备或其他特制的钢桁节拼装而成。两组导梁净距应大于待安装的预制梁宽度。导梁顶面铺设轨道，供吊梁起重行车行走。导梁设三个支点，前端可伸缩的支承设在架桥孔前方桥墩上，如图 5-3-19 所示。

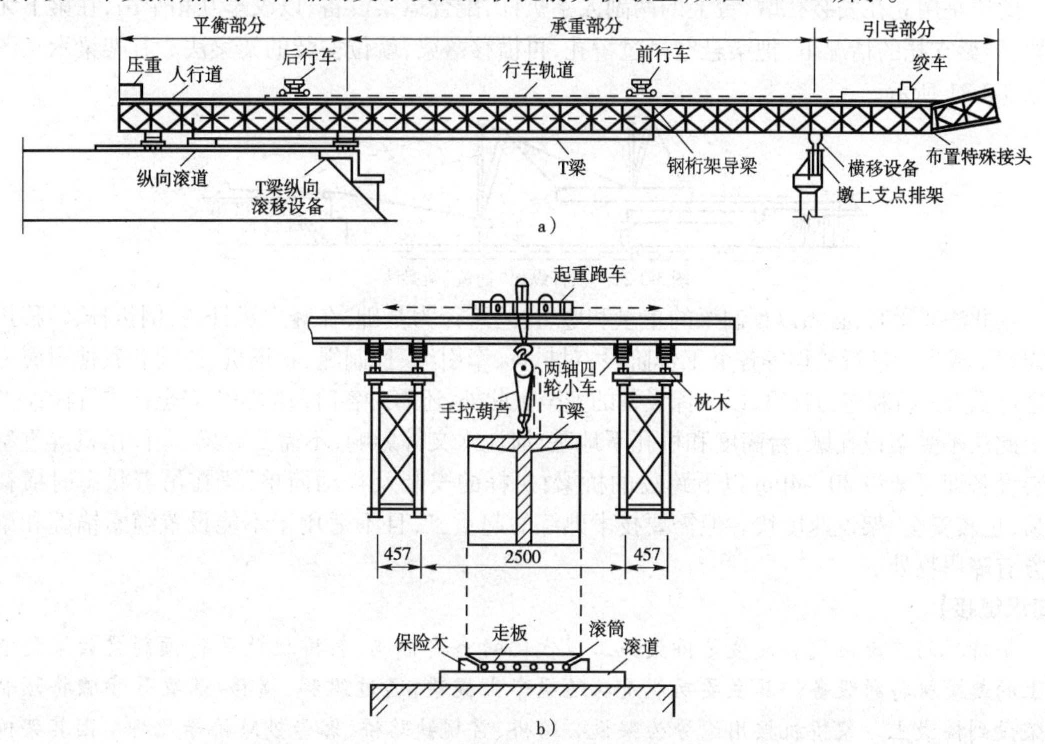


图 5-3-19 双导梁穿行式架梁法(尺寸单位:mm)

a) 导梁纵断面;b)导梁横断面

两根型钢组成的起重横梁支承在能沿导梁顶面轨道行走的平车上，横梁上设有带复式滑车的起重行车。行车上的挂链滑车供吊装预制梁用。其架设顺序如下：

(1)在桥头路基上拼装导梁和行车，并将拼装好的导梁用绞车拖拉就位，使可伸缩支脚支承在架梁孔的前墩上。

(2)先用纵向滚移法把预制梁运到两导梁间，当梁前端进入前行车的吊点下面时，将预制梁前端稍稍吊起，前方起重横梁吊起，继续运梁前进至安装位置后，固定起重横梁。

(3)用横梁上的起重行车将梁落在横向滚移设备上，并用斜撑撑住以防倾倒，然后在墩顶横移落梁就位(除一片中梁外)。

(4)用以上步骤并直接用起重行车架设中梁。

如用龙门吊机吊着预制梁横移，其方法同联合架桥机架梁。此法预制梁的安装顺序是先安装两个边梁，再安装中间各梁。全孔各梁安装完毕并符合要求后，将各梁横向焊接联系，然后在梁顶铺设移运导梁的轨道，将导梁推向前进，安装下一孔。

重复上述工序，直至全桥架梁完毕。

3. 自行式吊车桥上架梁法

在预制梁跨径不大，重量较轻且梁能运抵桥头引道上时，可直接用自行式伸臂吊车(汽车吊或履带吊)来架梁。但是，对于架桥孔的主梁，当横向尚未连成整体时，必须核算吊车通行和架梁工作时的承载能力。此种架梁方法简单方便，几乎不需要任何辅助设备，如图5-3-20所示。

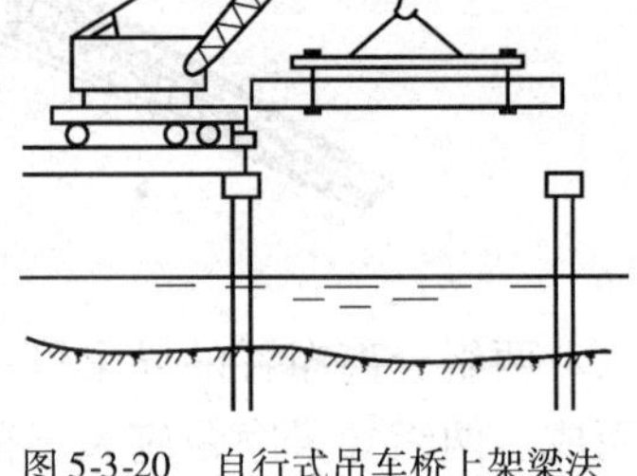

图 5-3-20 自行式吊车桥上架梁法

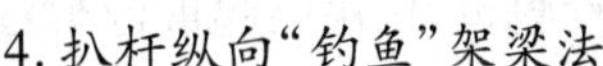

4. 扒杆纵向“钓鱼”架梁法

此法是用立在安装孔墩、台上的两副人字扒杆，配合运梁设备，以绞车互相牵吊，在梁下无支架、导梁支托的情况下，把梁悬空吊过桥孔，再横移落梁，就位安装的架梁法。其架梁示意图如图 5-3-21 所示。

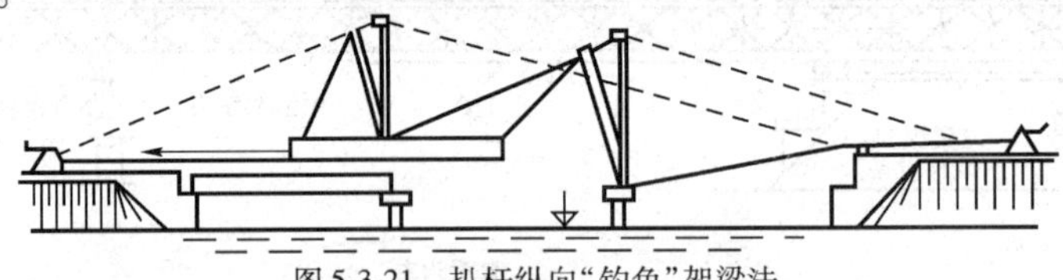

图 5-3-21 扒杆纵向“钓鱼”架梁法

用此法架梁时，必须以预制梁的重量和墩、台间跨径为基础，在竖立扒杆、放倒扒杆、转移扒杆或架梁或吊梁进行横移等各个工作阶段，对扒杆、牵引绳、控制绳、卷扬机、锚碇和其他附属零件进行受力分析和应力计算，以确保设备的安全。此外，还需对各阶段的操作安全性进行检查。

此法不受架设孔墩、台高度和桥孔下地基、河流水文等影响；不需要导梁、龙门吊机等重型吊装设备即可架设 30 ~ 40m 以下跨径的桥梁；扒杆的安装及移动简单，梁在吊着状态时横移容易，也较安全，架设速度快。但需要技术熟练的起重工，且不适用于不能设置缆索锚碇和梁上方有障碍物处。

**【知识链接】**

架桥机的广泛应用和发展是桥梁施工现代化的重要标志，架桥机就是将预制梁放置到桥墩上的起重机特种设备。其主要功能是从运梁车上提梁，通过纵移、横移、落梁等步骤将预制梁架设到桥墩上。架桥机按用途分为架设公路桥、常规铁路桥、客专铁路桥等几种。因其架桥工效高，在桥梁标准设计中，多考虑以它架设为设计原则，但其机身庞大，超出铁路运输限界，须解体运送，到达工地后，再组装使用。中国常备架桥机有三种：

1. 单梁式架桥机

架桥时，该机可在空载状态下自行驶入桥位，将梁片利用龙门吊机从铁路平板车上转移到运梁车上,再将此运梁车和架桥机后端对位,用行驶在架桥机吊臂上的两台吊梁小车将梁片吊起,沿吊臂前行,到达桥位落梁。该机的优点是:取消平衡重,不需要机车顶推,机械化程度提高,安全性能有所改善。吊重 130t 的胜利型架桥机即属此类。

2. 双悬臂式架桥机

1948 年引进该机时,前后臂都用钢板梁,吊重有 45t 和 80t 两种。50 年代将双臂改为构架,吊重发展到 130t。该机不能自行,需用机车顶推,架桥时,须用特制 80t 小平车将梁片运到架桥机前臂的吊钩下才能起吊。特点是架桥机吊梁行车地段必须采取加固措施,如用重车压道,加插轨枕等。

3. 双梁式架桥机

红旗型架桥机和燎原型架桥机属此类,吊重是 130t,其吊臂由左右两条箱梁组成,红旗型两梁的中距为 3.4m,燎原型的则为 4.8m。横跨两箱梁有两台桁车,能沿吊臂纵向行驶,吊梁小车置于桁车上,能沿桁车横向行驶。待架梁可用铁路平板车运送到架桥机的后臂下,用吊梁小车起吊凭桁车前移,再以吊梁小车横移,然后落梁就位。

架梁后要立即铺轨,架桥机才能继续向前作业。后两种架桥机都能将预先组装好的轨排吊装就位,使架梁工作不致因铺轨造成延误。

除上述常备架桥机外,施工单位有时根据需要制作各种临时性架桥机,或用常备钢脚手杆件、拆装式梁和军用梁等组成简易架桥机,及时完成架桥任务。

## 能力考核

**选择题**

1. 陆地架梁法采用的架梁方法有(　　)。

A. 浮运架梁法　　B. 双导梁穿行式架梁法

C. 联合架桥机架梁法　　D. 摆动式支架架梁法

2. 不适宜在桥孔下有水,地基过于松软,桥墩过高的情况下使用的架梁法是(　　)。

A. 自行式吊机架梁法　　B. 移动式支架架梁法

C. 跨墩或墩侧龙门架架梁法　　D. 摆动式支架架梁法

3. 当河流有适当的水深时可用(　　)来架梁。

A. 陆地架梁法　　B. 浮运架梁法　　C. 高空架梁法

4. 不受架设孔墩、台高度和桥孔下地基、河流水文等条件影响的架梁方法是(　　)。

A. 自行式吊车桥上架梁法　　B. 扒杆纵向"钓鱼"架梁法

C. 双导梁穿行式架梁法　　D. 联合架桥机架梁法

**判断题**

1. 采用浮运架梁法时水深不宜大于 2m。(　　)

2. 场内运输和场外运输采用的运输设备是一样的。(　　)

3. 构件移运时起吊的位置为吊环或吊孔的位置。(　　)

**问答题**

1. 陆地架梁法采用哪几种方法架梁?简述其架设过程及特点。

2. 浮吊架设法采用哪几种方法架梁?简述其架设过程及特点。

3. 高空架设法采用哪几种方法架梁?简述其架设过程及特点。

# 单元六　预应力混凝土桥施工

预应力混凝土梁桥和钢筋混凝土梁桥的施工方法基本相同，所不同的是需要在梁正常使用前给梁体施加预压应力，而预压应力是依靠张拉预应力钢筋来实现的。本单元仅介绍装配式预应力混凝土桥的施工和悬臂施工法。

## 课题一　装配式预应力混凝土桥的施工

装配式预应力混凝土桥的施工也要经过制作、起吊、运输和安装四个过程。后三个过程与单元五的钢筋混凝土梁桥完全相同，所不同的就是梁体预制时，需要加入预应力筋的施工内容。本课题就预应力筋的加工、张拉所需要的机具和预应力的施加方法进行重点介绍。

### 模块一　预应力筋的加工及安置

**知识点：**

◎预应力筋的下料长度；

◎高强钢丝和钢绞线的成束。

**技能点：**

◎确定预应力钢筋的下料长度；

◎会编束；

◎会设置后张法预应力筋的位置。

**【任务引入】**

预应力混凝土梁桥在预制时，首先要进行钢筋骨架的拼装。而钢筋骨架的形成则要通过普通钢筋加工和预应力筋的加工、编束、安装等过程。

由于前面章节中已经介绍过普通钢筋的加工等内容，所以本模块只是以预应力筋的内容为主。

**【任务分析】**

1. 预应力筋下料长度的确定；

2. 高强钢丝和钢绞线的成束；

3. 后张法预应力筋位置的设置。

**【任务实施】**

#### 一、预应力筋的下料长度

1. 先张法用预应力钢筋

直径大于12mm的预应力钢筋的加工工作有下料、焊接、冷拉、时效及端头镦粗或轧丝等。

钢筋下料时，应按钢筋的计算长度、工作长度和原材料的试验数据确定下料长度，做到合理配料，尽量减少接头数目。

钢筋的下料长度可选用下式计算：

$$L = \frac{l}{1 + \delta_1 - \delta_2} + nb + L_0 \tag{6-1-1}$$

式中：$L$——下料长度；

$l$——计算长度；

$\delta_1$——冷拉伸长率，一般为 2% ~4%；

$\delta_2$——弹性回缩率，一般为 0.45%；

$n$——接头数目；

$b$——焊接接头预留量，每个接头的预留量与钢筋的直径有关，一般选用 25 ~35mm；

$L_0$——工作长度，先张法时的工作长度根据台座情况定，采用轧丝锚具时取 0.15m，两端张拉时取 0.2m。

采用先张法预制构件时，若是在长线台座上同时生产几片梁（板），下料长度应包括梁与梁间连接器的长度。

**【知识链接一】**

1. 几个概念

钢筋计算长度：施工图纸上标明的长度。

钢筋工作长度：张拉设备所需要的钢筋长度。

2. 焊接

目前生产的粗钢筋的长度，最长有 12m，施工时常需要接长使用。

3. 冷拉

钢筋焊接接长后，冷却至正常温度后即可进行冷拉。

冷拉钢筋的目的是为了提高钢筋的屈服强度。冷拉时最好采用双控，即同时控制钢筋的应力和伸长率，一般是以应力控制为主，伸长率控制为辅。

4. 时效

冷拉后的钢筋，屈服强度提高，但脆性也相应地增加了。因此钢筋冷拉后将钢筋置于一定的温度下经过一段时间，使钢筋逐渐硬化，从而使钢筋的强度有所提高，并且使钢筋的弹性模量得到恢复，这就是所谓的时效处理。一般情况下，时效是个缓慢的过程，主要是和温度有关。有条件时可将冷拉后的钢筋在 1 000℃的恒温下搁置 2h 左右，此即为人工时效；否则可采用自然时效，即在自然温度为 20 ~30℃时，钢筋至少应放置 24h。

5. 钢筋端头的镦粗或轧丝

此项工作可在钢筋冷拉前进行，亦可在其冷拉后加工，可采用镦粗机或轧丝机加工。

2. 后张法用预应力钢筋

后张法用预应力钢筋的下料长度可按下式计算：

下料长度 = 孔道净长（计算长度）+ 构件两端的预留长度（工作长度）　　(6-1-2)

## 二、高强钢丝和钢绞线的成束

成束时要保持钢丝一端齐平再向另一端进行。首先用梳丝板（图 6-1-1）将其理顺，然后每隔 1.0 ~1.5m 衬以长 3 ~4cm 的螺旋衬圈或短钢管，并在衬圈处用铁丝缠绕 20 ~30 道。绑扎的铁丝扣应弯入钢丝束内，以免影响穿束。绑束完成后，应按设计编号挂牌堆放，以免错乱。

搬运钢束时,支点间的跨度不得大于3m,两端悬空的不得大于1m。

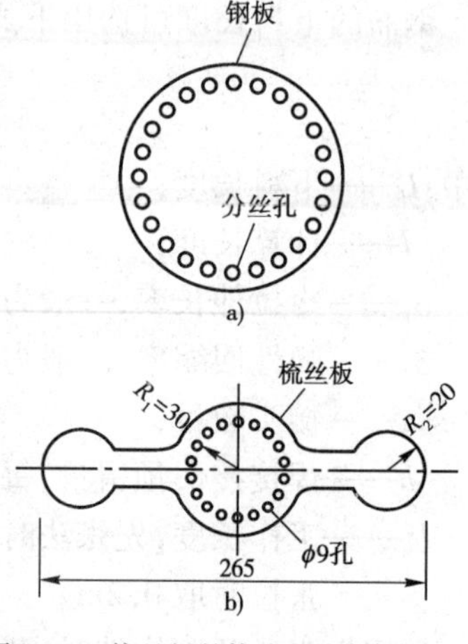

图 6-1-1 梳丝板的构造(尺寸单位:mm)

## 三、后张法预应力筋位置的设置

在后张法预应力混凝土结构中,力筋的孔道宜由浇筑在混凝土中的刚性或半刚性管道构成。对于一般工程,也可采取钢管抽芯、胶管抽芯及金属伸缩套管抽芯等方法预留。

刚性和半刚性管道为预埋式的制孔器;钢管抽芯、胶管抽芯及金属伸缩套管抽芯等为抽拔式制孔器。

力筋孔道的内横截面面积至少应是预应力筋净截面面积2.0 ~2.5倍。对于超长钢束的管道,亦应通过试验来确定其面积比。

常见的预埋式制孔器是钢管和波纹状的金属螺旋管。这种制孔器是按筋束的设计位置固定在钢筋骨架中,混凝土浇筑后,即可形成预应力筋的孔道。金属螺旋管是后张法施工中使用最广泛的制孔器,这是因为它具有局部抗压强度大、内壁摩阻力小、与混凝土的联结性能好、易弯曲等优点。它的缺陷是需要比钢管更密的定位钢筋,以及电焊时要严加防范,以免发生管道线形变样和管道漏浆等。金属螺旋管见图 6-1-2。

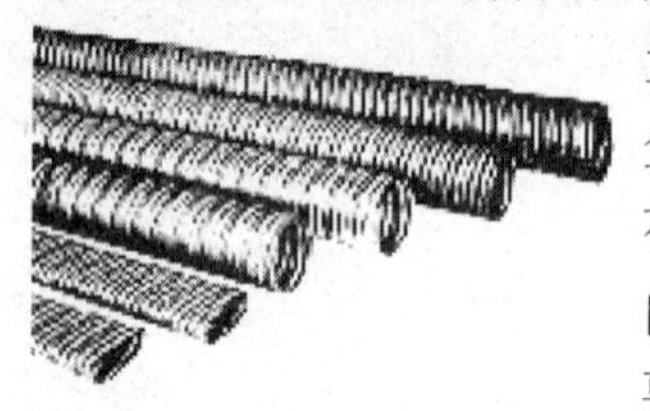
图 6-1-2 金属螺旋管实物图

【知识链接二】

刚性管道一般是指内壁平滑的钢管,其壁厚不得小于2mm;半刚性管道是波纹状的金属螺旋管,制作此金属螺旋管的钢带厚度不得小于0.3 mm。为提高管道的防腐性能,金属管道应尽量采用镀锌材料。

常用的抽拔式制孔器是橡胶管,管内插入一根比橡胶管内径小8 ~10mm 的钢筋,即芯棒。橡胶管是按设计位置固定在钢筋骨架中,等混凝土抗压强度达到0.4 ~0.8MPa 时,先将芯棒抽出再拔出橡胶管,从而形成孔道。制孔器的抽拔时间与预制时的气温有关,必须严格掌握,否则将会出现塌孔或拔不出的情况。抽拔时间可按100h 除以预制场温度来估算。

## 能 力 考 核

### 选择题

1. 预应力粗钢筋下料长度的确定需要考虑(　　)。

A. 施工图纸上标明的钢筋长度　　B. 张拉机具的类型

C. 张拉台座的长度　　D. 钢筋的接头预留量及数目

2. 预应力钢筋不需要接长的有(　　)。

A. 高强钢丝　　B. 钢绞线

C. 热轧钢筋　　D. 精轧螺纹钢筋

3. 冷拉可以提高钢筋的(　　)。

A. 弹性性能　　B. 弹性模量　　C. 屈服强度　　D. 极限强度

4. 编束时用梳丝板理顺后,每隔(　　)缠绕铁丝多道。

A. 0.5 ~1.0m　　B. 1.0 ~1.5m　　C. 1.5 ~2.0m　　D. 2.0 ~2.5m

5. 搬运钢束时,支点间的距离不应超过(　　)m。

A. 1.0　　B. 2.0　　C. 3.0　　D. 4.0

6. 力筋孔道的内横截面面积与预应力筋净截面面积比值应(　　)2.0 ~ 2.5。

A. 小于　　B. 等于　　C. 大于　　D. 大于或等于

**判断题**

1. 预应力钢筋下料长度的计算只要考虑台座的长度即可。(　　)
2. 预应力钢筋都需要在张拉前进行冷拉。(　　)
3. 高强钢丝和钢绞线在张拉前不需要进行冷拉。(　　)
4. 双控时,以应力控制为主,拉伸率控制为辅。(　　)
5. 混凝土一结硬就可以抽拔橡胶管道。(　　)
6. 所有的钢管管道都是刚性的。(　　)

**问答题**

1. 预应力钢筋的下料长度如何确定?
2. 高强钢丝如何成束?
3. 后张法预应力筋的孔道如何形成?
4. 抽拔式制孔器有哪些? 用橡胶管如何形成孔道?
5. 常用的预埋式制孔器有哪些类型? 金属螺旋管有哪些优缺点?

## 模块二　锚具及张拉设备

**知识点:**

◎预应力张拉锚固设备;

◎张拉用液压千斤顶。

**【任务引入】**

预应力锚具是预应力工程中的核心配件,一般构件制成后能够重复使用的称为夹具;永远锚固在构件上,与构件联成一体共同受力,不再取下的称为锚具。夹具多用于先张法构件,锚具多用于后张法构件。

各种锚具都必须配置相应的张拉设备,才能顺利的进行张拉、锚固,这就要用到液压千斤顶设备。

**【任务分析】**

1. 锚具的分类;
2. 锚具的检验;
3. 液压千斤顶的类型。

**【任务实施】**

### 一、锚具的分类

锚具按其传力锚固的受力原理,可分为:

1. 依靠摩阻力锚固的锚具

如楔形锚、锥形锚和用于锚固钢绞线的 JM 锚具等。都是借助张拉而来的回缩或千斤顶顶压，带动锥销或夹片将筋束楔紧于锥孔中而锚固的。

2. 依靠承压锚固的锚具

如镦头锚、钢筋螺纹锚等。利用钢丝的镦粗头或钢筋螺纹承压进行锚固的。

3. 依靠黏结力锚固的锚具

如先张法的筋束锚固，以及后张法固定端的钢绞线压花锚具等，都是利用筋束与混凝土之间的黏结力进行锚固的。

## 二、目前桥梁施工中几种常用的锚具

1. 锥形锚

锥形锚（又称弗式锚）是用于锚固 $\phi$5mm 钢丝束的锚具。它由锚圈和锚塞（又称锥销）两个部分组成，如图6-1-3所示。多用于张拉吨位较小的预应力结构中。

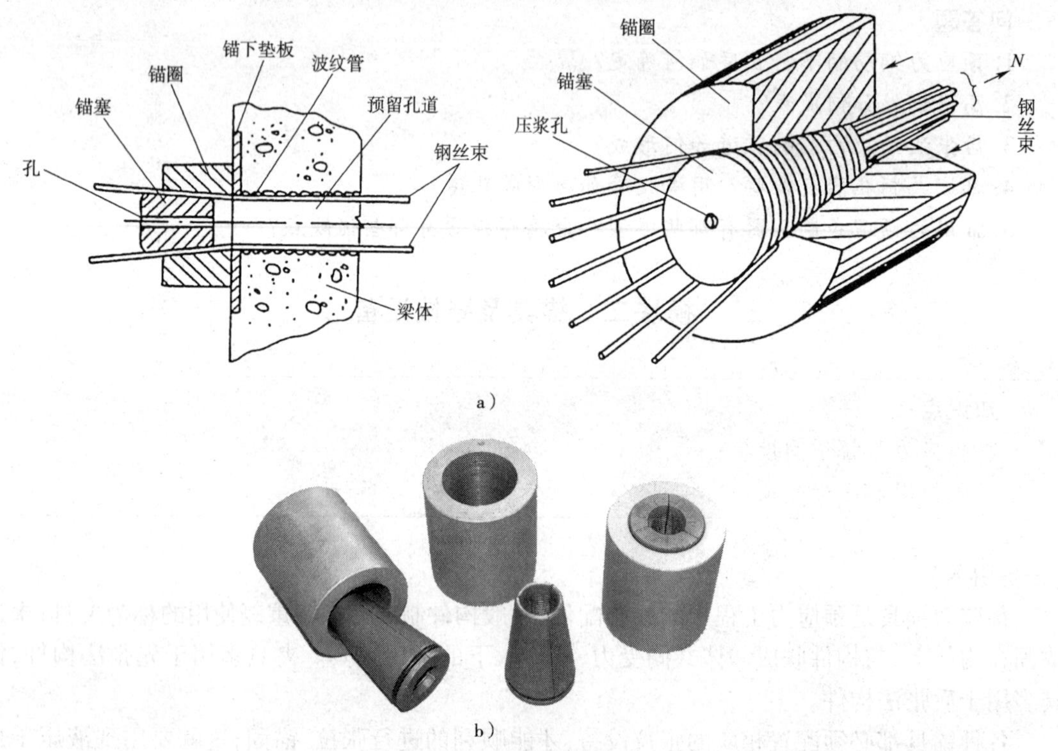


图6-1-3 锥形锚

a）锥形锚构造图；b）锥形锚实物照片

目前桥梁中常用的锥形锚，有用来锚固18根 $\phi$5mm 钢丝束和锚固24根 $\phi$5mm 钢丝束的两种锚具。

2. 镦头锚

镦头锚主要用于锚固钢丝束，也可锚固直径在14mm以下的钢筋束。它是利用钢丝或热轧粗钢筋两端的镦粗来锚固预应力钢筋（图6-1-4）。

目前有锚固12～133根 $\phi$5mm 和12～84根 $\phi$7mm 两种锚具系列。

3. 钢筋螺纹端杆锚具

当采用高强粗钢筋作为预应力筋束时，可采用螺纹端杆锚具固定，即利用粗钢筋两端的螺纹，在钢筋张拉后直接拧上螺帽进行锚固（图6-1-5）。

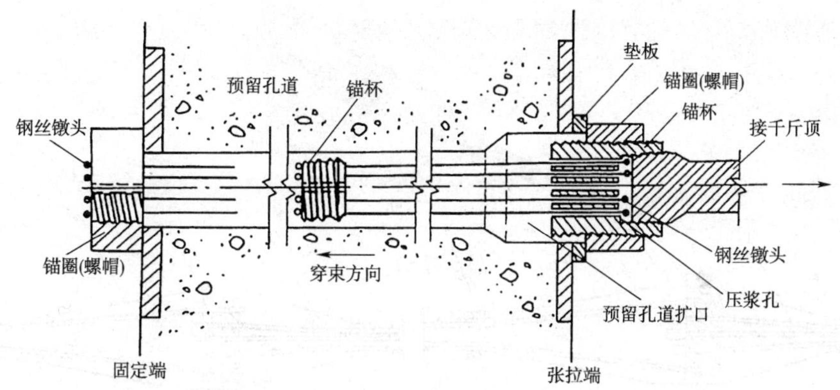


图6-1-4　镦头锚示意图

4. 夹片锚具

夹片锚具主要作为锚固钢绞线筋束之用。有单夹片锚具和多孔夹片锚具之分。目前有JM锚、XM锚、QM锚、YM锚及OVM锚具系列。图6-1-6所示为YM-15锚具。

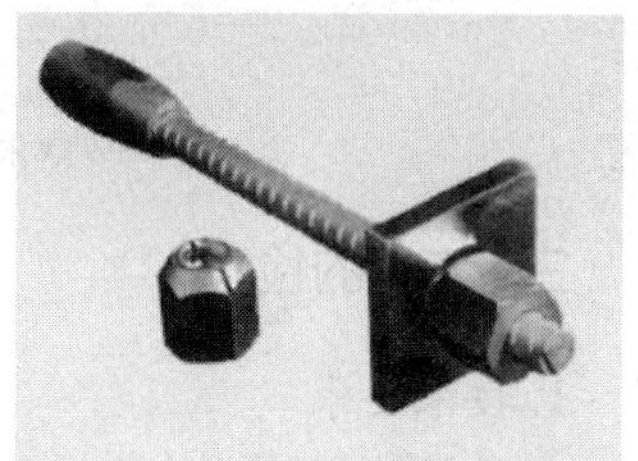

图6-1-5　钢筋螺纹锚具实物照片

5. 扁锚

这是20世纪80年代开发的一种新型夹片式锚具(图6-1-7),因其外形是扁形的,故称为扁锚。

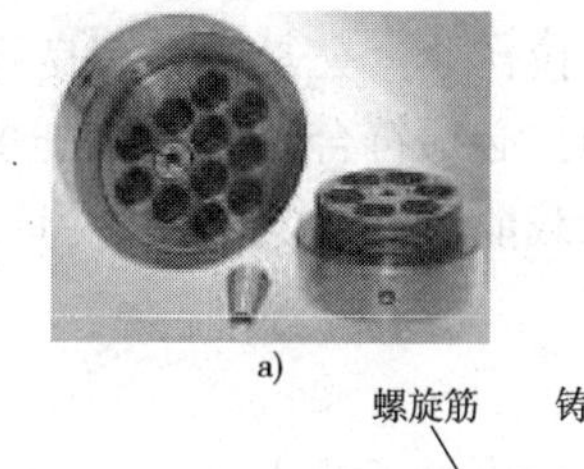

a)

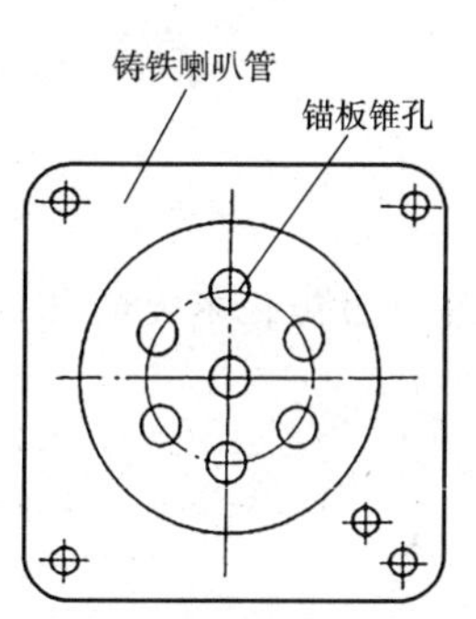


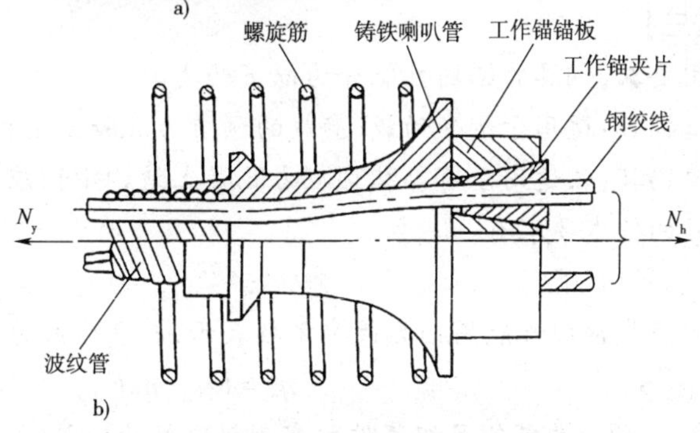


b)

图6-1-6　夹片锚具

a)夹片锚具实物照片;b)夹片锚具示意图

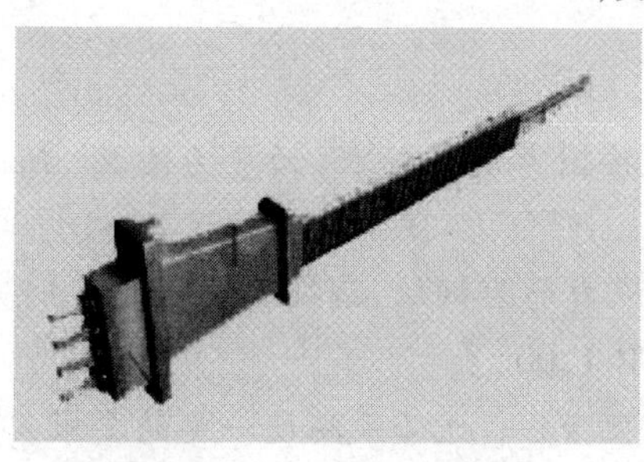

图6-1-7　扁锚实物照片

6. 连接器(图6-1-8)

这是将两段预应力索连接成整体的机具。连接器的用途有:

(1)将特别长的预应力索在弯矩较小的部位断开,变成多个短索,逐段张拉,逐段连接,使预应力索连成一体。

(2)将分段搭接的短索连成长索,梁上不必设置凸出或凹入的齿板、齿槽,也不用对结构局部加厚。

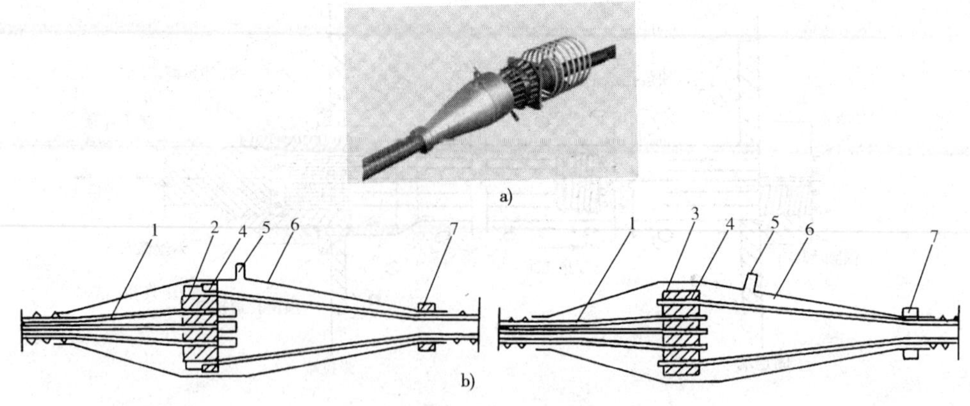


图6-1-8 连接器

a)连接器实物照片;b)中间连接式连接器

1-钢绞线束;2-镦头锚具;3-夹片;4-连接体;5-灌浆口;6-护罩;7-钢环

## 三、锚具的检验

1.技术要求

锚具是建立预应力和保证结构安全的关键,因此,既要求锚具的尺寸和形状准确,又要求锚具具有足够的承载能力和良好的使用性能,还要具有可靠的锚固性能,从而能充分发挥预应力筋的强度,安全地实现预应力张拉作业。夹具应具有良好的自锚性能、松锚性能和重复使用性能;对于连接器,当用于后张法时,必须符合锚具的性能要求,用于先张法时,必须符合夹具的性能要求;锚固性能不可靠或承载能力不够的锚具、夹具和连接器不得用于预应力混凝土构件施工中。

**【知识链接三】**

按使用要求,锚具的锚固性能分为以下两类。

①Ⅰ类锚具:适用于承受动载、静载的预应力混凝土结构;

②Ⅱ类锚具:仅适用于有黏结预应力混凝土结构中预应力筋应力变化不大的部位。

对锚具的技术要求有:

1.静载锚固性能

锚具的静载锚固性能用锚具效率系数表示,其表达式为:

$$\eta_a = F_{aP\mu}/\eta_P F_{aP\mu}^c \tag{6-1-3}$$

式中:$F_{aP\mu}$——预应力筋锚具组装件的实测极限拉力(kN);

$F_{aP\mu}^c$——预应力筋锚具组装件中各根预应力钢材计算极限拉力之和(kN);

$\eta_P$——预应力筋的效率系数。

预应力筋效率系数 $\eta_P$ 按下列规定取用:

(1)对于重要的预应力混凝土结构工程使用的锚具,应按国家现行标准《预应力锚具、夹具和连接器应用技术规定》计算确定;

(2)对于一般预应力混凝土结构工程使用的锚具,当预应力筋为钢丝、钢绞线或热处理钢筋时,$\eta_P$ 取0.97;当预应力筋为冷拉Ⅱ、Ⅲ、Ⅳ级钢筋时,$\eta_P$ 取1.00。

为了保证预应力筋在破坏时锚具有足够的延伸性,总应变 $\varepsilon_{aP\mu,tot}$ 也必须满足一定的要求,因此Ⅰ、Ⅱ类锚具的静载锚固性能应由预应力锚固组装件静载试验测定的锚具效率系数和达到实测极限拉力时的总应变 $\varepsilon_{aP\mu,tot}$ 确定，其值应符合表 6-1-1 规定。

**锚具效率系数和总应变指标** 表 6-1-1

| 锚具类型 | 锚具效率系数 | 实测极限拉力的总应变 $\varepsilon_{aP\mu,tot}$ | 锚具类型 | 锚具效率系数 | 实测极限拉力的总应变 $\varepsilon_{aP\mu,tot}$ |
|---|---|---|---|---|---|
| Ⅰ | ≥0.95 | ≥2.0 | Ⅱ | ≥0.90 | ≥1.7 |

2. 动载锚固性能

(1)疲劳荷载性能

Ⅰ类锚具组装件必须能经受循环次数为 200 万次的疲劳性能试验。当预应力筋为钢丝、钢绞线或热处理钢筋时，试验应力上限为预应力筋强度标准值的 65%，应力幅度为 80%。

(2)周期荷载性能

用于抗震结构的锚具，尚应能承受 50 次循环的周期荷载试验。当预应力筋为钢丝、钢绞线或热处理钢筋时，试验应力上限为预应力筋强度标准值的 100%，下限为 40%。

3. 其他要求

(1)锚具应满足分级张拉及张拉工艺要求，同时宜具有能放松预应力筋的性能。

(2)锚具或其附件上宜设置灌浆孔道，灌浆孔道应使浆液有通畅的截面面积。

(3)用于后张法的预应力筋连接口，必须符合Ⅰ类锚具锚固性的要求。

(4)夹具的静载锚固性能应符合表 6-1-1 中Ⅰ类锚具的效率系数和锚固性的要求。

2. 锚具质量检验

预应力筋锚具、夹具和连接器，除应按出厂合格证和质量证明书核查其锚固性能类别、型号、规格及数量外，还应按下列规定进行验收。在同种材料和同一生产条件下，锚具、夹具应以不超过 1 000 套组为一个验收批；连接器应以不超过 500 套组为一个验收批。

(1)外观检查：从每批中抽取 10% 但不少于 10 套的锚具，检查其外观和尺寸，当有一套表面有裂纹或超过产品标准及设计图纸规定尺寸的允许偏差时，应另取双倍数量的锚具重做检查，如仍有一套不符合要求，则不得使用或逐套检查合格者方可使用。

(2)硬度检查：从每批中抽取 5% 但不少于 5 套的锚具，对其中有硬度要求的零件做硬度试验(多孔夹片式锚具的夹片，每套至少抽 5 片)。每个零件测试 3 点，其硬度应在设计要求范围内。如有一个零件不合格时应另取双倍数量的零件重做试验，如仍有一个零件不合格，则不得使用或逐个检查，合格者方可使用。

(3)静载锚固性试验：在外观和硬度检查合格后，应从同批中抽 6 套锚具(夹具或连接器)与预应力筋组成 3 个预应力筋锚具(夹具、连接器)的组装件。试验时，先用张拉设备分四级张拉至预应力筋标准强度的 80% 并进行锚固(对支承式锚具)，也可直接用试验设备加荷，然后持荷 1h，再用试验设备逐级加荷至破坏。当有一套试件不符合表 6-1-1 的要求，应加取双倍数量的锚具(夹具、连接器)重做试验，如仍有一套不合格，则该批锚具(夹具、连接器)为不合格产品。

## 四、液压千斤顶

预应力张拉机由预应力用液压千斤顶和供油的高压油泵组成。液压千斤顶常用的有：拉杆式千斤顶、台座式千斤顶、穿心式千斤顶和锥锚式千斤顶四类。选用千斤顶型号与吨位时，应根据预应力筋的张拉力和所用的锚具形式来确定。

1. 液压千斤顶的分类

预应力用液压千斤顶的机型分类和代号见表6-1-2。

液压千斤顶分类和代号　　表6-1-2

| 机型 | 拉杆式 | 穿心式 | | | 锥锚式 | 台座式 |
|---|---|---|---|---|---|---|
| | | 双作用 | 单作用 | 拉杆式 | | |
| 代号 | YDL | YDCS | YDC | YDCL | YDZ | YDT |

2. 几种常用液压千斤顶

(1)拉杆式千斤顶

拉杆式千斤顶是一种单作用千斤顶，由缸体、活塞杆、撑脚和连接头组成，常用型号为YDL600—150(图6-1-9)，额定油压为40MPa。适用于张拉带螺杆锚具的粗钢筋或带镦头锚具的钢丝束。

(2)穿心式千斤顶

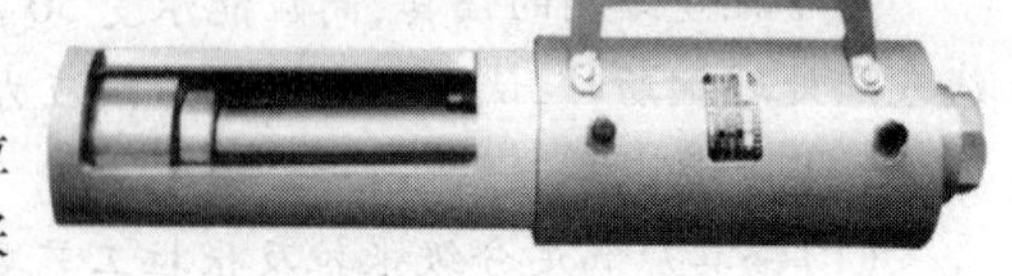

图6-1-9　拉杆式千斤顶实物照片

穿心式千斤顶由张拉油缸、液压油缸(即张拉活塞)、顶压活塞、回程弹簧等组成，见图6-1-10。张拉前，首先将预应力筋穿过千斤顶固定在千斤顶尾部的工具锚上。这种千斤顶的使用性强，适用于张拉带夹片锚具的钢筋束或钢绞线束；配上撑脚、拉杆等也可作为拉杆式千斤顶使用。

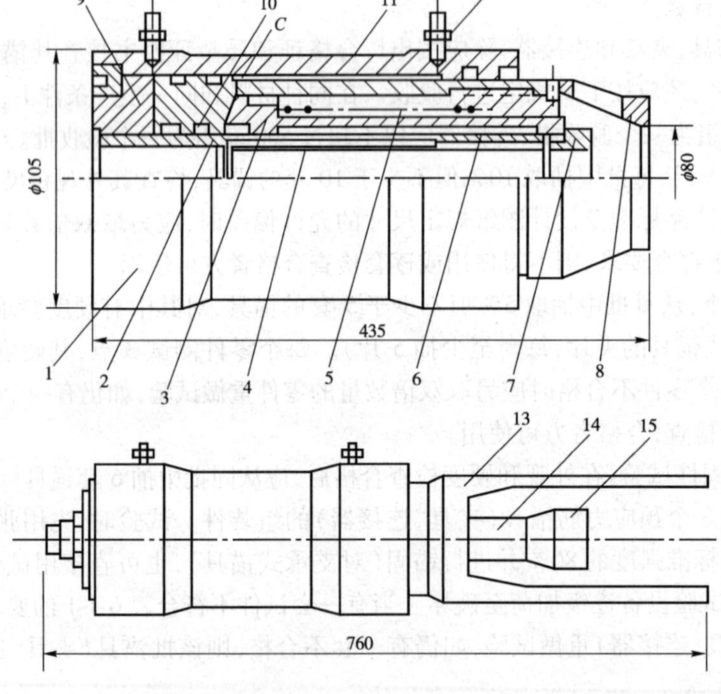


图6-1-10　YDCS650-200型穿心式千斤顶构造图(尺寸单位：mm)

1-大缸缸体；2-穿心套；3-顶压活塞；4-护套；5-回程弹簧；6-连接套；7-顶压套；8-撑套；9-堵头；10-密封圈；11-二缸缸体；12-油嘴；13-撑脚；14-拉杆；15-连接套筒

(3)锥锚式千斤顶

锥锚式千斤顶是一种具有张拉、顶压与退楔三作用的千斤顶，由主缸、副缸、退楔块、锥形卡环、退楔翼片、楔块等组成，见图6-1-11。常用型号为YDZ850—250，公称张拉力为850kN，张拉行程为250mm,顶压行程为60mm,顶压力为415kN,额定油压为51.5MPa。这种千斤顶专门用于张拉带锥形锚具的钢丝束。

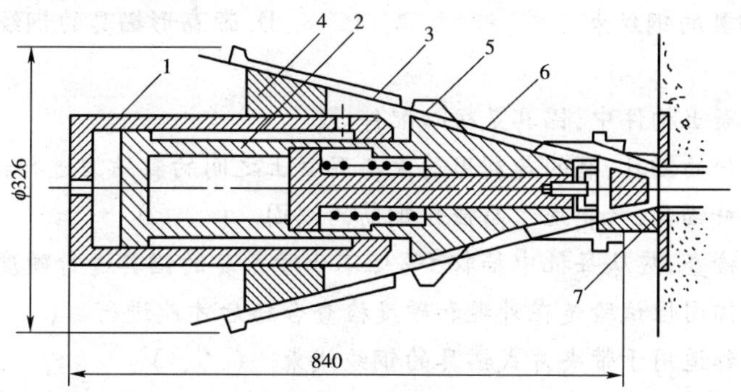


图 6-1-11 YDZ850—250 型千斤顶构造图(尺寸单位:mm)

1-主缸;2-副缸;3-楔块;4-锥形卡环;5-退楔翼片;6-钢丝;7-锥形锚头

3. 液压千斤顶的校验

采用千斤顶张拉预应力筋时,预应力筋的张拉力由高压油泵上的压力表读数反映。压力表的读数表示千斤顶油缸活塞单位面积上的油压力,理论上等于张拉力除以活塞面积。但是由于活塞与油缸之间存在摩擦力,使得实际张拉力比理论计算的张拉力要小。为了准确地获得实际张拉力值,可直接测定千斤顶的实际张拉力与压力表读数之间的关系,绘出张拉力 $N$ 与压力表读数 $P$ 的关系曲线,供施工时使用。

千斤顶要和工程中使用的油压表、油管一起进行配套标定。标定应在下列情况下进行:

(1)新千斤顶初次使用前;

(2)压力表受到碰撞或出现失灵现象,油压表指针不能退回零点;

(3)千斤顶、油压表和油管进行更换或维修后;

(4)张拉 100 ~200 次或连续张拉 1 ~2 个月后;

(5)停放三个月不用后,重新使用前;

(6)张拉过程中,预应力筋突然发生成束破断。

## 能力考核

**选择题**

1. 锚具按传力锚固的受力原理,可分为(    )种。

A. 2　　B. 3　　C. 4　　D. 5

2. 锥形锚具是用于(    )钢丝束的锚固。

A. φ5mm　　B. φ5.5mm　　C. φ6mm　　D. φ6.5mm

3. 镦头锚主要用于锚固钢丝束,也可锚固直径在(    )mm 以下的钢筋束。

A. 10　　B. 12　　C. 14　　D. 16

4. 用于钢绞线束的锚具是(    )。

A. 弗式锚　　B. 镦头锚　　C. 钢筋螺纹端杆锚　　D. 夹片锚

5. 锚具在进行外观检查时,应从每批中抽取 10%,但不少于(    )套的锚具。

A. 5　　B. 10　　C. 15　　D. 20

6. 硬度检查时,每个零件应测试(    )点。

A. 2　　B. 3　　C. 4　　D. 5

7. 拉杆式千斤顶,适用于张拉(　　)。

A. 带螺杆锚具的粗钢筋　　B. 带镦头锚具的钢丝束

C. 带锥形锚具的钢丝束　　D. 带扁形锚具的钢绞线束

**判断题**

1. 在预应力混凝土构件中,锚具是核心配件。(　　)
2. 先张法中所用的锚具,有的是利用筋束与混凝土之间的黏结力进行锚固的。(　　)
3. 钢筋螺纹端杆锚具,只能用于高强粗钢筋的锚固。(　　)
4. 锚具的硬度检查,应从每批中抽取5%但不少于5套的锚具进行硬度试验。(　　)
5. 锚具的静载锚固性试验是在外观和硬度检查合格后才能进行。(　　)
6. 任何千斤顶都适用于带夹片式锚具的钢绞线束。(　　)
7. 千斤顶经过标定后,只要没有使用过,停放多久都可重新使用。(　　)

**问答题**

1. 什么是夹具? 什么是锚具?
2. 什么是连接器? 它有何作用?
3. 锚具在进行各项质量检验时,若有一套不符合要求,应如何处理?
4. 预应力张拉机由哪些部分组成? 常用的液压千斤顶有哪些类型?
5. 千斤顶应在什么情况下标定?

## 模块三　先张法施加预应力

**知识点:**

◎先张法的概念;

◎张拉力的确定;

◎预应力筋伸长值的计算。

**技能点:**

◎准备工作;

◎张拉施工工艺;

◎预应力筋的放松。

**【任务引入】**

先张法板梁是在浇筑混凝土之前先进行预应力筋的张拉,并将其临时固定在张拉台座上,然后进行模板的安装、钢筋骨架成型、混凝土浇筑、养生及拆模等工序。待混凝土的强度达到其强度设计值的75%时,再逐渐将预应力筋放松,力筋回缩,通过力筋与混凝土之间的黏结作用,使构件获得预应力。

**【任务分析】**

1. 准备工作;
2. 预应力的施加工艺;
3. 预应力筋的放张。

【任务实施】

## 一、准备工作

1. 张拉台座

先张法板梁是在张拉台座上进行制作的。张拉台座可分为墩式台座和槽式台座两种。

(1)墩式台座(图6-1-12)

墩式台座是由台面、承力架、横梁和定位钢板等组成。它是靠自重力和土压力来平衡张拉力所产生的倾覆力矩，并靠土壤的反力和摩擦力来抵抗水平位移。

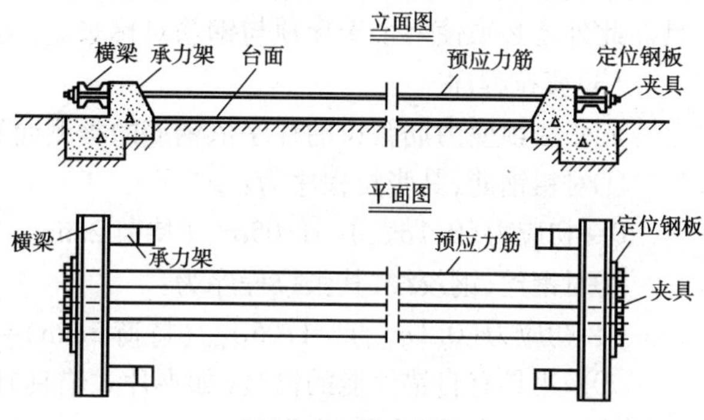

图6-1-12 墩式台座

台面是制梁的底模，有整体式混凝土台面和装配式混凝土台面两种。承力架要承受全部的张拉力，所以要有足够的承载能力和稳定性。横梁是将预应力筋张拉力传给承力架的构件，为保证其承载力，常用型钢制成；设计时，要根据横梁的跨径、张拉力的大小确定其截面尺寸，并保证其刚度和稳定性。定位钢板是用来固定预应力筋的位置，采用上面打孔的钢板制成，钢板的厚度应保证承受张拉力后具有足够的刚度。定位钢板上孔的位置按预应力筋的位置确定，为便于穿筋，孔径比钢筋的直径大2~5mm。

(2)槽式台座(图6-1-13)

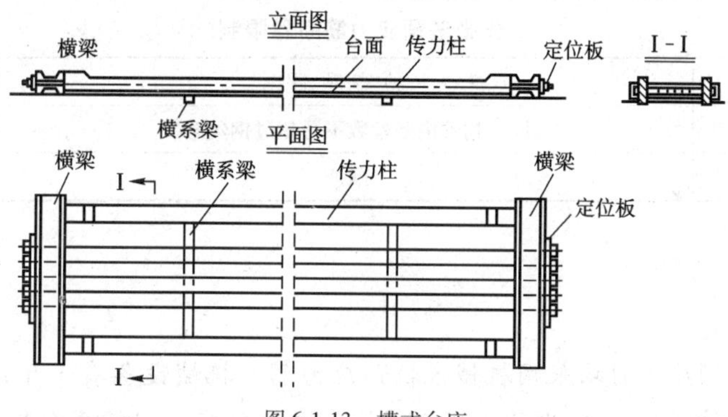

图6-1-13 槽式台座

由台面、传力柱、横梁、横系梁、定位钢板等组成。它适用于现场地质条件差，台座又不是很长时的情况。传力柱和横系梁是由钢筋混凝土制成的，其他与墩式台座相同。

2. 安装定位板、预应力筋及检查

预应力筋张拉前，应先安装定位钢板，检查定位钢板的钻孔位置和孔径大小是否符合设计要求，然后将定位钢板固定在横梁上，再安装预应力筋。

对于长线台座，预应力筋需要先用连接器串联。

## 二、张拉工艺

钢筋数量、位置和张拉设备经过检查后，才可进行张拉。

先张法梁通常采用一端张拉，另一端在张拉前要设置好固定装置或安放好预应力筋的放松装置。当然也有采用两端张拉的方法。

(1)单根张拉设备比较简单，吨位低，但张拉速度慢。张拉的顺序应按不使台座承受过大偏心力而定。

(2)多根同时张拉一般需有两个大吨位拉伸机,张拉速度快。数根钢筋张拉时,必须注意使它们的初始长度一致,张拉后每根(束)钢筋的应力均匀。为此可在钢筋的一端选用螺丝端杆锚具,另一端选用镦粗夹具与拉伸机连接,这样可以利用螺丝端杆的螺帽调整各根钢筋的初始长度。如果钢筋直径较小,在保证每根钢筋下料长度精确的情况下,两端都可采用镦粗夹具。此外还必须使两个千斤顶与钢筋对称布置,两个千斤顶油路串通,同步进行工作。

(3)张拉程序

先张法预应力筋张拉的程序依钢筋的类型而异。可参照下列规定进行:

①对粗钢筋,其张拉程序为:

0→初应力($0.1\sigma_{con}$)→$1.05\sigma_{con}$(持荷2min)→$0.9\sigma_{con}$→$\sigma_{con}$(锚固)

②对钢丝、钢绞线,其张拉程序为:

0→初应力($0.1\sigma_{con}$)→$1.05\sigma_{con}$(持荷2min)→0→$\sigma_{con}$(锚固)

③采用具有自锚性能的锚具(如夹片式锚具)时:

普通松弛力筋:0→初应力($0.1\sigma_{con}$)→$1.03\sigma_{con}$(锚固)

低松弛力筋:0→初应力($0.1\sigma_{con}$)→$\sigma_{con}$(持荷2min锚固)

为了减少预应力筋的应力松弛损失,通常采用超张拉方法。以上张拉程序中应力由$1.05\sigma_{con}$退至$0.9\sigma_{con}$,主要是为了设置预埋件、绑扎钢筋等工作的安全。$\sigma_{con}$为张拉时的控制应力,包括预应力损失值。

张拉时,预应力筋的断丝数量不得超过表6-1-3的规定。

**先张法预应力筋断丝限制** 表6-1-3

| 类　别 | 检查项目 | 控　制　数 |
|---|---|---|
| 钢丝、钢绞线 | 同一构件内断丝数不得超过钢丝总数 | 1% |
| 钢筋 | 断筋 | 不容许 |

**【知识链接四】**

1. 张拉力的确定

预制梁内施加预应力时均采用机械张拉预应力筋。机械设备有千斤顶、油泵、高压油泵、油压表等。千斤顶的张拉力$N$,理论上可以将油泵表读数$C$乘以活塞面积$A$,即$N=CA$。但实际上油缸与活塞间有摩阻力存在,因此千斤顶和油压表在使用前必须通过标准压力计进行校验,求得千斤顶的校正系数$K_1$和油压表校正系数$K_2$。千斤顶的实际拉力值$P$:

$$P=\frac{cA}{K_1K_2} \tag{6-1-4}$$

式中的$P$应由张拉控制应力$\sigma_{con}$推算,$P=\sigma_{con}A_P$;$A_P$为需张拉的预应力筋的面积。

2. 几点说明

在预应力混凝土结构中,预应力筋的张拉应力控制,直接影响到预应力的效果。在具体的施工操作时,建立准确的、符合设计要求的有效预应力值是最重要的。预应力值过大,超过设计值过多,虽然结构的抗裂性能好,但因抗裂度过高,预应力筋在承受使用荷载时经常处于过高的应力状态,与结构出现裂缝时的荷载很接近,往往在破坏前没有明显的预兆,将严重危及结构的使用安全;另外,预应力过大还会导致结构的反挠度过大或预拉区出现裂缝,同样对结构不利。预应力值过小,或张拉阶段预应力损失过大,则结构可能过早出现裂缝,同样也不安全。

3. 张拉应力控制

(1)预应力筋的张拉控制应力应符合设计要求。当施工中预应力筋需要超张拉或计入锚圈口预应力损失时,可比设计要求提高5%,但在任何情况下不得超过设计规定的最大张拉控制应力。

(2)预应力筋采用应力控制方法张拉时,应以伸长值进行校核,实际伸长值与理论伸长值的差值应符合设计要求,设计无规定时,实际伸长值与理论伸长值的差值应控制在6%以内,否则,应暂停张拉,待查明原因并采取措施予以调整后,方可继续张拉。

(3)预应力筋的理论伸长值$\Delta L$(mm)可按下式计算:

$$\Delta L=\frac{P_{P}L}{A_{P}E_{P}} \tag{6-1-5}$$

式中:$L$——预应力筋的长度(mm);

$A_P$——预应力筋的截面面积($mm^2$);

$E_P$——预应力筋的弹性模量($N/mm^2$);

$P_P$——预应力筋的平均张拉力(N),直线筋取张拉端的拉力,两端张拉的曲线筋,按下式计算:

$$P_{P}=\{P[1-e^{-(kx+\mu\theta)}]\}/(kx+\mu\theta) \tag{6-1-6}$$

式中:$P$——预应力筋张拉端的张拉力;

$x$——从张拉端至计算截面的孔道长度(m);

$\theta$——从张拉端至计算截面曲线孔道部分切线的夹角之和(rad);

$k$——孔道每米局部偏差对摩擦的影响系数,见表6-1-4;

$\mu$——预应力筋与孔道壁的摩擦系数,见表6-1-4。

**系数$k$及$\mu$值表** 表6-1-4

| 孔道成型方式 | $k$ | $\mu$值 | | |
|---|---|---|---|---|
| | | 钢丝束、钢绞线、光面钢筋 | 带肋钢筋 | 精轧螺纹钢筋 |
| 预埋铁皮管道 | 0.003 | 0.35 | 0.40 | — |
| 抽芯成型孔道 | 0.001 5 | 0.55 | 0.60 | — |
| 预埋金属螺旋管道 | 0.001 5 | 0.20~0.25 | — | 0.50 |

(4)预应力筋张拉的实际伸长值$\Delta L$(mm)可按下式计算:

$$\Delta L=\Delta L_{1}+\Delta L_{2} \tag{6-1-7}$$

式中:$\Delta L_1$——从初应力至最大张拉应力间的实测伸长值(mm);

$\Delta L_2$——初应力以下的推算伸长值(mm),可采用相邻级的伸长值。

(5)预应力筋张拉时,应先调整到初应力$\sigma_0$,该初应力宜为张拉控制应力$\sigma_{con}$的10%~15%,伸长值应从初应力时开始量测。力筋的实际伸长值除量测的伸长值外,必须加上初应力以下的推算伸长值。

## 三、放松预应力筋

当混凝土强度达到设计要求后,可在张拉台上放松预应力筋(也称放张),从而对预制梁施加预应力。当设计无规定时,一般应在混凝土强度达到设计值的75%时进行。放松之后,切割梁外钢筋,即可移位准备再生产。在力筋放张之前,应将限制位移的侧模、翼缘模板和内模拆除。

放松预应力钢筋的方法有:千斤顶放松、张拉放松、砂箱放松、滑楔放松等。以下只简单介绍常用的前三种放松方法。

1. 千斤顶放松法

如图6-1-14所示,张拉前在承力架与横梁之间安放两个千斤顶。待混凝土达到规定放张强度后,即可让两个千斤顶同步回程,使拉紧的力筋慢慢回缩,将力筋放松。

注意:用千斤顶放张时,应分数次完成,不可一次放张完成。

2. 张拉放松法

(1)在张拉端利用连接器、拉杆、双螺帽放松预应力筋,如图6-1-15所示。将固定在横梁定位板前的双螺帽慢慢旋动,同一组放松的预应力筋螺帽旋动的距离应相等,然后再将千斤顶回油,力筋就慢慢回缩,张拉力即被释放。如果采用单根放松时,应先两侧后中间,分阶段进行,不得一次将一根力筋松完。

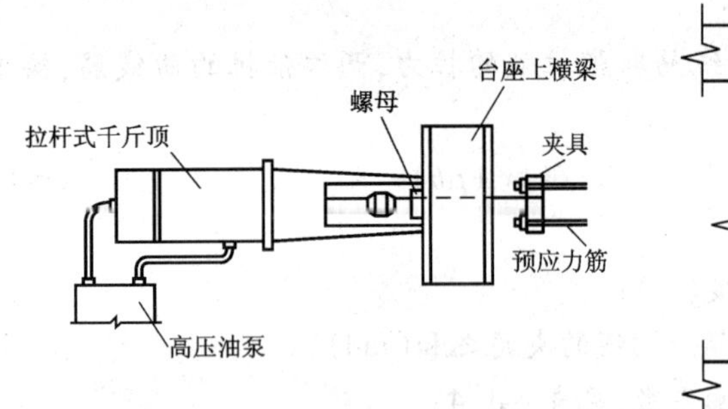


图6-1-14　千斤顶放松示意图

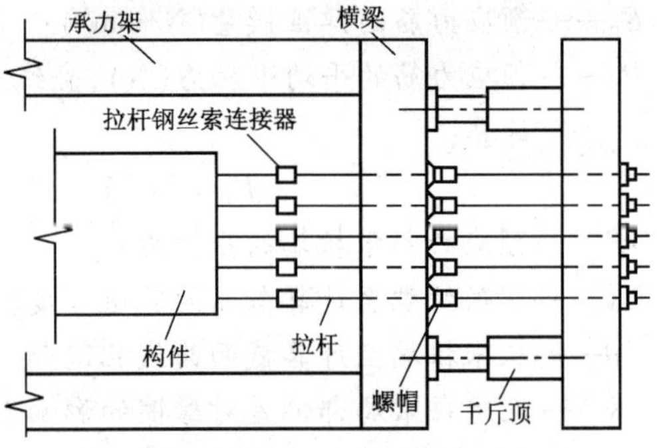

图6-1-15　张拉端张拉放松示意图

(2)在台座固定端设置螺杆和张拉架,张拉架顶紧横梁让预应力筋锚固在张拉架上,如图6-1-16所示。放松时,先略微拉紧力筋,让其伸长一些,然后拧松螺帽,再将千斤顶回油,力筋就慢慢回缩,张拉力即被释放。

3. 砂箱放松法

如图6-1-17所示,张拉前将放松装置放在台座承力架与横梁之间。张拉前砂筒的活塞要全部拉出,筒内装满烘干细砂,张拉时筒内砂子被压实,承担横梁的反力。放松钢筋时,打开出砂口,活塞缩回,钢筋逐渐放松。

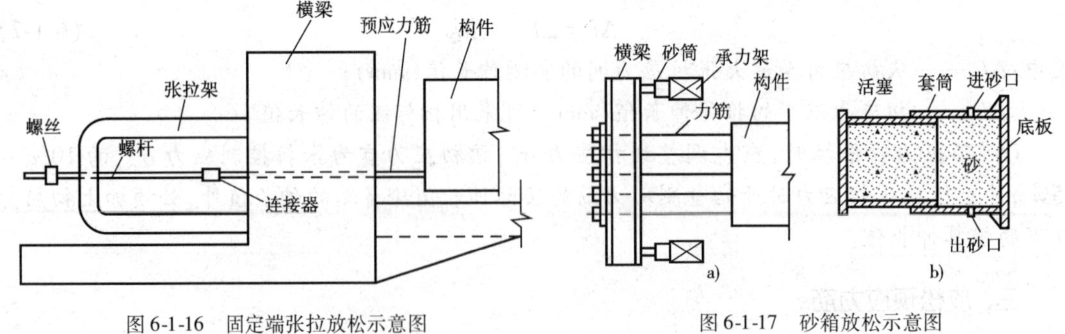


图6-1-16　固定端张拉放松示意图

图6-1-17　砂箱放松示意图

a)砂箱(筒)布置;b)砂箱(筒)

【知识链接五】

预应力混凝土梁桥预制工艺,与普通混凝土梁桥基本一致。图6-1-18给出的是先张法空心板梁预制工艺流程图,以便于学生从这个简单的预制流程中加深对混凝土梁桥预制工艺全过程的认识。

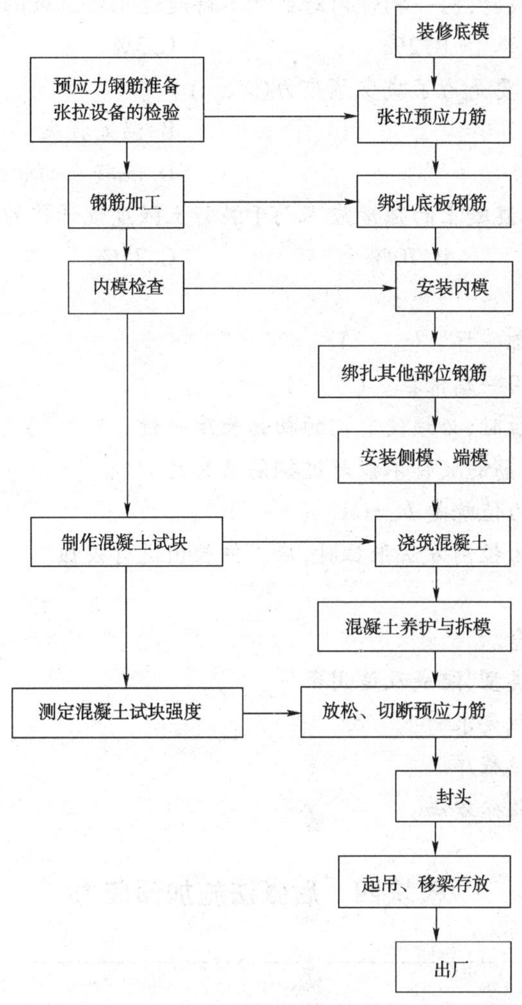


图 6-1-18　先张法空心板梁预制工艺流程

## 能力考核

### 选择题

1. 制作先张法梁的台座形式有(　　)。

A. 墩式台座　　B. 槽式台座　　C. 立式台座　　D. 卧式台座

2. 承力架必须要有足够的(　　)。

A. 强度　　B. 安全性　　C. 稳定性　　D. 耐久性

3. 定位钢板是用来(　　)的。

A. 固定台座　　B. 固定预应力钢筋　　C. 固定横梁

4. 钢丝、钢绞线张拉的程序是(　　)。

A. 0→初应力($0.1\sigma_{con}$)→$1.05\sigma_{con}$(持荷 2min)→$0.9\sigma_{con}$→$\sigma_{con}$(锚固)

B. 0→初应力($0.1\sigma_{con}$)→$1.05\sigma_{con}$(持荷 2min)→0→$\sigma_{con}$(锚固)

C. 0→初应力($0.1\sigma_{con}$)→$1.03\sigma_{con}$(锚固)

D. 0→初应力($0.1\sigma_{con}$)→$\sigma_{con}$(持荷2min锚固)

5. 张拉钢丝或钢绞线时,同一构件内断丝数不得超过钢丝总数的(　　)。

A. 1%　　B. 2%　　C. 3%　　D. 4%

6. 超张拉的方法,主要是为了减少预应力(　　)。

A. 摩擦损失　　B. 温差损失

C. 松弛损失　　D. 混凝土的收缩徐变

7. 预应力筋放松时,混凝土的强度应不小于混凝土强度设计值的(　　)。

A. 65%　　B. 70%　　C. 75%　　D. 80%

**判断题**

1. 钢筋的张拉程序都一样。(　　)
2. 先张法梁通常采用一端张拉。(　　)
3. 多根钢筋同时张拉时,必须使它们的初始长度一致。(　　)
4. 张拉粗钢筋时,断筋的数目不能超过钢筋总数的1%。(　　)
5. 千斤顶的实际拉力值就是$P = CA$。(　　)
6. 预应力筋采用应力控制方法张拉时,应以伸长值进行校核。(　　)

**问答题**

1. 简述先张法的概念。
2. 简述张拉台座的类型、组成及适用条件。
3. 简述先张法的张拉要求。
4. 简述先张法的张拉程序。
5. 简述预应力筋的放松方法。

## 模块四　后张法施加预应力

**知识点:**

◎后张法的概念;

◎张拉端的设置要求。

**技能点:**

◎准备工作;

◎张拉施工工艺。

**【任务引入】**

后张法梁的施工是先浇筑留有预应力筋孔道的梁体,待混凝土达到规定强度后,再在预留孔道内穿入预应力筋进行张拉锚固,最后进行孔道压浆并浇筑梁端封锚混凝土。

后张法预应力混凝土梁,不需要大型的张拉台座,可在桥梁工地现场施工,而且又适宜于配制曲线形预应力筋的重、大型构件制作,因此在公路桥梁上应用广泛。

**【任务分析】**

1. 张拉前的准备工作;

2. 预应力筋的张拉；

3. 孔道压浆及封锚。

【任务实施】

## 一、张拉前的准备工作

后张法预制梁施加预应力时，构件的混凝土需达到设计规定的强度，一般不低于强度设计值的75%。张拉前需要完成梁内预留孔道、编束、制锚穿束和张拉机具设备的准备工作。

预留孔道、编束已经在前面的课题中提及，故不再赘述。

1. 穿束

预应力筋可在浇筑混凝土之前或之后穿入孔道。若是在混凝土浇筑之后穿入，需要等梁体混凝土强度达到强度设计值的75%以上时，才可以进行穿束。

穿束前，应检查锚垫板和孔道，锚垫板位置应准确，孔道内应畅通，无水和其他杂物。为确保孔道通畅，先用空压机吹风等方法清除孔道内的污物积水。

穿束可采用人工直接穿束，也可借助一根5m长钢丝作为引线，用卷扬机牵引进行穿束工作。穿束时钢丝束从一端穿入预留孔道，钢丝束在孔道两端头伸出的长度应大致相等。目前，穿钢绞线束的新方法是用专门的穿束机，将钢绞线从盘架上拉出后从孔道的一端快速地（速度为3～5m/s）推送入孔道，当戴有护头的束前端穿出孔道另一端时，用电动切线机按规定伸出长度予以截断，再将护头戴在第二束的端头上进行穿束，直至穿到规定的束数。

2. 检查孔道

对在混凝土浇筑之前穿束的孔道，力筋安装完成后，应进行全面检查，以查出可能被损坏的孔道。在混凝土浇筑之前，必须将孔道上一切非有意留的孔、开口或损坏之处修复，并应检查力筋能否在孔道内自由滑动。

3. 预应力筋安装后的保护

(1)对在混凝土浇筑和养生之前安装在孔道内，但在下列规定时限内没有压浆的预应力筋，应采取防锈或其他防腐蚀的措施，直至压浆。不同暴露条件下，未采取防腐蚀措施的力筋在安装后直至压浆时的容许间隔时间如下：

空气湿度大于70%或盐分过大时：　　7d

空气湿度40%～70%时：　　15d

空气湿度小于40%时：　　20d

(2)力筋安装在孔道中后，孔道端部开口应密封以防止湿气进入。采用蒸汽养生时，在养生完成之前不应安装力筋。

(3)在任何情况下，当在安装有预应力筋的构件附近进行电焊时，对全部预应力筋和金属件均应进行防护，防止溅上焊渣或造成其他损坏。

## 二、张拉工艺

预应力筋的张拉顺序应符合设计要求，当设计未作规定时，可采取分批、分阶段对称张拉。

1. 张拉端的设置

预应力筋张拉端的设置应符合设计要求，当设计无具体要求时，应符合下列规定：

(1)对曲线预应力筋或长度大于等于25m的直线预应力筋，宜在两端张拉；对长度小于25m的直线预应力筋，可在一端张拉。

(2)曲线配筋的精轧螺纹钢筋应在两端张拉，直线配筋的可在一端张拉。

(3)当同一截面中有多束一端张拉的预应力筋时，张拉端宜分别设置在构件的两端；预应力筋采用两端张拉时，可先在一端张拉锚固后，再在另一端补足预应力值进行锚固。

2. 张拉程序

后张法梁的预应力筋(束)张拉程序根据锚具形式和筋束种类不同而不同。

(1)张拉钢绞线束

①锚具为夹片式等具有自锚性能的锚具时，一般张拉程序为：

普通松弛力筋：0→初应力($0.1\sigma_{con}$)→$1.03\sigma_{con}$(锚固)

低松弛力筋：0→初应力($0.1\sigma_{con}$)→$\sigma_{con}$(持荷2min锚固)

②其他锚具时，一般张拉程序为：

0→初应力($0.1\sigma_{con}$)→$1.05\sigma_{con}$(持荷2min)→$\sigma_{con}$(锚固钢丝束)

(2)张拉钢丝束

锚具为夹片式等具有自锚性能的锚具时，一般张拉程序与张拉钢绞线束相同。

锚具为其他类型时，一般张拉程序为：

0→初应力($0.1\sigma_{con}$)→$1.05\sigma_{con}$(持荷2min)→0→$\sigma_{con}$(锚固)

(3) 张拉精轧螺纹钢筋

①直线配筋时：

0→初应力($0.1\sigma_{con}$)→$\sigma_{con}$(持荷2min锚固)

②曲线配筋时：

0→$\sigma_{con}$(持荷2min锚固) →0(可反复几次)→初应力($0.1\sigma_{con}$)→$\sigma_{con}$(持荷2min锚固)

其中，$\sigma_{con}$为张拉时的控制应力值，包括预应力损失。

各钢丝束的张拉顺序，应对称于预制梁截面的竖直轴线，同时考虑不使梁上下缘混凝土应力超过容许值。

两端同时张拉时，两端千斤顶的升降压、画线、测伸长、插垫等工作均应一致。

张拉时力筋(束)的应力用油压表读数来控制，同时测量伸长量作校核。根据应力与伸长的比例关系，实测的伸长量与计算的伸长量相差不应大于6%。

为使油压表读数正确反映千斤顶拉力，应规定千斤顶、油压表标定制度，例如千斤顶每月或张拉超过100次或多次出现断丝现象时要进行校验，换油压表后也要重新标定。

## 三、张拉注意事项

(1)预应力钢筋在张拉时，混凝土强度不得低于强度设计值的75%或设计的规定值。

(2)混凝土抗压强度必须是与构件同条件养护的混凝土试件的抗压强度测定值。

(3)预应力筋张拉过程中严禁操作人员(包括其他人员)站在千斤顶后方，防止断丝或滑丝伤人。

(4)曲线预应力钢材或长度≥25m的直线预应力钢筋宜采用两端张拉的方法。

(5)认真做好张拉记录，当发现实际伸长量与理论计算值相差太多(一般在±6%之间)时，立即停止张拉，分析原因。

(6)张拉预应力钢材断丝、滑移不得超过规定的控制数，见表6-1-5。

(7)必须在张拉控制应力达到稳定后方可锚固。

**后张预应力筋断丝、滑移限制** 表 6-1-5

| 类 别 | 检查项目 | 控 制 数 |
|---|---|---|
| 钢丝束和钢绞线束 | 每束钢丝断丝或滑丝 | 1 根 |
| | 每束钢绞线断丝或滑丝 | 1 丝 |
| | 每个断面断丝之和不超过该断面钢丝总数的 | 1% |
| 单根钢筋 | 断筋与滑移 | 不容许 |

**【知识链接六】**

1. 孔道压浆

后张法预应力筋(束)张拉之后,需要进行孔道压浆和封锚,才算完成梁的预制工作。

(1)压浆目的

压浆的目的是使梁内预应力筋(束)免于锈蚀,并使力筋(束)与混凝土梁体相黏结而形成整体。因此水泥浆不得含有腐蚀性混合体,并应在施加预应力后,宜尽可能早些进行灌浆作业。水泥浆应具有适当的品质:

①使灌浆作业容易进行,灰浆应具有适当的稠度;

②没有收缩,而应具有适当的膨胀性;

③应具有规定的抗压强度和黏结强度。

(2)压浆工艺

压浆是用压浆机(拌和机加水泵)将水泥浆压入孔道,并使孔道从一端充满水泥浆,且不使水泥浆在凝结前漏掉。为此需在两端锚具上或锚具附近的预制梁上设置连接带阀压浆嘴的接口和排气孔。

一般在水泥浆中掺加塑化剂(或掺铝粉),以增加水泥浆的流动性。使用铝粉能使水泥浆凝固时的膨胀稍大于体积收缩,因而使孔道内能充分填满。

压浆前应将孔道冲洗洁净、湿润,并用吹风机排除积水,然后从压浆嘴慢慢地、均匀地压入水泥浆,这时另一端的排气孔有空气排出,直至有水泥浆流出为止,再关闭压浆和出浆口的阀门。

压浆时,对曲线孔道和竖向孔道应由最低点的压浆孔压入,由最高点的排气孔排气和泌水。比较集中和附近的孔道,宜尽量连续压浆完成,以免串到邻孔的水泥浆凝固堵塞孔道。不能连续压浆时,后压浆的孔道应在压浆前用压力水冲洗使孔道畅通。

压浆后应从检查孔抽查压浆的密实情况,如有不实,应及时处理和纠正。压浆过程中及压浆后 48h 内,结构混凝土温度不得低于 ±5℃,否则应采取保温措施。当气温高于 35℃时,压浆宜在夜间进行。

施锚后压浆前需将预应力筋(束)露于锚头外的部分(张拉时的工作长度)截除。当采用分阶段张拉力筋时,应在各阶段分别制取试件,并采用标准养护方法及与梁体同条件养护两种方法鉴定其强度。

(3)压浆注意事项

①水泥浆应在管道内畅通无阻,因此浇筑之前管道应畅通,不塌陷、不堵塞。

②搅拌水泥浆应注意检查配合比、计量的准确性、材料往搅拌机掺放的顺序、搅拌时间、水泥浆的流动性。

③水泥浆进入压浆泵之前,应通过筛子。压浆泵应缓慢进行,检查排气孔的水泥浆浓度,尤其在排气孔关闭之后,泵的压力应达到 0.5MPa 以上,并要保持一定时间。

④压浆作业不能中断,应连续地进行,还要检查有没有漏灌应灌注的管道。

⑤寒冷季节压浆时，做到压浆前管道周围的温度在5℃以上，水泥浆的温度在10～20℃之间，尽量减小水灰比。

⑥为了避免高温引起水泥浆的温度上升和水泥浆的硬化，一般夏季中午不得进行压浆施工；在夏季压浆前，应先将管道用水湿润，应尽量避免使用早强硅酸盐水泥，外加材料最好具有缓凝性，水泥浆一经搅拌就应尽量在短时间内结束作业，防止铝粉过早膨胀。

2. 封锚

压浆后将锚具周围冲洗干净并凿毛，设置钢筋网并浇筑封锚混凝土。

封锚混凝土的强度等级应符合设计要求，一般不宜低于梁体混凝土强度等级的80%，并不宜低于C30。封端混凝土必须严格控制梁体长度。长期外露的金属锚具，应采取防锈措施。

3. 拆除模板

当混凝土强度达到一定要求时，才能拆除模板。

特别注意：对于预应力混凝土梁，应在张拉完毕或张拉到一定阶段后再拆除模板，以免梁体混凝土受拉。

4. 后张法预制工艺流程见图6-1-19。

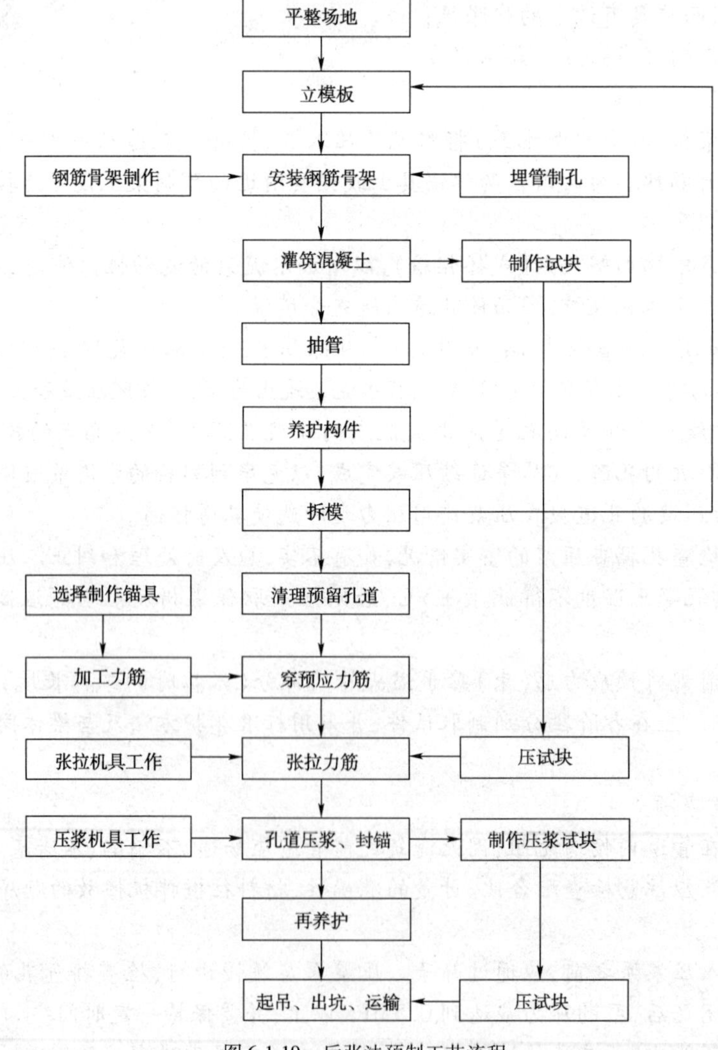


图6-1-19　后张法预制工艺流程

## 能力考核

**选择题**

1. 穿束时，钢丝束应从(　　)穿入预留孔道，钢丝束在孔道两端头伸出的长度应(　　)。

A. 一端、相等　　B. 一端、可不等　　C. 两端、相等　　D. 两端、可不等

2. 当空气湿度小于4%时，预应力筋在安装后直至压浆时的容许间隔时间是(　　)。

A. 7d　　B. 15d　　C. 20d

3. 混凝土采用蒸汽养生时，力筋在养生完成(　　)安装。

A. 之前　　B. 之后　　C. 期间

4. 长度小于(　　)m的直线预应力筋，可在一端张拉。

A. 10　　B. 15　　C. 20　　D. 25

5. 曲线配筋的精轧螺纹钢筋应在(　　)张拉。

A. 一端　　B. 两端

6. 张拉力筋时，实测的伸长量与计算的伸长量相差不应大于(　　)。

A. 3%　　B. 5%　　C. 6%　　D. 8%

7. 当混凝土的强度达到强度设计值的(　　)或设计的规定值时，才可进行力筋的张拉。

A. 60%　　B. 65%　　C. 70%　　D. 75%

8. 当气温高于35℃时，压浆宜在(　　)进行。

A. 早晨　　B. 中午　　C. 夜间　　D. 下午

**判断题**

1. 后张法预制梁时，预应力筋只能在混凝土浇筑之后穿入。(　　)
2. 在混凝土浇筑之前，必须将孔道上一切非有意留的孔、开口或损坏之处修复。(　　)
3. 力筋为精轧螺纹钢筋时，必须采用两端张拉。(　　)
4. 千斤顶每月应校验一次。(　　)
5. 钢丝束张拉时，其每束断丝、滑移的数目不能超过1%。(　　)
6. 封锚混凝土一般不宜低于梁体混凝土强度等级的80%，并不宜低于C30。(　　)

**问答题**

1. 什么是后张法？
2. 简述穿束的方法。
3. 预应力筋在安装后，如何进行保护？
4. 简述后张法预应力筋的张拉程序。
5. 张拉时应注意哪些问题？
6. 力筋张拉后，为什么要进行压浆？
7. 压浆应注意哪些事项？

## 课题二　悬臂施工法简介

悬臂施工法也称为分段施工法。悬臂施工法是以桥墩为中心向两岸对称地、逐节悬臂接长的施工方法。预应力混凝土桥梁采用悬臂施工法是从钢桥悬臂拼装发展而来。悬臂施工法

最早主要用于修建预应力T型刚构桥，由于悬臂施工方法的优越性，后来被推广用于预应力混凝土悬臂梁桥、连续梁桥、斜腿刚构桥、桁架桥、拱桥及斜拉桥等。

悬臂施工法又可分为悬臂浇筑法和悬臂拼装法。本课题对这两种施工方法均进行了简单的介绍。

## 模块一　悬臂浇筑法

**知识点：**

◎悬臂浇筑法的概念；

◎悬臂浇筑节段长度要求；

◎挂篮的形式；

◎悬臂浇筑施工的程序。

**技能点：**

◎0号块的施工；

◎挂篮安装；

◎体系转换。

**【任务引入】**

悬臂浇筑（简称悬浇）采用移动式挂篮作为主要施工设备，以桥墩为中心，对称地向两岸利用挂篮浇筑梁段混凝土，待混凝土达到要求强度后，张拉预应力束，再移动挂篮，进行下一节段的施工。

悬臂浇筑每个节段长度一般2～6m，节段过长，将增加混凝土自重及挂篮结构重力，同时还要增加平衡重及挂篮后锚设施；节段过短，影响施工进度。所以施工时应根据设备情况及工期，选择合适的节段长度。悬臂浇筑法是桥梁施工中难度较大的施工工艺，需要一定的施工设备及一支熟悉悬臂浇筑工艺的技术队伍。

**【任务分析】**

1. 梁体分段；

2. 悬臂梁段0号块施工和挂篮施工；

3. 合龙段施工和体系转换。

**【任务实施】**

### 一、梁体分段要求

悬臂浇筑施工时，梁体一般要分为四部分浇筑，如图6-2-1所示。Ⅰ为墩顶梁段（又称0号块），Ⅱ为由0号块两侧对称分段悬臂浇筑部分，Ⅲ为边孔在支架上浇筑部分，Ⅳ为主梁在跨中合龙段。主梁各部分的长度视主梁形式和跨径、挂篮的形式及施工周期而定。0号块一般为5～10m，悬浇分段一般为2～6m，支架现浇段一般为2～3个悬臂浇筑分段长，合龙段一般为1～3m。

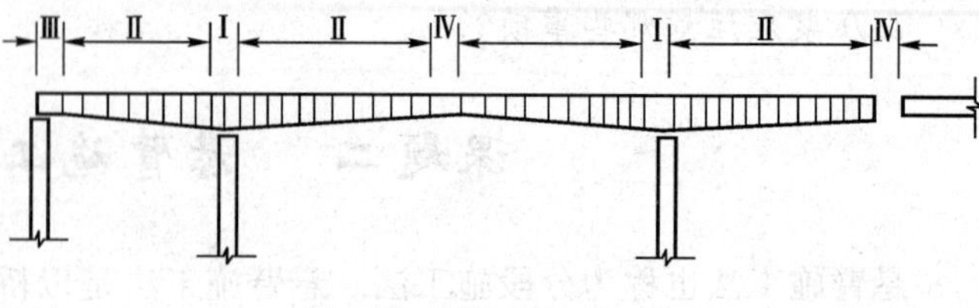


图6-2-1　梁体分段示意图

## 二、悬臂梁段0号块施工

0号块结构复杂,预埋件、钢筋、各向预应力钢束及其孔道、锚具密集交错,梁面有纵横坡度,端面与待浇段密切相连,务必精心施工。视其结构形式及其高度,一般分2~3层浇筑,先底板、再腹板、后顶板。

**【知识链接一】**

悬臂梁段0号块施工程序如下:

(1)安装墩顶托架平台;
(2)浇筑支座垫石及临时支座;
(3)安装永久盆式橡胶支座;
(4)安装底、侧钢梁及降落木楔或千斤顶;
(5)安装底板部分堵头模板;
(6)托架平台试压;
(7)调整模板位置及高程;
(8)绑扎底板和腹板的伸入钢筋;
(9)安装底板上的竖向预应力管道和预应力筋;
(10)监理工程师验收;
(11)浇筑底板第一层混凝土;
(12)混凝土养护;
(13)绑扎腹板、横隔梁钢筋;
(14)安装腹板纵向、横隔梁横向预应力管道和预应力筋;
(15)安装全套模板;
(16)监理工程师验收;
(17)浇筑腹板横隔板;
(18)混凝土养护;
(19)拆除部分内模后,安装顶板模;
(20)安装顶板端模;
(21)绑扎顶板底层钢筋网及管道定位筋;
(22)安装顶板纵向预应力管道及横向预应力管道和预应力筋;
(23)安装顶板上层钢筋网;
(24)监理工程师验收;
(25)浇筑顶板混凝土;
(26)纵向胶管抽拔;
(27)管道清理及混凝土养生;
(28)拆除顶、底板端模;
(29)两端混凝土连接面凿毛;
(30)混凝土强度达到设计要求强度后张拉竖横向预应力筋;
(31)竖横向预应力管道压浆;
(32)拆除内模、侧模和底模;
(33)拆除墩顶托架平台。

若墩梁刚性固结时，可省去(2)、(3)施工步骤。

因施工程序很多，现将主要程序施工要点分述如下：

1. 施工托架

采用悬臂浇筑法施工时，墩顶0号块梁段采用在托架上立模现浇。施工托架可根据承台形式、墩身高度和地形情况，分别支承在承台、墩身或地面上。

常用施工托架有扇形托架(图6-2-2)、高墩托架(图6-2-3)、墩顶预埋牛腿托架平台(图6-2-4)、临时墩及型钢结构支承平台(图6-2-5)等。托架的顶面尺寸，视拼装挂篮的需要和拟浇梁段的长度而定，横桥向的宽度一般应比箱梁底板宽出1.5～2.0m，以便设立箱梁边肋的外侧模板。托架顶面(或增设垫梁)应与箱梁底面纵向线形的变化一致。

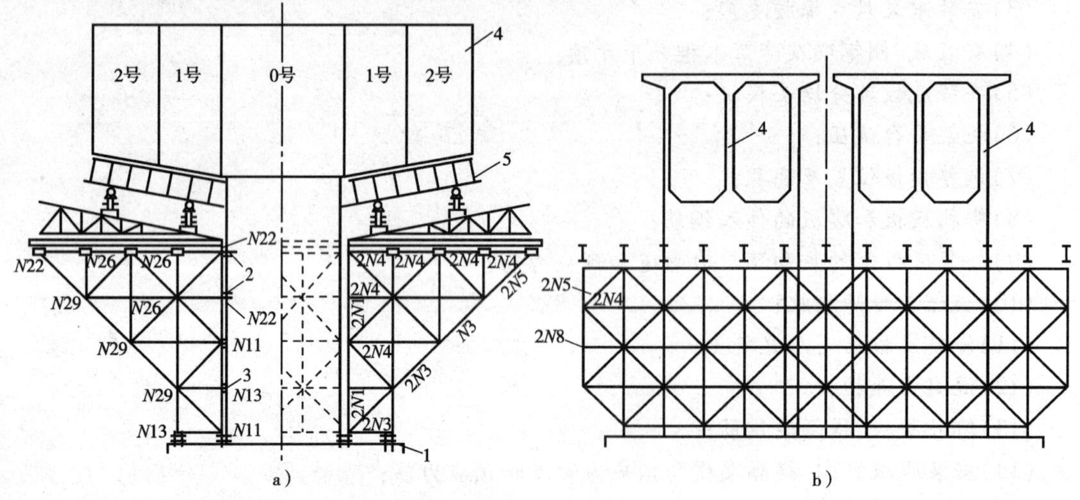


图6-2-2　扇形托架(尺寸单位：mm)

a)顺桥向；b)横桥向

1-预埋螺栓；2-预埋钢筋；3-硬木；4-箱梁；5-底模垫梁

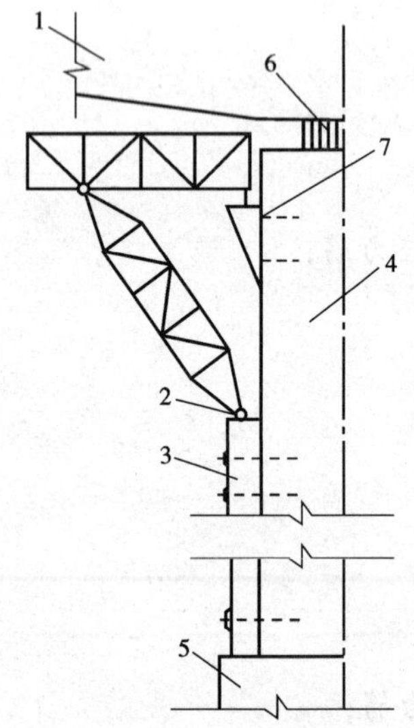


图6-2-3　高墩托架

1-箱梁；2-圆柱形铰；3-承托槽钢；4-墩身；

5-承台；6-支座；7-预埋牛腿

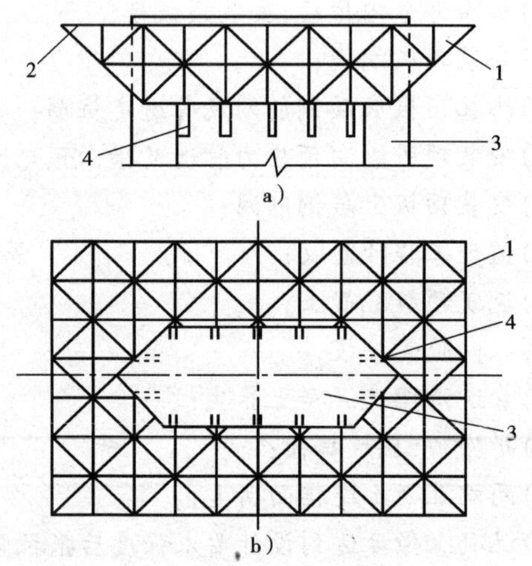


图6-2-4　墩顶预埋牛腿托架平台

a)顺桥向；b)平面

1-万能杆件托架；2-平台面层结构；3-桥墩；4-预埋牛腿支点

托架可以现场整体拼装，亦可分部在邻近场地或船上拼装再运吊就位整体组装。托架总长度视装挂篮的需要而决定。

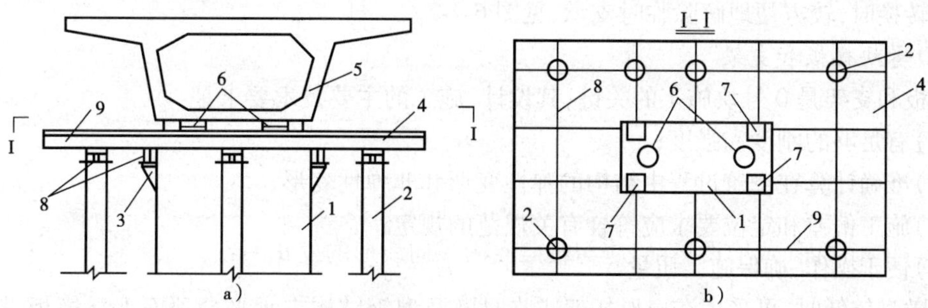


图 6-2-5　临时墩及型钢结构支撑平台

a）顺桥向立面；b）I-I 剖面

1-墩柱；2-临时墩；3-牛腿；4-支撑平台；5-箱梁；6-支座；7-临时支座；8-平台纵梁；9-平台横梁

2. 临时固结措施

(1)大跨径预应力混凝土桥梁采用悬臂施工法施工，如结构采用 T 型刚构，因墩身与梁本身采用刚性连接，所以不存在梁墩临时固结问题。

(2)悬臂梁桥及连续梁桥采用悬臂施工法时，为保证施工过程中结构的稳定可靠，必须采用 0 号块梁段与桥墩间临时固结或支撑措施。临时支座的作用是在施工阶段临时固结墩、梁，承受施工时由墩两侧传来的悬浇梁段荷载，在梁体合龙后便于拆除和体系转换。

(3)临时固结措施或支承措施有下列几种形式：

①临时支座一般采用 C40 混凝土，并将用塑料包裹的锚固钢筋穿过混凝土，预埋在梁底和墩顶中，其布置见图 6-2-6。

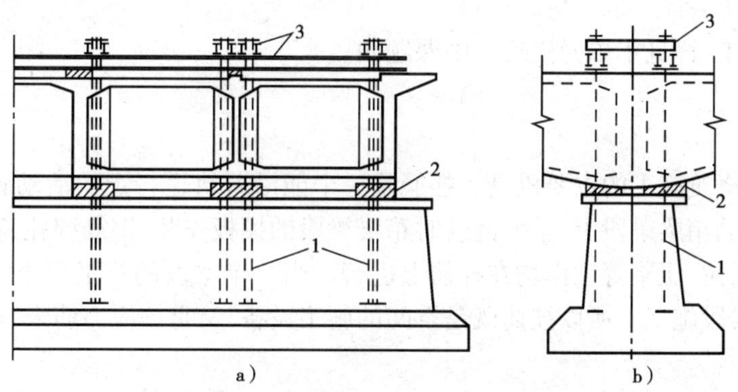


图 6-2-6　0 号块与桥墩的临时固结

a）横桥向；b）顺桥向

1-预埋临时锚固用预应力钢筋；2-支座；3-工字钢

②在桥墩一侧或两侧加临时支承或支墩，见图 6-2-7。

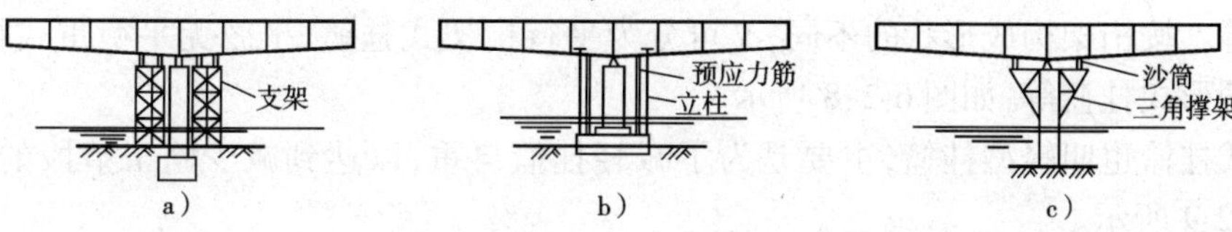


图 6-2-7　临时支承措施

a）采用支架的临时支承；b）采用竖向预应力钢筋的临时支承；c）采用三角撑架的临时支承

③将0号块梁段临时支承在扇形或门式托架的两侧。

④临时支承可用10～20cm厚夹有电阻丝的硫磺砂浆层、砂筒或混凝土块等卸落设备，以使体系转换时，较方便地解除临时支承，见图6-2-7。

3.0号块模板和支架

模板和支架是0号块施工的关键，其设计、施工的主要技术要求是：

(1)有足够的刚度和强度；

(2)准确计算在浇筑过程中结构的弹性变形和非弹性变形；

(3)施工偏差和定位要求应符合有关规范的规定；

(4)便于操作，确保施工质量。

当墩身较低时，可采用在扇形托架或临时墩及型钢结构支承平台顶面上立模板、搭支架，浇筑0号块混凝土；也可由墩顶放置的型钢和墩身预埋的牛腿作贝雷梁的支承形成0号块的施工托架，在托架上立模板、搭支架，浇筑混凝土。

4.预应力管道的设置

为确保预应力筋位置、穿束、张拉、灌浆的施工质量，必须确保预应力管道的质量。一般采用预埋铁皮管或铁皮波纹管和橡胶抽拔管。三向预应力筋管道的铁皮管和波纹管需由专用设备加工卷制，孔径按设计要求而定；橡胶抽拔管管壁用多层橡胶夹布在专业厂家制作，抽拔管宜在混凝土初凝后终凝前(150～200℃·h——胶管被混凝土全部埋没的时间与平均温度的乘积)时进行。抽拔时用尼龙绳锁住外露胶管，启动卷扬机抽拔，视设置管的长度和阻力一次可抽拔5～8根。为避免抽拔时塌孔，宜将波纹管与胶管相间布置，采用架立钢筋固定管道的空间位置。铁皮管或抽拔管后的管道，必须用小于内径10mm的梭形钢锤清孔，以便清除异物、补救塌孔，保证力筋穿孔畅通。

5.预加应力

预加应力施工，详见本单元模块一中课题四。

## 三、挂篮

挂篮是悬臂浇筑施工的主要机具。挂篮是一个能沿着轨道行走的活动脚手架，挂篮悬挂在已经张拉锚固的箱梁梁段上，悬臂浇筑时箱梁梁段的模板安装、钢筋绑扎、管道安装、混凝土浇筑、预应力筋张拉、压浆等工作均在挂篮上进行。当一个梁段的施工程序完成后，挂篮解除后锚，移向下一梁段施工。所以挂篮既是空间的施工设备，又是预应力筋未张拉前梁段的承重结构。

1.挂篮的类型

随着施工技术的不断发展，挂篮已经由原来的压重平衡式发展成现在通用的自锚平衡式。自锚式挂篮结构形式主要有桁架式和斜拉式两种。

桁架式挂篮按其组成部件的不同，可分为万能杆件挂篮、贝雷梁或装配式公路钢桁梁组合式的挂篮等。按桁架构成形状的不同，又可分为平行桁架式挂篮、平弦无平衡重式挂篮、弓弦式挂篮和菱形式挂篮等，如图6-2-8所示。

斜拉式挂篮也叫轻型挂篮，主要是为了减轻挂篮自重，以达到减少施工节段的临时钢丝束，如图6-2-9所示。

**【知识链接二】**

挂篮主要构造见图6-2-10。

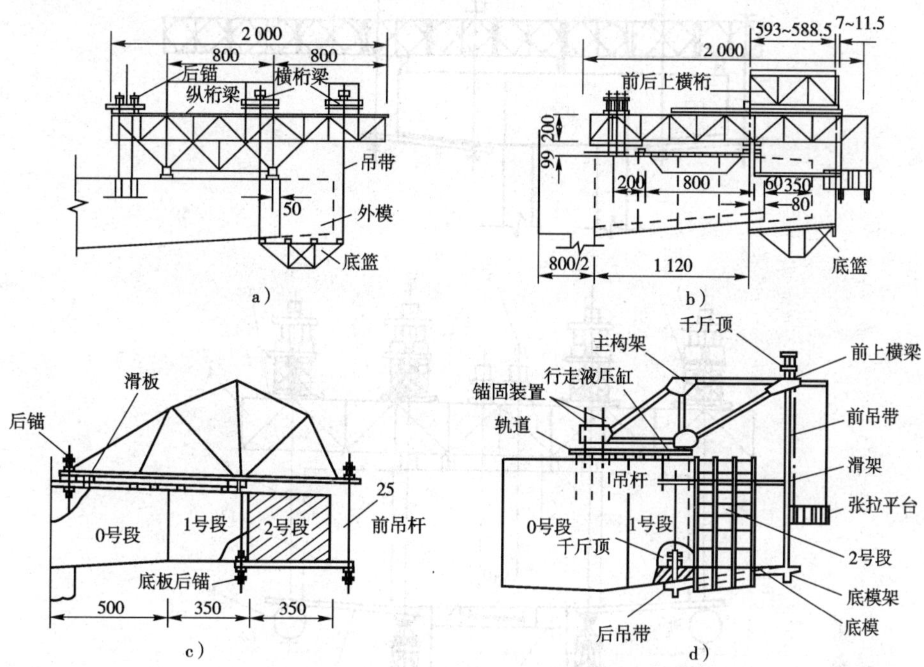


图 6-2-8　常用桁架式挂篮类型图(尺寸单位:mm)

a)平行桁架式挂篮;b)平弦无平衡重式挂篮;c)弓弦式挂篮;d)菱形挂篮

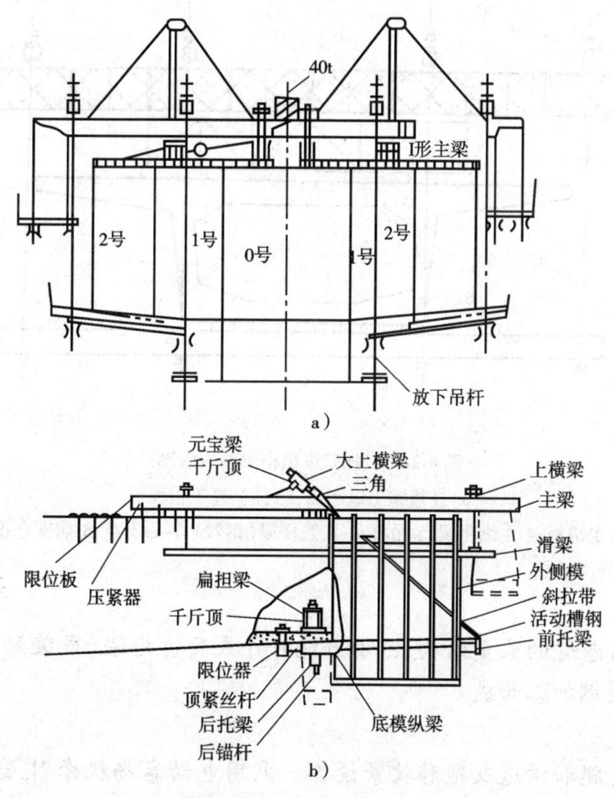


图 6-2-9　常用斜拉式挂篮示意图

a)三角组合式挂篮;b)滑动斜拉式挂篮

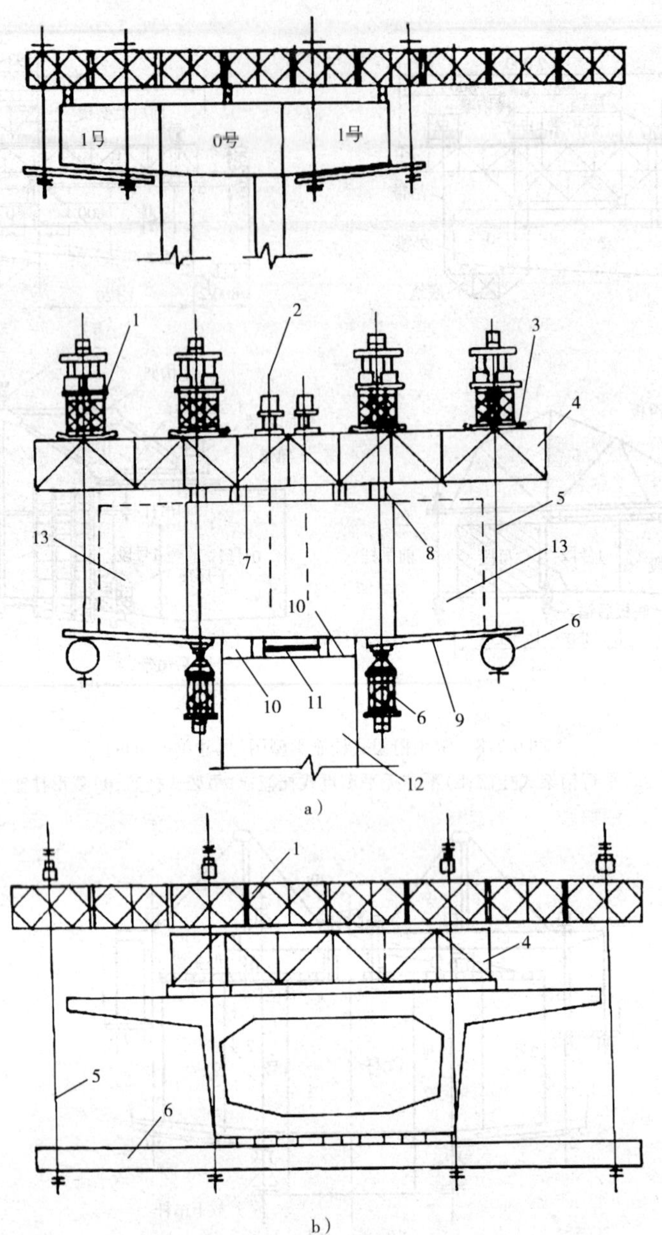


图 6-2-10　挂篮纵横桁梁系布置图

a)挂篮施工纵断面;b)挂篮施工正面

1-主桁横梁;2-后锚点;3-行走滑板;4-主纵桁梁;5-吊杆;6-底篮横梁(钢管);7-后支点;8-前支点;9-底模;10-临时固定支座;11-永久支座;12-桥墩;13-待浇梁段

(1)主纵桁梁

主纵桁梁是挂篮悬臂的承重结构,可由万能杆件或贝雷桁架(或装配式公路钢桁架)组拼或采用钢板或大号型钢加工而成。

(2)行走系统

行走系统包括支腿和滑道及拖移收紧设备。采用电动卷扬机牵引,通过圆棒滚动或在铺设的上、下滑道上移动。滑道要求平整光滑,摩阻力小,拆装方便,能反复使用。目前大多采用上滑道覆一层不锈钢薄板,下滑道用槽钢,内设聚四氟乙烯板,行走方便、安全,稳定性好。

(3)底篮

底篮直接承受悬浇梁段的施工重力，可供立模板、绑扎钢筋、浇筑混凝土、养生等工序用，由下横桁梁和底模纵横及吊杆(吊带)组成。横梁可用万能杆件或贝雷桁架或型钢、钢管构成，底模纵梁用多根24～30号槽钢或工字钢；吊杆一般可用$\phi$32mm的精轧螺纹钢筋。

(4)后锚系统

后锚是主纵桁梁的自锚平衡装置，由锚杆压梁、压轮、连接件、升降千斤顶等组成，目的是防止挂篮在行走状态及浇筑混凝土梁段时倾覆失稳。系统结构按计算确定，混凝土浇筑前，应按设计锚力的0.6、1.0、1.5倍分别用千斤顶检验锚杆。

2. 挂篮安装的注意事项

(1)挂篮组拼后，应全面检查安装质量，并做载重试验，以测定其各部位的变形量，并设法消除其永久变形。

(2)在起步长度内梁段浇筑完成并获得要求的强度后，在墩顶拼装挂篮。有条件时，应在地面上先进行试拼装，以便在墩顶熟练有序地开展挂篮拼装工作。拼装时应对称进行。

(3)挂篮的操作平台下应设置安全网，防止物件坠落，以确保施工安全。挂篮应采用全封闭形式，四周设围护，上下应有专用扶梯，方便施工人员上下挂篮。

(4)挂篮行走时，须在挂篮尾部压平衡重，以防倾覆。浇筑混凝土梁段时，必须在挂篮尾部将挂篮与梁进行锚固。

3. 消除挂篮变形的措施

每个悬浇段的混凝土一般可分两次或三次浇筑完成(混凝土数量少的也可以采用一次浇筑完成)，为了使后浇混凝土不引起先浇混凝土的开裂，需要消除后浇混凝土引起的挂篮变形。常采用的措施有：

(1)箱梁混凝土一次浇筑法

箱梁混凝土采用一次浇筑，并在底板混凝土凝固前全部浇筑完毕。这样可以使挂篮的变形全部发生在混凝土塑性状态时，从而避免裂纹的产生。需要注意的是，在混凝土浇筑之前要预留下沉量。

(2)水箱法

水箱的布置图见图6-2-11。这种方法是在浇筑混凝土之前，先在水箱里注入相当于混凝土重量的水，在混凝土浇筑过程中，逐步放水使挂篮的载重和挠度基本相符。

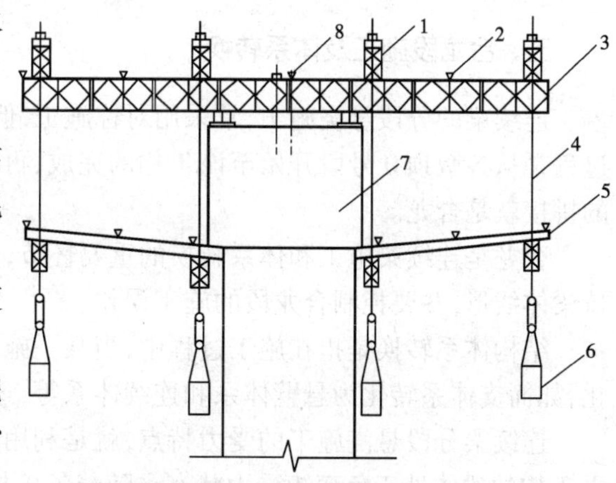

图6-2-11　挂篮水箱法试压示意图

1-横桁梁；2-观测点；3-纵桁梁；4-吊杆；5-底篮；6-水箱；7-墩顶梁段；8-后锚固

(3)抬高挂篮的后支点法

①浇筑混凝土之前，将模板前端的设计高程抬高10～30mm，作为预留的第一次浇筑混凝土的下沉量。

②用螺旋式千斤顶顶起挂篮的后支点，使之高于滑道或钢轨顶面20～30mm。

③在浇筑第一次混凝土时千斤顶不动，浇筑混凝土的重力使挂篮的下沉量与模板的抬高量相抵消。

④在浇筑第二次混凝土时，将千斤顶分次下降，并随即收紧后锚系统的螺栓，使挂篮后

支点逐步贴近滑道面或轨道面。

⑤随着后支点的下降,以前支点为轴的挂篮前端必然上升一数值,此数值正好与第二次混凝土重力使挂篮所产生的挠度相抵消,从而保证箱梁底板不会发生下沉变形。

## 四、混凝土的施工

混凝土的施工过程与单元五内容相仿,故不再赘述。

【知识链接三】

悬臂浇筑梁段时需注意的几点:

(1)挂篮就位后,安装并校正模板,此时应对浇筑预留悬梁段混凝土进行抬高,以使施工完成的桥梁符合设计高程。抬高值包括施工期结构挠度、因挂篮重力和临时支承释放时支座产生的压缩变形等。

(2)模板安装应该核准中心位置及高程,模板与前一段混凝土面应平整密贴。如上一节段施工后出现中线或高程误差需要调整时,应在模板安装时予以调整。

(3)安装预应力预留管道时,应与前一段预留管道接头严密,并用胶布包裹,防止灰浆渗入管道。管道四周应布置足够的定位钢筋,确保预留管道位置正确,线形平顺。

(4)浇筑混凝土时,可以从前端开始,应尽量对称平衡浇筑。浇筑时应加强振捣,并注意对预应力预留管道的保护。

(5)为提高混凝土早期强度,以加快施工速度,在设计混凝土配合比时,一般加入早强剂或减水剂,如上海地区一般采用SN-2减水剂,如混凝土梁段浇筑一般5~7d一个周期。为防止混凝土出现过大的收缩、徐变,应在配合比设计时按规范要求控制水泥用量。

(6)梁段拆模后,应对梁段的混凝土表面进行凿毛处理,以加强接头混凝土的连接。

(7)箱梁梁段混凝土浇筑,一般采用一次浇筑法,即在箱梁顶板中部留一窗口,混凝土由窗口注入箱内,再分布到底板上。当箱梁断面较大时,考虑梁段混凝土数量较多,每个节段可分为二次浇筑,先浇筑底板到肋板倒角以上,待底板混凝土达一定强度后,再支内模,浇筑肋板上段和顶板。其接缝按施工缝要求进行处理。

(8)箱梁梁段分次浇筑混凝土时,为了不使后浇混凝土的重力引起挂篮变形,导致先浇混凝土开裂,要有消除后浇混凝土引起挂篮变形的措施。

## 五、合龙段施工及体系转换

连续梁的分段悬浇施工,常采用对称施工,但在一定条件下也可不用对称施工。全梁施工过程是从各墩顶0号段开始至该T构的完成,再将各T构拼接而形成整体连续梁。这种T构的拼接就是合龙。

合龙是连续梁施工和体系转换的重要环节,合龙施工必须满足设计要求的受力状态和保持梁体线形,并要控制合龙段的施工误差。

结构体系转换是指在施工过程中,当某一施工程序完成后,桥梁结构的受力体系发生了变化,如简支体系转化为悬臂体系和连续体系等,这种转化的过程就是体系转换。

连续梁分段悬浇施工的受力特点,就是利用连续梁的负弯矩预应力筋为支承,悬浇中各独立T构的梁体处于负弯矩受力状态。随着各T构的依次合龙,梁体也依次转化为正负弯矩交替分布形式,这一转化就是连续梁的体系转换。因此,连续梁悬浇施工的过程是其体系转换的过程,也就是悬浇时实行支座临时固结、各T构的合龙、固结的适时解除、预应力的分配以及分批依次张拉预应力筋的过程。

通常多跨连续梁合龙段施工的顺序为先各边跨,再各次边跨,最后为中跨。次边跨和中跨合龙段施工的原则和要求类似边跨合龙施工,中跨合龙段因温差引起的变形变位大,由此产生的应力也大,对合龙前临时连续约束的设施亦有更高的要求。

## 能力考核

**选择题**

1. 悬臂浇筑的每个节段长为(　　)m。

A. 1 ~ 5　　B. 2 ~ 6　　C. 3 ~ 7　　D. 4 ~ 8

2. 托架的顶面,横桥向的宽度一般应比箱梁底板宽出(　　)m。

A. 1 ~ 1.5　　B. 1.5 ~ 2.0　　C. 2.0 ~ 2.5

3. 浇筑混凝土后,铁皮管或抽拔后的管道必须用小于内径(　　)的梭形钢锤清孔。

A. 1.0mm　　B. 10mm　　C. 2.0mm　　D. 20mm

4. 浇筑混凝土前,可将模板前端抬高(　　),作为预留的第一次浇筑混凝土的下沉量。

A. 10 ~ 20mm　　B. 10 ~ 30mm　　C. 10 ~ 40mm

5. 多跨连续梁合龙段施工的顺序是:先合(　　),再合(　　),最后合(　　)。

A. 边跨、次边跨、中跨　B. 次边跨、中跨、边跨　C. 中跨、次边跨、边跨

**判断题**

1. 0 号块可放在任意地方。(　　)
2. 挂篮是空间的施工设备,又是预应力筋张拉前梁段的结构。(　　)
3. 悬臂浇筑施工中的橡胶抽拔管宜在 150 ~ 200℃ · h 时抽拔。(　　)
4. 挂篮行走时,没必要在其尾部压平衡重物。(　　)
5. 连续梁悬浇施工的过程就是其体系转换的过程。(　　)

**问答题**

1. 什么是悬臂浇筑法?
2. 常用的施工托架形式有哪些?
3. 临时固结措施有哪些?
4. 如何消除挂篮的变形?
5. 什么是体系转换? 什么是合龙?

## 模块二　悬臂拼装法

**知识点:**

◎悬臂拼装法的概念;

◎悬拼施工的主要工序。

**技能点:**

◎梁段的预制;

◎梁段起吊拼装。

**【任务引入】**

悬臂拼装法(简称悬拼)是悬臂施工法的一种,它是利用移动式悬拼吊机将预制梁段起吊

到桥位,逐段施加预应力使其延伸连接成整体,即采用逐段拼装。一个节段张拉锚固后,再拼装下一节段。

【任务分析】

1. 梁段预制;

2. 梁段起吊拼装。

【任务实施】

悬臂拼装的分段,主要决定于悬拼吊机的起重能力。一般节段长 2 ~ 5m,节段过长则自重大,需要悬拼吊机起重能力大;节段过短则拼装接缝多,工期也延长。在悬臂根部,因截面积较大,预制长度比较短,以后逐渐增长。悬拼施工适用于预制场地及运吊条件好,特别是工程量大和工期较短的桥梁工程。

悬臂拼装施工工序主要包括梁体节段的预制、移位、堆放、运输;梁段起吊拼装;悬拼梁体体系转换;合龙段施工。

## 一、梁段预制

悬臂拼装的核心是梁的吊运与拼装,而梁体节段的预制则是悬臂拼装的基础。

梁段预制的方法通常有立式预制和卧式预制两种。本模块主要讲述立式预制,卧式预制只作简要描述。

1. 立式预制

(1)长线预制

长线预制通常在预制厂或施工现场较大的预制场进行。首先按桥梁底缘曲线制作有固定台座(图 6-2-12),然后在台座上安装底模进行节段混凝土浇筑工作。组成 T 构半悬臂或全悬臂的各梁段均在固定台座上的活动模板内浇筑而成,且相邻段相互贴合浇筑,接缝面在浇筑前涂抹隔离剂,以利脱模。

长线预制需要有较大的场地,台座两侧常设挡土墙,内填不沉降的砂石和 20cm 厚的混凝土封顶,其上用高强砂浆找平,在砂浆终凝前,再加铺一层镀锌铁皮,并用铁钉固定。

台座底座的最小长度应不小于桥孔跨径的一半。底座的形成的方法有:

①利用预制场的地形填筑土胎,经过加固夯实后再铺砂石层,然后在上面浇筑混凝土,从而形成底板。

②在盛产石料的地区,也可以用石砌成所需的梁底缘的形状,顶上加铺混凝土而形成底板。

③在地质条件较差的地区,可采用打短桩基础,再在桩基础上搭设排架,排架顶按所需梁底缘的线形设置,排架可采用木材或型钢组成,最后在排架顶上安装梁底模板。

梁体节段的预制一般在底板上进行。侧模板常采用钢模,每段一块,以便于装拆和重复使用。为加快施工进度,保证节段之间密贴,常采用先浇筑奇数段,然后利用奇数段混凝土的端面作模板,再浇筑偶数段;也可以采用分阶段的预制方法。当节段混凝土强度达到设计强度 70% 以上后,就可吊出预制场地。

(2)短线预制

短线预制的台座是由基础、可调整底座和端模组成(图 6-2-13),台座有 3 个梁段长。当第一节段混凝土浇筑完成后,在其相邻位置上安装下一节段模板,并利用第一节段混凝土的端面作为第二节段的端模完成第二节段混凝土的浇筑工作。以同样的方法浇筑第三节段的混凝土，同时可将第一节段移出台位，并在前一节段端部组拼下一节段的底模及侧模，再进行混凝土的浇筑。依此过程重复进行，直至梁段预制完成。此法亦称活动底座法。

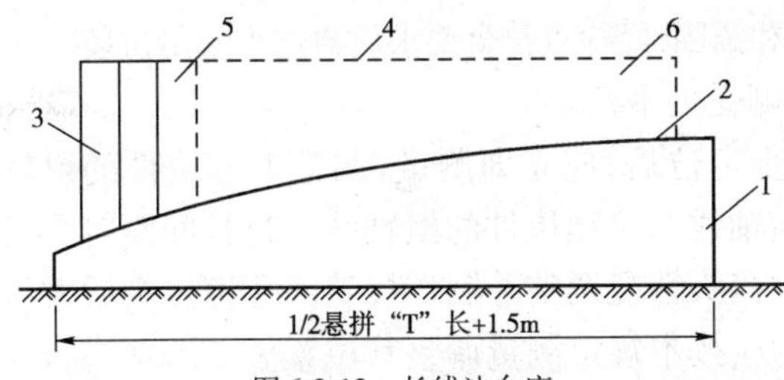


图 6-2-12　长线法台座

1-长线台座；2-梁底线形；3-预制梁段；4-梁顶线形；5-待浇梁段；6-待浇梁段位置

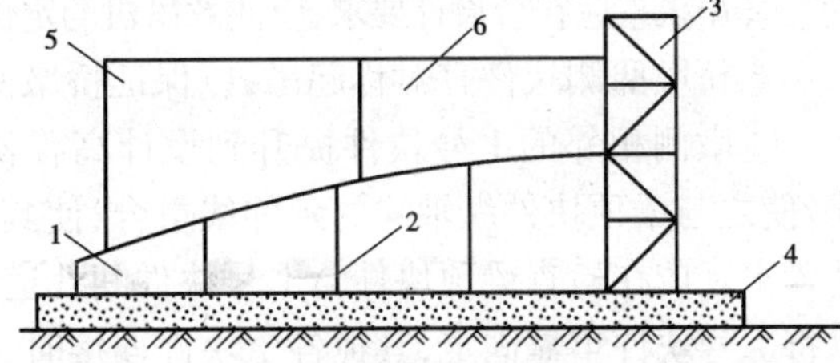

图 6-2-13　短线法台座

1-台座；2-可调底模；3-封闭式端模；4-基础；5-配筑梁段；6-待浇梁段

这种方法适合工厂化生产预制，设备可周转使用，但节段的尺寸和相对位置的调整要复杂一些。短线台座除基础部分外，多采用钢材加工制作。

2. 卧式预制

当主梁为桁架梁时，具有较大的桁高和节段长度，且桁架的桁杆截面尺寸不大时，常采用卧式预制。

卧式预制要有一个较大的地坪，地坪的高低要经过测量，并有足够的强度，不致产生不均匀沉陷。对相同尺寸的节段还可以在已预制完成的节段上安装模板进行平卧叠层预制，两层构件间常用塑料布或涂机油等方法分隔。桁架梁预制节段的起吊、翻身工作要求操作细致，并注意选择吊点和吊装机具。

无论是立式预制还是卧式预制，都要求相邻节段之间接触紧密，故必须以前面浇筑完成的节段的端面作为后来浇筑节段的端模，同时必须采用隔离剂使节段出坑时较容易从接缝处脱离。常用的隔离剂有：①薄膜类：如塑料硬薄膜；②油脂类，如较好机油，可掺少量黄油以增加黏度，但要注意浇筑后混凝土表面不能变黑；③皂类，如烷基苯磺酸钠，此类隔离剂成本较高，但使用效果较好。

## 二、梁段起吊拼装

1. 悬臂拼装的方法

预制节段的悬臂拼装根据施工现场条件，可采用的方法有：

(1) 处于岸边的桥跨，如果桥梁不高且可在陆地或便桥上施工时，可采用自行式吊车、门式吊车来拼装。

(2) 处于河中的桥孔，若水流不急，且桥墩不高，可采用水上浮吊进行安装。

(3) 如果桥墩很高，或水流湍急而不便在陆上、水上施工时，就可利用移动式吊车、桁式吊车、缆索起重机等各种吊机进行高空悬臂拼接。

2. 悬臂拼装施工的要点

(1) 支座临时固结或设置临时支架

为了确保连续梁分段悬拼施工的平衡和稳定，常与悬浇方法相同，将 T 构支座临时固结。当临时固结支座不能满足悬拼要求时，一般考虑在墩的两侧或一侧加临时支架。悬拼完成，T 构合龙后，即可恢复原状，拆除支架。

(2) 采用悬臂吊机、缆索、浮吊悬臂拼装时，应按施工荷载对结构和吊具进行强度、刚度、稳定性等的验算，使安全系数满足施工技术标准的要求。施工时注意以下事项：

①块件起吊安装前,应对起吊设备进行全面的安全技术检查,并按设计荷载的60%、100%和130%分别进行起吊试验。

②吊机重应符合设计要求,应注意吊机的定位和锚固,经检查符合要求后再进行起吊拼装。

③桥墩两侧块件宜对称起吊,以保证桥墩两侧受力平衡。

④墩侧相邻的1号块件提升到设计高程初步定位后,应立即测量、调整1号块件的纵轴线,使之与梁顶块件纵轴线的延伸线重合,使其横轴线与梁顶块件的横轴线平行且间距符合设计要求。应在检查梁顶块件与1号块件间孔道的接头情况调整并制作接缝间孔道接头后才可以将1号块件牢靠固定,其他各个块件连接时,均应按本规定测量调整其位置。

⑤应在施工前绘制主梁安装挠度变化曲线,悬臂拼装过程中应随时观测桥轴线安装挠度曲线的变化情况,并与设计值进行对比,遇有较大偏差时应及时处理,以便控制块件的安装高程。

(3)接缝处理

梁段拼装过程中的接缝有湿接缝、干接缝和胶接缝等。施工阶段不同、部位不同,常采用的接缝形式也不同。

①湿接缝的处理和拼装程序

I号梁段即墩柱两侧的第一个节段,一般与墩柱上的0号块以湿接缝相接。1号块是T型刚构两侧悬臂梁的基准节段,是全跨安装质量的关键。T构悬拼施工时,防止梁上翘和下挠的关键就在于1号块的定位准确。因此,必须采用各种定位方法以确保1号块定位的精度。定位后的1号块可由吊机悬吊支承,也可用下面的临时托架支承。为了便于进行接缝处管道的接头拼装、接头钢筋的焊接和混凝土振捣作业,湿接缝一般取宽度为0.1~0.2m。

1号节段拼装和湿接缝处理的程序如图6-2-14所示。

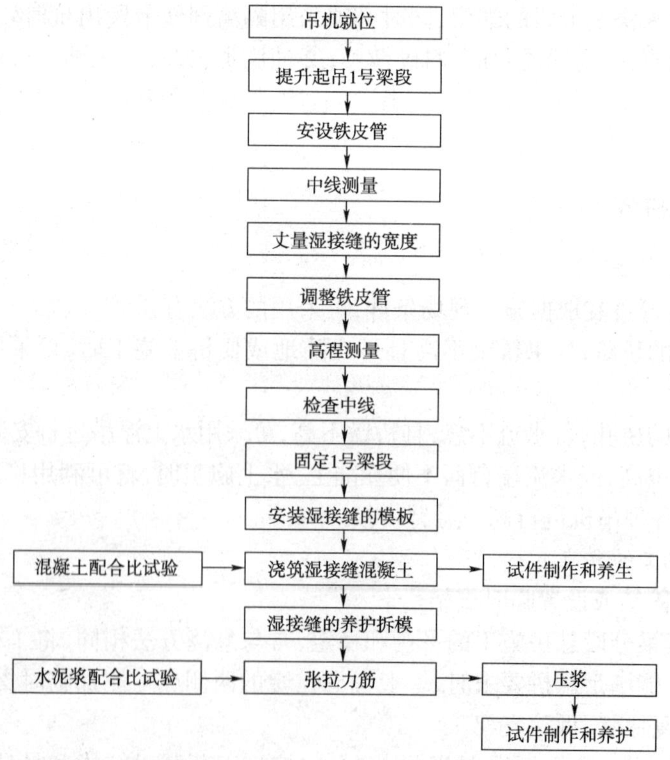


图6-2-14　1号梁段湿接缝拼装程序

跨度大的T型刚构，由于悬臂很长，往往要在悬臂中部设置一道现浇箱梁横隔板，同时设置一道湿接缝。这道湿接缝除了能增加箱梁的刚度外，也可以调整拼装位置。在拼装过程中，如拼装上翘的误差很大，难以用其他办法补救时，可以增设一道湿接缝来调整。但应注意，增设的湿接缝宽度必须与凿去的节段长度相等。

1号梁段安装的容许偏差如表6-2-1所示。

**1号梁段安装的容许偏差**(mm)　　表6-2-1

| 高程 | 中线 | 平面位置长度 | 扭转高差 | 转角高差 |
| --- | --- | --- | --- | --- |
| ±1 | ±1 | 1 | 1 | 0.5/m |

湿接缝处铁皮管的对接，是一项施工工艺很高且很复杂的技术，在对接中往往不易处理，常会出现铁皮管长度、直径与接缝宽度不相称，预留管道位置不准确，管孔串浆、排气的三通铁皮管错乱等现象，施工时应特别注意。

②胶接缝和干接缝

节段采用干接缝的密贴性差，接缝中易进水汽，从而导致钢筋锈蚀，所以一般不宜采用干接缝。

胶接缝多使用环氧树脂胶。环氧树脂胶接缝可使节段连接紧密，可使梁体的抗剪能力和整体刚度提高，同时梁体的不透水性好。

胶接缝是在其他梁段起吊并基本定位后，此时接缝宽约1.0～1.5cm，可先将临时预应力筋穿入，安好连接器，再开始涂胶及张拉临时预应力筋，使固化前胶接缝处的压应力不低于0.3MPa，此时可解除吊梁的吊钩。

胶接缝拼装梁段程序如图6-2-15所示。

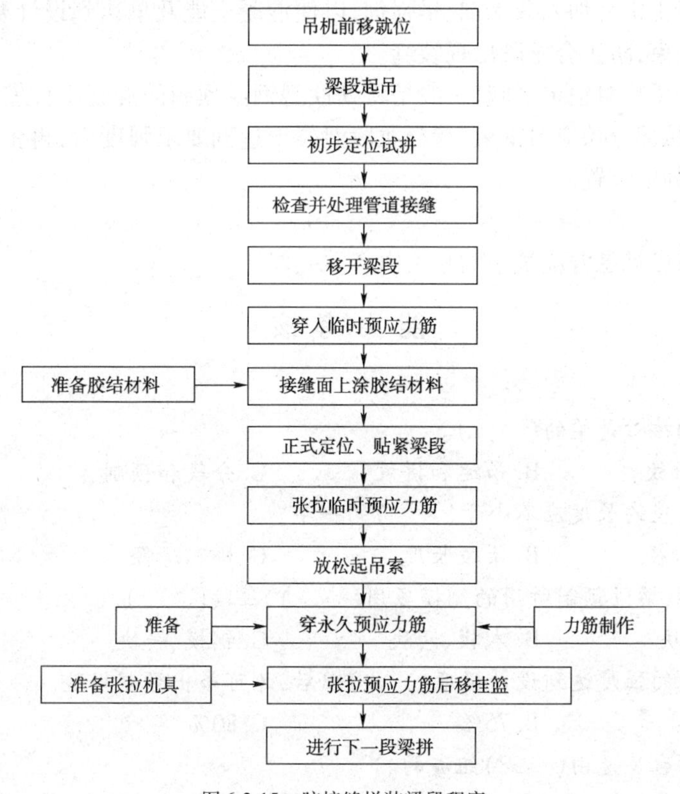

图6-2-15　胶接缝拼装梁段程序

③接缝施工注意事项：

a. 混凝土表面应尽量平整，疏松表面层及附着的水泥应清除干净，涂胶前表面应干燥或烘干。

b. 胶结剂使用过程中应继续搅拌以保证均匀，胶缝加压被挤出的胶结料应及时刮干净。

c. 涂胶人员应有防护设施。

d. 安装调整位置、高程应在3h内完成。

e. 胶接缝采用预施应力(挤压)0.3MPa，挤压应在3h以内完成。当施工时间超过裸露时间的70%时，在固化前应清除被挤出的胶结料。

## 三、合龙段施工和体系转换

1. 合龙段施工

(1)合龙的方法

合龙段施工常采用的方法有现浇和拼装两种。两种方法各有特点，现浇合龙，影响质量的因素较多，如：温差影响、混凝土早期收缩及水化热的影响、已完成梁段混凝土的收缩徐变的影响和结构体系转换等的影响。拼装合龙，施工工序简单，施工速度快，但对预制和拼装的精度要求高。

(2)合龙施工的几个要求

①在满足施工操作要求的前提下，应尽量缩短合龙段的长度，一般采用的是1.5~2.0m。

②合龙宜在低温下施工。夏季应选择在晚上合龙，并用草袋覆盖，并要加强接头混凝土的养护，使混凝土的早期结硬是在升温受压状态下完成的。

③合龙段混凝土中宜加入减水剂、早强剂，以使混凝土能及早达到设计要求的强度，并能及时张拉预应力筋束，防止合龙段出现裂缝。

④合龙段需采用临时锁定措施，一般是将劲性型钢或预制的混凝土柱安装在合龙段上下部作支撑，然后张拉部分预应力钢束，待合龙段混凝土达到要求强度后，再张拉其余预应力钢束，最后拆除临时锁定装置。

2. 体系转换

这部分内容可参见悬臂浇筑中的相关内容。

## 能 力 考 核

**选择题**

1. 悬臂拼装的核心是梁的(　　)。

A. 预制和堆放　　B. 吊运和拼装　　C. 分段和预制

2. 长线预制台座的长度应不小于(　　)的一半。

A. 悬臂端跨径　　B. 梁段长度　　C. 桥孔跨径　　D. 最长梁段

3. 为便于装拆，梁段预制所用的侧模多用(　　)，每段(　　)。

A. 木模、一块　　B. 木模、两块　　C. 钢模、一块　　D. 钢模、两块

4. 节段混凝土的强度达到设计强度(　　)以后，才可吊出预制场地。

A. 70%　　B. 75%　　C. 80%　　D. 85%

5. 短线预制的台座是由(　　)组成的。

A. 可调基础、底座、端模　　B. 基础、可调底座、端模

C. 基础、底座、可调端模

6. 短线预制的台座有(　　)个梁段长。

A. 1　　B. 2　　C. 3　　D. 4

7. 处于河中的桥孔,若水流不急,且桥墩不高,可采用(　　)进行安装。

A. 自行式吊车　　B. 水上浮吊　　C. 移动式吊车　　D. 缆索起重机

8. 梁段接缝采用湿接缝时,缝宽一般取(　　)m。

A. 0.1 ~ 0.2　　B. 0.2 ~ 0.3　　C. 0.3 ~ 0.4　　D. 0.4 ~ 0.5

**判断题**

1. 悬臂拼装的分段,主要取决于悬拼吊机的能力。(　　)
2. 长线预制就是可预制较长的梁段。(　　)
3. 为保证节段之间密贴,常采用先浇筑奇数段,利用其混凝土的端面做模板,然后浇筑偶数段。(　　)
4. 悬臂拼装,可以采用不对称起吊安装。(　　)
5. Ⅰ号梁段与0号块之间可采用任何接缝形式。(　　)
6. 悬拼节段间的接缝,多采用的是环氧树脂胶。(　　)

**问答题**

1. 什么是悬臂拼装法?悬臂拼装的主要工序有哪些?
2. 悬臂拼装的方法有哪些?
3. 拼装施工时应注意哪些问题?
4. 接缝施工应注意什么?
5. 合龙施工有哪些要求?

# 单元七 拱桥施工

拱桥指的是在竖直平面内以拱作为上部结构主要承重构件的桥梁，其造型优美，曲线圆润，富有动态感。拱桥是我国公路上广泛使用的一种桥型。拱桥和梁桥一样，由上部结构（桥跨结构）及下部结构组成。它与梁桥的区别，主要在于其桥跨结构外形的不同和两者受力性能有差别。由于拱式结构在竖向荷载作用下，支承处不仅产生竖向反力，而且还产生水平推力。由于这个水平推力的存在，拱的弯矩将比相同跨径的梁的弯矩小得多，而使整个拱主要承受压力。这样，拱桥不仅可以利用钢、钢筋混凝土等材料来修筑，而且还可以根据拱的这个受力特点，充分利用抗压性能较好而抗拉性能较差的圬工材料（石料、混凝土等）来修建。

拱桥施工方法主要有支架施工法、无支架缆索吊装法、悬臂施工法、转体施工法、劲性骨架施工方法等，那么一座拱桥究竟采用哪种施工方法较合理，就要根据其结构形式、跨径大小、建桥材料、桥址环境的具体情况以及方便、经济、快速的原则而定了。

本章我们主要学习拱桥的有支架施工法和无支架缆索吊装法。

## 课题一 拱桥有支架施工

### 模块一 拱架的施工

**知识点：**

◎拱架的形式、构造特点和适用范围；

◎卸架设备的构造和原理。

**技能点：**

◎拱架的制作、安装及卸落；

◎拱圈模板的制作。

**【任务引入】**

有支架施工方法主要用于石拱桥、混凝土预制块砌筑的拱桥和现浇混凝土拱桥，施工时需要在桥位上搭拱架进行拱圈砌筑或搭拱架、立模板、绑扎钢筋再现浇混凝土。由此可知，搭设拱架成为该施工方法的主要步骤，本模块就拱架的形式、制作和安装过程进行讲述。

**【任务分析】**

拱桥的跨径有大有小，桥位所在河道有的无水，有的水浅流缓，有的水深流急，还有的有通航的要求。这就使得拱架的材料、结构形式不可能是相同的。拱架是有支架施工的临时辅助结构，用以支承全部或部分拱圈和拱上建筑的重力。为保证拱圈的形状符合设计要求，就要使拱架有足够的强度和稳定性，并要求其构造简单、制作简单、能重复使用，这就对它的制作有了更加严格的要求。

【任务实施】

## 一、拱架的类型及构造

### 1. 拱架的类型

拱架的种类很多,按其使用的材料可分为木拱架、钢拱架、竹拱架、竹木混合拱架、钢木组合拱架以及土牛拱胎等形式。木拱架一般有排架式、撑架式、扇形式、叠桁式及三铰木桁架式等。前4种因在桥孔中间设有或多或少的支架故统称满布式拱架,最后一种为拱式拱架。

### 2. 拱架的构造

1)木拱架

(1)排架式木拱架

排架式木拱架的排架间距小,结构简单且稳定性好,适用于干岸河滩上流速小、不受洪水威胁的不通航河流上的桥孔,如图7-1-1所示。

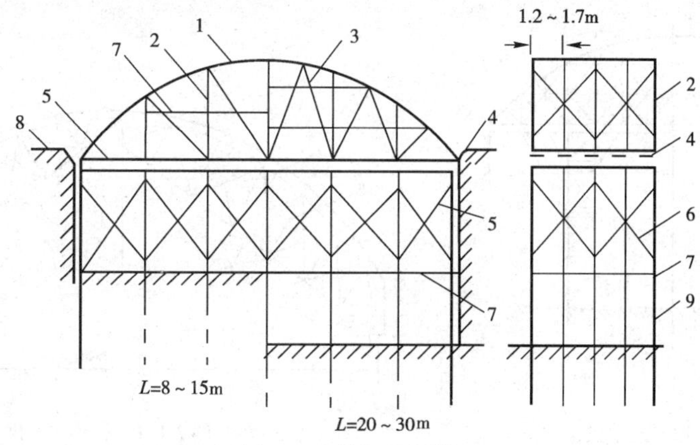


图7-1-1 排架式木拱架

1-弓形木;2-立柱;3-斜撑;4-卸架设备;5-水平拉杆;6-斜夹木;7-水平夹木;8-桥墩(台);9-桩木

①构造:拱架通常由拱架上部(拱盔)、卸架设备、拱架下部(支架)三个部分组成。上部是由斜梁、立柱、斜撑和拉杆组成拱形桁架(拱盔),下部是由立柱及横向联系(斜夹木和水平夹木)组成支架,上下部之间放置卸架设备(木楔或砂筒等)。在斜梁上钉以弧形垫木以适应拱腹曲线形状,故将斜梁和弧形垫木合称为弓形木。弓形木支承在立柱或斜撑上,长度一般为1.5~2.0m。在弓形木上设置横梁,其间距一般为0.6~0.7m,上面再纵向铺设模板。当拱架横向的间距较密时,也可不设横梁,而直接在弓形木上面铺设模板,如图7-1-2所示。

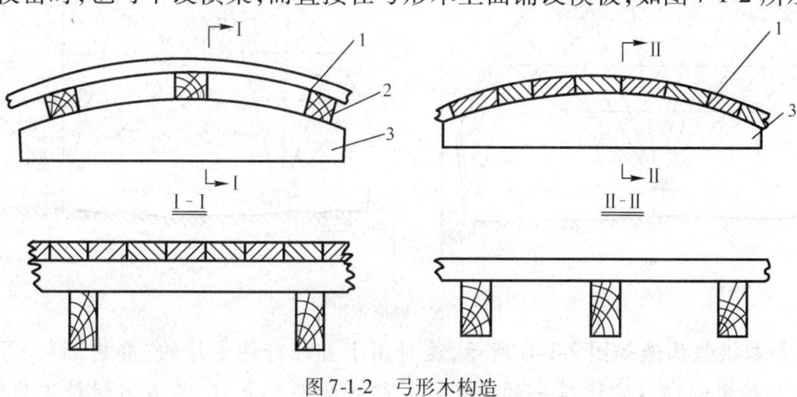


图7-1-2 弓形木构造

1-模板;2-横木;3-弓形木

②支架基础：支架基础必须稳固，承重后应能保持均匀沉降且下沉量不得超过设计范围。基础为石质时，将表土挖去，立柱根部岩面应凿低、凿平。基础为密实土时，如施工期间不会被流水冲刷，可采用枕木或铺砌石块作支架基础；如基础施工期间可能被流水冲刷或为松软土质时，需采用桩基、框架结构或其他加固措施施工（比如采用夯填碎石补强，砂砾土用水泥固结，再在其上浇混凝土基座作为支架基础）。

（2）撑架式木拱架

撑架式木拱架是用少数框架式支架加斜撑来代替数目众多的立柱，如图 7-1-3 所示。其木材用量较排架式拱架少，构造上也不复杂，而且能在桥孔下留出适当的空间，减小洪水及漂流物的威胁，并在一定程度上满足通航的要求。

（3）三铰木桁架

三铰木桁架是典型的拱式拱架，它在桥孔中可完全不设支架，所以适合于经常性通航、水域较深或墩、台较高的桥孔，其构造如图 7-1-4 所示。

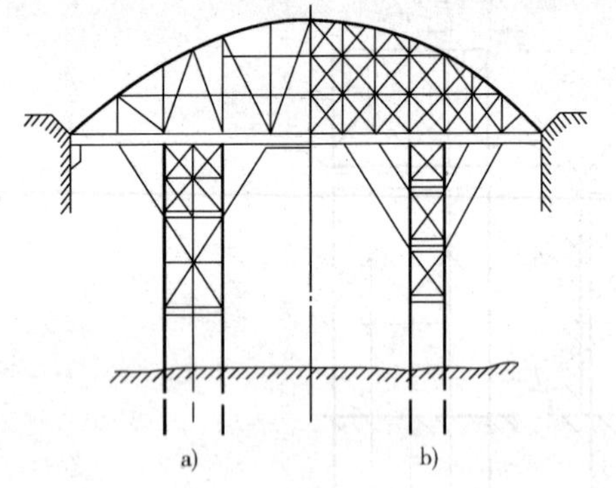


图 7-1-3　撑架式木拱架

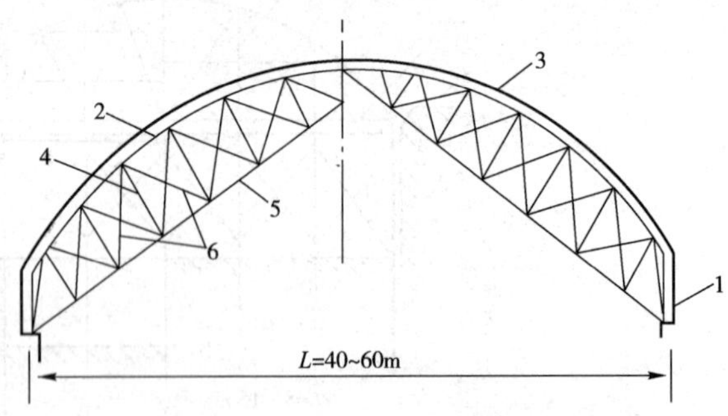


图 7-1-4　三铰式木拱架

1-垫块；2-上弦；3-模板；4-竖杆；5-下弦；6-斜杆

**【知识链接一】**

木拱架的其他形式

（1）扇形式拱架比撑架式拱架复杂，但支架（或支点）间距可以比撑架式更大些，当设置中间支架有困难或者拱度很大时宜采用这种木拱架形式，其构造如图 7-1-5 所示。

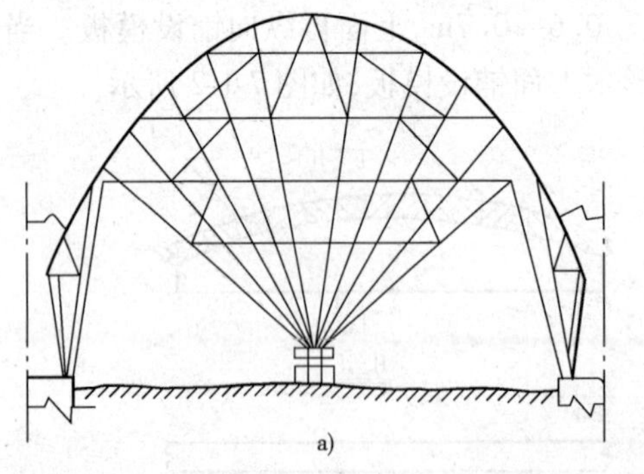


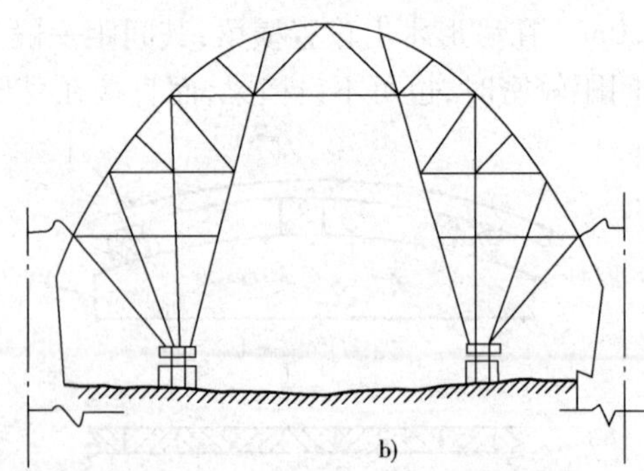


图 7-1-5　扇形木拱架

（2）叠桁式木拱架构造如图 7-1-6 所示，这种用小直径杆件支撑的“叠桁”解决了大跨径高支架的整体刚度和稳定问题。它比单一的满布式或桁式拱架都要好，既节省材料又易于施工。

2)钢拱架和钢木组合拱架

(1)工字梁钢拱架

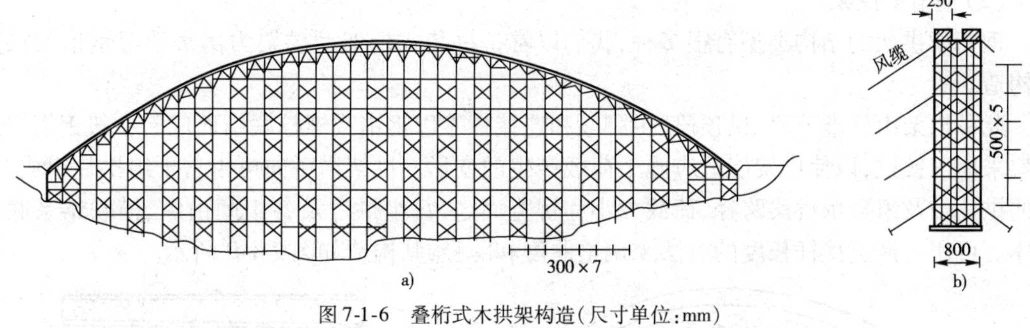


图 7-1-6　叠桁式木拱架构造(尺寸单位:mm)

a)正面;b)横向

工字梁钢拱架可采用两种形式:

①钢木组合拱架是在木支架上用工字钢梁代替木斜梁,以加大斜梁的跨度,减少支架用量。工字钢梁顶面可用垫木垫成拱模弧线,其构造形式如图 7-1-7 所示。

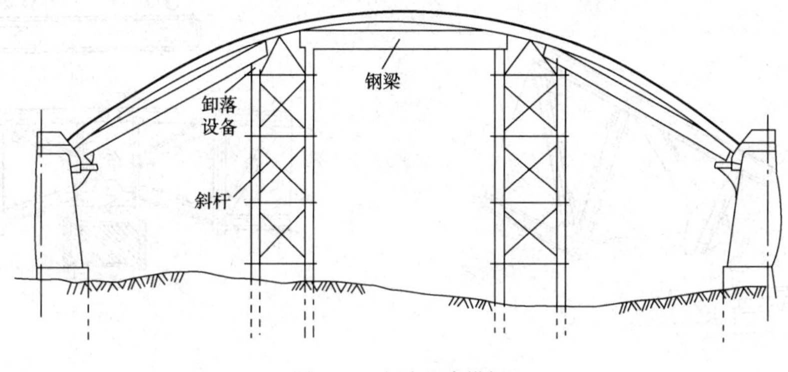


图 7-1-7　钢木组合拱架

②工字梁活用钢拱架适用于施工期间需保持通航、墩台较高、河水较深或地质条件较差的桥孔,它构造简单,拼装方便,且可重复使用,其构造形式如图 7-1-8 所示。

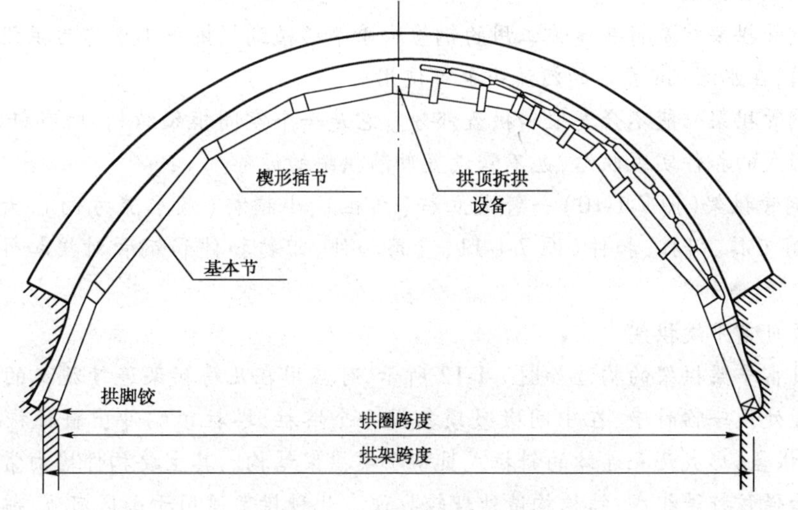


图 7-1-8　工字梁活用钢拱架

拱架由工字钢梁基本节(分成几种不同长度)、楔形插节(由同号工字钢截成)、拱顶铰及拱脚铰等基本构件组成。

(2)钢桁架拱架

钢桁架拱架的结构类型有很多种,我们以常备拼装式桁架型拱架为例来学习钢桁架拱架的构造。

此种拱架由标准节段、拱顶段、拱脚段和连接杆等以钢销或螺栓联结而成。一般钢桁架式拱架采用三铰拱,以使拱架能适应施工荷载产生的变形。拱架横桥向可由若干组拱片组成,每组的拱片数及组数依桥梁跨径、荷载大小和桥宽而定,每组拱片及各组间由纵、横联结系联成整体。可用变换连接杆长度的方法来调整曲度和跨径,其构造如图 7-1-9 所示。

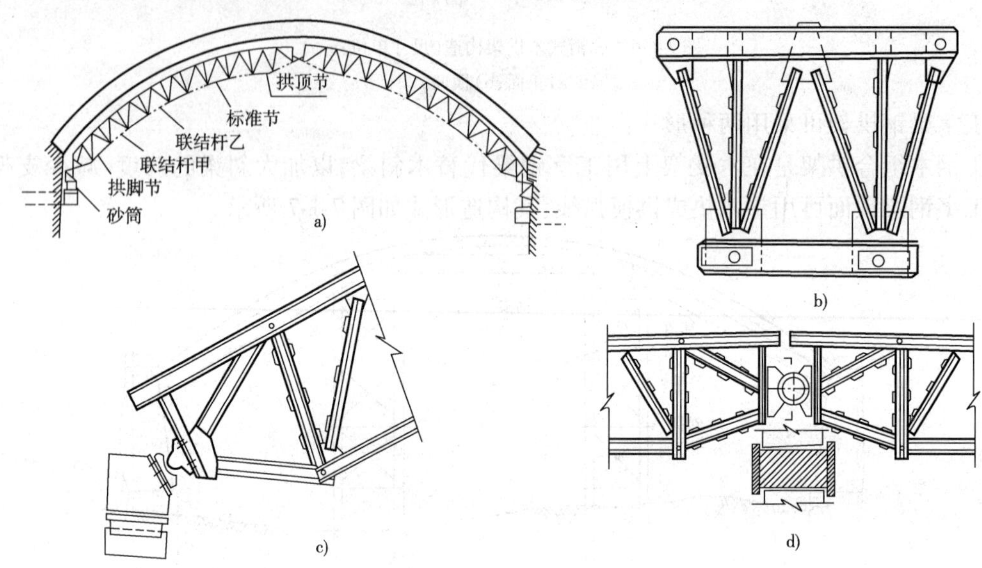


图 7-1-9 常备拼装式桁架型拱架

a)常备拼装式;b)标准节;c)拱脚节;d)拱顶节

【知识链接二】

1. 扣件式钢管拱架

扣件式钢管拱架就是将房建施工用的钢管脚手架移植到拱桥施工中作为拱架。它不仅在陆地上可使用,在水深 7m 左右的河流中也可使用。

扣件式钢管拱架一般不分支架和拱盔部分。它是一个空间框架结构,所有杆件(钢管)通过各种不同形式的扣件实现联结,也不需设置卸落拱架的设备。

扣件式钢管拱架(图 7-1-10)一般由立杆(立柱)、小横杆(顺水流方向)、大横杆(顺桥轴线方向)、剪刀撑、斜撑、扣件(图 7-1-11,直角扣件、回转扣件和钢管对接扣件)和缆风索组成。

2. 斜拉式贝雷平梁拱架

斜拉式贝雷平梁拱架的构造如图 7-1-12 所示,可应用在几跨拱架连续施工的情况。在距边墩一定位置处设一临时墩,在中间墩墩顶各设一个塔柱,塔柱顶端伸出斜拉杆拉住贝雷平梁,平梁上设拱盔,形成几孔连续的斜拉式贝雷平梁拱架结构。其主要构件均由常备式贝雷桁架、支撑架、加强弦杆等组成,结构构造处理较方便。此种拱架适用于山区河流、航道复杂河流地段或峡谷间施工的刚架拱桥及其他类似条件的桥梁现浇施工。

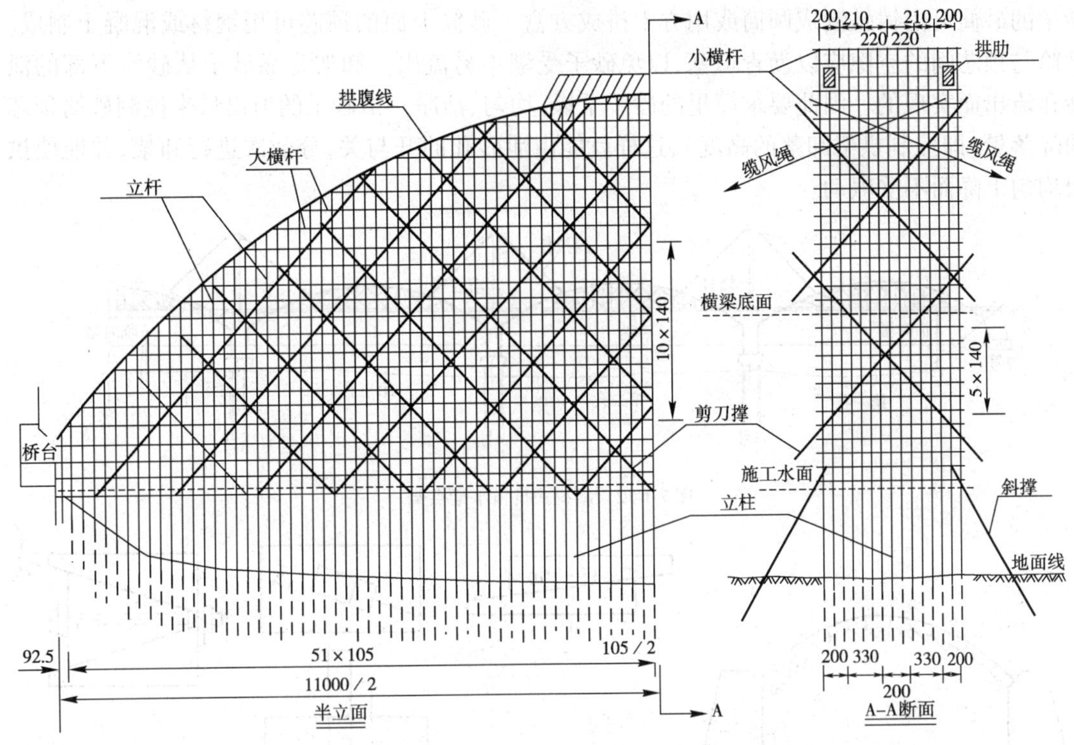

图 7-1-10　扣件式钢管拱架(尺寸单位:mm)

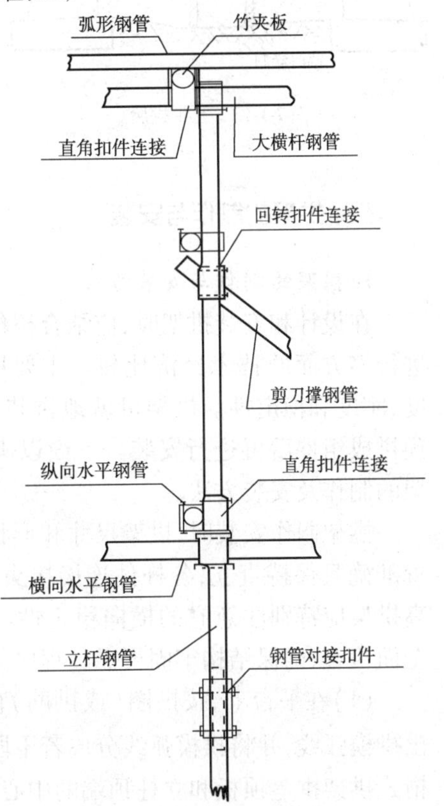

图 7-1-11　扣件图

3)土牛拱胎

土牛拱胎是用土填筑而成,顶面做成与拱圈腹面相适应的曲面,并准确埋入弓形木,使填土顶面与弓形木齐平。在有水的河流中应在土牛底部设置临时涵洞,如图 7-1-13 所示。

土牛顶面宽度应较拱圈略宽 0.5 ~ 1.0m,以免边缘松动坍塌。在施工期间可能降雨时,土牛顶面应铺一层油毛毡,边坡用草覆盖,防止雨水浸入。土牛拱胎的优点是施工方法简单,可就地取材,节约木料。其缺点是耗费劳力较多,施工期间妨碍泄洪。

3. 拱架的卸架设备

(1)木楔

木楔有简单木楔和组合木楔等不同构造,如图 7-1-14所示。简单木楔如图 7-1-14a)、b)所示,由两块 1∶6 ~ 1∶10 斜面的硬木楔形块组成,构造简便。落架时用锤轻轻敲击木楔小头,将木楔取出,拱架即下落。组合木楔构造如图 7-1-14c)所示,它由三块楔形木和一根拉紧螺栓组成。卸架时只需扭松螺栓,木楔徐徐下降,拱架即可逐渐降落。

(2)砂筒或千斤顶

拱式拱架及大跨径拱架,宜采用砂筒或千斤顶卸架。砂筒的构造如图 7-1-15 所示,内装砂子的砂筒可由铸铁制成圆筒或用方木拼成方盒。砂筒上面的顶芯可用钢材或混凝土制成。砂筒与顶芯间的空隙应以沥青填塞,以免砂子受潮不易流出。卸架是靠砂子从砂筒下部的泄砂孔流出而实现的。因此要求筒里的砂子干燥、均匀、洁净。由砂子的泄出量来控制砂筒顶芯的降落量(即控制拱架卸落的高度),这样就能由泄砂孔的开与关,分数次进行卸架,并能使拱架均匀下降而不受振动。

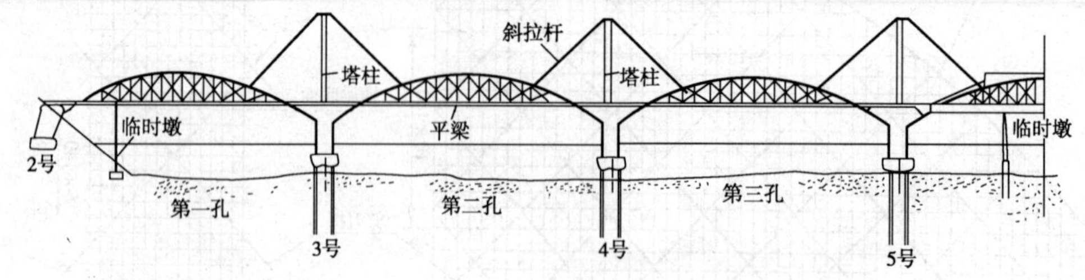

图 7-1-12　斜拉式贝雷平梁拱架

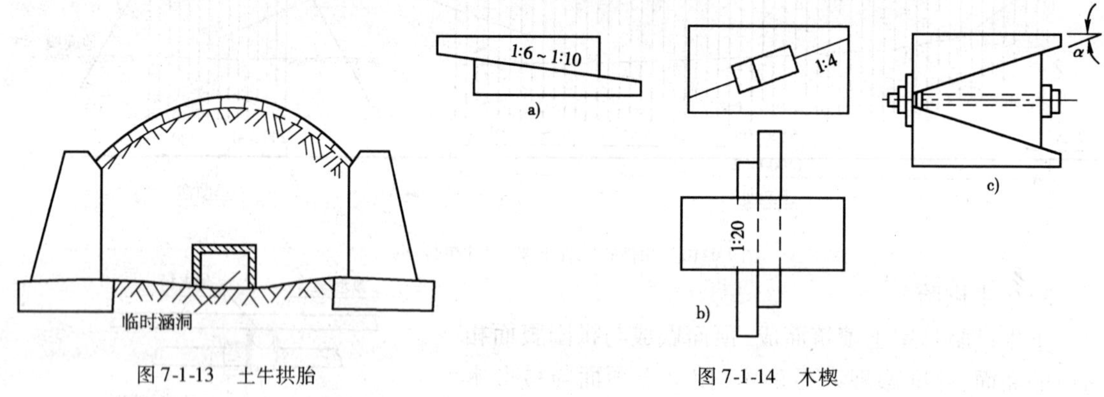

图 7-1-13　土牛拱胎

图 7-1-14　木楔

a),b)简单木楔;c)组合木楔

## 二、拱架的制作与安装

1. 拱架的制作与安装方法

在设计和安装拱架时,应结合桥位处地形、地基等实际条件进行多方面的技术经济比较。主要原则是拱架要有足够的强度、刚度和稳定性。拱架可就地拼装,也可根据起吊设备能力,预拼成组件后再进行安装。下面以满布式木拱架为例,学习拱架的制作及安装方法。

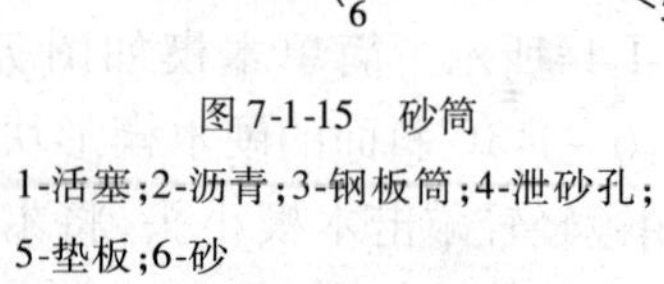

图 7-1-15　砂筒

1-活塞;2-沥青;3-钢板筒;4-泄砂孔;5-垫板;6-砂

拱架制作安装时,拱架尺寸和形状要符合设计要求,立柱位置准确且保持直立,各杆件连接接头要紧密,支架基础要牢固,高拱架应特别注意它的横向稳定性。拱架全部安装完成后,应全面检查,确保结构牢固可靠。程序如下:

(1)在平台上,按拱圈(或拱肋)内弧线加施工预拱度值放出拱模弧线,并将拱模弧线分成若干段,定出弧形木接头位置和排架、斜撑、拉杆的中心线或叠桁式拱架拱盔顶板和立柱顶端的中心线和位置。

(2)在样台上量出各杆件尺寸,制作各杆件大样。

(3)竖立支架立柱(预先对地基整平、夯实、设置枕梁)。

(4)安装帽木和夹木,并在帽木的立柱位置放上卸落设备。

(5)在支架及卸落设备上抄平,定出拱架上部大梁水平线。

(6)安装水平大梁、立柱、斜撑、夹木、弧形木、横梁和模板等,并注意控制弧形木各节点高程及拱架中线偏离。拱架较高时,可在支架两侧设置斜撑和在拱冠两侧设置缆风绳,以增强拱架横向稳定性。

2. 施工预拱度的设置

拱架在拱桥施工中承受荷载后,会产生弹性的和非弹性的变形。另外,当拱圈砌筑完毕且强度达到要求而卸落拱架后,在自重力、温度变化等因素影响下,拱圈也会产生弹性下沉。为了使拱圈的拱轴线符合设计要求,必须在拱架上预设施工预拱度,以抵消上述各种可能发生的竖直变形。

设置预拱度时,拱顶处应按全部预拱度总值设置,拱脚处为零,其余各点可按拱轴线坐标高度比例或按二次抛物线分配,如图 7-1-16 所示。

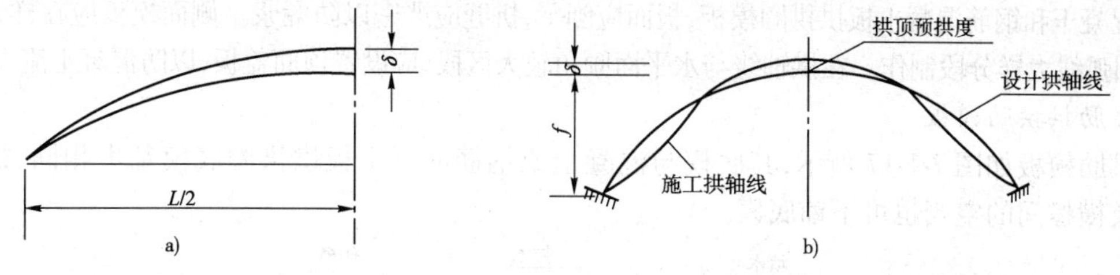


图 7-1-16 预拱度的设置

## 三、拱架卸落

1. 卸落程序

在纵向应对称均衡卸落,在横向应同时卸落。满布式拱架卸落时,可从拱顶向拱脚依次循环卸落;拱式拱架可在两支座处同时均匀卸落。多孔拱桥卸架时,若桥墩允许承受单孔施工荷载,可单孔卸落,否则应多孔同时卸落,或各连续孔分阶段卸落。

2. 拱架卸落的要求

(1)卸落拱架应按拟定的卸落程序进行,分几个循环卸完,卸落量开始宜小,以后逐渐增大。

**【知识链接三】**

拱架卸落的过程,就是由拱架支承的拱圈(或拱上建筑已完成的整个拱桥上部结构)的重力逐渐转移给拱圈自身来承担的过程。为了对拱圈受力有利,拱架不能突然卸除,而应按一定的卸架程序和方法进行。在卸架中,只有当达到一定的卸落量时,拱架才脱离拱圈体并实现力的转移。所以拱架的卸落量应分成几次和几个循环逐步完成,各次和各循环之间有一定间歇。间歇后应将松动的卸落设备顶紧,使拱圈体落实。

(2)拱架卸落期限

若为砌筑拱圈时,必须在砌筑完成后 20 ~ 30d 左右,待砌筑砂浆强度达到设计强度的 70% 以后才能卸落拱架;若是浇筑拱圈、拱肋,只有当接头混凝土及拱肋横向联结构件混凝土的强度达到设计强度的 75% 或满足设计规定后,方可开始卸架。此外还须考虑拱上建筑、拱背填料、连拱等因素对拱圈受力的影响,尽量选择对拱体产生最小应力的时机为宜,过早或过迟卸架都将使拱圈受力不利。

**【知识链接四】**

一般情况下,卸架期限应选择在下列阶段并符合以下规定:

(1)实腹式拱在护拱、侧墙完成后;

(2)空腹式拱在拱上小拱横墙完成后、小拱圈砌筑前；

(3)裸拱卸架时，应对裸拱进行截面强度及稳定性验算，并采取必要的稳定措施；

(4)如必须提前卸架，应适当提高砂浆(或混凝土)强度或采取其他措施；

(5)较大跨径拱桥的拱架卸落期限，一般在设计中有明确规定，应按设计规定进行。

## 四、拱圈模板的制作

1. 板拱模板

板拱拱圈模板(底模)的厚度应根据弧形木或横梁间距的大小来确定。一般有横梁时底模板厚度为4~5cm，直接搁在弧形木上时为6~7cm。有横梁时为使顺向放置的模板与拱圈内弧线圆顺一致，可预先将木板压弯。40m以上跨径的拱桥模板可不必事先压弯。

石砌板拱拱圈的模板，应在拱顶处预留一空当，以便于拱架的拆卸。

混凝土和钢筋混凝土板拱拱圈模板，板面应刨平，拼缝应严密以防漏浆。侧面模板应在样台上按拱圈弧线大样分段制作。在拱轴线与水平面倾角较大区段，应设置顶面盖板，以防混凝土流失。

2. 肋拱拱肋模板

拱肋模板如图7-1-17所示，其底模与混凝土或钢筋混凝土板拱拱圈底模基本相同，拱肋之间及横撑间的空当也可不铺底模。

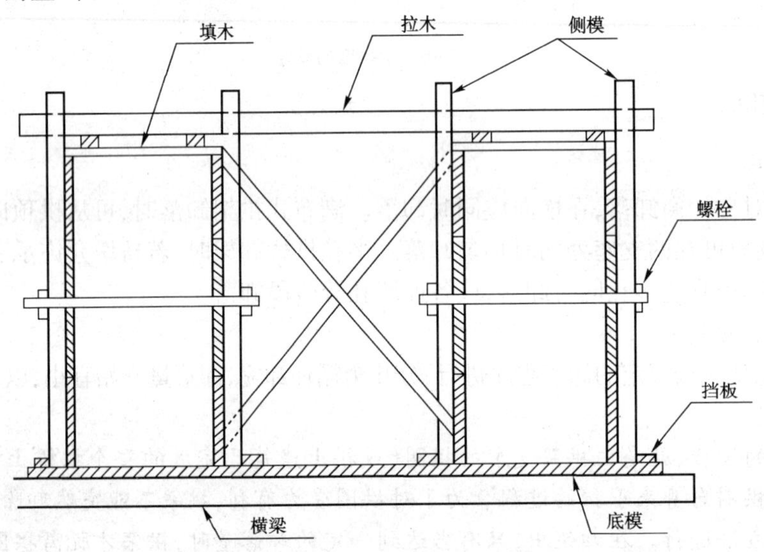


图7-1-17　肋拱拱肋模板横截面

拱肋侧面模板，一般应预先按样板分段制作，然后拼装在底模板上，并用拉木、螺栓拉杆及斜撑等固定。安装时，应先安置内侧模板，等钢筋入模后再安置外侧模板。模板宜在适当长度内设一道变形缝，以避免在拱架沉降时模板间相互顶死。

拱肋间的横撑模板与上述侧模构造基本相同，处于拱轴线较陡位置时，可用斜撑支撑在底模板上。

## 能力考核

### 选择题

1. 下列木拱架的形式当中(　　)不属于满布式拱架。

A. 排架式　　B. 撑架式　　C. 扇形式　　D. 木桁架式

2. 下列哪种拱架适用于干岸河滩上流速小、不受洪水威胁的不通航河流上的桥孔。(　　)

A. 扇形式　　B. 撑架式　　C. 排架式　　D. 叠桁式

3. 下列哪个选项不属于常备拼装式桁架型拱架的组成部分。(　　)

A. 标准节段　　B. 楔形插节　　C. 拱顶段　　D. 拱脚段

4. 砌筑拱圈必须待砌筑砂浆强度达到设计强度的(　　)以后才能卸落拱架。

A. 50%　　B. 70%　　C. 30%　　D. 100%

5. 下列哪一个选项不属于木拱架的构造。(　　)

A. 拱盔　　B. 卸架设备　　C. 支架　　D. 扣件

**判断题**

1. 排架式木拱架,其排架间距小,结构简单且稳定性好,所以适合于经常性通航、水域较深或墩台较高的桥孔。(　　)

2. 在拱架的卸落中,只有当达到一定的卸落量时,拱架才脱离拱圈体并实现力的转移,所以拱架的卸落量应一次完成。(　　)

3. 板拱拱圈模板(底模)的厚度应根据弧形木或横梁间距的大小来确定。一般有横梁时底模板厚度为4~5cm,直接搁在弧形木上时为6~7cm。(　　)

4. 支架基础必须稳固,基础为石质时,将表土挖去,立柱根部岩面应凿低、凿平。(　　)

5. 撑架式支架(或支点)间距可以比扇形式拱架更大些,当设置中间支架有困难或者拱度很大时宜采用这种木拱架形式。(　　)

**问答题**

1. 拱架的种类很多,按其使用的材料可分为哪些形式?

2. 支架基础必须稳固,基础为密实土,基础施工期间可能被流水冲刷或基础为松软土质时,需采取哪些措施来进行加固?

3. 扣件式钢管拱架有哪些组成结构?

4. 试述砂筒的卸架原理?

5. 拱架施工时,为什么要设置施工预拱度?

6. 试述满布式木拱架制作及安装程序?

## 模块二　拱圈(或拱肋)的浇筑施工

**知识点:**

◎拱圈(或拱肋)混凝土的浇筑方法与步骤;

◎钢筋接头的布置形式。

**技能点:**

◎针对不同跨径和不同截面拱圈(或拱肋)选择合理的方法进行浇筑施工;

◎在适当位置的间隔缝中设置钢筋接头;

◎拱上建筑的浇筑施工。

**【任务引入】**

钢筋混凝土拱桥的拱圈(或拱肋)经常用有支架施工方法来进行浇筑,同是现浇施工,它与梁桥的施工过程是否一致?它的浇筑程序与方法是什么?在浇筑过程中有哪些注意事项?

下面就围绕着这个课题作进一步学习与探讨。

【任务分析】

本课学习内容为拱圈(或拱肋)的现场浇筑,然而拱桥的跨径大小不同,拱圈(或拱肋)的截面形式也有差异,为了减小在浇筑中出现拱架、拱圈的变形,就要根据这些差异采取不同的施工方法。

【任务实施】

1. 连续浇筑

跨径小于16m的拱圈(或拱肋)混凝土,应按拱圈全宽度、自两端拱脚向拱顶对称地连续浇筑,并在拱脚处混凝土初凝前全部完成。如预计不能在限定时间内完成,则须在拱脚处预留一个隔缝并最后浇筑隔缝混凝土。

2. 分段浇筑

跨径≥16m的拱圈(或拱肋),为避免拱架变形而产生裂缝以及减少混凝土的收缩应力,应采用分段浇筑的施工方法。分段位置应以能使拱架受力对称、均匀和变形小为原则,拱式拱架宜设置在拱架受力反弯点、拱架节点、拱顶及拱脚处;满布式拱架宜设置在拱顶、$L/4$ 部位、拱脚及拱架节点等处,分段长度一般为6~15m。间隔缝的位置应避开横撑、隔板、吊杆及刚架节点等处,间隔缝的宽度一般为50~100cm,以便于施工操作和钢筋连接。如图7-1-18所示,分段浇筑程序应符合设计要求,且对称于拱顶进行,使拱架变形保持对称均匀和尽可能得小。

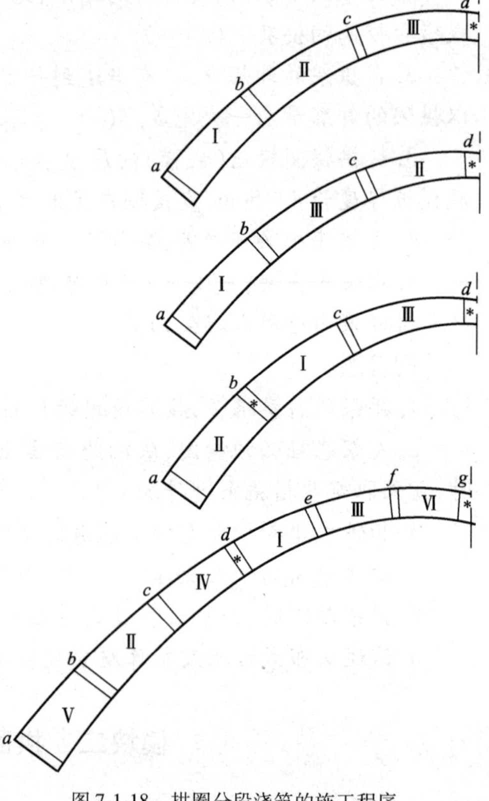

图7-1-18 拱圈分段浇筑的施工程序

填充间隔缝混凝土,应由两拱脚向拱顶对称进行。拱顶及两拱脚间隔缝应在最后封拱时浇筑,间隔缝与拱段的接触面应事先按施工缝进行处理。各段的接缝面应与拱轴线垂直,并应注意以下几点:

(1)间隔缝混凝土应在拱圈分段混凝土强度达到设计强度的75%后进行;

(2)为缩短拱圈合龙和拱架拆除的时间,间隔缝内的混凝土强度可采用比拱圈高一等级的半干硬性混凝土;

(3)封拱合龙温度应符合设计要求,如设计无规定时,一般宜在接近当地的年平均温度或在5~15℃之间进行。

3. 箱形截面拱圈(或拱肋)的浇筑

大跨径拱桥一般采用箱形截面的拱圈(或拱肋),为减轻拱架负担,一般采取分环、分段的浇筑方法。分段的方法与上述相同,分环的方法一般有以下两种。

(1)分成二环浇筑。先分段浇筑底板(第一环),然后分段浇筑腹板、横隔板及顶板混凝土(第二环)。

(2)分成三环浇筑。先分段浇筑底板(第一环),然后分段浇筑腹板和横隔板(第二环),最后分段浇筑顶板(第三环)。

分环、分段浇筑时，拱圈(或拱肋)的合龙方法有两种：一种是采取分环填充间隔缝合龙；另一种是全拱圈(或拱肋)浇筑完成后最后一次填充间隔缝合龙。采取前者时，已合龙的环层可起到拱架作用，在浇筑后一环混凝土时，可减轻拱架的负担，但施工工期较一次合龙的方法长。采用后者时，拱圈(或拱肋)仍必须一环一环地分段浇筑，但不是浇完一环合龙一环，而是在最后一环混凝土浇完后，一次填充各环间隔缝完成拱圈(或拱肋)的合龙。因此，采用这种合龙方法时，上下环的间隔缝位置应互相对应和贯通，其宽度一般为2m左右，有钢筋接头的间隔缝一般为4m左右。如图7-1-19为箱形截面拱圈采用分环分段浇筑方法的例子。

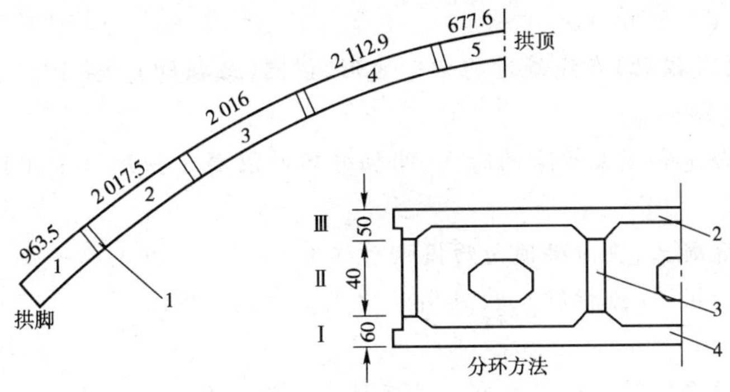


图7-1-19　箱形拱圈浇筑示意图(尺寸单位:cm)

4. 钢筋接头布置

为适应拱圈(或拱肋)在浇筑过程中的变形，拱圈(或拱肋)的主钢筋或钢筋骨架一般不使用通长钢筋，而在适当位置的间隔缝中设置钢筋接头，一般安排在设计规定的最后浇筑的几个间隔缝内，并应在这些间隔缝浇筑时再连接。如图7-1-18所示为主钢筋接头位置布置示意图，有*形符号处为有主钢筋接头的间隔缝。

分环浇筑拱圈(或拱肋)时，钢筋可分环绑扎。分环绑扎时各种预埋钢筋应予临时固定，并在浇筑混凝土前进行检查和校正。

5. 钢筋混凝土拱桥拱上建筑施工

(1)钢筋与模板

为简化在拱圈(或拱肋)上进行的施工作业，拱上建筑的钢筋宜预先绑扎或焊接成钢筋骨架，模板宜预先组装成整块或整体。钢筋骨架和整体式模板可用缆索吊车运到拱上安装。

(2)混凝土的浇筑

拱上建筑的施工应由拱顶向拱脚，或由拱脚向拱顶对称、均衡地进行。大跨径拱桥拱上建筑的浇筑程序，应按设计规定进行。无设计规定时按拱圈(或拱肋)最有利的受力情况进行。

## 能力考核

**选择题**

1. 跨径小于16m的拱圈(或拱肋)混凝土应采用(　　)浇筑方法。

A. 分环　　B. 分段　　C. 连续　　D. 分环、分段

2. 分段浇筑中，间隔缝的宽度一般为(　　)，以便于施工操作和钢筋连接。

A. 50~100cm　　B. 5~10cm　　C. 6~15cm　　D. 200cm

3. 连续浇筑是按拱圈全宽度、(　　)连续浇筑。

A. 自左端拱脚向右端拱脚　　B. 自两端拱脚向拱顶对称

C. 自拱顶向两端拱脚对称　　　　　　　　D. 自右端拱脚向左端拱脚

4. 间隔缝混凝土应在拱圈分段混凝土强度达到设计强度的(　　)后进行。

A. 30%　　　　B. 50%　　　　C. 100%　　　　D. 75%

5. 箱形截面拱圈(或拱肋)的浇筑一般采取(　　)的浇筑方法。

A. 分环、分段　　　　B. 分段　　　　C. 连续　　　　D. 分环

**判断题**

1. 封拱合龙温度应符合设计要求,如设计无规定时,一般宜在接近当地的年平均温度或在5～15℃之间进行。(　　)

2. 为防止拱圈(或拱肋)在浇筑过程中的变形,拱圈(或拱肋)的主钢筋或钢筋骨架一般使用通长钢筋。(　　)

3. 为缩短拱圈合龙和拱架拆除的时间,间隔缝内的混凝土强度可采用比拱圈高一等级的半干硬性混凝土。(　　)

4. 填充间隔缝混凝土,应由拱顶向两拱脚对称进行。(　　)

5. 跨径≥16m 的拱圈(或拱肋),应采用分段浇筑的施工方法。(　　)

**问答题**

1. 拱式拱架分段浇筑时分段位置宜设置在什么位置处?

2. 满布式拱架分段浇筑时分段位置宜设置在什么位置处?

3. 为适应拱圈(或拱肋)在浇筑过程中的变形,在适当位置的间隔缝中设置钢筋接头,一般安排在什么位置?

4. 箱形截面拱圈(或拱肋)的浇筑中,采取分环填充间隔缝合龙有什么优点?

5. 钢筋混凝土拱桥拱上建筑混凝土的浇筑顺序?

## 模块三　石拱桥、混凝土预制块拱桥的砌筑

**知识点:**

◎砌筑材料,拱圈的基本砌筑方法;

◎拱圈的砌筑程序和拱圈的合龙要求。

**技能点:**

◎石拱桥、混凝土预制块拱桥的砌筑施工。

**【任务引入】**

著名桥梁专家茅以升有一篇文章《中国石拱桥》,文章里我们更多看到的是我国石拱桥的悠久历史和劳动人民的智慧。那么关于石拱桥和混凝土预制块拱桥,它是如何修建的?它的质量又是靠哪些施工方法和程序来保证呢?

**【任务分析】**

要想修建一座合格的石拱桥,首先使用的材料一定要合格,还要根据不同材料采取不同的砌筑方法。砌筑拱圈时,为了保证在整个施工过程中拱架受力均匀、变形最小,使拱圈的砌筑质量符合设计要求,还必须选择适当的砌筑方法和砌筑顺序。一般根据拱圈跨径大小、构造形式(矢高、拱圈厚度)、拱架种类等分别采用不同的施工方法和顺序。砌筑时,必须随时注意观测拱架的变形情况,必要时,对砌筑顺序进行调整以控制拱圈的变形。

【任务实施】

## 一、砌筑材料

(1)拱圈及拱上建筑可按设计要求采用粗料石、块石、片石(或乱石)、黏土砖或混凝土预制砌块等。一般可在砌筑时,选择较规则和平整的同类石料稍经加工后作为镶面。如有镶面要求时,应按规定加工镶面石。镶面石要求详见《公路桥涵施工技术规范》(JTJ 041—2000)的有关规定,见表7-1-1。

【知识链接五】

石块及混凝土预制砌块规格　　表7-1-1

| 类　别 | 规　格 |
| --- | --- |
| 粗料石拱石 | 当拱圈曲线半径较大时,拱石可做成矩形;曲线半径较小且辐射缝上下宽度相差超过30%时,拱石应做成楔形<br>尺寸要求:<br>1. $t_1 \nless 20$,$t_2$ 按设计或放样;<br>2. $h = 1.2 \sim 2.0t_1$;<br>3. $L = 2.5 \sim 4.0t_1$<br>($t_2$、$h$、$L$、$t_1$) |
| 块石拱石 | 形状应大致方正,上下面大致平整,厚度200~300mm,宽度约为厚度的1.0~1.5倍,长度约为厚度的1.5~3.0倍(如有锋棱锐角,应敲除) |
| 片石 | 一般指用爆破或楔劈法开采的石块,厚度不应小于150mm(卵形和薄片者不得采用) |
| 乱石 | 指在桥位附近开采、未经加工的形状不规则而质地良好、节理不发达的石料,要求符合设计,硬度在4级以上,抗压强度不小于30MPa |
| 河卵石 | 桥涵附属工程采用卵石代替片石时,其石质及规格须符合片石的规定 |
| 砖 | 强度应符合设计要求,形状方正,尺寸准确,边角整齐,规格和质量应符合国家现行黏土砖标准 |
| 混凝土预制砌块 | 混凝土预制块砌体形状、尺寸应统一,其规格应与粗料石相同,砌体表面应整齐美观,一般为楔形,强度不低于C25 |

(2)拱圈砌缝可用砂浆或小石子混凝土砌筑、填塞。砌筑拱圈用的砂浆,一般宜为水泥砂浆;小桥涵拱圈可使用水泥石灰砂浆。砂浆强度等级应符合设计规定。砂浆必须具有良好的和易性;应随拌随用,保持适宜的流动性。砂浆中使用的水泥、砂、水等材料质量应符合相应材料的质量标准。

小石子混凝土的配合比设计、材料规格和质量检验标准,应符合《公路桥涵施工技术规范》(JTJ 041—2000)有关规定。小石子混凝土拌和料应具有良好的合易性和保水性。为改善小石子混凝土拌和料的和易性和保水性并节约水泥,可通过试验在拌和料中掺入一定数量的减水剂或粉煤灰等混合材料。

## 二、拱圈基本砌筑方法

### 1. 粗料石拱圈

拱圈砌筑应按编号顺序取用石料。砌筑时砌缝砂浆应铺填饱满。对于较平的砌缝,应先坐浆再放拱石挤砌,以利用石料自重将砂浆压实。侧面砌缝可填塞砂浆,用插刀捣实。当砌缝较陡时,可在拱石间先嵌入与砌缝同宽的木条或用撬棍拨垫,然后分层填塞砂浆捣实,填塞完毕后再抽出木条或撬棍。

2. 块石拱圈

块石拱石的尺寸可不统一，排数可不固定，砌筑时应符合下列要求：

(1)应分排砌筑，每排中拱石内口宽度应尽量一致；

(2)竖缝应成辐射形，相邻两排间砌缝应互相错开；

(3)石块应平砌，每层石料高度应大致相等。

3. 浆砌片石拱圈

浆砌片石拱圈的砌筑应符合下列要求：

(1)石块宜竖向放置，小头向上，大面朝向拱轴。如石块厚度不小于拱圈厚度或石块较整齐、可错缝搭接时，也可横向放置。

(2)较大的石块应使用于下层，砌筑时应选用形状及尺寸较为合适的石块，尖锐突出部分应敲除。竖缝较宽时，应在砂浆中塞以小石块，但不得在片石下面用高于砂浆砌缝的小石片支垫。

(3)片石应分层砌筑，宜以2~3层砌块组成一个工作层，每一工作层的水平缝应大致找平。各工作层竖缝应互相错开、不得贯通。

(4)外圈定位行列和转角石，应选择形状较为方正且尺寸较大的片石，并长短相间地与里层砌块咬接，连成整体，特别是拱圈与拱上侧墙及护拱连接处、拱脚与墩台身连接处、拱圈上下层间及垂直路线方向应"错缝咬马"、连成整体。

(5)片石拱圈靠拱腹一面，可略加锤改、打平，并用砂浆及大小适宜的石块填补缺口。

(6)拱石的空隙要用砂浆填实，较大的空隙应塞以坚硬石片。

此外，规范还规定，浆砌粗料石和混凝土预制块拱圈的砌缝宽度应为10~20mm，块石拱圈的砌缝宽度不应大于30mm，片石拱圈的砌缝宽度不应大于40mm。用小石子混凝土砌块石时，不应大于50mm。

拱圈的辐射缝应垂直于拱轴线，辐射缝两侧相邻两行拱石的砌缝应互相错开(同一行内上下层砌缝可不错开)，错开距离不应小于100mm，错缝规则见图7-1-20。

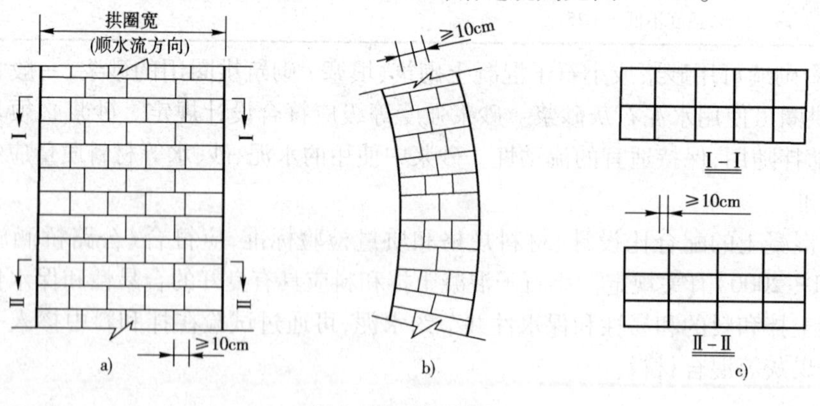


图7-1-20 拱石错缝

## 三、拱圈的砌筑与合龙

1. 拱圈按顺序对称连续砌筑

跨径≤10m的拱圈，当用满布式拱架砌筑时，可按拱圈的全宽和全厚，由两拱脚同时按顺序对称均衡地向拱顶砌筑，最后砌拱顶石合龙，但应争取以最快的速度施工，使在拱顶合龙时拱脚处砌缝中的砂浆尚未凝结。

2. 拱圈分段砌筑

跨径 10 ~ 25m、用满布式拱架砌筑的拱圈，以及跨径 25m 以内、用拱式拱架砌筑的拱圈，可采取每半跨分成三段对称砌筑方法。分段位置一般在跨径 1/4 点及拱顶 3/8 点附近，每段长度不宜超过6m，当为满布式拱架时，分段位置宜在拱架节点上。砌筑顺序如图 7-1-21 所示，先砌拱脚段（Ⅰ）和拱顶段（Ⅱ）、后砌 1/4 跨径段（Ⅲ），两半跨应同时对称地进行，最后砌筑拱顶石合龙。

拱圈分段砌筑时，各段间应预留空缝，以防止拱圈因拱架变形而开裂，并起部分预压作用。空缝数量由分段长度而定，一般在拱脚、拱顶石两侧、各分段点等处设置空缝，空缝宽度宜为 3 ~ 4cm，空缝设置如图 7-1-22 所示。为保证空缝的宽度，当拱圈跨径≥16m 时，拱脚部位附近的空缝宜用铸铁垫隔，其他部位的空缝可用 M2.5 水泥砂浆块垫隔，垫隔如图 7-1-23 所示。空缝的填塞，应在砌缝砂浆强度达到设计强度的 70% 后进行，填塞时应分层捣实。空缝的填塞顺序视具体情况确定，可由拱脚逐次向拱顶对称填塞，或先填塞拱脚处，再填塞拱顶处，然后自拱顶向两端对称逐条填塞；所有空缝也可同时填塞。

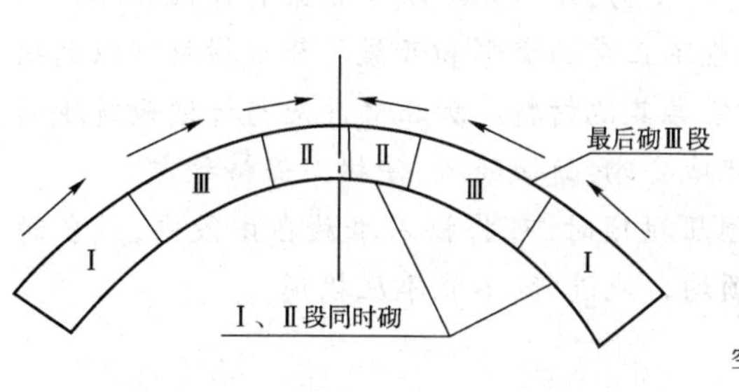


图 7-1-21　跨径小于 25m 的拱圈分段砌筑顺序

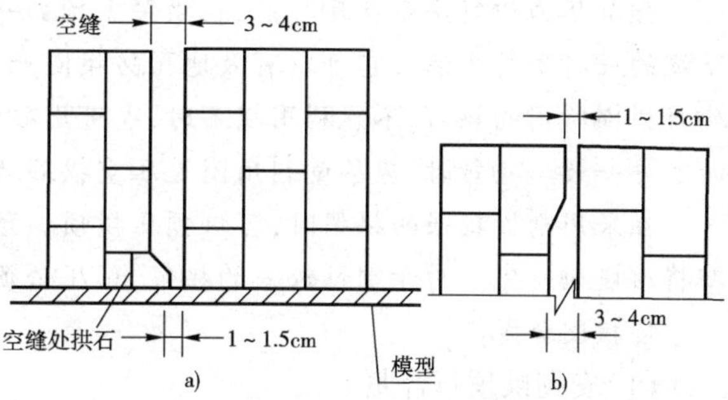

图 7-1-22　空缝的设置

a) 纵剖图；b) 俯视图

隔开砌的拱段，其倾斜角大于砌块与模板间的摩擦角时，为了防止拱段向下滑动，应在拱段下侧临时设置分段支撑，如图 7-1-24 所示。

3. 拱圈分环分段砌筑

跨径≥25m 的拱圈，一般采用分段砌筑或分环分段相结合的方法砌筑，必要时应对拱架预加一定的压力。当拱圈厚度较大、由 3 层以上拱石组成时，可将全部拱圈厚度分成几环砌筑，每一环可分成若干段对称、均衡地砌筑，砌一环合龙一环。分环砌筑时，应待下环砌筑合龙、砌缝砂浆强度达到设计强度的 75% 以上，再砌筑上环。

按此方法砌筑拱圈时，下环可与拱架共同负担上环的重力，因而可减轻拱架的荷载，节省拱架材料且保证施工安全。下环承担荷载的大小，可按分环数、上下环厚度及砌缝砂浆硬化程度等情况确定。

分环砌筑时各环的分段方法、砌筑顺序及空缝的设置等，与一次砌筑（不分环、只分段）完成时相同，但上下环间应以犬牙状相接。

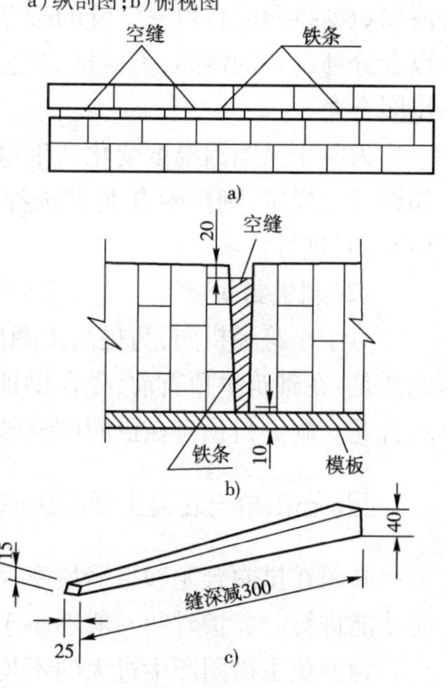


图 7-1-23　铁条垫隔空缝（尺寸单位：cm）

a) 平视；b) 俯视；c) 铸铁条

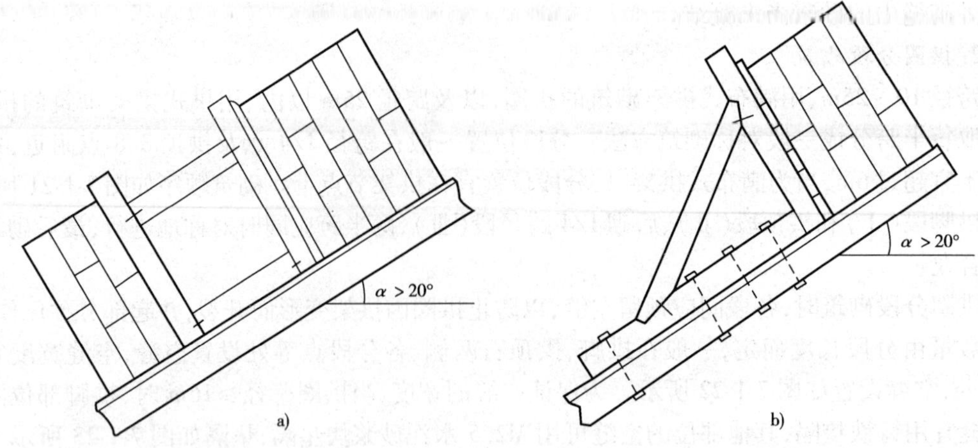


图 7-1-24　分段支撑

【知识链接六】

预加压力砌筑法是在砌筑前,在拱架上预加一定重力,以防止或减少拱架的弹性和非弹性下沉的一种砌筑方法。它可以有效地预防拱圈产生不正常的变形和开裂。压重材料可以利用砌筑拱圈所用的拱石;不能利用拱石时,也可用砂袋等其他材料。加压顺序应与计划砌筑拱圈的顺序一致。砌筑时,应尽量利用附近压重拱石就地安砌,随撤随砌,使拱架保持稳定。

在采用刚性较强的拱架时,可仅预压拱顶。预压拱顶时,可将拱石堆放在该段内,或当时即将该段砌筑完。对于刚性较差的拱架,预压必须均匀地进行,不能单压拱顶。

4. 拱圈合龙

(1)安砌拱顶石合龙

砌筑拱圈时,常在拱顶预留一合龙口,在各拱段砌筑完成后安砌拱顶石完成拱圈合龙。分段砌筑的拱圈应待填塞空缝的砂浆强度达到设计强度的 50% 后进行合龙。分段较多的拱圈以及分环砌筑的拱圈,为使拱架受力对称、均匀,可在拱圈两半跨的 1/4 处或在几处同时完成拱圈合龙。

为防止拱圈因温度变化产生过大的附加应力,拱圈合龙应按设计规定的温度和时间进行。如设计无规定,则拱圈合龙宜选择在接近当地、年平均温度时或昼夜平均温度(一般为 5 ~ 15℃)时进行。

(2)刹尖封拱

对于小跨径拱圈,为提高拱圈应力和有利于拱架的卸落,可采用刹尖封顶完成拱圈合龙。此法是:在砌筑拱顶石前,先在拱顶缺口中打入若干组木楔,使拱圈挤紧、拱起,然后嵌入拱顶石合龙。刹尖封顶应在拱圈砌缝砂浆达到设计强度的 70% 后方可进行。

## 四、石拱桥与混凝土预制块拱桥拱上建筑的施工

必须在拱圈合龙和空缝填塞完成,并经过数日养护,砌缝砂浆强度达到设计强度的 30% 时才能进行。养护时间一般不小于 3 昼夜,跨度较大时应适当延长养护时间。

为避免主拱圈产生过大的不均匀变形,一般应由拱脚向拱顶对称、均衡地砌筑拱上建筑。砌筑实腹式拱的拱上建筑时,如图 7-1-25 所示,应将侧墙等拱上建筑分成几部分,由拱脚向拱顶对称地、按台阶式砌筑。拱腹填料可随侧墙砌筑顺序及进度进行填筑。填料数量较大时,宜

在侧墙砌完后再分部进行填筑。实腹式拱应在侧墙与桥台间设伸缩缝使两者分开。多跨拱桥应在桥墩顶部设伸缩缝使两侧墙分开。

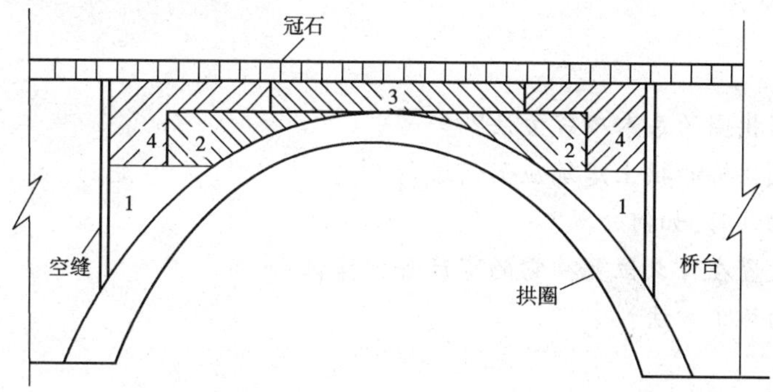


图 7-1-25 拱上建筑砌体砌筑顺序(图中数字为砌筑顺序号)

对于空腹式拱桥,为防止腹拱圈受到主拱圈卸落拱架时的变形影响,可在主拱圈砌完后,先砌腹拱横墙,待卸落拱架后再砌筑腹拱拱圈。腹拱上的侧墙,应在腹拱拱铰处设置变形缝。

多跨连续拱桥拱上建筑的砌筑,当桥墩不是按施工单向受力墩设计时,应注意使相邻孔间的拱上建筑对称均衡施工,避免桥墩承受过大的单向推力。

## 能力考核

### 选择题

1. 拱圈砌筑中,块石拱圈的砌缝宽度不应大于(　　)。

A. 20mm　　B. 40mm　　C. 50mm　　D. 30mm

2. 拱圈分段砌筑时,砌筑顺序为(　　),两半跨应同时对称地进行,最后砌筑拱顶石合龙。

A. 先砌拱脚段和拱顶段、后砌 1/4 跨径段

B. 先砌拱脚段和 1/4 跨径段、后砌拱顶段

C. 先砌 1/4 跨径段、后砌拱脚段和拱顶段

D. 先砌 1/4 跨径段和拱顶段、后砌拱脚段

3. 拱圈分段砌筑时,各段间应预留空缝,空缝宽度宜为(　　)。

A. 1 ~2cm　　B. 30 ~40cm　　C. 3 ~4cm　　D. 10 ~20cm

4. 分段砌筑的拱圈应待填塞空缝的砂浆强度达到设计强度的(　　)后进行合龙。

A. 30%　　B. 50%　　C. 100%　　D. 75%

5. 刹尖封顶应在拱圈砌缝砂浆达到设计强度的(　　)后方可进行。

A. 30%　　B. 70%　　C. 100%　　D. 50%

### 判断题

1. 隔开砌的拱段,其倾斜角大于砌块与模板间的摩擦角时,为了防止拱段向下滑动,应在拱段下侧临时设置分段支撑。(　　)

2. 拱圈的辐射缝应垂直于拱轴线,辐射缝两侧相邻两行拱石的砌缝可不错开。(　　)

3. 跨径≥25m 的拱圈,一般采用分段砌筑或分环分段相结合的方法砌筑。(　　)

4. 分环砌筑时,应待下环砌筑合龙、砌缝砂浆强度达到设计强度的 100% 以上,再砌筑上

环。(　　)

5. 空缝的填塞,应在砌缝砂浆强度达到设计强度的70%后进行,填塞时应分层捣实。(　　)

**问答题**

1. 试述粗料石拱圈的基本砌筑方法?
2. 对于空腹式拱桥的拱上建筑应如何进行?
3. 拱圈分段砌筑时,如何分段?
4. 空缝一般设置在什么位置?它的宽度如何保证?
5. 刹尖封拱的施工方法?

# 课题二　拱桥无支架施工

在峡谷河段、通航河段、有漂流物影响河段修建拱桥,以及采用有支架的方法施工将会遇到很大困难或是很不经济时,便可以考虑采用无支架的施工方法。缆索吊装施工是目前我国大跨度拱桥无支架施工的主要方法,在就地浇筑拱桥的拱架和劲性骨架及钢管混凝土拱桥的钢管拱肋吊装中也是经常采用的。本课题介绍缆索吊装施工的几项主要工艺。

## 模块一　构件的预制、堆放与运输

**知识点:**

◎构件的立式和卧式预制施工方法及特点;
◎根据跨径进行拱肋分段与接头形式的选择;
◎常用拱座的形式;
◎拱肋起吊、运输及堆放的要求。

**技能点:**

◎构件的预制;
◎拱肋分段与接头;
◎拱肋起吊、运输及堆放。

**【任务引入】**

在宽阔的江河之上,经常架设着一座座大跨度拱桥,人们不禁要问,它是靠什么方法架设的?是整体架设的,还是分段来架设的?若是分段架设,如何来连接?各个分段又是如何来预制和运输的呢?现在,带着这些疑问来学习以下内容。

**【任务分析】**

缆索吊装施工是目前我国大跨度拱桥施工的主要方法,它就是将拱肋分成几段,经过预制、运输、吊装、连接、合龙等工序架设而成。拱肋的分段长度很关键,太长则太重,起吊困难,太短则太多,操作繁琐。由于拱肋是弧形构件,所以它的预制、起吊和运输方法和前面梁桥所学的方法有许多不同。还有拱肋的接头形式和拱座形式的构造、适用条件,对这些内容的掌握,将为我们全面、系统地学习缆索吊装施工奠定基础。

【任务实施】

## 一、构件的预制

### 1. 拱肋立式预制

立式浇筑方法预制拱肋，具有起吊方便、节省木材的优点。底模采用土牛拱胎密排浇筑时，能减小预制场地，是预制拱肋最常用的方法，尤其适用于大跨径拱桥。

(1)土牛拱胎立式预制

该法施工方便，适用性较强。填筑土牛拱胎时，应分层夯实，表面土中宜掺入适量石灰，并加以拍实，然后用栏板套出圆滑的弧线，如图 7-2-1 所示。为便于固定侧模，表层宜按适当距离埋入横木，也可用粗钢筋或钢管固定侧模。土牛拱胎的表面，可铺一层木板、油毛毡或水泥袋纸，也可抹一层水泥砂浆。侧模可采用 4～5cm 厚的木板或其他适宜材料。当采用密排浇筑时，可利用已浇拱肋作侧模，但须用油毛毡、塑料布等隔开。

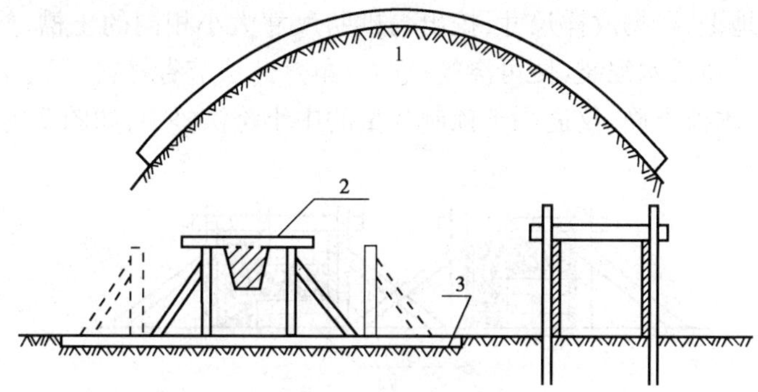


图 7-2-1　土牛拱胎预制拱肋

1-土牛拱胎；2-凹形拱肋扶手；3-横木

(2)木架立式预制

当取土及填土不方便时，可采用木支架进行装模和预制，但拆除支架时须注意拱肋的强度和受力状态，防止拱肋发生裂纹。

(3)条石台座立式预制

条石台座由数个条石支墩、底模支架和底模等组成，如图 7-2-2 所示。

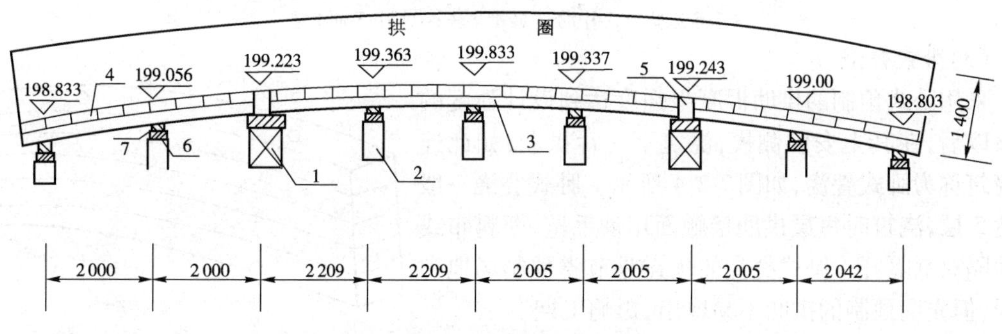


图 7-2-2　条石支墩布置图(尺寸单位：mm)

1-滑道支墩；2-条石支墩；3-底模支架；4-底模；5-船形滑板；6-木楔；7-混凝土帽梁

条石支墩是用 M5 砂浆砌筑块石而成。支墩平面尺寸应根据拱肋的长度和宽度决定；支墩高度根据拱肋端头下高程及便于横移拱肋操作确定，顶部用砂浆抹平或再浇筑 20～25cm 高的混凝土。每个台座设 2 个滑道支墩。

滑道支墩顶面埋设钢板,以便拱肋移运。

底模支架由槽钢、角钢等型钢组成。底模可采用组合钢模,为便于脱模,可将钢模点焊在底模支架上。底模支架应根据拱肋高程作适当预弯。每个支墩处设木楔用于脱模。

条石台座预制拱肋,脱模方便;由于滑道支墩处设有滚筒和船形滑板,移梁容易,因此不需要专门的起重设备,施工方法简单。

2. 拱肋卧式预制

卧式预制,拱肋的形状和尺寸较易控制,特别是空心拱肋,浇筑混凝土时操作方便,且节约木材,但起吊时容易损坏。卧式预制一般有下列几种方法。

(1)木模卧式预制

预制拱肋数量较多时,宜采用木模,如图7-2-3a)所示。浇筑截面为L形或倒T形时(双曲拱拱肋),拱肋的缺口部分可用黏土砖或其他材料垫砌。

(2)土模卧式预制

在平整好的土地上,根据放样尺寸,挖出与拱肋尺寸大小相同的土槽,然后将土槽壁仔细抹平、拍实,铺上油毛毡或水泥袋,便可浇筑拱肋。虽然此法节省材料,但土槽开挖较费工且容易损坏,尺寸也不如木模准确,仅适用于预制少量的中小跨拱桥中,如图7-2-3b)所示。

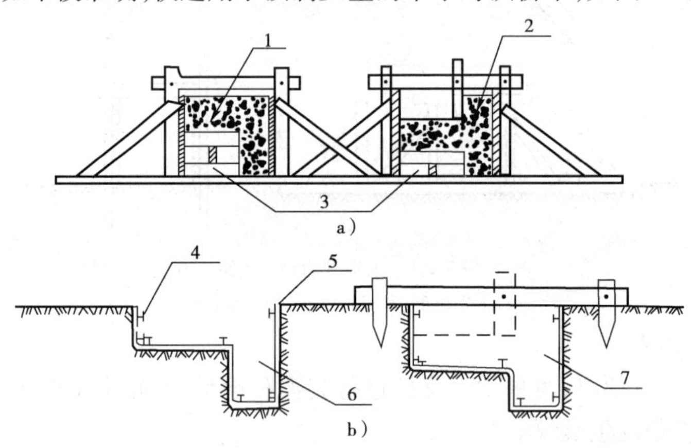


图7-2-3 拱肋卧式预制

a)木模卧式预制拱肋;b)土模卧式预制拱肋

1、6-边肋;2、7-中肋;3-砖砌垫块;4-圆钉;5-油毛毡

(3)卧式叠浇

采用卧式预制的拱肋混凝土强度达到设计强度的30%以后,在其上安装侧模,浇筑下一片拱肋,如此连续浇筑称为卧式叠浇,如图7-2-4所示。卧式叠浇一般可达5层,浇筑时每层拱肋接触面用油毛毡、塑料布或其他隔离剂隔开。卧式叠浇的优点是节省预制场地和模板,但先期预制的拱肋不易取出,影响工期。

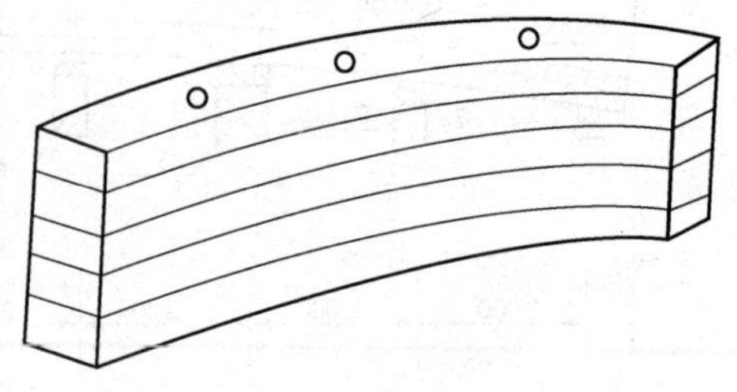

图7-2-4 拱肋卧式叠浇

## 二、拱肋分段与接头

1. 拱肋的分段

拱肋跨径在30m以内时,可不分段或仅分2段;在30~80m范围时,可分3段;大于80m时一般分5段。拱肋分段吊装时,理论上接头宜选择在拱肋自重弯矩最小的位置及其附近,但

实际运用中一般为等分，这样各段重力基本相同，吊装设备较省。

2. 拱肋的接头形式

(1)对接

为方便预制，简化构造，当拱肋分2段吊装时多采用对接形式，如图7-2-5a)、b)所示。对接接头在连接处为全截面通缝，要求接头的连接材料强度高，一般采用螺栓或电焊钢板。

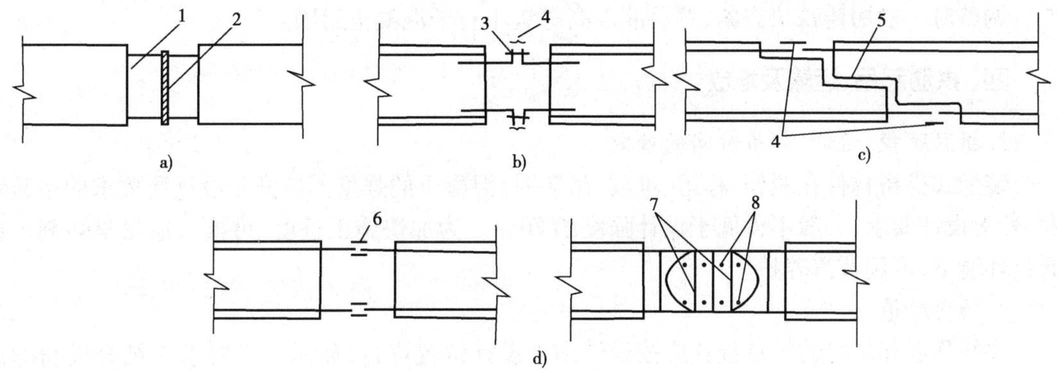


图7-2-5 拱肋接头形式

a)电焊钢板或型钢对接接头；b)法兰盘螺栓对接接头；c)环氧树脂黏结及电焊主筋搭接接头；d)主筋焊接或主筋环状套接绑扎现浇接头

1-预埋钢板或型钢；2-电焊缝；3-螺栓；4-电焊；5-环氧树脂；6-主筋对接和绑焊；7-箍筋；8-横向插销

(2)搭接

分3段吊装的拱肋，因接头处在自重弯矩较小的部位，一般宜采用搭接形式，如图7-2-5c)所示。分5段安装的拱肋，边段与次边段拱肋的接头也可采用搭接形式。

搭接接头受力较好，但构造复杂，预制也较困难，须用样板校对、修凿，确保拱肋安装质量。

(3)现浇接头

用简易排架施工的拱肋，可采用主筋焊接或主筋环状套接的现浇接头，如图7-2-5d)所示。

## 三、拱座

拱肋与墩、台的连接，称为拱座。拱座主要有如图7-2-6几种形式，其中插入式及方形拱座因其构造简单、钢材用量少、嵌固性能好，采用较为普遍。

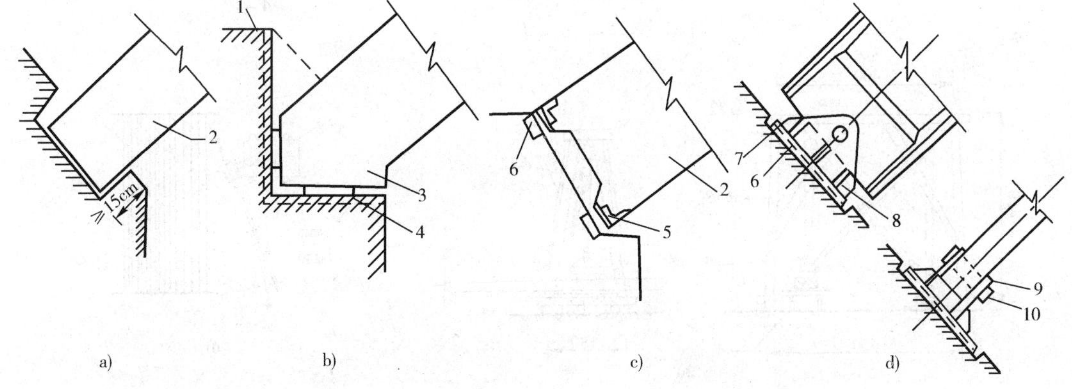


图7-2-6 拱肋肋座形式

a)插入式；b)预埋钢板法；c)方形拱座；d)钢铰连接

1-预留槽；2-拱肋；3-肋座；4-铸铁垫板；5-预埋角钢；6-预埋钢板；7-铰座底板；8-加劲钢板；9-铰轴支承；10-钢铰轴

预埋钢板法，如图7-2-6b)所示，是在拱座上预埋角钢和型钢，与边段拱肋端头的型钢焊接。这种方法施工简单，但对型钢预埋精度要求较高。

按无铰拱设计的肋拱桥，其拱肋宜采用插入式以加强与墩、台的连接，在拱肋插入端应适当加长拱肋，安装时将拱肋加长部分插入拱座预留孔内，合龙定位后，即可封槽。

采用方形拱座的拱肋，在安装时可利用水平面与垂直面，适当调整拱肋和墩、台间的尺寸差。调整时一般用铸铁块嵌紧，然后灌以高等级小石子混凝土封固。

## 四、拱肋起吊、运输及堆放

### 1. 拱肋脱模、运输、起吊时间的确定

装配式拱桥构件在脱模、移运、堆放、吊装时，混凝土的强度不应低于设计所要求的吊装强度，若无设计要求，一般不得低于设计强度的70%。为加快施工进度，可掺入适量早强剂。在低温环境下，可用蒸汽养护。

### 2. 场内起吊

拱肋移运起吊时的吊点位置应按设计图上设计位置进行，如图上无要求应结合拱肋的形状、拱肋截面内的钢筋布置以及吊运、搁置过程中的受力情况综合考虑确定，以保证移运过程中的安全稳定。当采用两点吊时，吊点位置应设在拱肋弯曲平面重心轴之上，一般可设在离拱肋端头(0.22～0.24)$L$处($L$为拱肋长度)。当拱肋较长或曲率较大时，应采用三点吊或四点吊，以保持拱肋受力均匀和稳定。除跨中设一吊点外，其余两吊点可设在离拱肋端头0.2$L$处。采用四点吊时，外吊点一般设在离拱肋两端头0.17$L$处，内吊点可设在离拱肋两端头0.37$L$处，4个吊点应左右对称布置。

大跨径拱桥拱肋构件的脱模起吊一般采用龙门架，小跨径拱桥拱肋及小型构件可采用三角扒杆、马凳、吊车等机具进行，如图7-2-7所示。

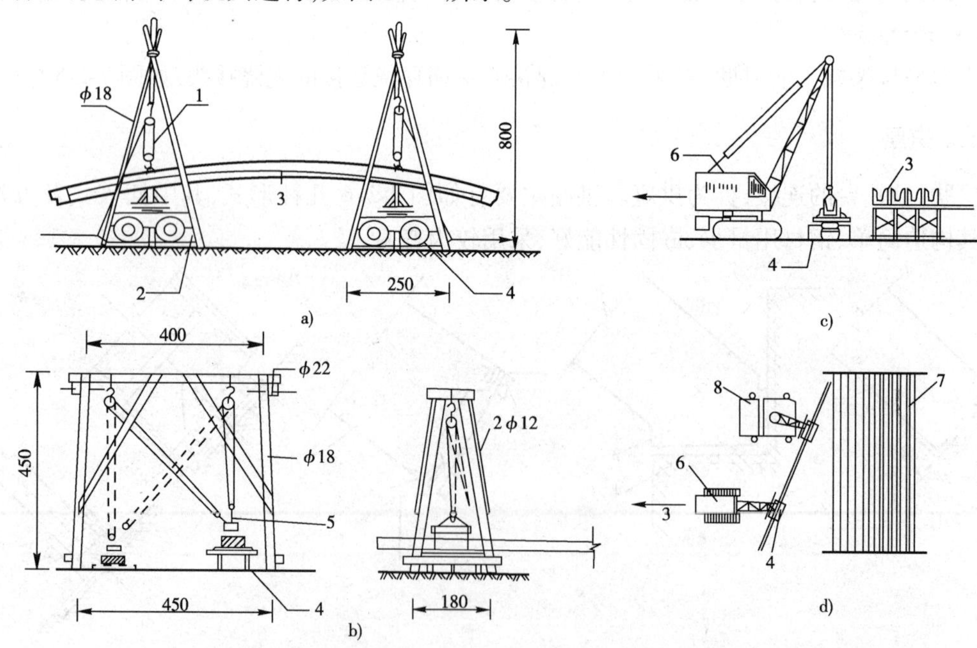


图7-2-7　拱肋起吊方法(尺寸单位:cm)

a)三角木扒杆起吊拱肋;b)木马凳起吊拱肋;c)履带吊车起吊拱肋;d)两部吊车联合起吊拱肋

1-滑轮组;2-千斤顶;3-拱肋;4-胶轮平车;5-横移索;6-履带吊车;7-预制拱肋;8-汽车吊机固定回转起吊

3. 场内运输(包括纵横移)

场内运输可采用龙门架、胶轮平板挂车、汽车平板车、轨道平车或船只等机具进行。

4. 构件堆放

拱肋堆放时应尽可能卧放,特别是矢跨比小的构件(拱肋、拱块),卧放时应垫3点,垫木位置应在拱肋中央及离两端0.15$L$处,3个垫点应同高度。如必须立放时,应搁放在符合拱肋曲度的弧形支架上,如无此种支架,则应垫搁3个支点,其位置在中央及距两端0.2$L$处,各支点高度应符合拱肋曲度,以免拱肋折断。

堆放构件的场地应平整夯实,不致积水,当因场地有限而采用堆垛时,应设置垫木。堆放高度按构件强度、地面承载力、垫木强度以及堆放的稳定性而定,一般以2层为宜,不应超过构件。应按吊运及安装次序顺序堆放,并留适当通道,防止越堆吊运。

## 能力考核

**选择题**

1. 当拱肋分2段吊装时多采用(　　)形式接头。

A. 对接　　B. 搭接　　C. 主筋环状套接现浇　　D. 主筋焊接现浇

2. 分3段吊装的拱肋,因接头处在自重弯矩较小的部位,一般宜采用(　　)形式接头。

A. 对接　　B. 搭接　　C. 主筋环状套接现浇　　D. 主筋焊接现浇

3. 拱肋的分段,拱肋跨径在30~80m范围时,可分(　　)段。

A. 3　　B. 4　　C. 5　　D. 2

4. 装配式拱桥构件在脱模、移运、堆放、吊装时,混凝土的强度一般不得低于设计强度的(　　)。

A. 30%　　B. 70%　　C. 100%　　D. 50%

5. 哪种方法预制拱肋,脱模方便,不需要专门的起重设备,施工方法简单。(　　)

A. 土牛拱胎立式预制　　B. 木架立式预制

C. 条石台座立式预制　　D. 木模卧式预制

**判断题**

1. 为了好起吊,拱肋堆放时应尽可能立放。(　　)

2. 堆放构件的场地应平整夯实,不致积水,当因场地有限而采用堆垛时,应设置垫木,一般以2层为宜。(　　)

3. 采用卧式预制的拱肋混凝土强度达到设计强度的30%以后,才可在其上安装侧模,浇筑下一片拱肋。(　　)

4. 拱肋跨径在30m以内时,可不分段或分3段。(　　)

5. 拱肋的分段一般为等分,这样各段重力基本相同,吊装设备较省。(　　)

**问答题**

1. 拱肋立式预制和拱肋卧式预制各有哪些优缺点?

2. 场内起吊,吊点如何布置?

3. 拱肋堆放时应如何放置?

4. 拱肋构件的脱模起吊一般采用哪些机具?

5. 拱座主要有哪几种形式?

## 模块二　缆索吊装设备和吊装准备工作

**知识点：**
◎缆索吊装设备的组成；
◎缆索吊装设备的检查与试吊；
◎吊装前的准备工作。
**技能点：**
◎能够进行缆索设备的检查与试吊；
◎按照质量要求进行吊装准备工作各项检查。

**【任务引入】**

前面提到了缆索吊装施工，施工是靠什么主要设备来将拱肋吊装至桥跨位置的？如何能保证设备的正常工作？吊装前的准备工作又有哪些？

**【任务分析】**

缆索吊装设备运用于缆索吊装施工中，它适用于高差较大的垂直吊装和架空纵向运输，桥梁施工中常用来运送预制构件进入桥孔安装。这么大的工程设备要完成垂直吊装和架空纵向运输，肯定有许多重要的组成部分，这些组成部分工作是否正常，是否协调一致，就需要我们在正式吊装以前进行试拉、试吊。另外，为了保证吊装的顺利完成，吊装以前预制构件、墩台拱座的质量要符合设计、标准要求，拱肋与跨径经过误差调整要协调一致。

**【任务实施】**

### 一、缆索吊装设备

1.缆索吊装设备的组成与使用

缆索吊装设备又称缆索起重机，主要用于高差较大的垂直吊装和高空纵向运输，吊运质量从几吨到上百吨，纵向运距从几十米到几百米。其设备可自行设计、就地安装，也可采用定型产品运至现场安装。

缆索吊装系统由主索、天线滑车、起重索、牵引索、起重及牵引绞车、主索锚碇、塔架、缆风索等主要设备组成，如图7-2-8所示。

**【知识链接】**

(1)主索

主索又称承重或运输天线，它横跨桥墩支承在两岸塔架的索鞍上，两端锚固于锚碇上，吊运构件的行车支承于主索上。

(2)起重索

起重索套绕于天线滑车组，作起吊重物之用。一端与绞车滚筒相连，另一端固定于对岸的锚碇上。这样，当行车在主索上沿桥跨作往复运动时，可保持行车与吊钩间的起重索长度不随行车的移动而改变，如图7-2-9所示。

(3)牵引索

牵引索是牵引天线滑车沿主索作水平移动的拉绳。每岸各设一台绞车，一台用于前进牵引，一台用于后退牵引，而牵引一端固定在滑车上，另一端与绞车相连。

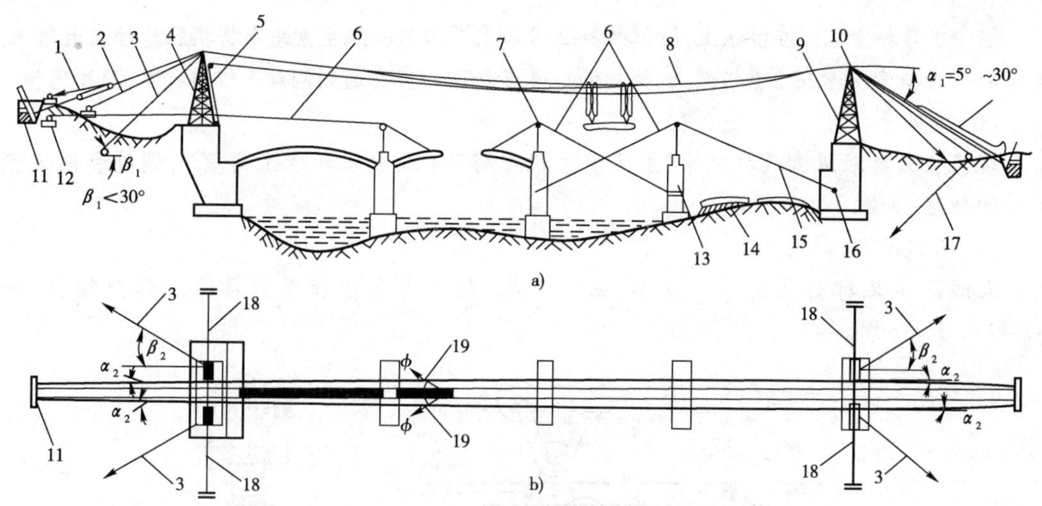


图 7-2-8　缆索吊装布置示例

a)立面图;b)平面图

1-主索张紧绳;2-2号起重索;3-后浪风;4-塔架;5-1号起重索;6-扣索;7-平滚;8-主索;9-塔顶索鞍;10-地垄;11-手摇绞车;12-扣塔;13-待吊肋段;14-单排立柱浪风;15-法兰螺丝;16-牵引索;17-侧向浪风;18-浪风

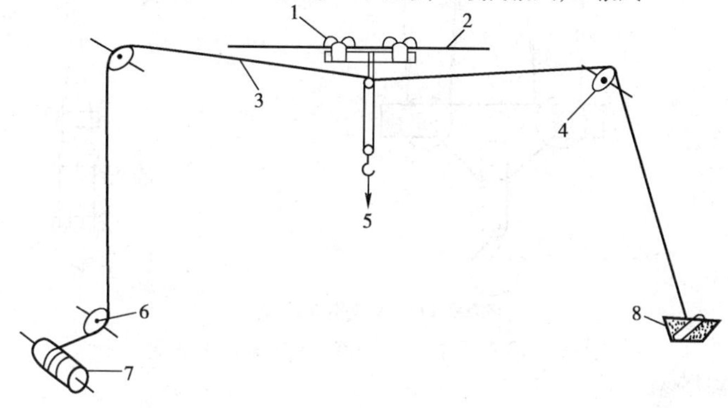


图 7-2-9　起重索的布置图

1-行车;2-主索;3-起重索;4-滑轮组;5-吊重;6-转向滑轮组;7-卷扬机滚筒;8-地锚

(4)结索

结索用于悬挂分索器,使主索、起重索和牵引索相互之间不干扰,且仅承受分索器重力和自重。

(5)扣索

为了暂时固定分段拱肋,在拱肋无支架施工中,边段拱肋及次边段拱肋均用扣索悬挂。按支承扣索结构物的位置和扣索本身的特点分为:天扣、塔扣、通扣、墩扣等类型,可根据具体情况选用,也可混合使用。边段拱肋扣索悬挂方法如图 7-2-10 所示。

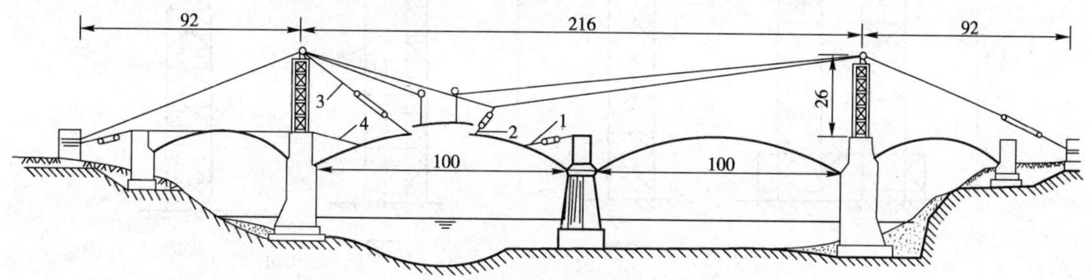


图 7-2-10　边段拱肋扣索悬挂示意图(尺寸单位:m)

1-墩扣;2-天扣;3-塔扣;4-通扣

图中1号扣索锚固在桥墩上,简称墩扣;2号扣索是用另一组主索跑车将拱肋悬挂在天线上,简称天扣;3号扣索支承在主索塔架上,简称塔扣;4号扣索一直贯通到两岸地锚前收紧,简称通扣。

(6)缆风索

缆风索又称浪风索或抗风索,主要用于稳定塔架(或索架和墩上排架),调整和固定预制构件的位置,如图7-2-8所示。

(7)天线滑车

天线滑车又称骑马滑车或跑车,由跑车轮、起重滑车组和牵引系统三部分组成,如图7-2-11所示。

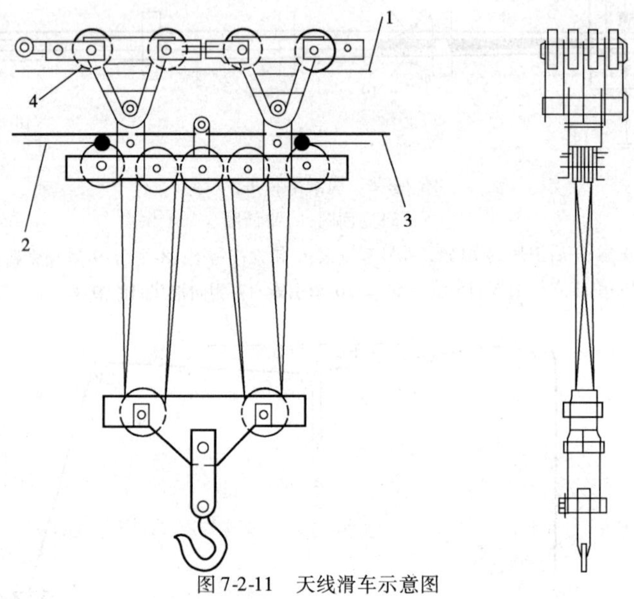


图7-2-11　天线滑车示意图

1-主索;2-起重索;3-另一跑车起重索;4-跑车轮

(8)塔架和索鞍塔架

塔架是用来提高主索的临空高度和支承各种受力钢索的结构物,由塔身、塔顶、塔底等组成。塔身材料多用万能杆件或贝雷桁节拼成的钢塔架。塔底应采用浆砌片石或片石混凝土基础,如图7-2-12所示。塔顶设置索鞍,索鞍用于放置主索、起重索、扣索等,以减小钢绳与塔架间的摩阻力,如图7-2-13所示。

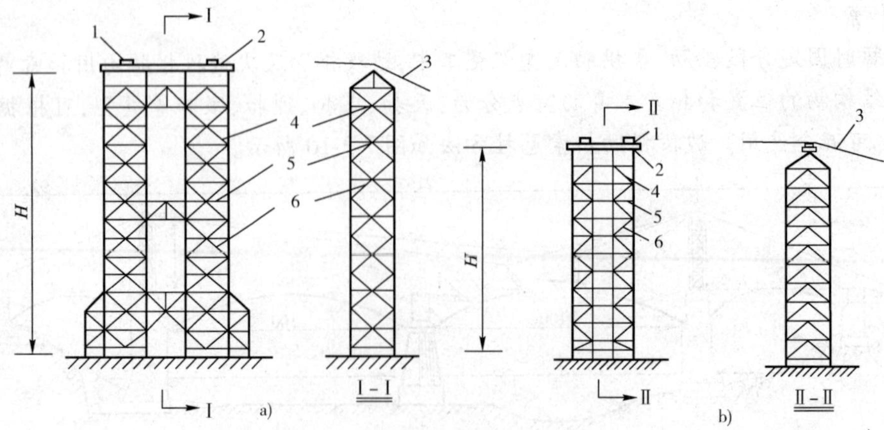


图7-2-12　塔架

1-索鞍;2-帽梁;3-主索;4-立柱;5-水平撑;6-斜撑

2. 缆索吊装设备的检查与试吊

缆索吊装设备在使用前必须进行试拉和试吊。

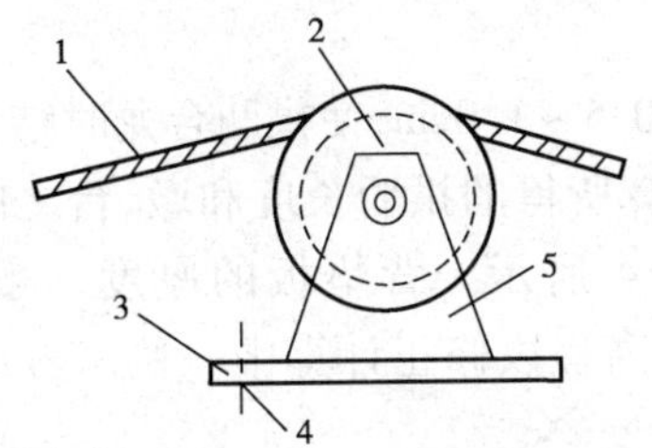

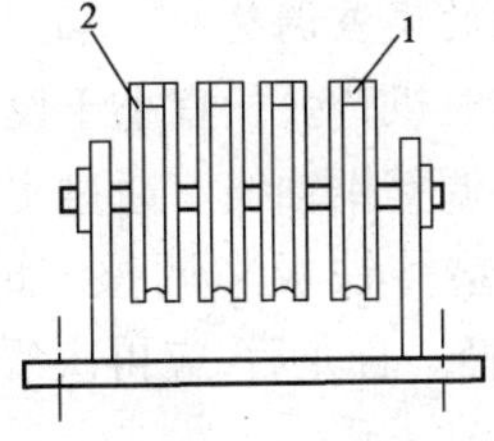


图 7-2-13　索鞍构造图

1-主索;2-滑轮;3-垫板;4-联结螺栓(固定于塔架上);5-支承板

(1)地锚试拉

一般每一类地锚取一个进行试拉。缆风索的土质地锚要求位移小,因此在有条件时宜全部试拉,使其预先完成一部分位移。可利用地锚相互试拉,受拉值一般为设计荷载的1.3~1.5倍。

(2)扣索对拉

扣索是悬挂拱肋的主要设备,因此必须通过试拉来确保其可靠性。可将两岸的扣索用卸甲连在一起,将收紧索收紧进行对拉,这样可全面检查扣索、扣索收紧索、扣索地锚和动力装置等是否达到了要求。

(3)主索系统试吊

主索系统试吊一般分跑车空载反复运转、静载试吊和吊重运行三步骤。必须待每一步骤检查、观测工作完成并无异常现象后,方可进行下一步骤。试吊重物可以利用钢筋混凝土预制构件、钢轨和钢梁等,一般按设计吊重的60%、100%、130%,分几次进行。

在各阶段试吊中,应连续观测塔架位移、主索垂度和主索受力的均匀程度;动力装置工作状态、牵引索、起重索在各转向轮上运转情况;主索地锚稳固情况以及检查通信、指挥系统的通畅性能和各作业组之间的协调情况。在有条件时,应施测主索、牵引索和起重索的拉力。

试吊后应综合各种观测数据和检查情况,对设备的技术状况进行分析和鉴定,然后提出改进措施,确定能否进行正式吊装。

## 二、吊装准备工作

1. 预制构件质量检查

预制构件起吊安装前必须进行质量检查,不符合质量标准和设计要求的不准使用,有缺陷的应预先予以修补。

拱肋接头和端头应用样板校验,突出部分应予以凿除,凹陷部分应用环氧树脂砂浆抹平。

接头混凝土接触面应凿毛,钢筋应除锈。螺栓孔应用样板套孔,如不合适应适当扩孔。拱肋接头及端头应标出中线。

应仔细检测拱肋上下弦长,如与设计不符者,应将长度大的弧长凿短。拱肋在安装后如发生结合面张口现象,可在拱座和接头处垫塞钢板。

2. 墩、台拱座尺寸检查

墩、台拱座混凝土面要修平,水平顶面高程应略低于设计值,预留孔长度应不小于计算值,拱座后端面应与水平顶面相垂直,并与桥墩中线平行。在拱座面上应标出拱肋安装位置的台口线及中线。用红外线测距仪或钢尺(装拉力计)复核跨径,每个拱座在肋宽范围内左右均应至少丈量2次。用装有拉力计的钢尺丈量时,丈量结果要进行温度和拉力的修正。

3. 跨径与拱肋的误差调整

每段拱肋预制时拱背弧长宜小于设计弧长0.5~1.0cm,使拱肋合龙时结合面保留上缘张口,便于嵌塞钢片,调整拱轴线。通过丈量和计算所得的拱肋长度和墩、台之间净跨的施工误差,可以在拱座处垫铸铁板来调整,如图7-2-14所示。背垫板的厚度一般比计算值增加1~2cm,以缩短跨径。合龙后,应再次复核接头高程以修正计算中一些未考虑的因素和丈量误差。

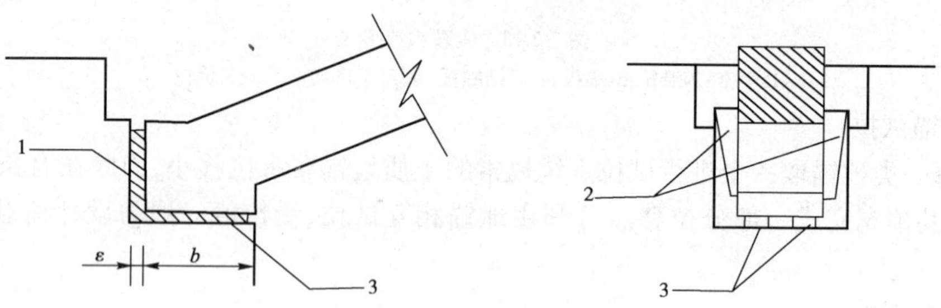


图7-2-14 拱肋施工误差的调整

1-背调整垫板;2-左、右木楔;3-底调整垫板

## 能力考核

**选择题**

1. (　　)套绕于天线滑车组,作起吊重物之用。

A. 起重索　　B. 主索　　C. 扣索　　D. 牵引索

2. (　　)用于悬挂分索器,使主索、起重索和牵引索相互之间不干扰。

A. 起重索　　B. 结索　　C. 扣索　　D. 牵引索

3. 为了暂时固定分段拱肋,在拱肋无支架施工中,边段拱肋及次边段拱肋均用(　　)悬挂。

A. 结索　　B. 扣索　　C. 牵引索　　D. 主索

4. 每段拱肋预制时拱背弧长宜小于设计弧长(　　)。

A. 1~5cm　　B. 0.5~10cm　　C. 5~10cm　　D. 0.5~1cm

5. 天线滑车由三部分组成,以下哪个不属于。(　　)

A. 运输天线　　B. 跑车轮　　C. 起重滑车组　　D. 牵引系统

**判断题**

1. 检测拱肋上下弦长,如与设计不符者,应将长度大的弧长凿短。(　　)

2. 主索系统试吊一般分跑车空载反复运转、静载试吊和吊重运行三步骤,这三步骤先进行哪个都可以。(　　)

3. 墩、台拱座混凝土面要修平,水平顶面高程应略高于设计值,预留孔长度应不小于计算值,拱座后端面应与水平顶面相垂直,并与桥墩中线平行。(　　)

4. 缆风索,主要用于稳定塔架(或索架和墩上排架),调整和固定预制构件的位置。(　　)

5. 主索系统试吊重物可以利用钢筋混凝土预制构件、钢轨和钢梁等,一般按设计吊重的

60%、100%、130%，分几次进行。（　　）

**问答题**

1. 缆索吊装系统由哪些主要设备组成？

2. 缆索吊装设备的检查与试吊包括哪几个阶段？

3. 扣索按支承扣索的结构物的位置和扣索本身的特点分为哪几种形式？

4. 预制构件质量检查的内容有哪些？

5. 跨径与拱肋的误差如何调整？

## 模块三　缆索吊装施工

**知识点：**

◎拱肋缆索吊装程序；

◎拱肋缆索吊装合龙方式；

◎横向、纵向稳定措施。

**技能点：**

◎能够根据不同要求对拱肋进行起吊操作；

◎能够根据不同情况选择不同的合龙方式。

**【任务引入】**

构件已经预制完成，吊装前的一切工作也已就绪，如何用缆索吊装设备将构件起吊安装就成为关键性的问题了。起吊安装的程序是什么？当不能直接起吊时应采取什么方法处理？最后又是怎样进行合龙的？

**【任务分析】**

根据拱桥的吊装特点，其一般吊装程序为：边段拱肋吊装及悬挂，次边段拱肋吊装及悬挂（对五段吊装），中段拱肋吊装及拱肋合龙，拱上构件的吊装或砌筑安装等。在这里首先进行的是拱肋的缆索起吊，但经常遇到卧式放置拱肋的起吊，拱肋方向相反的起吊，拱肋在已合龙的拱肋之间穿过等各种情况，就需要我们采取相应的方法来处理。三段拱肋和五段拱肋分段不同，它们的吊装程序和方法各有各的要求。施工条件和拱桥跨径的不同又带来了合龙方式的不一样。另外，拱肋在吊装过程中能保持稳定还必须依靠各种横向、纵向稳定措施的帮助。

**【任务实施】**

1. 拱肋缆索起吊

拱肋由预制场运到主索下后，一般用起重索直接起吊，当不能直接起吊时，可采用下列方法进行。

（1）翻身

卧式预制拱肋在吊装前，需要“翻身”成立式，常用就地翻身和空中翻身两种方法。

①就地翻身，如图7-2-15a）所示，先用枕木垛将平卧拱肋架至一定高度，使其在翻身后两端头不至碰到地面，然后用一根短千斤将拱肋吊点与吊钩相连，边起重拱肋边翻身直立。

②空中翻身，如图7-2-15b）所示，在拱肋的吊点处用一根串有手链滑车的短千斤，穿过拱肋吊环，将拱肋兜住，挂在主索吊钩上，然后收紧起重索起吊拱肋，当拱肋起吊至一定高度时，缓慢放松手链滑车，使拱肋翻身为立式。

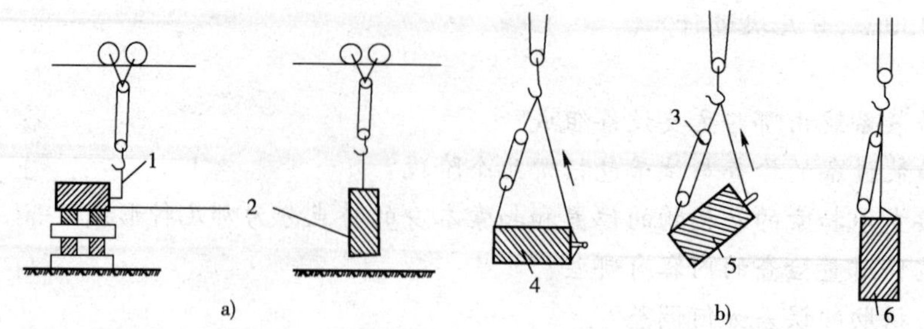


图 7-2-15　拱肋翻身

a)就地翻身;b)空中翻身

1-短千斤;2-拱肋;3-手链滑车;4-平放;5-放松;6-翻身

(2)掉头

为方便拱肋预制,边段拱肋有时采用同一方向预制,这样部分拱肋在安装时,掉头方法常因设备不同而异:

①在河中起吊时,可利用装载拱肋的船进行掉头。

②在平坦场地采用胶轮平车运输时,可将跑车与平车配合起吊将拱肋掉头。

③用一个跑车吊钩将拱肋吊离地面约50cm,再用人工拉动麻绳使拱肋旋转180°掉头放下,当一个跑车承载力不够时,可在两个跑车下另加一钢扁担起吊,旋转调头。

(3)吊鱼

如图7-2-16所示,当拱肋从塔架下面通过后,在塔架前起吊而塔架前场地不足时,可先用一个跑车吊起一个吊点并向前牵出一段距离后,再用另一个跑车吊起第二个吊点。用此法起吊,并用单点向前牵引拱肋时,须拉住尾索,以防拱肋向前滑动。

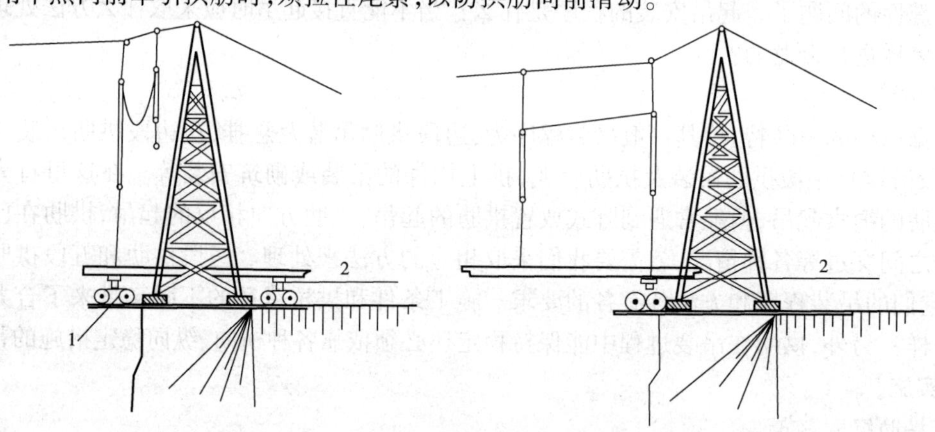


图 7-2-16　吊鱼

1-悬臂钢架;2-尾索

(4)穿孔

拱肋在桥孔中起吊时,最后几段拱肋常须在该孔已合龙的拱肋之间穿过,俗称穿孔,如图7-2-17所示,穿孔前应将穿孔范围内的拱肋横夹木暂时拆除。在拱肋两端另加稳定缆风索,穿孔时应防止碰撞已合龙的拱肋,故主索宜布置在两拱肋中间。

(5)横移起吊

当主索布置在对中拱肋位置,不宜采用穿孔工艺起吊时,可以用横移索帮助拱肋横移起吊。

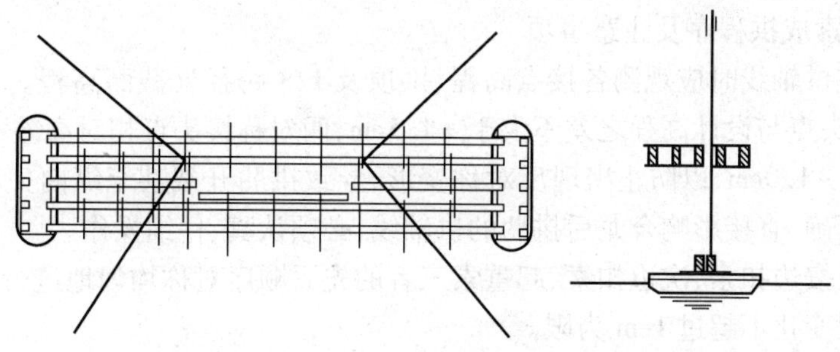

图 7-2-17　穿孔

2. 拱肋缆索吊装程序

(1)三段吊装程序

当拱肋分三段吊装,采用螺栓对接接头时,宜先将边段拱肋初步悬挂定位,调整扣索,使上端头高程比设计高程值高出约 5 ~ 10cm,然后准确悬吊拱顶段,使两端头高程比设计值约高出 1 ~ 2cm,最后放松两拱段扣索使其均匀下降与拱顶段合龙,安装接头螺栓。

当采用阶梯形搭接接头时,宜先准确扣挂两拱脚段,调整扣索使其上端头高程比设计值高出 3 ~ 5cm,再安装拱顶段使之与拱脚段合龙,如图 7-2-18 所示。

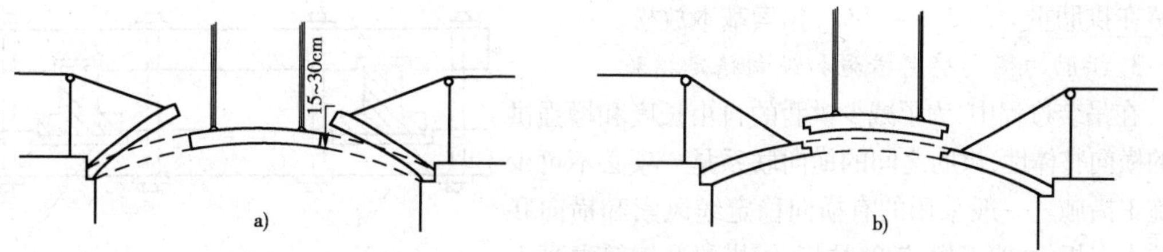


图 7-2-18　三段拱肋吊装定位示意图

a)对接头;b)搭接头

(2)五段吊装程序

当拱肋分五段吊装时边段拱肋悬挂就位的方法与三段吊装边段拱肋就位方法基本相同,定位后接头高程应较设计高程高 15 ~ 20cm。次边段与边段拱肋安装定位时,为了防止拱肋接头处开裂,要求在两台水准仪配合观测下,保持次边段上端头抬高值约为次边段下端头抬高值的 2 倍的关系,反复调整高程,使次边段定位完成后 $\Delta y_{下}$ 约为 5cm,$\Delta y_{上}$ 约为 10cm($\Delta y_{上}$、$\Delta y_{下}$ 分别指次边段定位后上、下端头的预加高度)。拱顶段拱肋定位时准确悬吊拱顶段,使两端头高程比设计值约高出 1 ~ 3cm,按照先边扣索,后次边扣索的松索顺序两侧均匀对称地放松扣索,反复循环直到与拱顶段接头合龙。调整拱肋中线位置,偏差在 1 ~ 2cm 范围内,如图 7-2-19 所示。图 7-2-19c)中 $\Delta y_{上}$(次边段)≈10cm;$\Delta y_{下}$(次边段)≈5cm;$\Delta y_{顶}$(拱顶段)≈1 ~ 3cm。

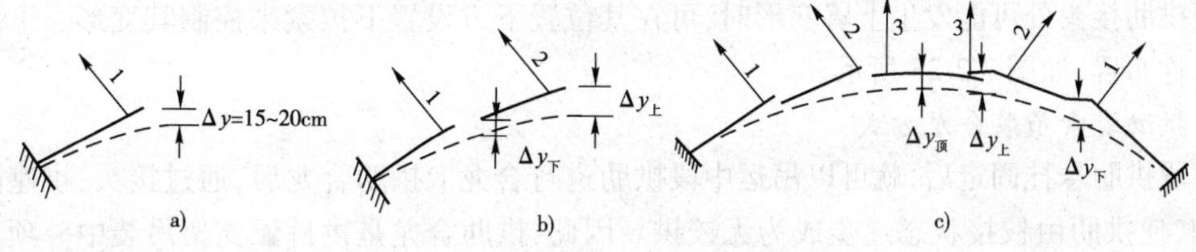


图 7-2-19　五段拱肋吊装定位示意图

a)边段定位;b)次边段定位;c)拱顶段定位

1-边扣索;2-次边扣索;3-起重索

(3)拱肋松索成拱程序及注意事项

①松索调整拱轴线时应观测各接点高程、拱顶及1/8跨径处截面高程。调整轴线时精度要求为:每个接头点与设计高程之差不大于±1.5cm,两对称接头点相对高差不大于2cm,中线偏差不超过0.5~1.0cm,以防止出现反对称变形、导致拱肋开裂甚至纵向失稳。松索成拱的操作方法是否正确,直接影响合龙后拱肋的拱轴线,必须认真、仔细操作。

②松索时应按边扣索、次边扣索、起重索三者的先后顺序对称均匀地进行。每次松索量以控制各接头高程变化不超过1cm为限。

③用铸铁楔、薄钢板嵌塞拱肋接头缝隙。

④拱肋松索成拱是一个反复循环的过程,将索放松压紧接头缝后,应再调整中线偏差到0.5~1.0cm以内,固定缆风索将接头螺栓旋紧。

⑤电焊各接头部件,全部松索成拱。电焊时,宜采取分层、间隔、交错施焊的方法,每层不可一次焊得过厚,以防灼伤周围混凝土。电焊后必须将各接头螺栓旋紧焊死。

⑥对于大跨径分五段或三段吊装的拱肋,在合龙成拱后,可保留起重索和扣索部分受力(称留索),待拱肋接头的连接工序基本完成后再完成松索。留索受力的大小取决于拱肋接头的密合程度和拱肋的稳定性。施工实践中,起重索受力一般保留在拱肋重力的5%~10%,扣索基本放松。

3. 拱肋的横向稳定措施和纵向稳定措施

在吊装过程中,为了减少拱肋的自由长度和增强拱肋的横向整体性,拱肋之间的横向联系是一项必不可少的施工措施。一般采用的有横向稳定缆风索和横向联系的木夹板、木剪刀撑、钢筋拉杆、钢横梁和钢筋混凝土横系梁等形式。如图7-2-20、图7-2-21、图7-2-22所示。

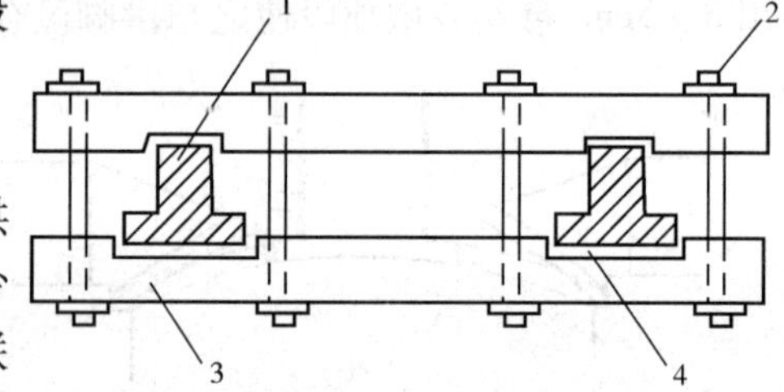


图7-2-20 拱肋间的横夹木构造

1-拱肋;2-螺栓;3-横夹木;4-砍口凹槽

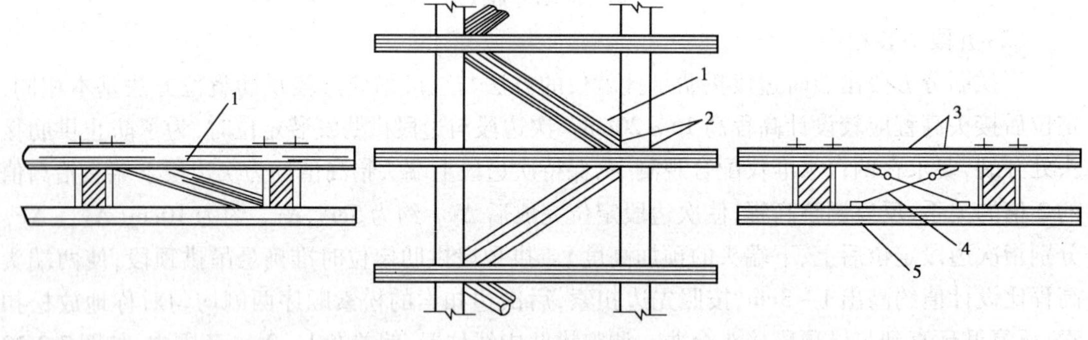


图7-2-21 木剪刀撑

1-圆木;2-马钉;3-花篮螺栓;4-拉杆;5-铅丝

当拱肋接头处可能发生上冒变形时,可在其位置下方设置下拉索来控制其变形。下拉索一般对称布置,如图7-2-23所示。

4. 拱肋缆索吊装合龙方式

边段拱肋悬挂固定后,就可以吊运中段拱肋进行合龙。拱肋合龙后,通过接头、拱座的联结处理,使拱肋由铰接状态逐步成为无铰拱。因此,拱肋合龙是拱桥无支架吊装中一项关键工作。

拱肋合龙的方式比较多,主要根据拱肋自身的纵向与横向稳定性、跨径大小、分段多少、地形和机具设备条件等不同情况,选用不同的合龙方式。

(1)单基肋合龙

拱肋整根预制吊装或分两段预制吊装的中小跨径拱桥,当拱肋高度大于 0.009$L$ ~ 0.012$L$($L$ 为跨径),拱肋底面宽度为肋高的 0.6 ~ 1.0 倍,且横向稳定系数不小于 4 时,可以进行单基肋合龙。这时其横向稳定性主要依靠拱肋接头附近所设的缆风索来加强,因此缆风索必须十分可靠。这种方法多用于缆风索锚固在两河岸的单孔桥中。实践证明,只要拱肋有足够量的缆风索,一般情况下都可以采用单基肋合龙。

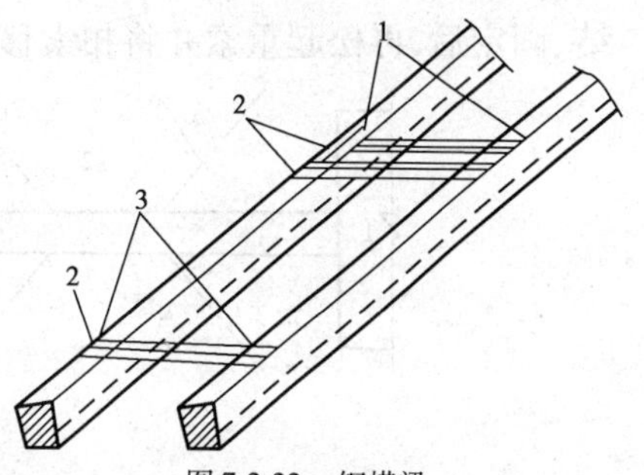


图 7-2-22 钢横梁

1-拱肋接头处外露钢筋;2-临时焊接角钢;3-拱肋吊环钢筋

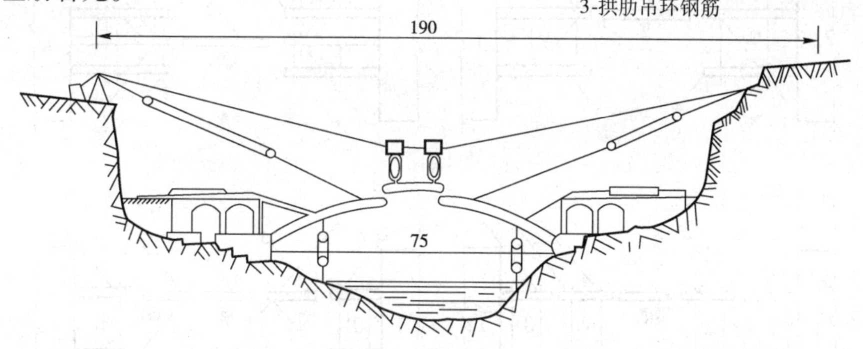


图 7-2-23 拱肋下拉索布置图(尺寸单位:m)

单基肋合龙的最大优点是所需要的扣索设备少,相互干扰也少,因此也可用在扣索设备不足的多孔桥跨中。在跨径较大时,第一片拱肋的单肋合龙后,第二片拱肋也可以独立设置缆风索进行单肋合龙,待两片拱肋完成接头连接工序后,再将两片拱肋横向连成整体。跨径比较小的桥梁,则第二片拱肋可不设缆风索,利用木夹板与第一片拱肋的横向联系即可。图 7-2-24a)为单基肋合龙的缆风索布置示意图。

(2)悬挂多段边段或次边段拱肋后单基肋合龙

拱肋分三段或五段预制吊装的大、中跨径拱桥,当拱肋高度不小于跨径的 1/100 且其单肋合龙横向稳定安全系数不小于 4 时,可采用悬扣边段或次边段拱肋,用木夹板临时联结两拱肋后,单根拱肋合龙,设置稳定缆风索,成为基肋。待第二根拱肋合龙后,立即安装两肋拱顶段及次边段的横夹木,并拉好第二根拱肋的风缆。如横系梁采用预制安装,应将横系梁逐根安上,使两肋及早形成稳定、牢固的基肋。其余拱肋的安装,可依靠与"基肋"的横向联结,达到稳定。悬挂多段边段或次边段拱肋后,进行单根肋合龙松索成拱的方法如图 7-2-24b)、c)所示。

(3)双基肋同时合龙

当拱肋跨径大于等于 80m,或虽小于 80m 但单肋合龙横向稳定安全系数小于 4 时,拱肋缆风索很长或缆风角度不好(一般要求每对风缆与拱肋轴线水平投影的夹角不小于 50°)时,应采用"双基肋"合龙的方法。先将第一根拱肋合龙并调整轴线,楔紧拱脚及接头缝后,松索压紧接头缝,但不卸掉扣索和起重索,然后将第二根拱肋合龙,并使两根拱肋横向联结固定。拉好风缆后,再同时松卸两根拱肋的扣索和起重索。这种方法需要两组主索设备。

(4)留索单肋合龙

在采用两组主索设备吊装而扣索和卷扬机设备不足时,可以先用单肋合龙方式吊装一片拱肋合龙。待合龙的拱肋松索成拱后,将第一组主索设备中的牵引索、起重索用卡子固定,抽出卷扬机和扣索移到第二组主索中使用。等第二片拱肋合龙并将两片拱肋用木夹板横向联结、固定后，再松起重索并将扣索移到第一组主索中使用。

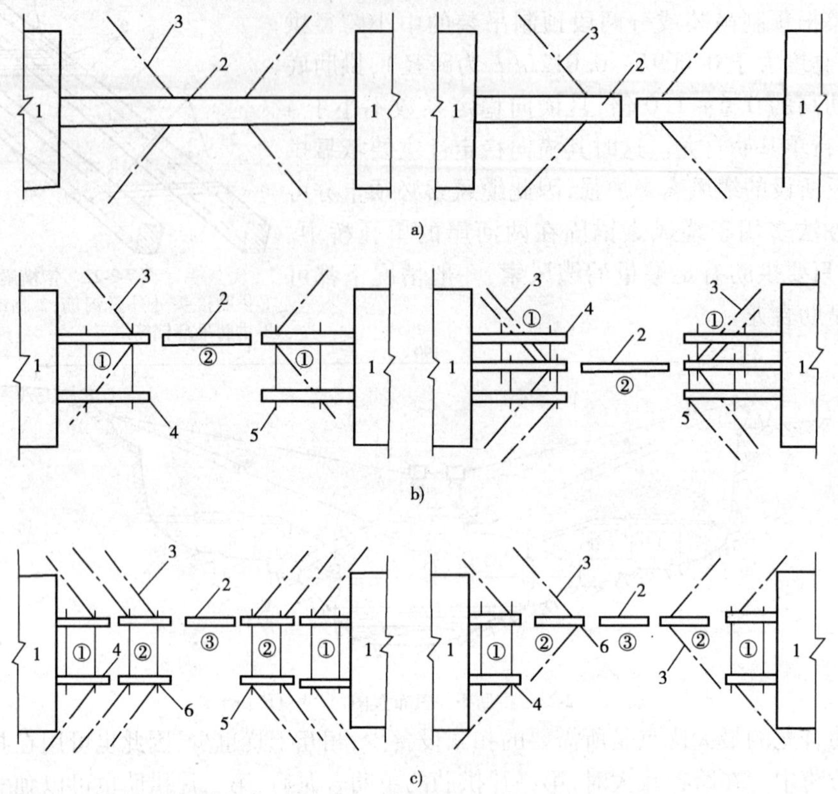


图 7-2-24　拱肋合龙示意图（图中①、②、③为施工程序号）

a）单基肋合龙；b）三段吊装单肋合龙；c）五段吊装单肋合龙

1-墩台；2-基肋；3-风缆；4-拱脚段；5-横夹木；6-次拱脚段

5. 拱上构件吊装

主拱圈以上的结构部分，均称为拱上构件。拱上构件的砌筑同样应按规定的施工程序对称均衡地进行，以免产生过大的拱圈应力。为了能充分发挥缆索吊装设备的作用，可将拱上构件中的立柱、盖梁、行车道板、腹拱圈等做成预制构件，用缆索吊装施工，以加快施工进度。

## 能力考核

### 选择题

1. 当拱肋分三段吊装，采用阶梯形搭接接头时，宜先准确扣挂两拱脚段，调整扣索使其上端头高程比设计值高出（　　）cm。

A. 1 ~ 2　　B. 3 ~ 5　　C. 5 ~ 10　　D. 0.5 ~ 1

2. 下列哪一项不属于横向稳定措施。（　　）

A. 钢横梁　　B. 木夹板　　C. 缆风索　　D. 下拉索

3. 在采用两组主索设备吊装而扣索和卷扬机设备不足时，宜采用（　　）方式合龙。

A. 单基肋合龙　　B. 悬挂多段边段或次边段拱肋后单基肋合龙

C. 双基肋同时合龙　　D. 留索单肋合龙

4. 松索时应按（　　）三者的先后顺序对称均匀地进行。

A. 边扣索、次边扣索、起重索　　B. 起重索、次边扣索、边扣索

C. 边扣索、起重索、次边扣索　　　　　D. 起重索、边扣索、次边扣索

5. 松索时，每次松索量以控制各接头高程变化不超过(　　)cm 为限。

A. 3　　　　　B. 2　　　　　C. 1　　　　　D. 0.5

**判断题**

1. 卧式预制拱肋在吊装前，需要"翻身"成立式，常用就地翻身和空中翻身两种方法。(　　)

2. 拱肋在桥孔中起吊时，最后几段拱肋常须在该孔已合龙的拱肋之间穿过，俗称吊鱼。(　　)

3. 次边段与边段拱肋安装定位时，应保持次边段上端头抬高值约为次边段下端头抬高值的2倍关系。(　　)

4. 拱肋松索成拱是一个一次完成的过程，所以必须认真对待。(　　)

5. 主拱圈强度达到后，拱上构件的砌筑可以怎么施工方便怎么来。(　　)

**问答题**

1. 简述拱肋的一般吊装程序。

2. 叙述拱肋缆索三段吊装程序。

3. 叙述拱肋缆索五段吊装程序。

4. 拱肋缆索吊装合龙方式有哪些？并简述各自的适用范围。

5. 简述拱肋缆索起吊中吊鱼的施工方法。

# 单元八 涵洞施工

## 课题一 涵洞概述

公路跨越沟谷、溪沟、河流、道路、人工渠道以及排除路基内侧边沟水流时,常常需要修建各种横向排水构造物,最常见的排水构造物就是涵洞。对具有全封闭、全立交、固定进出口和分道分向行驶特点的高速公路所增加的通道和涵洞则更多,使得涵洞的工程数量和造价在整个路线工程中占有很大的比例。涵洞施工质量好坏,直接影响到公路工程的整体质量及使用性能,以及周围农田的灌溉、排水等。因此,对涵洞施工同样不可忽视,应在施工前做好充分准备,周密安排,施工过程中严格控制施工质量,确保其质量达到设计及规范要求。

### 模块一 涵洞的划分及分类

**知识点:**

◎涵洞与桥梁的区分;

◎涵洞的分类;

◎各类涵洞的特点及适用范围。

【任务引入】

涵洞和桥梁都是公路上常见的排水构造物。一条公路上可能没有桥梁,但肯定有涵洞,尤其在山区公路中更为常见。那么涵洞和桥梁是如何划分的?涵洞和桥梁的本质区别又是什么?另外根据不同的分类方法,涵洞又分为各种各样的类型。各种类型的涵洞其工程特点和适用条件又各不相同,为什么在这个地方要采用这种类型的涵洞而在另一个地方却要采用那种涵洞才比较合适呢?这些就是本模块要解决的问题。

【任务分析】

涵洞和桥梁其实没有什么本质区别,都是公路上常见的排水构造物。其区别仅在于跨径的大小以及结构和施工的难易程度。但本质区别仍然是跨径的大小,涵洞实际上我们可以称之为小小桥。另外各种类型的涵洞都有其本身特有的结构和工程特点,这些都是与其适用条件相匹配的。了解这些知识可以为我们今后更好地学习涵洞的结构和施工打下良好的基础。

【任务实施】

#### 一、涵洞的划分

桥梁和涵洞是按照跨径大小来划分的。根据交通部部标准《公路工程技术标准》(JTG

B01—2003)的规定,凡单孔跨径小于5m的统称涵洞。而圆管涵和箱涵不论管径或跨径大小、孔数多少,均称涵洞。

**【知识链接】**

涵洞的单孔跨径系指标准跨径,以净跨径为准。即设支座的涵洞为相邻两墩、台身顶内缘之间的水平距离,不设支座的涵洞为上、下部结构相交处内缘间的水平距离。

为了便于编制标准设计,增强构件的互换性,对于小于和等于5m的桥涵,宜采用标准化跨径。对于涵洞其标准化跨径由《公路工程技术标准》规定如下:0.75m、1.0m、1.25m、1.5m、2.0m、2.5m、3.0m、4.0m、5.0m。具体见表8-1-1。

各类涵洞适宜的跨径　　表8-1-1

| 构造形式 | 适用的跨径(或直径)(cm) | 构造形式 | 适用的跨径(或直径)(cm) |
|---|---|---|---|
| 圆管涵 | 50、75、100、125、150、200 | 拱涵 | 100、150、200、250、300、400 |
| 盖板涵 | 50、75、100、125、150、200、250、300、400 | 箱涵 | 200、250、300、400、500 |

注:1. 跨径50cm的涵洞仅用于农田灌溉渠。

2. 石盖板涵的跨径仅为50cm、75cm、100cm、125cm。

## 二、涵洞的分类

1. 按建筑材料分类

(1)石涵

石涵是以石料为主要材料建造的涵洞,常做成石盖板涵或石拱涵。石涵造价和养护费用低,可节省钢材和水泥,经久耐用,在石料丰富地区应当优先考虑采用石涵。

(2)混凝土涵

混凝土涵洞是以混凝土为主要材料建造的涵洞。可节省钢筋,便于预制,但损坏后修理和养护较困难。按力学性能不同,混凝土涵洞又有混凝土圆管涵、混凝土盖板涵、混凝土拱涵之分。

(3)钢筋混凝土涵

钢筋混凝土涵是以钢筋混凝土为主要材料建造的涵洞,多用于管涵、盖板涵和箱涵。钢筋混凝土涵洞身坚固,经久耐用,养护费用小。特别是管涵和盖板涵由于运输和安装均较便利,是目前公路工程采用较为广泛的类型。

(4)其他材料组成的涵洞

对于小孔径涵洞有时也可以采用其他材料建造,如砖、陶瓷、铸铁、钢波纹管、石灰三合土等。这类涵洞有砖涵、陶瓷管涵、波纹管涵、石灰三合土涵。

2. 按构造形式分类

(1)圆管涵

受力情况和适应基础的性能较好,仅设置端墙,不需要墩、台,所以圬工数量小,造价较低,但使用时须有足够的填土高度,在低路堤时,使用受到限制。

(2)盖板涵

构造简单,维修容易,有利于在低填土路基上设置,且能做成明涵。跨径较小时用石盖板,跨径较大时用钢筋混凝土盖板。

(3)拱涵

跨径较大,承载潜力较大,砌筑技术易掌握,使用寿命长。但自重引起的恒载也较大,对地基要求较高,施工工序较繁多。常在跨越深沟或高路堤时设置。山区石料资源丰富,可用石拱涵。

(4)箱涵

箱涵为整体闭合式钢筋混凝土框架结构,具有良好的整体性及抗震性,对地基适应性较强。但由于箱涵施工较困难,用钢量多,造价高,故一般仅在软土地基上采用。常用于高速公路人行通道。

3. 按涵洞顶填土高度分类

(1)暗涵

当涵洞洞顶填土高度大于或等于 0.5m 时叫暗涵;一般用在高填方路段,如图 8-1-1a)所示。

(2)明涵

当涵洞洞顶填土高度小于 0.5m 时叫明涵;常用在低填方或挖方路段。通常采用盖板涵洞,如图 8-1-1b)所示。

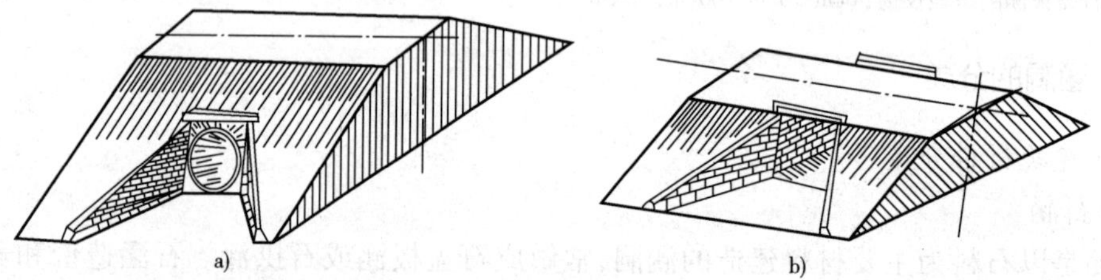


图 8-1-1　涵洞

a)暗涵;b)明涵

4. 按水力性质分类

(1)无压力式涵洞

涵洞水流通过涵洞全长时,水面不接触涵洞顶面,涵前不容许涌水或涌水不高,涵洞处于无压力状态。公路工程宜采用无压力式涵,如图 8-1-2a)所示。

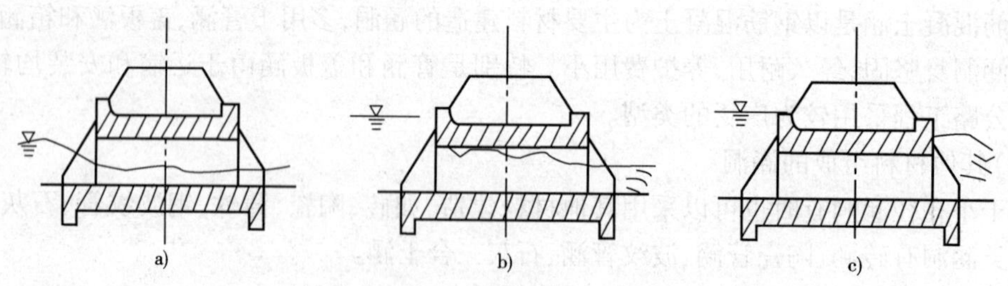


图 8-1-2　涵洞的水力图示

a)无压力式;b)半压力式;c)压力式

(2)半压力式涵洞

涵洞进水口被水淹没,洞内水流不接触洞顶,出口不被水淹没,涵洞处于半压力状态。半压力式涵因水流起落变化引起水流不稳定,在公路上不常用,如图 8-1-2b)所示。

(3)压力式涵洞

涵洞进、出水口都被水淹没,涵前水深在 1.2 倍涵洞的净高以上,水流在压力下通过涵洞,涵洞处于压力状态。压力式涵必须保证涵身不漏水,以防水渗入路基,影响路基强度和稳定性;同时由于流速较大,必须加深涵洞基础和加强涵底铺砌工程,来保证进出口、基底和其附近路基、农田不致被冲毁,所以一般在确保提高排洪能力的情况下,才可采用压力式涵洞,如图8-1-2c)所示。

(4)倒虹吸涵洞

路线两侧水深都大于涵洞进出口高度,且进出水口必须设置竖井,如图8-1-3所示。由于倒虹吸涵洞易被泥沙及漂浮物淤塞,涵管接头又易漏水,养护困难,故一般仅适用于横穿路线的沟渠水面高程基本同于或略高于路基高程的情况。

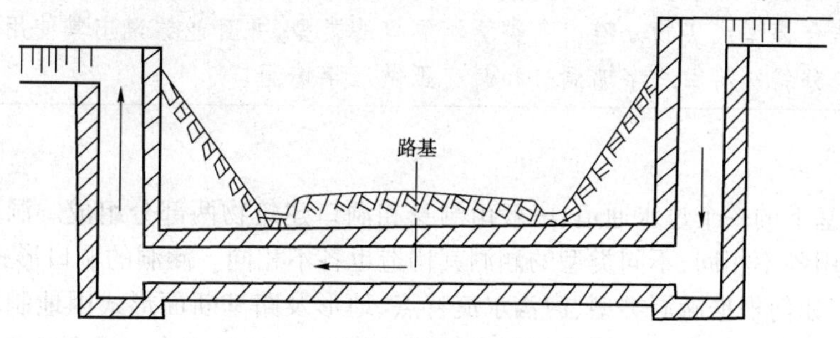


图8-1-3　竖井式倒虹吸涵洞

## 能力考核

### 选择题

1.《公路工程技术标准》(JTG B01—2003)中规定,凡单孔跨径小于(　　)的统称为涵洞。

A. 10m　　B. 5m　　C. 3m　　D. 50m

2. 暗涵一般是指洞顶填土高度(　　)的涵洞。

A. 大于50cm　　B. 小于50cm　　C. 等于50cm　　D. 大于30cm

3. 常用于高速公路人行通道的涵洞是(　　)。

A. 圆管涵　　B. 拱涵　　C. 箱涵　　D. 盖板涵

4. 在跨越深沟或高路堤时通常设置(　　)。

A. 圆管涵　　B. 拱涵　　C. 箱涵　　D. 盖板涵

5. 常用在低填方或挖方路段的涵洞类型是(　　)。

A. 明涵　　B. 暗涵　　C. 拱涵　　D. 管涵

### 判断题

1. 圆管涵和箱涵不论管径或跨径大小、孔数多少,均称涵洞。(　　)

2. 明涵通常采用盖板涵。(　　)

3. 拱涵一般仅在软土地基上采用。(　　)

4. 倒虹吸涵洞一般进出水口必须设置竖井。(　　)

5. 公路工程宜采用半压力式涵。(　　)

### 问答题

1. 涵洞按构造形式划分为哪几类?各有何特点?

2. 涵洞按涵洞顶填土高度划分为哪几类?各有何特点?

3. 涵洞按水力性质划分为哪几类?公路工程中常采用哪类?

## 模块二　涵洞的洞身和洞口构造

**知识点：**

◎涵洞洞身的构造；

◎涵洞洞口的构造。

**技能点：**

◎能够结合模型或实物准确说出涵洞洞身各部分的名称和作用；

◎能够结合模型或实物分辨出各类涵洞洞口的类型，并且能够说出其使用条件；

◎能够区分斜交斜做八字墙洞口和斜交正做八字墙洞口。

**【任务引入】**

涵洞是路基下的一个过水通道，一般由洞身和洞口建筑物两部分组成。洞身和洞口在涵洞中所起的作用各不相同，不同类型的涵洞其构造也各不相同。涵洞的洞口形式多样、构造多变、十分灵活。如何根据涵洞类型、河沟水流特点、地形及路基断面形式因地制宜地选择好洞口形式，做好进出水口处理对于确保涵洞及路基的稳定、水流畅通有着重要的作用。本模块将主要讲述涵洞的洞身和洞口构造，以使大家对涵洞有一个更深刻的认识，为后面学习涵洞的施工打下良好的基础。

**【任务分析】**

前面讲过涵洞按照构造型式分为圆管涵、盖板涵、拱涵和箱涵四种，涵洞的洞身构造主要随其构造分类不同而不同，因此对于洞身我们主要掌握这四种涵洞在构造上的不同，以及各部分的位置、作用及其常用的建筑材料及尺寸。涵洞的洞口形式多样，各种形式的洞口都有其各自的使用条件、特点和构造形式，对于公路工程常见的洞口形式如八字墙洞口、端墙式洞口等应重点掌握。

**【任务实施】**

### 一、洞身构造

洞身是形成过水孔道的主体，它应具有保证设计流量通过的必要孔径，同时又要求本身坚固而稳定。洞身的作用是一方面保证水流通过，另一方面直接承受荷载压力和填土压力，并将其传递给地基。洞身通常由承重结构（如拱圈、盖板等）、涵台、基础以及防水层、伸缩缝等部分组成。涵洞洞底还应有适当的纵坡度，以利排水。

1. 圆管涵

圆管涵主要由管身、基础、接缝及防水层等组成，各部分构造如图 8-1-4 所示。

（1）管身

管身是管涵的主要组成部分，通常由钢筋混凝土或波纹钢制成。钢筋混凝土管身管径一般小于 1.50m，管身多采用预制安装，预制长度通常有 0.5m、1.0m 和 2.0m 等几种。波纹钢管身管径由于其管内粗糙系数较大，一般较钢筋混凝土管的管径增大一级，壁厚一般小于 10mm，在我国已得到越来越广泛的应用。

（2）基础

钢筋混凝土圆管涵视地基强度不同可分别采用混凝土或浆砌片石基础（软弱地基）、垫层基础(黏土或砂土地基)、混凝土平整层(岩石地基)等。波纹管涵管座基础材料必须匀质、无大石块等硬物,且不能直接置于岩石或混凝土基础上。

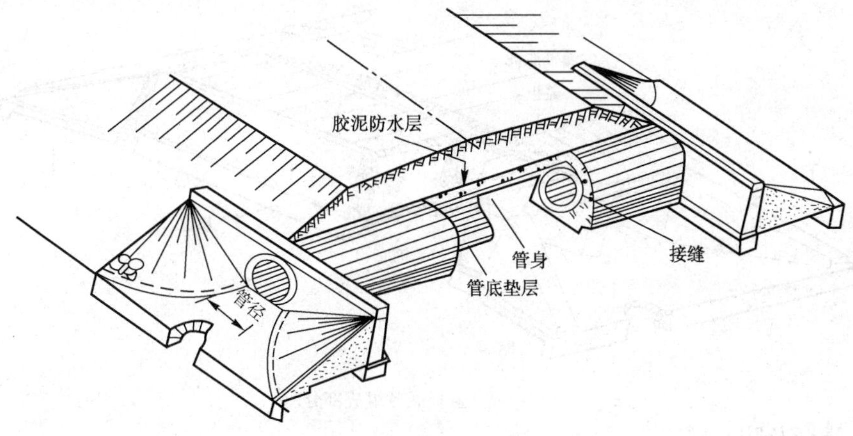

图 8-1-4　圆管涵各组成部分

(3)接缝及防水层

圆管涵多采用预制拼装施工,为防止圆管涵接头漏水,应作接缝防水处理。钢筋混凝土圆管涵接缝处理一般采用平口接头填缝(图 8-1-5)或企口接头填缝(图 8-1-6)形式。波纹管涵的接缝多采用螺栓连接的形式。

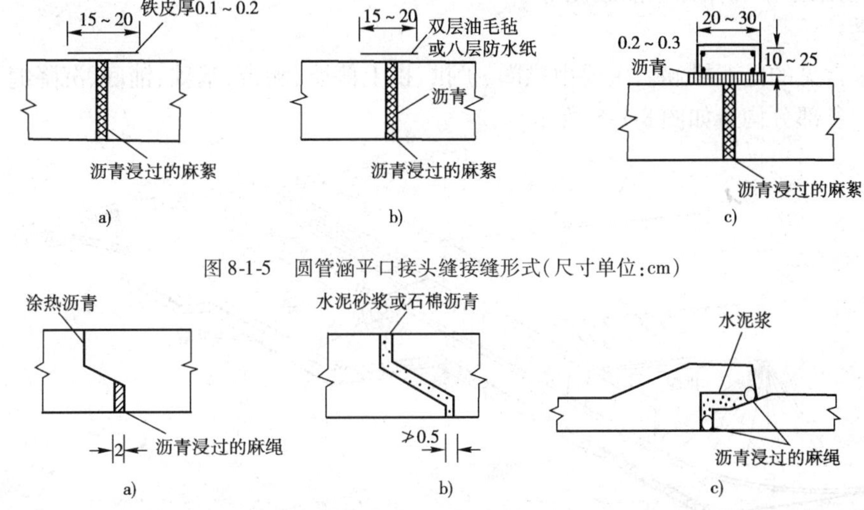

图 8-1-5　圆管涵平口接头缝接缝形式(尺寸单位:cm)

图 8-1-6　圆管涵企口接头缝接缝形式(尺寸单位:cm)

圆管涵防水层一般采用塑性黏土。波纹管涵一般不做防水处理,但应用沥青混合材料进行防锈处理。

2. 盖板涵

盖板涵主要由盖板、涵台、基础、洞身铺底、伸缩缝及防水层等组成,各部分构造如图 8-1-7 所示。

(1)盖板

盖板是涵洞的主要承重结构,宜采用钢筋混凝土盖板,厚度一般为 8 ~ 30cm,跨径为 1.5 ~ 6m,只有跨径在 1m 以下的盖板涵且石料丰富时,才可采用石盖板。

(2)涵台、基础及洞底铺底

一般用浆砌(或干砌)块、片石或混凝土修筑。基础厚度一般为60cm,铺底厚度一般为30cm。

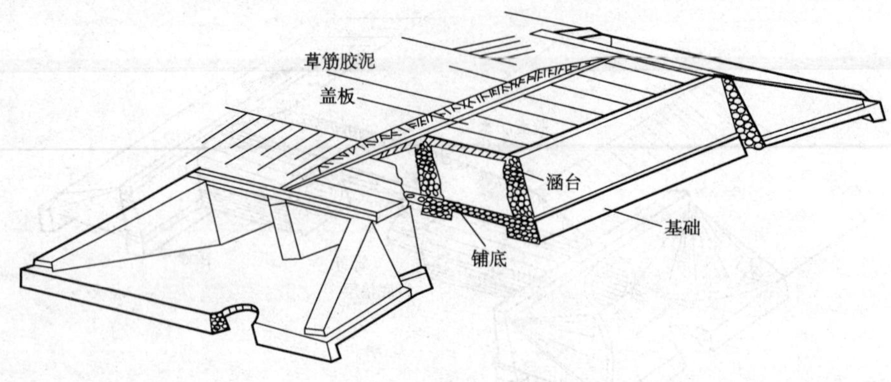


图8-1-7　盖板涵各组成部分

(3)沉降缝及防水层

涵洞沿洞身长度方向应分段设置沉降缝,以防不均匀沉降而引起涵身断裂。一般沿洞身每隔4~6m设一道,缝宽2~3cm,缝内填塞沥青麻絮等具有弹性和不透水的材料。沉降缝应断开整个断面(包括基础)。为了防止雨水从路基中浸入涵洞结构,影响结构的寿命和安全,应在涵洞洞身及端墙在基础面以上被土掩埋部分的表面设置防水层。常用的方法有涂刷热沥青层、设置防水砂浆和涂抹草筋胶泥等。

3. 拱涵

拱涵最常见的是石拱涵。主要由拱圈、护拱、拱上侧墙、涵台、基础、铺底、沉降缝及排水设施等组成。各部分构造如图8-1-8所示。

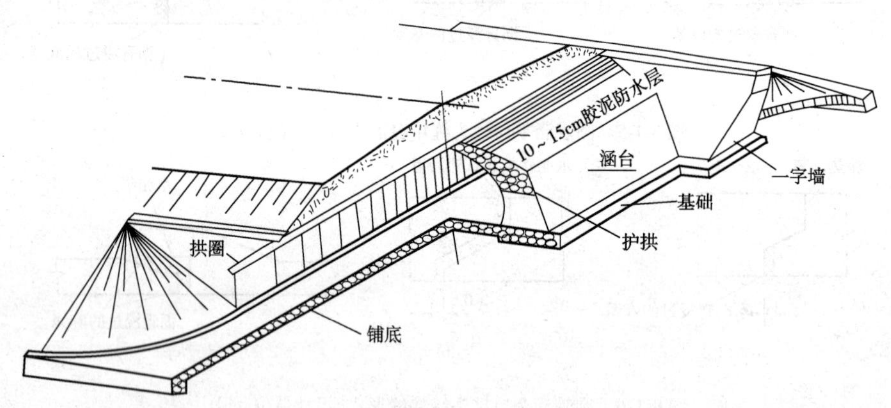


图8-1-8　石拱涵各组成部分

(1)拱圈

拱圈是拱涵的承重结构部分,一般由石料构成。其形状通常有圆弧和悬链线两种,常采用等厚的圆弧拱。石拱圈常用干砌或浆砌块片石砌筑。

(2)护拱

护拱的主要作用是保护拱圈,防止活载冲击。通常用M5或M7.5水泥砂浆砌片石构成。护拱的高度一般为拱涵矢高的一半。

(3)涵台、拱上侧墙

拱涵的涵台和拱上侧墙一般做成背坡为4:1的重力式挡墙形式,多用浆砌块、片石构成。

（4）基础、铺底

涵台基础的主要作用是扩散地基应力，有整体式和分离式两种。前者多用于地基比较软弱的地段，后者多用于地基强度比较高的场合。

铺底的主要作用是防止水流冲刷，其范围为从进水口端部至出水口端部，一般用浆砌片石或混凝土铺筑。进、出水口铺底两端还应设置截水墙以保护铺底。

（5）防排水设施及沉降缝

拱涵的防排水设施一般设于拱背及台背，其主要作用是排除路基渗水，使拱圈免受水的侵蚀，以确保路基和拱圈的稳定，如图 8-1-9 所示。

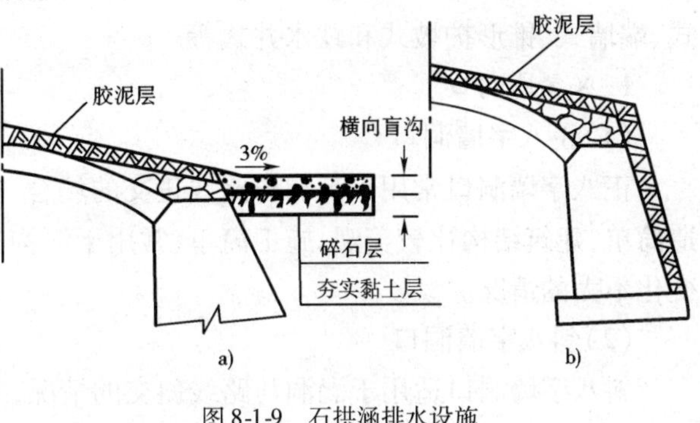


图 8-1-9 石拱涵排水设施

a）浆砌石拱涵；b）干砌石拱涵

4. 箱涵

箱涵为整体闭合式钢筋混凝土框架结构，主要由钢筋混凝土涵身、翼墙、基础、变形缝等部分组成，各部分构造如图 8-1-10 所示。箱涵有良好的整体性和抗震性，但由于其施工较困难，造价高，故常常仅在软土地基上采用。也常用于建筑高度受到限制的交叉口处。

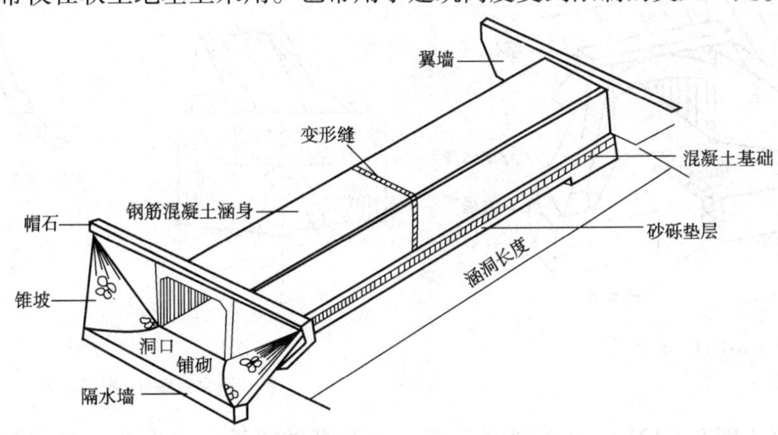


图 8-1-10 钢筋混凝土箱涵各组成部分

（1）涵身

箱涵涵身由钢筋混凝土组成，其断面一般为长方形或正方形。壁厚一般为 22 ~ 35cm，箱涵内壁四个折角处往往做成尺寸为 5cm × 5cm 的 45°斜面，以增大转角处的刚度。

（2）翼墙

翼墙在涵身靠洞口侧的两端，与涵身连成整体，主要用于涵身与进出口锥坡的连接，支挡路基填土。其一般为钢筋混凝土薄壁结构，当采用八字墙洞口时，可不做翼墙。

（3）基础

箱涵基础一般为双层结构，上层为厚 10cm 的混凝土结构，下层为厚 40 ~ 70cm 的砂砾石垫层。

（4）变形缝

箱涵的变形缝一般均设在涵身中部，基础也在此处断开。

## 二、洞口构造

涵洞的洞口是洞身、路基、河道三者的连接构造物，一般由进水口、出水口、沟床加固组成。

其主要作用是使涵洞与河道顺接、流水顺畅，确保路基边坡稳定、使之免受水流冲刷。为使水流安全顺畅地通过涵洞，减小水流对涵底的冲刷，需对涵洞洞身底面及进出口底面进行加固铺砌，必要时在进出口前后还需设置调治构造物，进行沟床加固。涵洞洞口的常见形式有八字墙式、端墙式、锥形护坡式和跌水井式等。

1. 八字墙洞口

(1)正八字墙洞口

正八字墙洞口常用于涵洞与路线正交的场合，其形式如图8-1-11所示。其主要特点是构造简单，建筑结构比较美观，施工简单，常用于河沟平坦顺直，无明显河槽，且沟底和涵底高差变化不大的情况。

(2)斜八字墙洞口

斜八字墙洞口适用于涵洞与路线斜交的情况，一般有两种做法。

①斜交斜做[图8-1-12a)]是指洞口方向(帽石方向)与路线方向平行的形式。其主要特点是翼墙端部与路线平行，洞身平投影为平行四边形。此法用工较多，但外形美观且适应水流，故较常采用。

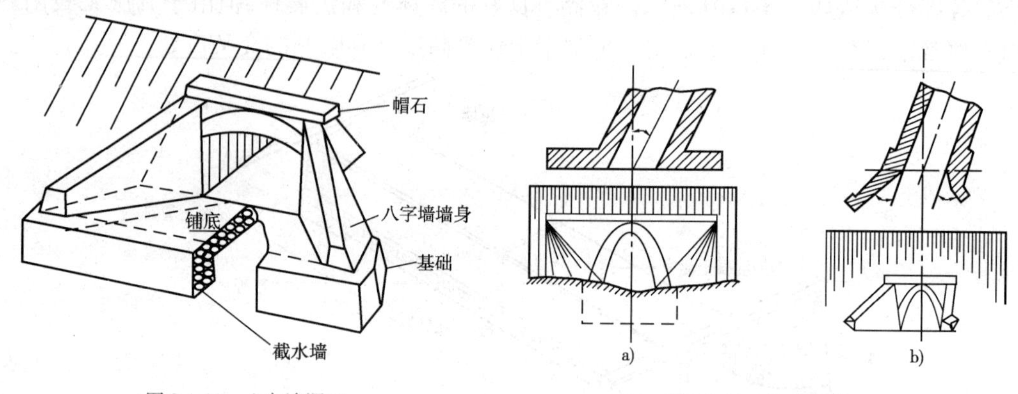


图8-1-11　八字墙洞口

图8-1-12　斜八字洞口
a)斜交斜做；b)斜交正做

②斜交正做[图8-1-12b)]是指涵洞洞口与涵洞纵轴线垂直的形式。其主要特点是翼墙内角连线与路线平行，洞身平投影为矩形。此做法构造简单与正交时完全相同。

2. 端墙式洞口

端墙式洞口是指在涵台两端修建一垂直于台身，并与台身同高的矮墙(又叫一字墙)的洞口形式。在端墙外侧，可用砌石的椭圆锥坡、天然土坡、砌石护坡或挡土墙与天然沟槽和路基相连接，即构成各种形式的端墙式洞口，如图8-1-13所示。图中a)、b)仅在沟床稳定、土质坚实的情况下才采用。图c)适用于洞口有人工渠道或不受冲刷影响的岩石河沟上采用。有时为改善水力条件，可在图c)的沟底设置小锥坡，构成图d)。图e)的形式仅在洞口路基边坡设有直立式挡墙时才采用。

3. 锥形护坡洞口

端墙配锥形护坡洞口，是最常见的一种洞口形式，如图8-1-14所示。它的使用条件与八字墙类似。但由于其比八字墙洞口水流条件要好，因而多用于宽浅河沟或孔径压缩较大的情况。当墙高较高时(一般大于5m)由于其经济性比八字墙较好，因而更适用于涵台较高的涵洞。

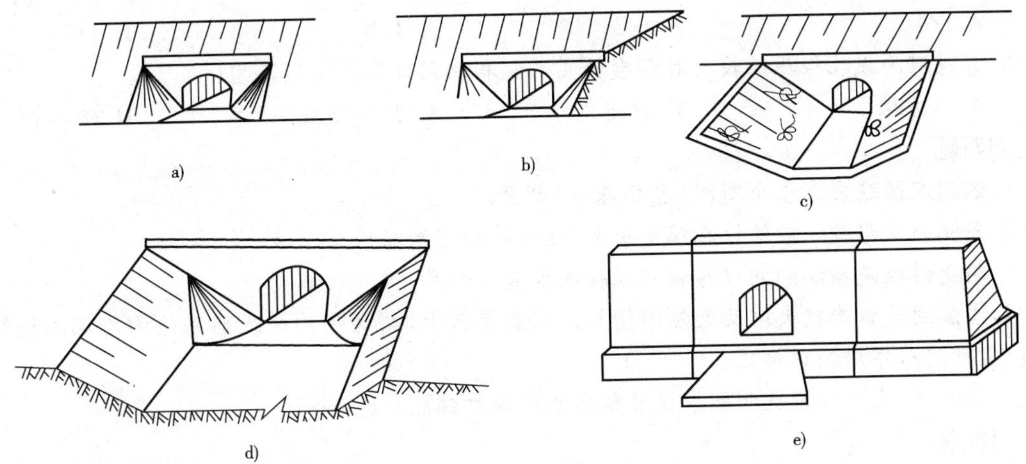


图 8-1-13 端墙式洞口

4. 跌水井洞口

当天然河沟纵坡度大于 50% 或路基纵断面设计不能满足涵洞建筑高度要求，涵洞进口开挖大以及天然沟槽与涵洞高差较大时，为使沟槽或路基边沟与涵洞进口连接，常采用跌水井洞口形式。其形式一般有边沟跌水井洞口和一字墙跌水井洞口两种，如图 8-1-15、图 8-1-16 所示。前者主要适用于内侧有挖方边沟的涵洞的进水口，后者适用于一般陡坡沟槽跌水。

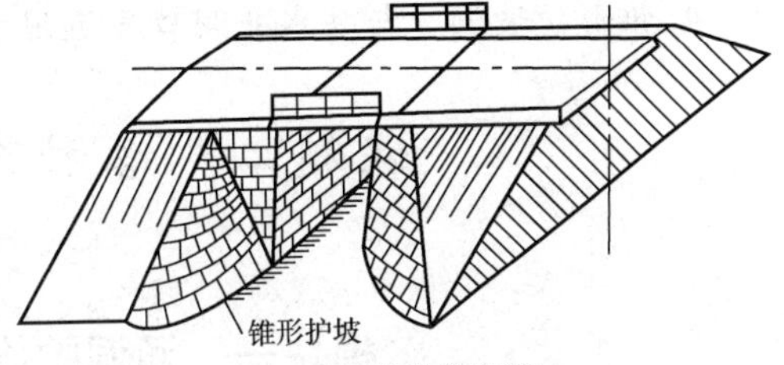


图 8-1-14 锥形护坡洞口

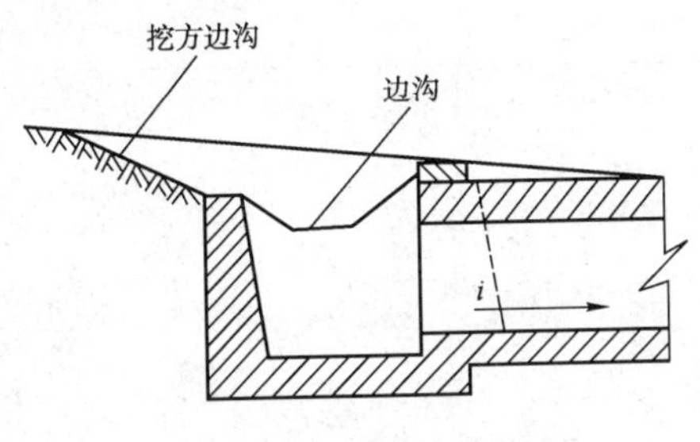


图 8-1-15 边沟跌水井洞口

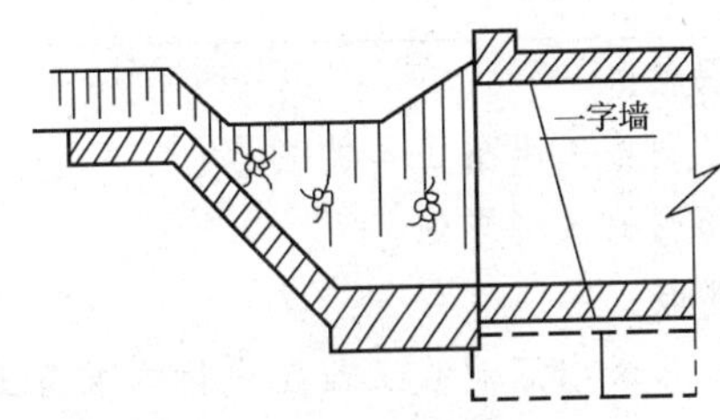


图 8-1-16 一字墙跌水井洞口

## 能力考核

**选择题**

1. 波纹管涵的接缝多采用(　　)的形式。

A. 平口接头填缝　　B. 螺栓连接　　C. 企口接头填缝　　D. 其他

2. 涵洞沿洞身长度方向应分段设置沉降缝，以防不均匀沉降而引起涵身断裂。一般沿洞身每隔(　　)设一道。

A. 大于 2 ~ 3m　　B. 5m　　C. 4 ~ 6m　　D. 7 ~ 8m

3. 拱涵的拱圈常采用(　　)。

A. 等厚的圆弧拱　　B. 等厚的悬链线拱

C. 等厚的抛物线拱　　D. 变厚的圆弧拱

4. 护拱的高度一般为拱涵矢高的(　　)。

A. 1/4　　　　　　B. 1/2　　　　　　C. 1/8　　　　　　D. 1/3

5. 宽浅河沟或孔径压缩较大且涵台较高的涵洞的洞口形式一般采用(　　)。

A. 八字墙　　　　　B. 端墙式　　　　　C. 锥形护坡　　　　　D. 跌水井

**判断题**

1. 涵洞沉降缝应在整个断面(包括基础)断开。(　　)

2. 箱涵的变形缝一般均设在涵身中部,连同基础变形缝设置一道。(　　)

3. 斜交斜做是指涵洞洞口与涵洞纵轴线垂直的形式。(　　)

4. 当涵洞进口开挖大以及天然沟槽与涵洞高差较大时,为使沟槽或路基边沟与涵洞进口连接,常采用八字墙洞口形式。(　　)

5. 涵洞进、出水口铺底两端应设置截水墙以保护铺底。(　　)

**问答题**

1. 涵洞的洞身起什么作用? 通常有哪几部分组成?

2. 涵洞的洞口起什么作用? 常见的洞口形式有哪些?

3. 斜八字墙洞口分为哪两类? 各有何特点?

4. 锥形护坡洞口与跌水井洞口各适用于何种情况?

# 课题二　各种类型涵洞的施工技术

## 模块一　涵洞的施工准备工作和施工放样

**知识点:**

◎涵洞施工准备工作的内容;

◎涵洞的放样方法。

**技能点:**

◎能够说出涵洞施工前应进行的准备工作;

◎能够结合具体情况进行涵洞的施工放样。

**【任务引入】**

施工人员在涵洞施工之前应进行必要的准备工作,创造有利的施工条件,使施工工作能连续、均衡、有节奏、有计划地进行,从而按质、按量、按期完成施工任务。涵洞的施工放样是保证涵洞施工质量的一个重要环节。这是一项严肃认真、精确细致的工作,稍有不慎,就有可能发生错误。一旦发生错误而又不能及时发现,就会影响下步工作,影响工作进度,甚至造成损失。因此必须严格按照有关规范、规程的要求,对测量数据认真复核检查,一丝不苟,确保施工放样的准确。

**【任务分析】**

涵洞在施工前的准备工作主要是对涵洞设计文件、图纸等进行现场核对,重点对涵洞的位置、方向、出入口高程等进行核对。对地形复杂地点的涵洞进行施工图的补充设计,必要时要协同监理单位进行涵洞的变更设计。涵洞施工放样的步骤一般是首先确定涵洞的中心桩位,根据具体情况可分别采用直接丈量法、经纬仪极坐标法和全站仪坐标法进行放样。然后根据涵轴线与路中线的夹角用经纬仪极坐标法确定涵轴线的方向或者直接计算出涵轴线上某点的坐标用全站仪进行确定。涵洞基坑的放样主要是根据涵洞的平面图用钢尺和经纬仪直接确定，也可通过计算涵洞基础各端点的坐标用全站仪直接放样。

【任务实施】

## 一、涵洞施工准备工作

1. 现场核对

涵洞开工前，应组织有关人员对设计文件、图纸、资料进行研究和现场核对，查明是否齐全、清楚，图纸本身及相互之间有无矛盾和错误，必要时进行补充调查。结合现场实际地形、地质情况，对其位置、方向、孔径、长度、出入口高程以及与灌溉系统的连接等进行核对。核对时，还需注意涵轴线是否与河沟中心线一致，不一致时应进行必要的调整，当需要增减涵洞数量、变更涵型、改变涵洞位置或孔径时，应向监理反映，按照合同有关规定办理。

2. 施工详图

设计单位提供的涵洞图纸，一般只包括涵位布置图和涵洞表，在地形简单、地势平缓地区的涵洞，施工单位可按上述资料和涵洞标准图放样施工。但在遇到地形复杂处的陡峻沟谷涵洞、斜交涵洞、平曲线或大纵坡上的涵洞、地质情况与原设计资料不符处的涵洞时，由于其构造和涵台、涵墙、翼墙等各部分尺寸、形状比较复杂，原设计文件、图纸常常不能满足施工需要，施工单位应先绘出施工详图或变更设计图，然后再依样放样施工。

3. 施工现场准备

涵洞施工前，应做好施工场地的控制网测量；做好三通一平；修建施工临时设施；安装调试施工机具；做好材料的储存和堆放；做好开工前的各项试验工作；建立安全、质量保证组织系统等。

## 二、施工放样

涵洞测量放样时，应注意核对涵洞纵横轴线的地形剖面图是否与设计图相符，应注意涵洞长度、涵底高程的正确性。对斜交涵洞、曲线上和陡坡上涵洞，应考虑交角、加宽、超高和纵坡对涵洞具体位置、尺寸的影响，并注意锥坡、翼墙、一字墙和涵洞墙身顶部和上下游调治构造物的位置、方向、长度、高度、坡度，使之符合技术要求。

对于涵洞，设计资料一般会给出中心桩号、斜交角、涵长等内容。涵洞施工放样的主要内容是根据施工设计图确定涵洞的中心位置、涵轴线的方向和涵洞基坑的平面位置。涵洞大多位于干沟或小溪流中，施工定位比较简单。涵洞中心位置即涵洞的中心桩位，当涵洞位于路线的直线部分时，通常可以利用离涵洞最近的已经测设的中桩位置，计算涵洞中心到前后中桩的距离，采用直接丈量的方法测设，如图 8-2-1 所示。当涵洞位于曲线部分时，应按曲线测设方法测定。

对于附近有可以利用的导线点时，也可利用路线附近的导线，根据计算的涵洞中心坐标，计算距离和夹角。采用极坐标的方法测设涵洞中心。如图 8-2-1 所示，将经纬仪安置在导线点 $A$ 上，后视导线点 $B$，然后将照准部旋转角 $\theta$，即为涵洞中心所在方向，在此方向上从 $A$ 点开始量取水平距离 $L$ 所得就是要测设的涵洞中心。

涵轴线的放样，对于正交涵洞，在涵洞中心位置确定以后，将经纬仪架设在涵洞中心桩处，后视路线方向，盘左、盘右旋转 90°（或 270°），取其平均位置，即为涵洞轴线方向。为了方便在施工过程中恢复轴线，一般在轴线方向设立护桩。对于斜交涵洞，可将经纬仪架设在涵洞中心桩处，后视路线方向，盘左、盘右旋转 $\theta$(或 $180° - \theta$)，取其平均位置，即为涵洞轴线方向。

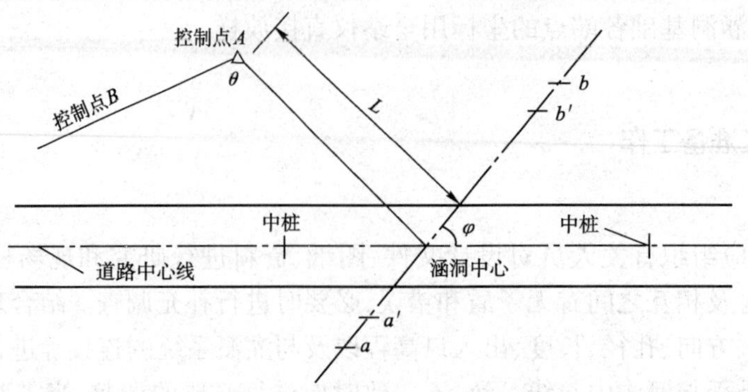


图 8-2-1 涵洞中心桩位及轴线测设

如果附近有导线点可以利用，也可根据设计资料，确定轴线上某两点 $a$ 和 $b$(即确定涵洞中心沿轴线到 $a$、$b$ 的距离，$a$、$b$ 应在涵洞边线外侧)的坐标，然后可以用极坐标的方法测设 $a$ 和 $b$ 的实际位置。用小木桩标定涵端，用大木桩延长至施工影响之外控制涵洞轴线，并使桩相对固定，如图 8-2-1 所示。

涵身基坑的放样是依据涵洞中线与涵洞设计图里的基础尺寸，利用经纬仪和钢尺在实地上确定基础的轮廓线。涵洞基础端点的坐标也可通过涵洞中桩的坐标进行计算，用全站仪进行坐标放样，测定各端点的位置。

## 能力考核

**选择题**

1. 涵洞施工放样的步骤一般是首先确定(　　)。

A. 涵洞的中心桩位　　B. 涵轴线的方向　　C. 基坑位置　　D. 涵台位置

2. 当涵洞位于路线的直线部分时，通常可以利用离涵洞最近的已经测设的中桩位置，计算涵洞中心到前后中桩的距离，采用(　　)的方法测设。

A. 极坐标放样　　B. 直接丈量

C. 全站仪坐标放样　　D. 其他

3. 涵洞施工前当需要增减涵洞数量、变更涵型、改变涵洞位置或孔径时，应向(　　)反映，按照合同有关规定办理。

A. 业主　　B. 承包商　　C. 监理　　D. 设计代表

4. 涵洞施工前若发现原设计文件、图纸不能满足施工需要时，应先绘出(　　)，然后再依样放样施工。

A. 涵址图　　B. 变更设计图

C. 施工详图　　D. 施工详图或变更设计图

5. 涵洞基坑的放样主要是根据涵洞的(　　)用钢尺和经纬仪直接确定。

A. 立面图　　B. 平面图　　C. 剖面图　　D. 断面图

**判断题**

1. 涵洞施工放样的主要内容是根据施工设计图确定涵洞的中心位置、涵轴线的方向和涵洞基坑的平面位置。(　　)

2. 涵洞中心位置即涵洞的中心桩位。(　　)

3. 涵洞中心位置的放样可利用路线附近的导线,根据计算的涵洞中心坐标,计算距离和高程,用极坐标的方法测定。(　　)

4. 为了方便在施工过程中恢复涵轴线,一般应在涵轴线方向设立护桩。(　　)

5. 涵洞基坑的放样可通过涵洞中桩的坐标计算涵洞基础各端点的坐标,然后用全站仪进行坐标放样,测定基坑的位置。(　　)

**问答题**

1. 涵洞的施工准备工作主要有哪些?

2. 涵洞施工放样的主要内容是什么?

3. 试述进行涵轴线放样的方法?

4. 试述进行涵身基坑放样的方法?

## 模块二　钢筋混凝土管涵施工技术

**知识点:**

◎钢筋混凝土管涵的基坑开挖、施工程序及注意事项;

◎钢筋混凝土涵管的预制、运输及安装。

**技能点:**

◎能够准确地对外购涵管进行质量检验;

◎能够规范地进行涵洞基坑的开挖;

◎能够规范地进行各类钢筋混凝土管涵的施工;

◎能够准确地进行钢筋混凝土涵管的安装就位。

**【任务引入】**

钢筋混凝土管涵是缺石料地区常采用的一种涵洞。由于其具有构造简单、工程数量小、施工方便、工期短、便于装配运输等特点,使得在小孔径涵洞中得到广泛的应用。

**【任务分析】**

钢筋混凝土管涵的施工主要包括基坑的开挖,外购涵管的检验,基础的修筑,涵管的安装就位等内容。基坑的开挖是建立在施工放样准确的基础上的,重点注意基坑积水的排除,基坑坑壁的稳定,控制桩的保护及地基承载力的检验等内容。外购涵管的检验主要是管节尺寸检验和管节强度检验,特别注意的是一定要严格按照规范要求频率和方法进行。基础的修筑要注意针对不同的地基土采用相应的施工方法,对于软土地基必须进行妥善的处理后才能修筑基础。涵管的安装就位应使涵管紧贴于垫层或基座上,使涵管受力均匀,管节应按正确的轴线和图纸所示坡度敷设,可根据具体情况分别采用滚动安装法、滚木安装法、压绳下管法等方法安装。

**【任务实施】**

### 一、基坑开挖

基坑开挖应满足基础施工时工程结构尺寸、工程质量、操作需要的要求。并能保证施工时的安全,达到节省投资、工期短、回填工程少的目的。具体要求如下:

(1)将基坑控制桩延长于基坑外 2m 加以固定。

(2)基坑开挖应保持良好的排水,在基坑外深挖集水井以利基础底面排水彻底。

(3)基坑顶面应设置防止地面水流入基坑的设施。基坑顶有动荷载时,坑顶边与动荷载间应留有不小于 1m 宽的护道,如动荷载过大宜增宽护道。

(4)基坑坑壁坡度不易稳定并有地下水影响,或放坡开挖场地受到限制,或放坡开挖工程量大时,应根据设计要求进行支护。

(5)基坑坑壁坡度应按地质条件、基坑深度、施工方法等情况确定,以免坍塌。

(6)如用机械开挖基坑,应开挖至设计高程 +20cm 处后,人工挖除剩余 20cm 土,以免机械扰动基底土。

(7)基坑开挖后应进行地基承载力的检验,合格后妥善修整,在最短的时间里铺垫层及浇筑基座。若承载力达不到要求,应进行基底处理。

## 二、涵管的预制、运输与装卸

公路钢筋混凝土管涵的施工多是预制成管节,每节长度多为 1m,然后运往现场安装。预制混凝土圆管可采用振动制管法、离心法、悬辊法和立式挤压法。鉴于公路工程中涵管一般多为外购,故对涵管预制不再进行详细说明,但涵管进场后必须对其质量进行检验。

管节成品的质量检验分为管节尺寸检验和管节强度检验。混凝土管涵质量要求及尺寸允许偏差见表 8-2-1。

钢筋混凝土管节成品质量要求和尺寸容许偏差　　表 8-2-1

| 项目 | | 质量要求或允许偏差(mm) | 检查方法和数量 |
|---|---|---|---|
| 管节形状 | | 端面平整并与其轴线垂直,斜交管节外端面应按斜交角度处理符合设计要求 | 目测,用锤心吊线 |
| 管节内外侧表面 | | 平直圆滑,如有蜂窝,每处面积不得大于 30mm ×30mm,其深度不得超过 10mm;总面积不得超过全面积的 1%,并不得露筋,蜂窝处应修补完善后方可使用 | 目测,用钢尺丈量 |
| 管节尺寸允许偏差(mm) | 管节长度 | 0~10 | 沿周边检查 4 处 |
| | 内(外)直径 | 不小于设计值 | 沿周边检查 4 处 |
| | 管壁厚度 | -3,正值不限 | 沿周边检查 4 处 |

涵管强度试验应按规范要求的方法进行,其抽样数量及合格要求为:

(1)涵管试验数量应为涵管总数的 1% ~2%,但每种孔径的涵管至少要试验 1 个。

(2)如首次抽样试验未能达到试验标准时,允许对其余同孔径管节再抽选 2 个重新试验。只有当 2 个重复试验的管节达到强度要求时,涵管才可验收。

(3)在进行大量涵管检验性试验时,是以试验荷载大于或等于裂缝荷载(0.2mm)时还没有出现裂缝者为达到标准。

在北方冬季寒冷冰冻地区,钢筋混凝土涵管还应进行吸水率试验,要求钢筋混凝土涵管的吸水率不得超过干管质量的 6%。

管节运输与装卸过程中,应注意下列问题:

(1)待运的管节其各项质量应符合前述的质量标准,应特别注意检查待运管节设计涵顶填土高度是否符合设计要求,防止错装、错运。

(2)运输管节的工具,可根据道路情况和设备条件采用汽车、拖拉机拖车,不通公路地段可采用马车。

(3)管节的装卸可根据工地条件,使用各种起重设备,如龙门吊机、汽车吊和小型起重工具滑车、链滑车等。

(4)在装卸和运输过程中,应小心谨慎。运输途中每个管节底面宜铺以稻草,用木块圆木楔紧,并用绳索捆绑固定,防止管节滚动、相互碰撞破坏。固定方法见图 8-2-2。

(5)从车上卸下管节时,应采用起重设备。严禁由汽车上将管节滚下,造成管节破裂。

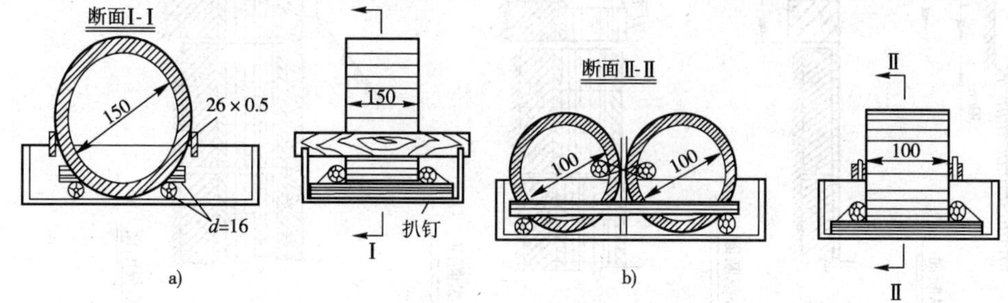


图 8-2-2　涵管固定在车身内的方法(尺寸单位:cm)

## 三、管涵施工程序

管涵可分为单孔、双孔的有圬工基础和无圬工基础管涵。现将其施工程序简介如下:

1. 单孔有圬工基础管涵(图 8-2-3)

(1)挖基坑并准备修筑管涵基础的材料。

(2)砌筑圬工基础或浇筑混凝土基础。

(3)安装涵洞管节,修筑涵管出入口端墙、翼墙及涵底(端墙外涵底铺装)。

(4)铺设管涵防水层及修整。

(5)铺设管涵顶部防水黏土(设计需要时),填筑涵洞缺口填土及修建加固工程。

对于双孔有圬工基础管涵可参考图 8-2-3 和图 8-2-5 的程序进行施工。

2. 单孔无圬工基础管涵

洞身安装程序见图 8-2-4 所示。

(1)挖基与备料与图 8-2-3 相同。

(2)在捣固夯实的天然土表层或矿砂垫层上,修筑截面为圆弧状的管座,其深度等于管壁的厚度。

(3)在圆弧管座上铺设垫层的防水层,然后安装管节,管节间接缝宜留 1cm 宽,缝中填防水材料。

(4)在管节的下侧再用天然土或沙砾垫层材料作培填料,并捣实至设计高程,并切实保证培填料与管节密贴。再将防水层向上包裹管节,防水层外再铺设黏质土,水平径线以下的部分,应立即填筑,以免管节下面的砂垫层松散,并保证其与管节密贴。在严寒地区这部分特别填土必须填筑不冻胀土料。

(5)修筑管涵出入口端墙、翼墙及两端涵底和进行整修工作。

3. 双孔无圬工基础管涵

洞身施工程序如图 8-2-5 所示。

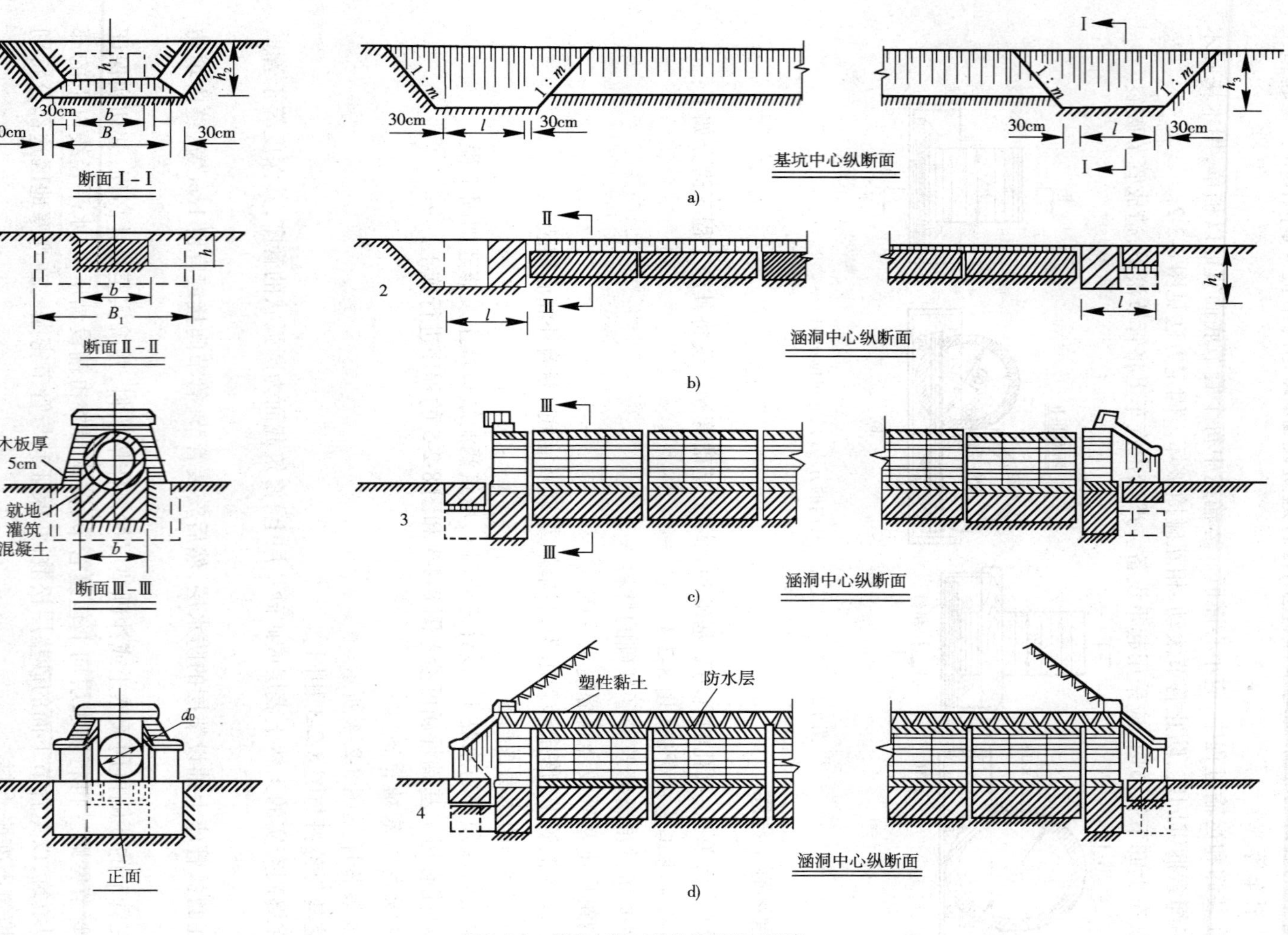


图 8-2-3　单孔有圬工基础管涵施工程序

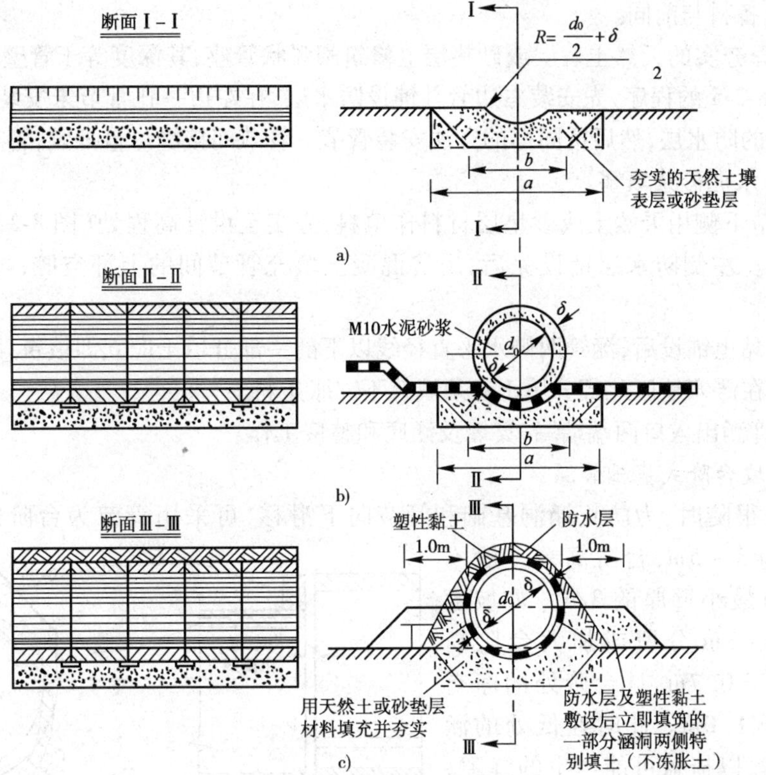


图8-2-4　单孔无圬工基础管涵洞身安装程序

注：砂垫层底宽，非冰冻地区为$b$；严重冰冻地区为$a$；即上下同宽。

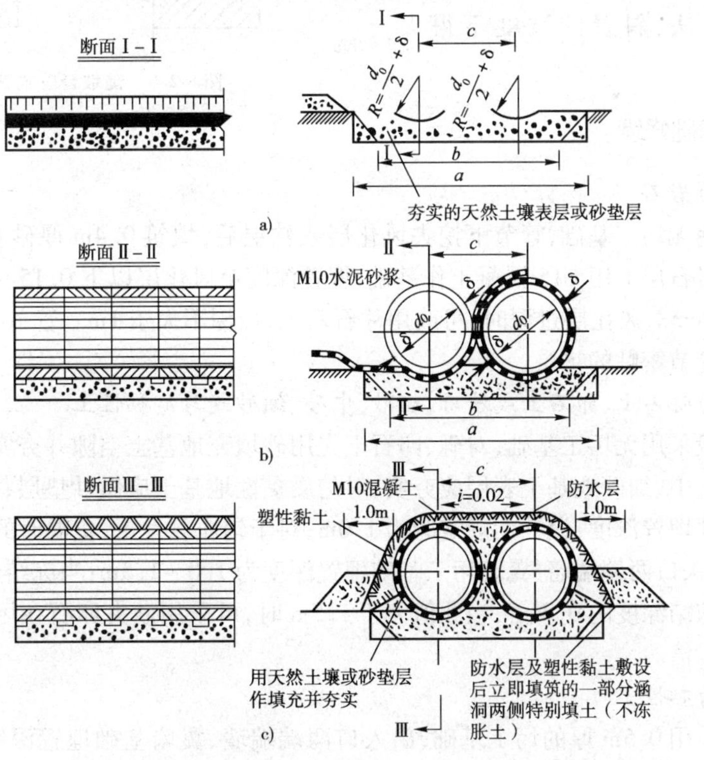


图8-2-5　双孔无圬工基础管涵施工程序

(1)挖基、备料与前同。

(2)在捣固夯实的天然土表层或砂垫层上修筑圆弧状管座,其深度等于管壁的厚度。

(3)按图8-2-5的程序,先安装右边管并铺设防水层,在左边一孔管节未安装前,在砂垫层上先铺设垫底的防水层,然后按同样的方法安装管节。管节间接缝尽量抵紧,管节内外接缝均以强度10MPa水泥砂浆填塞。

(4)在管节下侧用天然土或砂垫层材料作填料,夯实至设计高程处(图8-2-5),并切实保证与管节密贴。左侧防水层铺设完后,用贫混凝土填充管节间的上部空腔,再铺设软塑状黏土。

防水层及黏土铺设后,涵管两侧水平直径线以下的一部分填土应立即填筑,以免管节下面砂垫层松散。在严寒地区此部分填土必须填筑不冻胀土料。

(5)修筑管涵出入口两端端墙、翼墙及涵底和整修工作。

4. *涵底陡坡台阶式基础管涵*

沟底纵坡很陡时,为防止涵洞基础和管节向下滑移,可采用管节为台阶式的管涵,每段长度一般为3~5m,台阶高差一般不超过相邻涵节最小壁厚的3/4。如坡度较大,可按2~3m分段或加大台阶高度,但不应大于0.7m,且台阶处的净空高度不应小于1.0m。此时在低处的涵顶上应设挡墙,以掩盖可能产生的缝隙,见图8-2-6。

无圬工基础的陡坡管涵,只可采用管节斜置的办法,斜置的坡度不得大于5%。

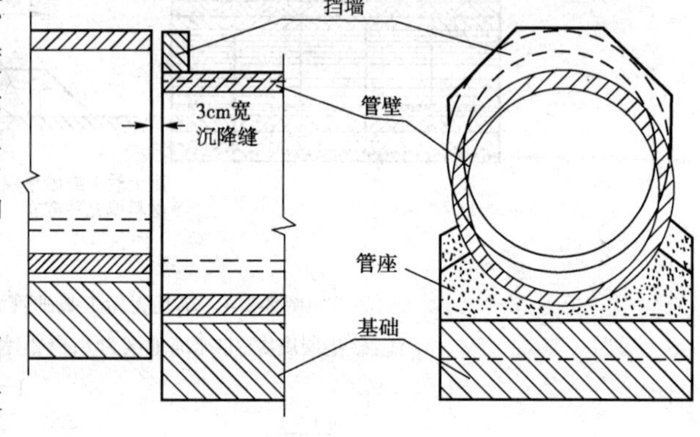


图8-2-6 陡坡台阶式管涵

## 四、管涵基础修筑

1. *地基土为岩石*

管节下采用无圬工基础,管节下挖去风化层或软层后,填筑0.4m厚砂垫层;出入口两端墙、翼墙下,在岩石层上用C15混凝土作基础,埋置深度至风化层以下0.15~0.25m并最小等于管壁厚度加5cm。风化层过深时,可改用片石圬工,最深不大于1m。管节下为硬岩时,可用混凝土抹成与管节密贴的垫层。

2. *地基土为砾石土、卵石土或沙砾、粗砂、中砂、细砂或匀质黏性土*

管节下一般采用无圬工基础,对砾、卵石土先用砂填充地基土空隙并夯实,然后填筑0.4m厚砂垫层;对粗、中、细砂地基土表层应夯实;对匀质黏性地基土应做砂垫层;出入口两端端墙、翼墙的圬工基础埋置深度,设计无规定时为1.0m;对于匀质黏性土,负温时的地下水位在冻结深度以上时,出入口两端端墙、翼墙圬工基础埋置深度为1.0~1.5m;当冻结土深度不深时,基础埋深宜等于冻结深度的0.7倍,当此值大于1.5m时,可采用砂夹卵石在圬工基础下换填至冻结深度的0.7倍。

3. *地基土为黏性土*

管节下应采用0.5m厚的圬工基础,出入口两端端墙、翼墙基础埋置深度为1.0~0.5m;当地下水冻结深度不深时,埋深应等于冻结深度;当冻结深度大于1.5m时,可在圬工基础下用砂夹卵石换填至冻结深度。

4. 必须采用有圬工基础的管涵

(1)管顶填土高度超过5m;

(2)最大洪水流量时,涵前涌水高度超过2.5m;

(3)河沟经常流水;

(4)沼泽地区深度在2.0m以内;

(5)沼泽地区淤积物、泥炭等厚度超过2.0m时,应按特别设计的基础施工。

5. 严寒地区的管涵基础施工

常年最冷月份平均气温低于-15℃的地区称严寒地区。

(1)匀质黏性土和一般黏性土的基础均须采用圬工基础;

(2)出入口两端端墙、翼墙基础应埋置在冻结线以下0.25m;

(3)一般黏性土地区的地下水位在冻结深度以上时,管节下基础埋置深度应为$H/8$($H$为涵底至路面填土高度),但不小于0.5m,也不得超过1.5m。

6. 基础砂垫层材料

可采用当地的砂、砾石或碎石,但必须注意清除基底植物层。为避免管节承受冒尖石料的集中应力,当使用碎石、卵石作垫层时,要有一定级配或掺入一定数量的砂,并夯捣密实。

7. 软土地区管涵地基处理

管涵地基土如遇到软土,应按软土层厚度分别进行处理。当软土层厚度小于2.0m时,可采取换填土法处理,即将软土层全部挖除,换填当地碎石、卵石、砂夹石、土夹石、砾砂、粗砂、中砂等材料并碾压密实,压实度要求为94%~97%。如采用灰土(石灰土、粉煤灰土)换填,压实度要求达到93%~95%,换填土的干密度宜用重型击实试验法确定。碎石或卵石的干密度可取2.2~2.4$t/m^3$。换填层上面再砌筑0.5m厚的圬工基础。

当软土层超过2m时,应按软土层厚度、路堤高度、软土性质作特殊设计处理。

## 五、管节安装

管节安装应从下游开始,使接头面向上游;每节涵管应紧贴于垫层或基座上,使涵管受力均匀;所有管节应按正确的轴线和图纸所示坡度敷设。如管壁厚度不同,应使内壁齐平。在敷设过程中,要保持管内清洁无脏物、无多余的砂浆及其他杂物。

管节的安装方法通常有滚动安装法、滚木安装法、压绳下管法、龙门架安装法、吊车安装法等,可根据施工现场实际情况选用。下面简单介绍滚动安装法、滚木安装法、压绳下管法的施工方法,其他方法可参见其他单元相关内容。

1. 滚动安装法

如图8-2-7所示,管节在垫板上流动至安装位置前,转动90°使其与涵管方向一致,略偏一侧。在管节后端用木撬棍拨动至设计位置,然后将管节向侧面推开,取出垫板再滚回原位。

2. 滚木安装法

如图8-2-8所示,先将管节沿基础滚至安装位置前1m处,旋转90°,使与涵管方向一致,如图8-2-8a)、b)所示。把薄铁板放在管节前的基础上,摆上圆木,在管节两端放入半圆形承托木架,以杉木杆插入管内,用力将前端撬起,垫入圆木,如图8-2-8c)、d)所示。再滚动管节至安装位置,将管节侧向推开,取出滚木及铁板,再滚回来并以撬棍(用硬木护木承垫)仔细调整。

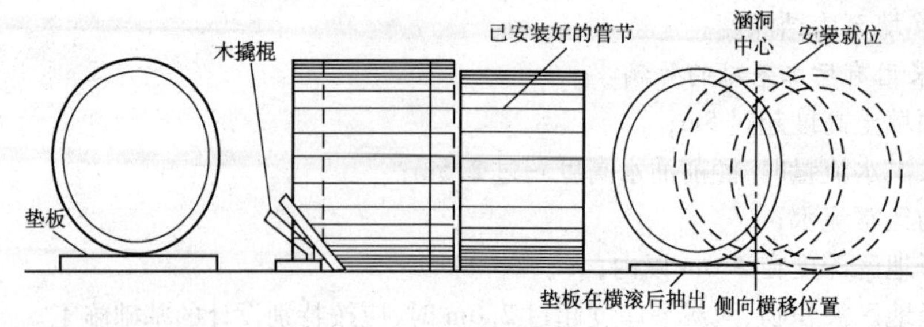


图 8-2-7　涵洞管节滚动安装法

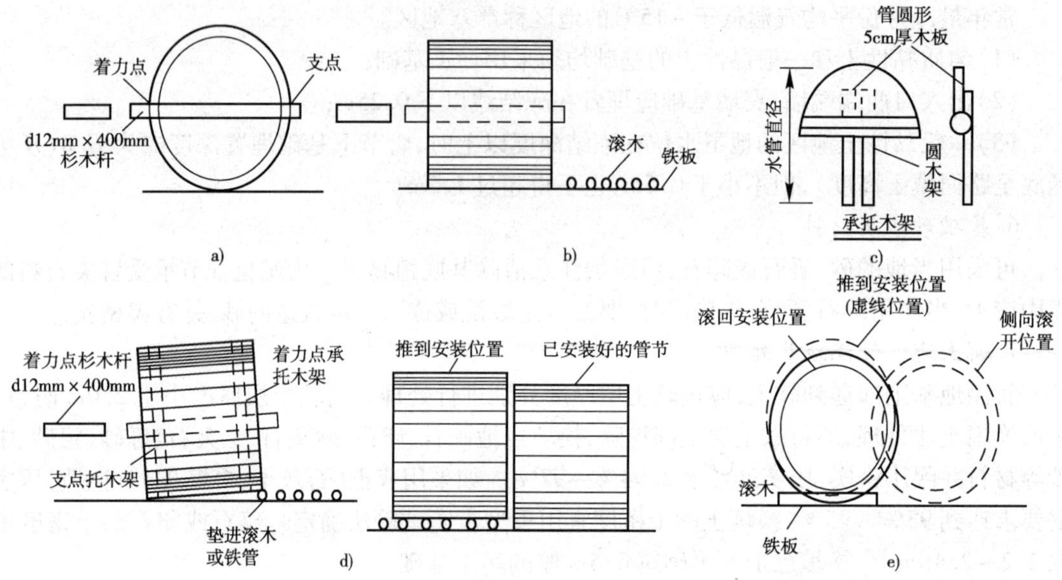


图 8-2-8　涵洞管节滚木安装法

3. 压绳下管法

当涵洞基坑较深,需沿基坑边坡侧向将涵管滚入基坑时,可采用压绳下管法,如图 8-2-9 所示。

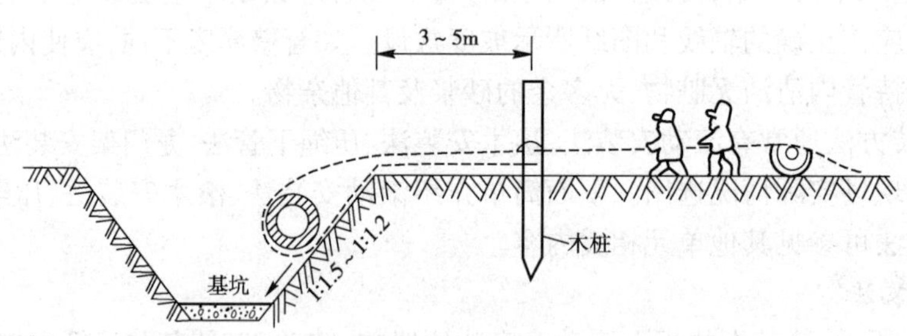


图 8-2-9　涵洞管节压绳下管法

压绳下管法是侧向下管的方法之一。下管前,应在涵管基坑外 3～5m 处埋木桩,木桩桩径不小于 25cm,长 2.5m,埋深最小 1m,桩为缠绳用。在管两端各套一根长绳,绳一端紧固于桩上,另一端在桩上缠两圈后,绳端分别用两组人或两盘绞车拉紧。下管时由专人指挥,两端徐徐松绳,管子渐渐由边坡滚入基坑内。大绳用优质麻制成,直径 50mm,绳长应满足下管要求。下管前应检查管子质量及绳扣是否牢固,下管时基坑内严禁站人。

管节滚入基坑后,再用滚动安装法或滚木安装法将管节准确安装于设计位置。

### 六、管涵施工注意事项

(1)有圬工基础的管座混凝土浇筑时应与管座紧密相贴,浆砌块石基础应加做一层混凝土管座,使圆管受力均匀;无圬工基础的圆管基底应夯填密实,并做好弧形管座。

(2)无企口的管节接头采用顶头接缝,应尽量顶紧,缝宽不得大于1cm,严禁因涵身长度不够,而将所有接缝宽度加大的方法来凑合涵身长度。管身周围无防水层设计的接缝,需用沥青麻絮或其他具有弹性的不透水材料从内、外侧仔细填塞。设计规定管身外围做防水层的,按前述施工程序施工。

(3)长度较大的管涵设计有沉降缝的,管身沉降缝应与圬工基础的沉降缝位置一致。缝宽为2~3cm,应用沥青麻絮或其他具有弹性的不透水材料从内、外侧仔细填塞。

(4)长度较大、填土较高的管涵应设预拱度。预拱度大小应按设计规定设置。

(5)各管节设预拱度后,管内底面应成平顺圆滑曲线,不得有逆坡。相邻管节如因管壁厚度不一致(在允许偏差内)产生台阶时,应凿平后用水泥环氧砂浆抹补。

## 能力考核

**选择题**

1. 外购涵管强度如首次抽样试验未能达到试验标准时,允许对其余同孔径管节再抽选(　　)重新试验。都达到强度要求时,涵管才可验收。

A. 2个　　B. 3个　　C. 1个　　D. 4个

2. 沟底纵坡很陡时,为防止涵洞基础和管节向下滑移,可采用管节为台阶式的管涵,每段长度一般为3~5m,台阶高差一般不超过相邻涵节最小壁厚的(　　)。

A. 3/4　　B. 1/2　　C. 2/3　　D. 3/4

3. 严寒地区管涵出入口两端的端墙、翼墙基础应埋置在冻结线以下(　　)。

A. 0.20m　　B. 0.25m　　C. 0.50m　　D. 1.0m

4. 管节安装应从(　　)开始,每节涵管应紧贴于垫层或基座上,使涵管受力均匀。

A. 上游　　B. 下游　　C. 中间　　D. 都可以

5. 当涵洞基坑较深,需沿基坑边坡侧向将涵管滚入基坑时,可采用(　　)安装管节。

A. 压绳下管法　　B. 滚木安装法　　C. 滚动安装法　　D. 都可以

**判断题**

1. 钢筋混凝土管涵管身沉降缝应与圬工基础的沉降缝位置一致。(　　)

2. 管顶填土高度超过5m时,必须采用有圬工基础的管涵。(　　)

3. 管涵涵身长度与设计长度相差不多时,可用将所有接缝宽度加大的方法来凑合涵身长度。(　　)

4. 不管在何种情况,钢筋混凝土管涵均可不设预拱度。(　　)

5. 从车上卸下管节时,应采用起重设备。严禁由汽车上将管节滚下,造成管节破裂。(　　)

**问答题**

1. 基坑开挖时应注意些什么?

2. 钢筋混凝土管节在运输与装卸过程中应注意哪些问题?

3. 试述单孔有圬工基础管涵的施工程序。

4. 必须采用有圬工基础管涵的情况有哪些?

5. 钢筋混凝土管涵施工时应注意哪些事项?

## 模块三　波纹钢管涵施工技术

**知识点:**

◎波纹钢管涵的优点;

◎波纹钢管涵的组装、切割及布置;

◎波纹钢管涵的填土材料要求与填土工艺。

**技能点:**

◎能够规范地进行波纹钢管涵的组装、切割,并设置临时支撑;

◎根据实际情况进行波纹钢管涵的布置;

◎进行波纹钢涵管洞口建筑的施工并进行防锈处理。

**【任务引入】**

波纹钢管涵是一种新型的涵洞类型,与钢筋混凝土管涵相比优点很多,在我国公路工程中已得到越来越广泛的使用。尤其在缺乏砂石材料或地基承载力较低的地区,波纹钢管涵的优越性更为显著。

**【任务分析】**

波纹钢管涵的施工主要包括波纹钢涵管的组装和切割,填土材料和填土工艺,波纹钢管涵的布置,波纹钢涵管的防锈处理等内容。切割时如果镀锌保护层遭破坏,须涂刷防锈剂,以防锈蚀。波纹钢管涵的回填材料最好采用砾类土、砂类土,直径较大的波纹管在填土过程中易产生变形,因此在管顶填土之前,应在管内设置一排竖向临时支撑,以避免这种不利状况。填土过程中必须分层摊铺,逐层压实,确保填土的压实度达到设计要求。在波纹管底,不管其基础材料如何,都应在放置管道的基础上修整或填筑一道理想的弧形管座,使管座与管身紧密贴合。做好波纹钢管涵与路线斜交及管底纵坡过大的处理。波纹管涵洞口常采用延伸波纹管的方法,露于路基边坡外的波纹管,可将其沿边坡坡度切除。切实做好波纹钢涵管的防锈工作。

**【任务实施】**

### 一、波纹钢管涵的特点

波纹钢管涵是将薄钢板面压成波纹后,卷制成管节,用此种管节修建成的涵洞。为了防止波纹钢管涵锈蚀,波纹钢管节内、外面和紧固连接螺栓或铆钉,都要进行镀锌或镀铝处理。

波纹钢管涵与钢筋混凝土管涵相比,不仅具有管节薄、质量轻、便于叠置捆扎、存放运输、施工工艺简单、组装快速、工期短等优点,而且可根据需要随意组装成任何长度,必要时管身还可拆除,迁往别处修建。在缺乏砂石材料或地基承载力较低的地区,波纹钢管涵的优越性更为显著。另外由于波纹钢管涵是一种柔性结构,因此具有一定的抗震能力,而且能适应较大的沉降与变形。波纹钢管涵的缺点是管内的流水粗糙系数较混凝土管大,同样的泄洪流量采用波纹钢管所需孔径较大;另一缺点是耗用钢材较钢筋混凝土管多。但鉴于这种管涵优点很多,我国钢材年产量已跨居世界前列，在我国波纹钢管涵已得到越来越广泛的使用。

## 二、波纹钢管涵的组装与切割

### 1. 装卸、运输

波纹管节在吊装、运输、卸落和堆放时，均应小心，切忌滚动，避免碰撞硬物，更不能敲打，以避免波纹管壁变形或损伤镀锌保护层。

### 2. 组装、切割

组装波纹管的工具只需钢钎和扳手。组装时要求汇集处任何一点的板块数不多于 3 块，使板块接头尽量错开。

短涵管可先在附近工地组装好，然后再运到涵位处起吊就位；长涵管可先分段组装，吊运到涵位处，再对接。

拼装波纹管时，下游块件的端头必须放在上游块件之下，以防管内流水渗入接缝而将地基土淘空，导致全管涵破坏。

大孔径涵管组装时，可在管内放一个可移动的木质工作台，以便于组装作业。

用螺栓组装时，可采用松螺栓组装法。即各个螺孔插入螺栓，套上螺母后，稍初拧，不拧紧螺母，待全部块件组装完毕后，再逐个拧紧螺母。每个螺母的扭力矩不得小于 135.6N · m。最大不得超过 203.4N · m。用机动扳手时，拧扳时间应持续 2 ~5s。

气割波纹管时，要求被烧割的边缘无氧化物和毛刺。镀锌保护层遭破坏之处，须涂刷防锈剂，以防锈蚀。

## 三、波纹钢管涵的施工

### 1. 临时支撑

实践表明，直径 1.25m 以上的波纹管在填土过程中易产生变形，且管顶的下沉量通常都大于管侧填土时的变形，使圆管变成扁管。为避免这种不利状况，可在管顶填土之前，在管内设置一排竖向临时支撑，如图 8-2-10 所示。

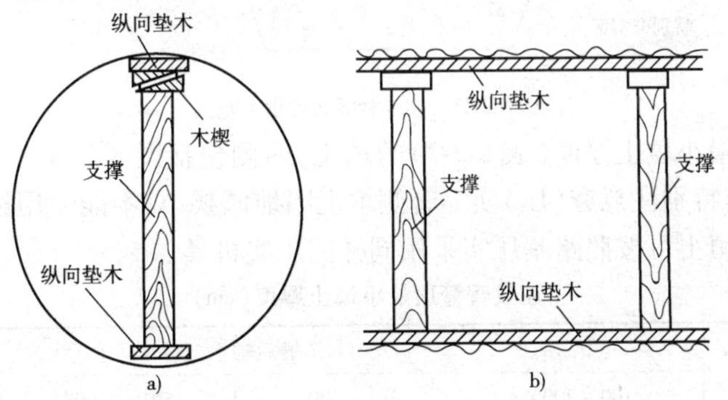


图 8-2-10　填土前的管内临时支撑

临时支撑的高度可按波纹管竖向直径伸长 2% ~5% 设置，以作为在填土压力作用下预留的压缩量。支撑间距通常为 1.0m 左右。直径大于 2.0m 的波纹管，以设置横向十字形支撑为宜。

管内临时支撑，待填土不再下沉后拆除。但在实践中，人们往往是经过几星期之后，填土无大量下沉时便将支撑拆除。

2. 填土材料要求与填土工艺

(1)填土材料要求

各种波纹圆管、拱管和拱形波纹结构在组装铺设完成后,回填时,不需要特殊的填土材料,用一般土质即可。

砾类土、砂类土是回填的理想材料。若难于找到这类土也可用碎石或砾、卵石与细粒土的混合料。当细粒土的成分为黏性土或粉土时,所掺入的石料体积应占总体积2/3以上。

在距波纹管壳30cm范围内的填土里,不得有大边尺寸超过8cm的石块或混凝土块、冻土块、高塑性黏土块或其他有害物质,否则会导致波纹管的局部变形与全管的锈蚀。

(2)填土工艺

管顶填土,应在管两侧保持对称且均衡的原则下进行。填土方式,必须分层摊铺,逐层压实,每层压实厚度不超过15~25cm,填土的压实度要求达到重型击实标准95%以上,且与该处路基的压实度一致。

暂时未建出、入口圬工端墙的拱式结构,填土起点宜选在涵洞长度方向的中间,然后再向两端推进;若已建两端圬工端墙,填土可从一端开始向另一端推进。

在填土过程中,特别是较大拱形结构,要随时观测波纹壳体的变形是否超过容许值,以便及时改变填土方式。

波纹管涵邻近的填方范围如图8-2-11所示。

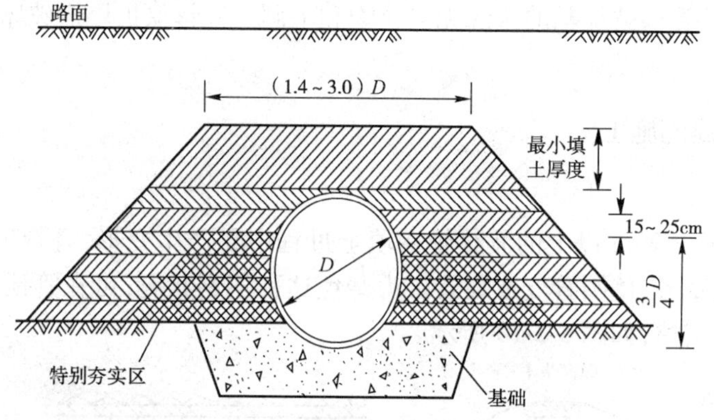


图8-2-11　波纹管涵邻近填方范围

竖向包括管顶最小填土厚度(表8-2-2)的填土,两侧包括图8-2-11所示3/4倍管径高度范围的管侧填土,应特别注意夯(压)实。管侧填土因地区狭小,不能使用压路机,可使用小型振动夯夯实。管顶填土可按照路基压实采用同样的压实机具。

**波纹管管顶最小填土厚度**(cm)　　表8-2-2

| 直径或跨径(m) | 车辆后轴重力(kN) | | | |
|---|---|---|---|---|
| | 100~200 | 201~500 | 501~1 000 | 1 001~2 000 |
| 0.75 | 40 | 60 | 80 | 120 |
| 0.8~1.25 | 60 | 80 | 120 | 160 |
| 1.30~2.00 | 80 | 120 | 160 | 200 |

3. 其他注意事项

波纹管涵管顶填土没有达到表8-2-2所列最小厚度时,应禁止一切机动车辆通行。当管顶已填足最小厚度,但仍不能让振动压路机或重型夯锤在其上作业,以免损坏波纹管及邻近填土。

## 四、波纹钢管涵的布置

1. 波纹钢管涵与路线斜交时的处理

当波纹管涵的管轴与公路中线斜交时，为了避免斜交涵管的端节发生扭曲，斜交角度≤20°时，可将端节涵管用气割切成与公路中线平行的斜面，斜切坡度不宜超过2:1，并用螺栓锚固于端墙或路堤斜坡上。当斜交角度>20°时，宜采取将端节涵管正做伸出路堤边坡外的办法来处理，如图8-2-12所示。

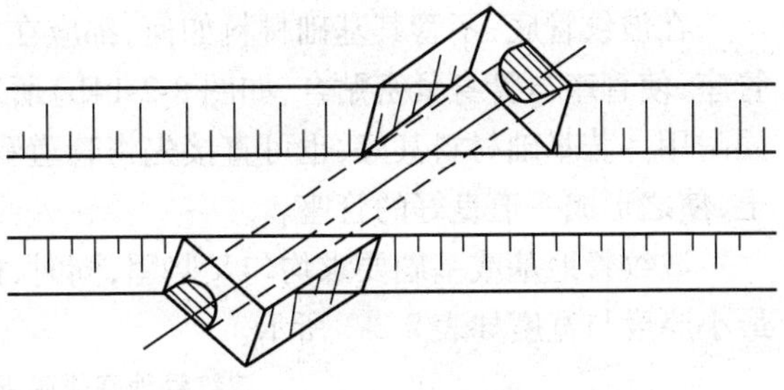

图8-2-12　斜交波纹钢管涵的端节处理

2. 管底纵坡过大的处理

为减小水流对管底的冲刷，管底纵坡一般不宜大于5%，当管涵位置的天然地面坡度较陡时，可按图8-2-13所示办法处理。当涵底纵坡大于5%时，其基础底部顶每隔3~5m，设置防滑隔墙（图8-2-13未示出）。

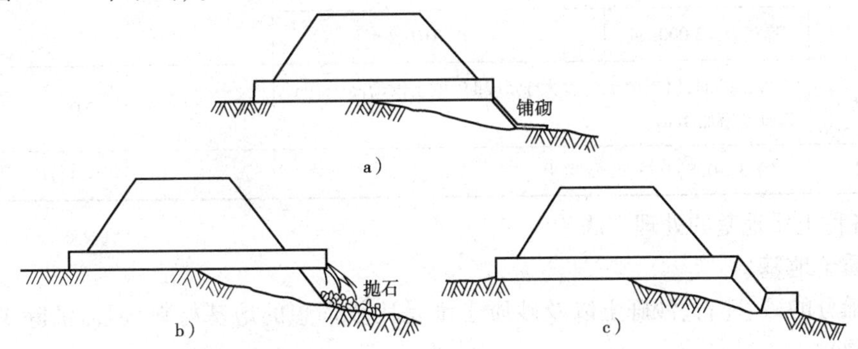


图8-2-13　涵底较陡纵坡的处理

3. 波纹管涵的管座与基础

(1)一般要求

修建波纹管涵，一般都要在天然地面或经严格夯实的填土上先挖掘埋设管道的沟槽。其开挖槽宽，不但应方便管侧填土的夯填，而且还应满足设计上需要的基础宽度，如图8-2-14a)所示。

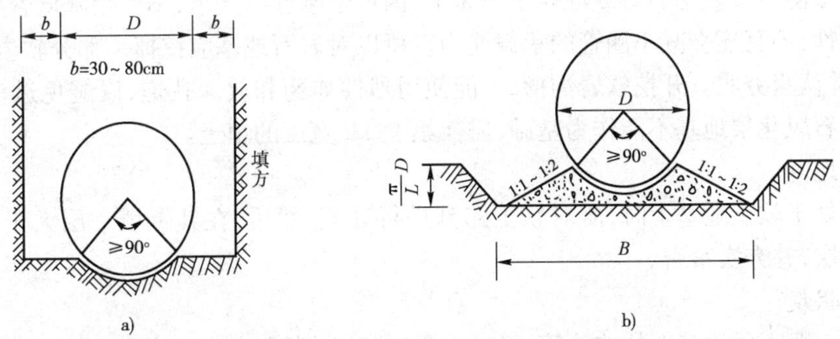


图8-2-14　波纹钢管涵的管座与基础

据经验，在填方不高路段上修建涵洞，以采用先填路基，然后再开挖沟槽埋设涵管的方法较好。

为使作用于管道上的外力较均匀地分布于地基与管侧填土之中，波纹管底还应有一个理想的管座与基础。

在波纹管底，不管其基础材料如何，都应在放置管道的基础上修整或填筑一道理想的弧形管座，使管座与管身紧密贴合，如图 8-2-14b）所示。管座材料必须匀质、无大石块等硬物，且坚固耐用。若基础材料甚好，也可直接先将管道置于沟底，随后再认真填筑管身两腋托之下的填土，使之形成一道良好的管座。

波纹管地基或基础要求均匀又坚固，同时，还应具有耐久性。一般波纹管涵基础应具有的最小厚度与宽度如表 8-2-3 所示。

**波纹管地基或基础所需厚度与宽度**　　表 8-2-3

| 地质条件 | | 基础最小厚度(cm) | 基础宽度(cm) |
|---|---|---|---|
| 优质土地基 | | 可直接将地基作为基础 | |
| 一般性土质地基 | 管径 $D<900$mm | 20 | $2D$ |
| | 管径 $D=900\sim2\ 000$mm | 30 | |
| | 管径 $D>2\ 000$mm | $0.20D$ | |
| 岩石地基 | 20～40cm，但当填土高度大于 5m 时，填土没增高 1.0m，其厚度增加 4cm | | $2D$ |
| 软土地基 | $(0.3\sim0.5)D$ 或 50cm 以上 | | $(2\sim3)D$ |

（2）各种土质地基的处理方法

①优质土地基

未经筛分的砂、碎石、沙砾土以及砂质土都是比较理想的地基材料，但需清除 10cm 以上的石块等硬物。

②一般性土质地基

承载能力不太高的普通地基，需设一定厚度的基础。但是，若将涵管底基槽原状土经严格压实（其压实度达到 90% 以上，最大干密度按重型击实试验计算）以后，也可直接将波纹管置于地基上。

③岩石地基

波纹管不能直接置于岩石或混凝土基床上，因过于刚性的支承，不但会降低管壁本身所具有的良好柔性，而且还会减小涵管的承载能力。所以对岩石地基应挖掉一部分软岩，换填上一层优质土，并认真夯实。开挖软岩沟槽，不能使用烈性炸药和放深孔炮，以避免过多的外层被炸松散。岩石风化层地基不能作为基础，需换填上 $3D$ 宽度的填土。

④软土地基

当涵管处于软土地基上时，需对软土路基进行处理，然后，在其上填一层大于 20cm 厚的优质沙砾垫层，并夯实紧密。

4. 预留拱度

埋设于一般土质地基上的波纹管，经过一段时间后，常会产生一定的下沉，而且往往是管道中部大于两端。因此，铺设于路堤下的波纹管的管身要设置预拱度。其大小根据地基土可能出现的下沉量、涵底纵坡和填土高度等因素综合考虑。通常可为管长的 0.6% ～1.0%。最大不宜大于 2.0%，以确保管道中部不出现凹陷或逆坡。预拱度设好后如图 8-2-15 所示。

5. 波纹管涵洞口建筑

波纹管涵洞口特别是出水口，应切实做好波纹管与涵管圬工构造物的衔接。当管端与刚性墙体相连时，波纹管管壁须用直径不小于20mm，间距不大于50cm的螺栓与墙体锚固。

涵洞出水口常采用延伸波纹管的方法。然后靠近波纹管周围的路堤边坡铺以片石或混凝土预制块，如图8-2-16所示。此法省工、节料，亦保证了工程质量。

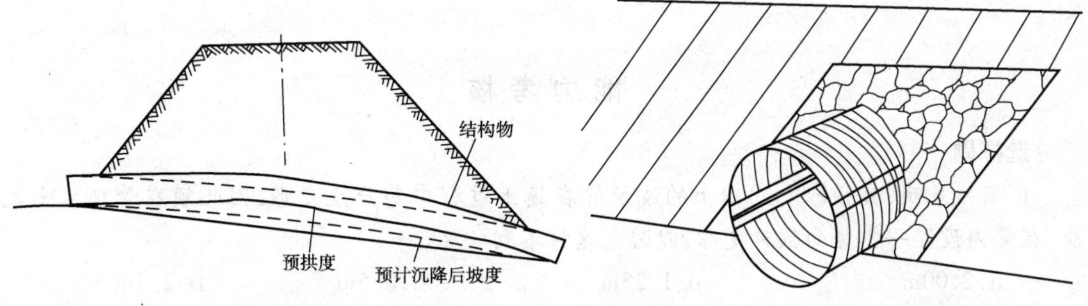


图8-2-15　波纹管涵安装后的预拱度　　图8-2-16　波纹管涵洞口边坡铺砌

露于路基边坡外的波纹管，可将其沿边坡坡度切除。当管轴与道路中心线平面呈正交时，管端最大可削成2∶1的斜坡；若管轴与路线平面斜交角 $\alpha>20°$ 时，需将外露管头切除以顺应斜交角，但管端应予加强。当管径大于6m时，被切割端必须用钢筋混凝土或钢箍加强；当斜交角 $\alpha \leqslant 15°$ 时，管端不削斜。

根据地形、地质以及水流状况，洞口建筑也可采用一字墙、八字墙、门字形墙、集水井等形式。

为加强洞口建筑的安全度，可在洞口局部路堤边坡面上、局部边沟、截水沟里铺砌片石进行防护，并可在边坡上普遍植草，其效果颇佳。

进水口外紧接陡坡沟谷时，可在沟谷中设置进水口跌坎，如图8-2-17所示。其水平台阶用半圆波纹管铺砌。根据地形情况也可将跌坎设计为急流槽，但铺底波纹管需用短钢筋与管侧圬工砌体相连。

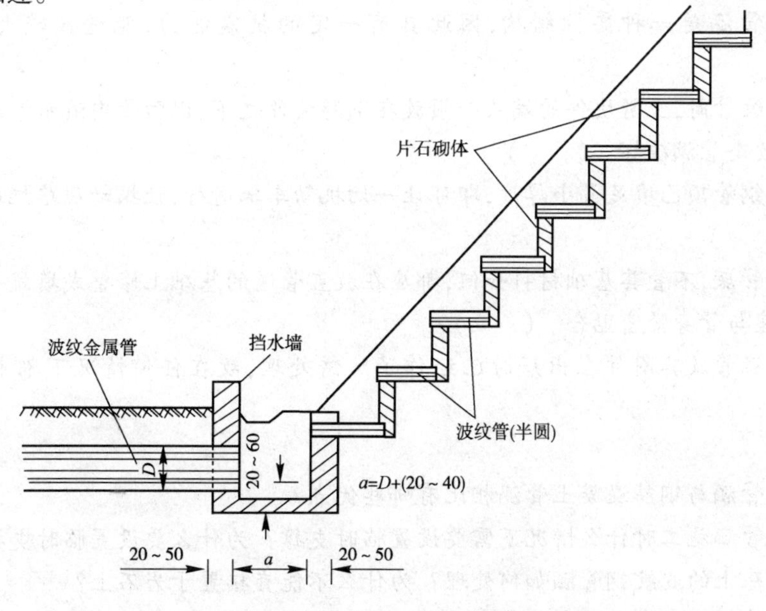


图8-2-17　波纹管进水口跌坎(尺寸单位：cm)

6. 波纹钢涵管的防锈处理

一般波纹钢涵管及其螺栓、螺母、钩栓等附件出厂时，已经过镀锌或镀铝处理，其镀锌量达 $4.25g/m^2$。在没有盐碱水或有害工业废水浸泡以及涵管内经常流水的情况下，其镀膜即可防止锈蚀。否则，可在管节内外常水位以下管壁涂上或喷含有石棉纤维的厚沥青一道，或涂刷两遍沥青和石油的拌和物，以加强防腐蚀作用。此外，还可采用加厚管壁的办法。

## 能力考核

**选择题**

1. 实践表明，直径(　　)以上的波纹管在填土过程中易产生变形，因此须在管顶填土之前，在管内设置一排竖向临时支撑，以避免这种不利状况。

A. 2.00m　　B. 1.25m　　C. 0.5m　　D. 2.5m

2. 在距波纹管壳(　　)范围内的填土里，不得有大边尺寸超过 8cm 的石块或混凝土块、冻土块、高塑性黏土块或其他有害物质，否则会导致波纹管的局部变形与全管的锈蚀。

A. 20cm　　B. 50cm　　C. 30cm　　D. 15cm

3. 当波纹钢管涵与路线的斜交角度大于(　　)时，宜采取将端节涵管正做伸出路堤边坡外的办法来处理。

A. 20°　　B. 10°　　C. 30°　　D. 45°

4. 管节安装应从(　　)开始，每节涵管应紧贴于垫层或基座上，使涵管受力均匀。

A. 上游　　B. 下游　　C. 中间　　D. 都可以

5. 为避免埋设于一般土质地基上的波纹管，在管道中部出现凹陷或出现逆坡，波纹钢管涵应设置预拱度，其大小通常可为管长的(　　)。

A. 0.6%　　B. 0.6% ~1.0%　　C. 1.0%　　D. 1.0% ~2.0%

**判断题**

1. 波纹钢管涵是一种柔性结构，因此具有一定的抗震能力，能适应较大的沉降与变形。(　　)

2. 拼装波纹管时，上游块件的端头必须放在下游块件之下，以防管内流水渗入接缝而将地基土淘空，导致全管涵破坏。(　　)

3. 当波纹钢管顶已填足最小厚度，即可让一切机动车辆通行，让振动压路机或重型夯锤在其上作业。(　　)

4. 在波纹管底，不管其基础材料如何，都应在放置管道的基础上修整或填筑一道理想的弧形管座，使管座与管身紧密贴合。(　　)

5. 波纹钢涵管及其附件在出厂时已经作了防锈处理，故在任何情况下都不需要再作处理。(　　)

**问答题**

1. 波纹钢管涵与钢筋混凝土管涵相比有哪些优点？

2. 波纹钢管涵施工时什么情况下需要设置临时支撑？为什么要设置临时支撑？

3. 岩石地基上的波纹钢管涵如何处理？为什么不能直接置于岩石上？

4. 波纹钢管涵施工时为什么必须预留拱度？

## 模块四　拱涵、盖板涵、箱涵施工技术

**知识点：**

◎就地浇筑的拱涵和盖板涵的基础类型；

◎就地浇筑的拱涵和盖板涵的支架和拱架类型；

◎拱架和支架的安装和拆卸；

◎装配式拱涵、盖板涵和箱涵的施工技术要点。

**技能点：**

◎能够根据实际情况合理选择就地浇筑的拱涵和盖板涵的基础类型；

◎能够根据实际情况合理选用拱涵和盖板涵的支架和拱架类型，并进行土牛拱胎的施工；

◎能够规范地进行拱架和支架的安装和拆卸；

◎能够进行就地浇筑箱涵的施工；

◎能够熟练地进行装配式拱涵、盖板涵和箱涵预制构件的预制、运输及施工和安装。

**【任务引入】**

拱涵、盖板涵、箱涵也是公路工程中比较常用的涵洞类型。其中拱涵常采用石料建造，一般适用于山区盛产石料的地区。但由于拱涵在荷载作用下支撑处除产生竖向反力外还产生很大的水平推力，故其不适用于地基条件较差的地区。盖板涵一般采用钢筋混凝土建造，石盖板由于强度受到限制，一般很少采用。钢筋混凝土盖板涵一般用于缺石料地区，由于其为简支结构，故对地基条件要求不高。钢筋混凝土箱涵为整体闭合式框架结构，整体性及抗震性都较好，但由于用钢量多，造价高，故一般仅在软土地基上采用。

**【任务分析】**

拱涵、盖板涵、箱涵按照施工方法分为现场浇筑和在工地预制安装两大类。本模块将对这两种施工方法分别介绍。现场浇筑的拱涵和盖板涵的基础分为整体式、非整体式和板凳式三种。其最大的区别是对地基承载力的要求不同。现场浇筑的拱涵和盖板涵的支架和拱架常用的有钢拱架、木拱架和土牛拱胎三种。钢拱架由于一次性投资较大，使其使用受到一定的限制；木拱架虽然拆装方便，使用比较广泛，但由于浪费木材较多，应尽量避免使用；土牛拱胎是一种既经济又安全适用的拱架形式，应重点掌握其施工技术，但由于其施工时要填满整个河沟，故在水流较大的河沟不宜采用；拱圈和盖板在施工时应对称连续进行，需设施工缝时尽量设在沉降缝处。支架和拱架的安装应牢固稳定，安装完毕后应进行必要的检查。拆卸时应从跨中开始，逐步对称向两边进行，特别注意只有当圬工强度达到要求的强度时才能开始拆除，否则易发生施工事故。装配式拱涵、盖板涵和箱涵在施工时应注意其预制长度应与吊装能力相适应，设置吊装孔或吊环时应注意其位置的准确，尤其应特别注意预制构件里的预埋构件的位置准确。构件在运输安装之前应确保其强度已达到设计强度，各项检查都符合要求。安装时应注意核对其高程，并使构件位置与沉降缝重合，砌缝与沉降缝重合。

【任务实施】

## 一、就地浇筑的拱涵和盖板涵

### 1. 拱涵和盖板涵的基础

(1)整体式基础

两座涵台的下面和孔径中间使用整块的混凝土浇筑的基础称为整体式基础。其地基土的承载力应满足设计文件规定。若设计无规定,则填方高 $H$ 在 1 ~ 12m 时,必须大于 0.2MPa;$H$ 大于 12m 时必须大于 0.3MPa。湿陷性黄土地基,不论其表面承载力多大,均不得使用整体式基础。

(2)非整体式基础

两座涵台的下面为独立的现浇混凝土或浆砌片石基础,两者之间不相连的称为非整体式基础。其地基土要求的容许承载力较上述的基础为高,当设计文件无规定时,一般应大于 0.5MPa。

(3)板凳式基础

两座涵台下面的混凝土基础之间用较薄的混凝土或钢筋混凝土板在顶部连接,一起浇筑成似板凳一样的基础。其地基土容许承载力的要求处于前两者之间,设计文件无规定时,应为大于 0.4MPa 的砂类土或"中密"以上的碎石土。

上述地基土的承载力大小可用轻型动力触探仪进行测试。

根据当地材料情况,基础可采用 C15 片石混凝土或 M5 水泥砂浆砌片石,石料强度不得低于 25MPa。

### 2. 支架和拱架

(1)钢拱架和木拱架

钢拱架是用角钢、钢板和钢轨等材料在工厂(场)制成装配式构件,在工地拼装使用。图 8-2-18 是用钢轨制成的跨径 1.5 ~ 3.0m 拱涵的钢拱架。

木拱架主要是由木材组合而成,拆装比较方便,但这种拱架浪费木材,应尽量不使用。图 8-2-19为跨径 2.0 ~ 3.0m 的木拱架。

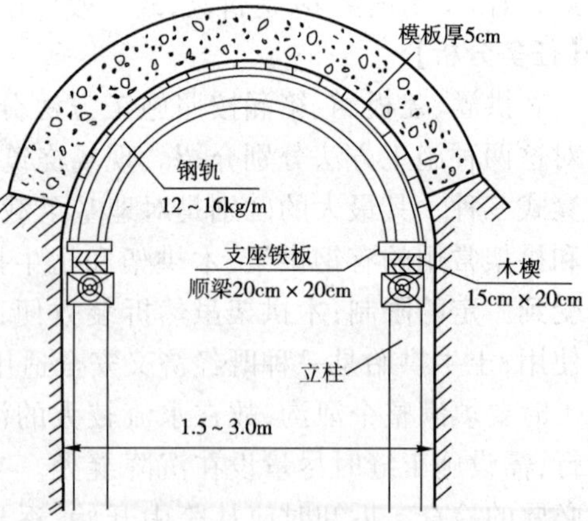

图 8-2-18　跨径 1.5 ~ 3.0m 拱涵的钢拱架

(2)土牛拱胎(土模)

在水流不大的情况下,涵洞施工可以用土牛拱胎代替拱架,这种方法既能节省木料,又经济、安全。

根据河流水流情况,土牛拱胎有全填土拱胎(图 8-2-20)、木排架土拱胎(图 8-2-21)、有透水盲沟的土拱胎[图 8-2-22a)]、三角形木拱架土拱胎[图 8-2-22b)]等形式。

全填土拱胎施工步骤如下:拱胎填土应在边墙圬工强度达到设计强度等级的 70% 后,分层浇水夯填,每层厚度 0.2 ~ 0.5m,跨度小的可以厚一些,但应视土质情况决定。

填土在端墙外伸出 0.5 ~ 1.0m,并保持 1:1.5 的边坡。填土将达拱顶时,分段用样板校正,每隔 30cm 挂线检查,如图 8-2-20 所示。

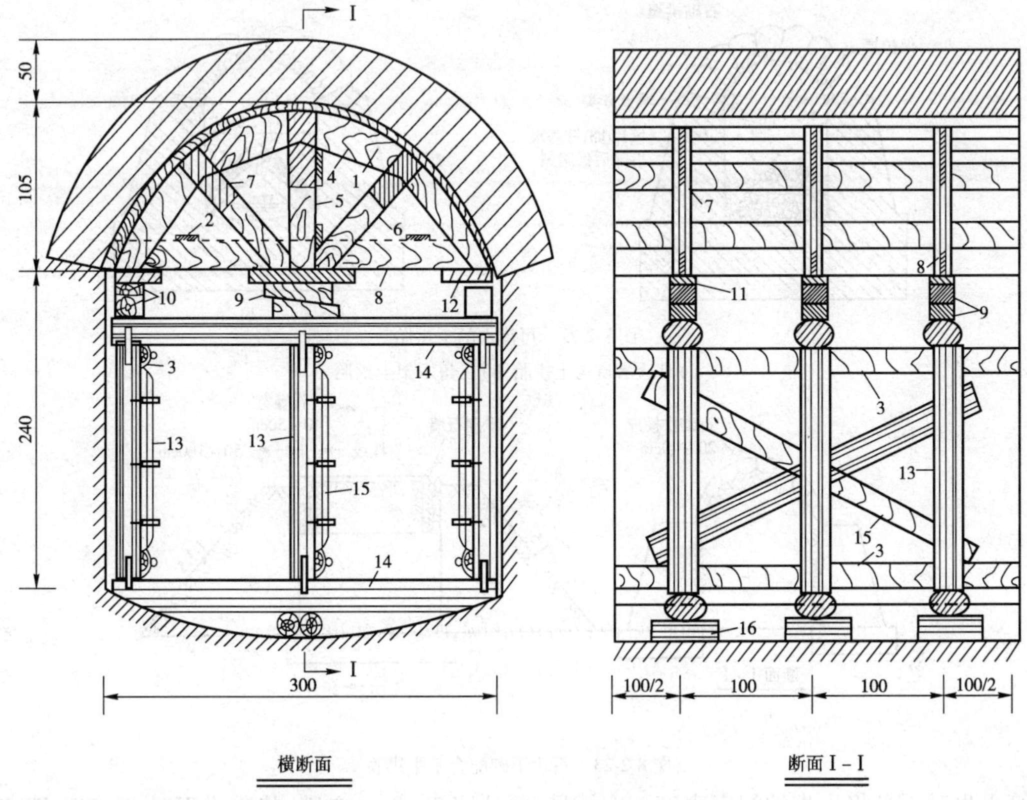


图 8-2-19 跨径 2.0 ~ 3.0m 的木拱架(尺寸单位:cm)

1-模型板;2、3-平联系木;4-弓形板;5、6-撑木;7-夹板;8-拉杆木;9、10-楔木;11、12-楔顶板;13-柱木;14-榄板;15-斜联系木;16-垫木

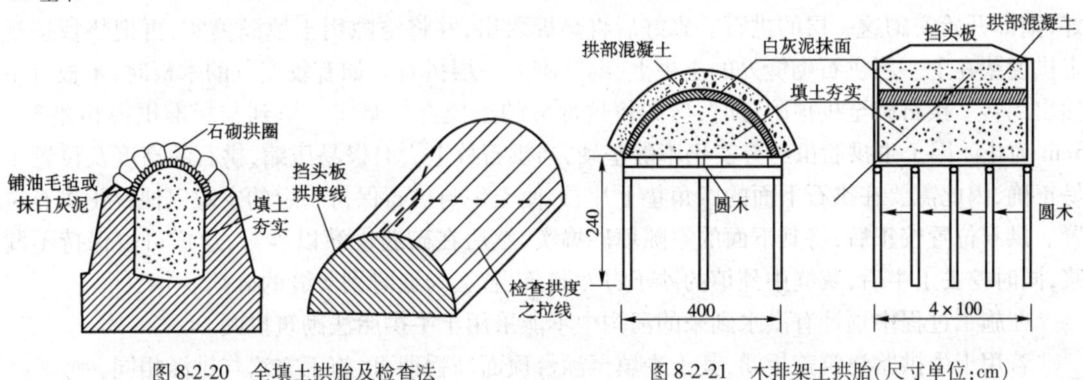


图 8-2-20 全填土拱胎及检查法

图 8-2-21 木排架土拱胎(尺寸单位:cm)

土胎表面应设保护层,可以铺设一层油毡或抹一层 15mm 厚的水泥砂浆(1:4 ~ 1:6)作为保护层。较好的保护层常用砖或片石砌筑,厚约 20cm,然后抹厚 2cm 的黏土,再铺油毡。最好的方法是用石灰泥筋抹 20cm 厚(石灰:黏土:麻筋 = 1:0.35:0.03,质量比),抹后 3d 即可浇筑混凝土。

对砌石拱圈,土牛拱胎上若不设保护层时,可用下述方法砌筑拱圈:在涵台砌筑好后,利用暂不使用的石料,把涵孔两端堵住,干砌一道宽 40 ~ 50cm、厚 20 ~ 40cm 的拱形墙(上抹青草泥)作为拱模,以便砌拱时挂线之用,然后在桥孔中间用土分层填筑密实,如图 8-2-23 所示。

如洞身很长,超过 20m 或拱形复杂时可用木料做 3 个合乎要求的标准模,两端及中间各置一个,两端的拱模可以支靠在石模上,中间的可按标准高度支于两旁涵台上并埋置于土中。

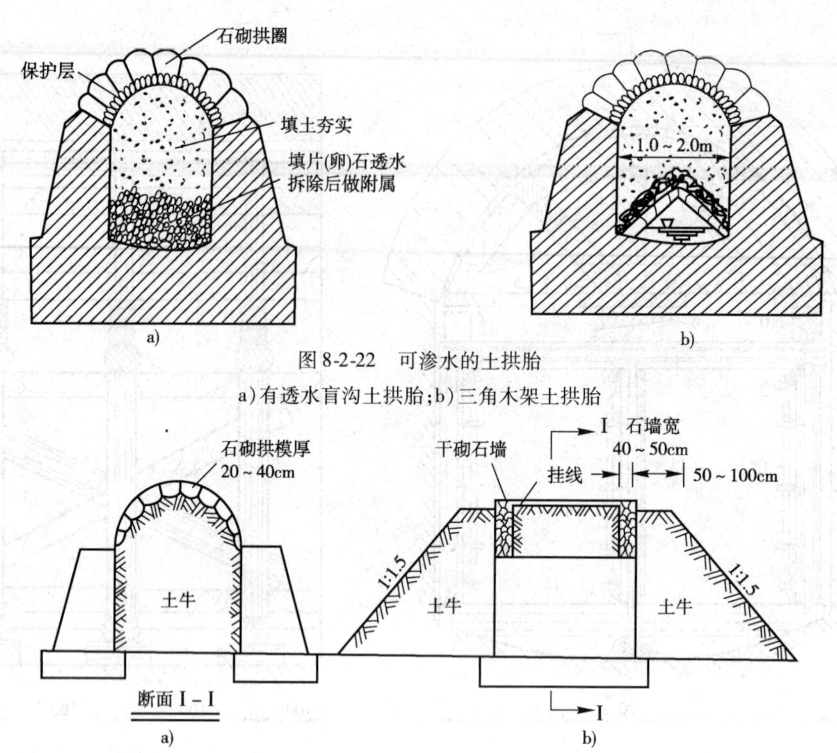


图 8-2-22 可渗水的土拱胎

a) 有透水盲沟土拱胎；b) 三角木架土拱胎

图 8-2-23 石块干砌配合土牛拱膜

填筑土牛时不必将土牛的规定高度一次填足，可预留 2 ~ 3cm 空隙，待砌拱石时，边砌边填筑。

起拱线以上 3 ~ 4 层拱石不受拱胎支撑，可直接砌起。再往上砌时，因拱石的部分重力由拱胎支撑着，可用木板顺拱石灰缝按规定拱度放在拱石灰缝处的土牛上，木板下面以土石垫好，随即开始安砌这一层的拱石。砌好后将垫板取出，并将空隙用土填满捣实，再把垫板按规定拱度垫在上一层拱石砌缝处的土牛上，继续砌上一层拱石。如有较充分的木板时，木板可不抽出周转。拱石砌至拱顶附近时，应先将这部分的土模夯打坚实。填到与标准拱模相差 3 ~ 5cm 为止。因土牛拱胎虽经夯实仍不够坚硬，当拱石放上去时极易压缩，拱石的高度及位置不易正确，因此需要在拱石下面的四角垫上片石，使土牛与拱石保持一定的空隙以便校正拱石位置。拱石位置校正后，将其下面的空隙填砂捣实，然后在砌缝中灌以砂浆，这样可以保持不漏浆，同时挖去土牛后，灰缝中预填的沙子自然脱落，省去勾缝时剔灰缝的麻烦。

在施工过程中预计有洪水到来的河沟中不能采用土牛拱胎法砌筑拱圈。

若用土牛拱胎浇筑盖板涵，其土牛填至涵台顶面高程即可，施工方法与拱涵相同。

3. 拱涵与盖板涵基础、涵台、拱圈、盖板的施工

拱涵与盖板涵基础、涵台、拱圈、盖板构件施工时应按下列要求进行。

(1) 涵洞基础

无论是圬工基础或砂垫层基础，施工前必须先对下卧层地基土进行检查验收，地基土承载力或密实度符合设计要求时，才可进行基础施工。对于软土地基应按照设计规定进行加固处理，符合要求后，才可进行基础施工。

对孔径较宽的拱涵、盖板涵兼作行人和车辆通道时，其底面应按照设计用圬工加固，以承受行人和车辆荷载及磨耗。

(2) 圬工基础

圬工基础的施工工艺和技术要求可参照本书圬工结构部分有关要求进行。

(3)砂垫层基础

砂垫层基础的施工工艺和技术要求可参照本节管涵基础部分进行。

(4)涵洞台、墩

涵洞台、墩的施工工艺和技术要求可参照本书桥梁墩、台部分的有关要求进行。

(5)涵洞拱圈和钢筋混凝土盖板

拱圈和盖板浇筑或砌筑施工时应注意:拱圈和端墙的施工,应由两侧拱脚向拱顶同时对称进行;拱圈和盖板混凝土的现场浇筑施工,应连续进行,尽量避免施工缝。当涵身较长时,可沿涵长方向分段进行,每段应连续一次浇筑完成;施工缝应设在涵身沉降缝处。

4. 拱架和支架的安装和拆卸

(1)安装的一般要求

拱架和支架支立牢固,拆卸方便(可用木楔作支垫),纵向连接应稳定,拱架外弧应平顺。拱架不得超越拱模位置,拱模不得侵入圬工断面。

拱架和支架安装完毕后,应对其位置、顶部高程、节点联系及纵横向稳定性进行检查,不符合要求者,立即进行纠正。

(2)拆卸的一般要求

拱架和支架的拆除及拱顶填土,在具备下列条件之一时方可进行:

①拱圈圬工强度达到设计值的70%时,即可拆除拱架,但必须达到设计值后方可填土。

②当拱架未拆除,拱圈强度达到设计值的70%时,可进行拱顶填土,但应在拱圈达到强度设计值时,方可拆除拱架。

③拱涵拆除拱架可用木楔,木楔用比较坚硬的木料斜角对剖制成,并将剖面刨光。两块木楔接触面的斜度为1∶6~1∶10。在垫楔时应使上面一块的楔尖各伸出下面一块楔尾以外,这样在拆架时敲击木楔比较方便。木楔垫好后将两端钉牢。

④拆卸拱架时应沿桥涵整个宽度上将拱架同时均匀降落,并从跨径中点开始,逐步向两边拆除。

## 二、就地浇筑的箱涵

箱涵又称矩形涵,它与盖板涵的区别是:盖板涵的台身与盖板是分开浇筑的,台身还可以采用砌石圬工,成为简支结构;而箱涵是上下顶板、底板与左、右墙身是连续浇筑的,成为刚性结构,如图8-2-24所示。

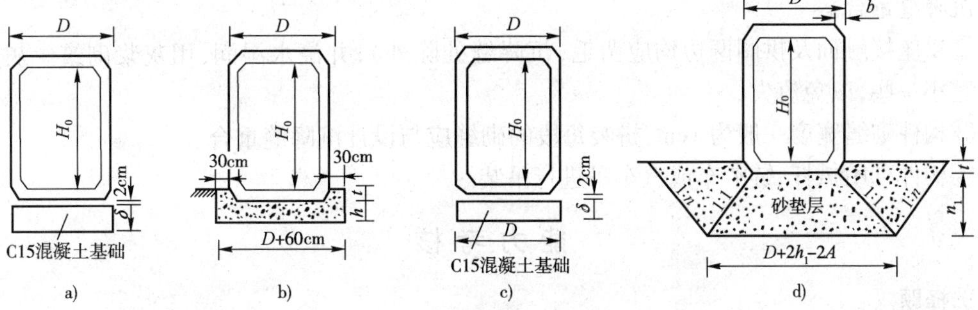


图8-2-24 箱形涵洞基础类型

a)出入口涵节基础;b)洞身涵节无基础;c)洞身涵节有基础;d)洞身涵节在软弱地基土上换填砂垫层

1. 箱涵基础

涵身基础分为有圬工基础和无圬工基础两种。两种基础的构造及尺寸见图 8-2-25。

2. 箱涵身和底板混凝土的浇筑

箱涵身的支架、模板可参照现浇混凝土拱涵和盖板涵的支架、模板制造安装。浇筑混凝土时的注意事项与浇筑拱涵与盖板涵相同。

## 三、装配式拱涵、盖板涵和箱涵

1. 预制构件结构的要求

(1)拱圈、盖板、箱涵节等构件预制长度,应根据起重设备和运输能力决定,但应保证结构的稳定性和刚性,一般不小于 1m,但亦不宜太长。

(2)拱圈构件上应设吊装孔,以便起吊。吊孔应考虑平吊及立吊两种,安装后可用砂浆将吊孔填塞。箱涵节、盖板和半环节等构件,可设吊孔,也可于顶面设立吊环。吊环位置、孔径大小和制环用钢筋应符合设计要求,并要求吊钩伸入吊环内和吊装时吊环筋不断裂。安装完毕,吊环筋应锯掉或气割掉。

(3)若采用钢丝绳捆绑起吊可不设吊孔或吊环。

2. 预制构件的模板

预制构件的模板有木模、土模、钢丝网水泥模板、拼装式模板等。无论采用何种模板都应保证满足规范要求。尤其是有预埋件时,应采取措施,确保预埋件的正确位置。

3. 构件运输

构件必须在达到设计强度后,经过检查质量和大小符合要求,才能进行搬运。搬运时应注意吊点或支承点的设置,务必使构件在搬运过程中保持平衡、受力合理,确保搬运过程中的安全。

4. 施工和安装

(1)基础

与就地浇筑的涵洞基础施工方法相同。

(2)拱涵和盖板涵的涵台身

涵台身大都采用砌筑结构,可按照就地浇筑的涵台身施工方法施工,如采用装配式结构时,可按照装配式墩、台相关的要求施工。

(3)上部构件的安装

拱圈、盖板、箱涵节的安装技术要求如下:

①安装之前应再检查构件尺寸、涵台尺寸和涵台间距离并核对其高程,调整构件大小位置使与沉降缝重合。

②拱座接触面及拱圈两边均应凿毛(沉降缝处除外),并浇水湿润,用灰浆砌筑。灰浆坍落度宜小一些,以免流失。

③构件砌缝宽度一般为 1cm,拼装每段的砌缝应与设计沉降缝重合。

④构件可用扒杆、链滑车或汽车吊进行吊装。

## 能力考核

### 选择题

1. 在水流不大的河沟,既经济又安全适用的拱架形式是(　　)。

A. 木拱架　　B. 土牛拱胎　　C. 钢拱架　　D. 钢—木拱架

2. 拱圈圬工强度达到设计值的(　　)时,即可拆除拱架。

A. 70%　　B. 50%　　C. 90%　　D. 100%

3. 拱架拆卸时应从(　　)开始,在涵洞整个宽度上将拱架同时均匀降落。

A. 1/4 跨径　　B. 两边　　C. 跨中　　D. 1/8 跨径

4. 涵洞预制构件必须在达到设计强度的(　　)后才能运输和安装。

A. 70%　　B. 50%　　C. 90%　　D. 100%

5. 箱涵与盖板涵的区别在于箱涵的上下顶板、底板与左、右墙身是连续浇筑的,形成(　　)。

A. 柔性结构　　B. 刚性结构　　C. 简支结构　　D. 连续结构

**判断题**

1. 拱涵和盖板涵的整体式基础地基土要求的容许承载力比非整体式基础要高。(　　)

2. 拱圈和盖板混凝土的现场浇筑施工应对称连续进行,需设施工缝时尽量设在沉降缝处。(　　)

3. 涵洞预制构件吊装就位后不必将吊环筋锯掉或气割掉。(　　)

4. 涵洞预制构件砌缝宽度一般为 1cm,拼装每段的砌缝应与设计沉降缝重合。(　　)

5. 拱架和支架安装完毕后,应对其位置、顶部高程、节点联系、纵横向稳定性进行检查,不符合要求者,立即进行纠正。(　　)

**问答题**

1. 拱涵和盖板涵的基础有哪几种类型? 各适用于何种情况?

2. 土牛拱胎有什么优点? 什么情况下可以采用?

3. 拱圈和盖板浇筑或砌筑施工时应注意哪些问题?

4. 具备什么条件才能进行拱架和支架的拆除及拱顶填土?

5. 装配式拱涵、盖板涵和箱涵的上部构件安装时应注意什么?

## 课题三　涵洞附属工程施工

**知识点:**

◎防水层的作用及设置部位;

◎防水层的类型及施工技术要点;

◎设置沉降缝的目的及其位置;

◎沉降缝的施工技术要点;

◎涵洞进出水口的处理方法;

◎涵洞缺口填土方法。

**技能点:**

◎能够指出各类涵洞防水层的设置位置;

◎能够熟练进行沥青及沥青麻絮、油毡、防水纸等防水层的施工;

◎能够指出各种情况下沉降缝的设置位置及设置方向;

◎能够熟练地进行涵洞各个部位沉降缝的施工;

◎能够进行涵洞进出水口的处理;

◎能够进行涵洞缺口的填土施工。

【任务引入】

涵洞的附属工程主要包括防水层、沉降缝、进出水口处理及缺口填土等内容。这些内容虽不是涵洞的主要组成部分，但却严重地影响着涵洞的正常使用和寿命，同时也是引起涵洞病害的主要因素。

【任务分析】

涵洞的附属工程对于涵洞的正常使用起着非常重要的作用，应引起足够的重视。涵洞的防水层主要起是防止雨水从路基浸入涵洞结构，引起钢筋锈蚀，混凝土冻胀的作用。不同的涵洞其设置部位不同。防水层主要采用的材料是沥青，另外还有沥青麻絮、油毡、防水纸等。涵洞设置沉降缝的目的是防止当结构发生不均匀沉陷时，产生不规则的多处裂缝，而使结构物破坏；限定结构物发生整齐、位置固定的裂缝。具体设置位置视结构物和地基土的情况而定。沉降缝的施工，要求做到使缝两边的构造物既能自由沉降，又能严密防止水分渗漏，所以缝内应填塞沥青麻絮等具有弹性和不透水的材料，虽发生变形仍不漏水。另外涵洞沉降缝处的基础与涵身应全断面贯通，上下不得交错，否则就失去了沉降缝的作用。涵洞进出水口一般应进行加固处理，使进出水口与天然河沟顺接，防止水流冲刷洞口，导致洞口破坏。涵洞两侧缺口回填土很重要，否则将严重影响行车舒适，尤其是挖方路基涵洞两侧的回填土。回填时应注意填料尽量采用透水性材料，且其中不得含有泥草、腐殖物或冻土块。在涵洞每侧不小于两倍孔径的宽度范围内严格控制分层厚度和压实度，确实保证填筑质量。

【任务实施】

## 一、防水层

涵洞的钢筋混凝土结构设置防水层的作用是防止水分侵入混凝土内，使钢筋锈蚀，缩短结构寿命。北方严寒地区的无筋混凝土结构需要设置防水层，防止侵入混凝土内的水分冻胀造成结构破坏。对设计上规定铺设的防水层，必须严格保证其工程质量，因一旦发生质量问题，补救是很困难的。

防水层的材料多种多样，公路涵洞使用的主要防水材料是沥青，有些部位可使用黏土，以节省工料费用。

### 1. 防水层的设置部位

(1)各式钢筋混凝土涵洞(不包括圆管涵)的洞身及端墙在基础以上被土掩埋的部分，均须涂以热沥青2道，每道厚1～1.5mm，不另抹砂浆。

(2)混凝土及石砌涵洞的洞身、端墙和翼墙的被土掩埋部分，只需将圬工表面凿平，无凹入存水部分，可不设防水层。但北方严寒地区的混凝土结构仍需设防水层。

(3)钢筋混凝土圆管涵的防水层可按图8-3-1所示敷设。图中管节接头采用平头对接，接缝中用麻絮浸以热沥青塞满，管节上半部从外往内填塞；下半部从管内向外填塞。管外靠接缝处裹以热沥青浸透的防水纸8层，宽度15～20cm。包裹方法：在现场用热沥青逐层黏合在管外壁上接缝处，外面再如图在全长管外裹以塑性黏土。

在交通量小的县、乡公路上，可用质量好的软塑状黏质土掺以碎麻，沿全管敷设20cm厚，代替沥青防水层(接缝处理仍照前述施工)。

(4)钢筋混凝土盖板明涵的盖板部分表面可先涂抹热沥青2次，再于其上设2cm厚的防水水泥砂浆或4～6cm厚的防水混凝土，其上可按照设计铺设路面。涵、台身防水层按照上述方法办理。

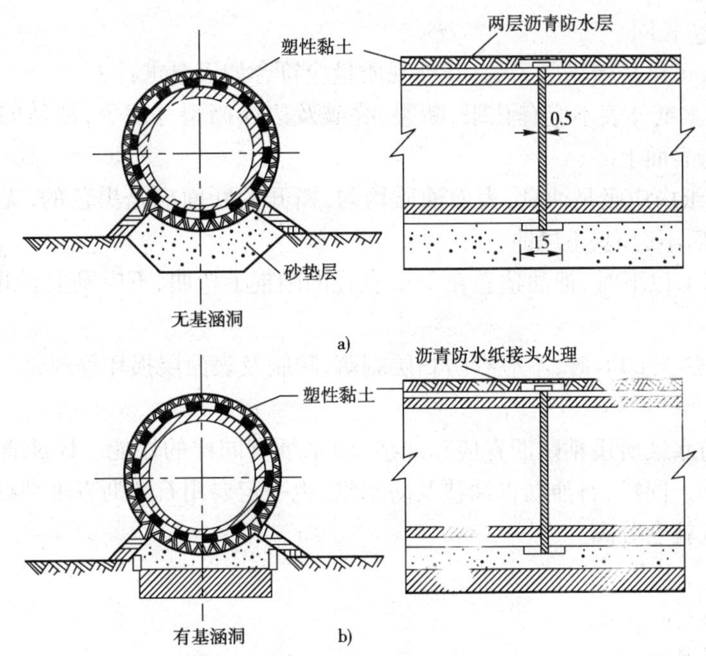

图 8-3-1　钢筋混凝土圆管涵的防水层

(5)砖、石、混凝土拱涵的拱背和护拱顶面需设置防水层,防水层一半采用胶泥,厚度为10cm,如图 8-3-2 所示。

2. 沥青的熬制与敷设

沥青可用锅、铁桶等容器以火熬制,或使用电热设备。铁桶装的沥青,应打开桶口小盖,将桶横倒搁置在火炉上,以文火使沥青熔化后,从开口流入熬制用的铁锅或大口铁桶中。熬制用的铁锅或铁桶必须有盖,以便在沥青飞溅或着火时,用以覆盖。熬制处应设在工地下风方向,与一般工作人员、料堆、房屋等保持一定距离,锅内沥青不得超过锅容积的 2/3。熬制中应不断搅拌至沥青全部为液态为止,熔化后的沥青应继续加温至 175℃(不得超过 190℃)。熬好的沥青盛在小铁桶中送至工点使用,使用时的热沥青温度宜低于 150℃。

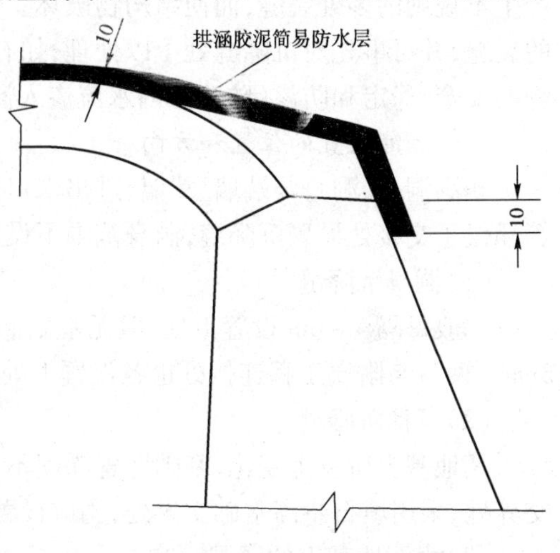

图 8-3-2　拱涵胶泥防水层(尺寸单位:cm)

涂敷热沥青的圬工表面应先用刷子扫净,消除粉屑污泥。涂敷工作宜在干燥温暖(温度不低于 +5℃)的天气进行。

3. 沥青麻絮、油毡、防水纸的浸制方法和质量要求

沥青麻絮(沥青麻布)可采用工厂浸制的成品或在工地用麻絮以热沥青浸制。浸制后的麻絮,表面应呈淡黑色,无孔眼、破裂和叠皱,撕裂断面上应呈黑色,不应有显示未浸透的布层。

油毡是用一种特制的纸胎(或其他纤维胎)用软化点低的沥青浸透制成,浸渍石油沥青的称石油毡,浸渍焦油沥青的称焦油沥青油毡。为了防止在储存过程中相互黏着,油毡表面应撒一层云母粉、滑石粉或石棉粉。

防水纸(油纸)是用低软化点的沥青材料浸透原纸做成的,除沥青层较薄,没有撒防黏层

外，其他性质与油毡相同。

油毡和防水纸可以从市场上采购，其外观质量应符合如下要求：

(1)油毡和防水纸外表不应有孔眼、断裂、叠皱及边缘撕裂等现象，油毡的表面防黏层应均匀地撒布在油毡表面上。

(2)毡胎或原纸内应吸足油量，表面油质均匀，撕开的断面应是黑色的，无未浸透的空白纸层或杂质，浸水后不起泡、不翘曲。

(3)气温在25℃以下时，把油毡卷在2cm直径的圆棍上弯曲，不应发生裂缝和防黏层剥落等现象。

(4)将油毡加热至80℃时，不应有防黏层剥落、膨胀及表面层损坏等现象。夏季在高温下不应黏在一起。

铺设油毡和防水纸所用粘贴沥青应和油毡、防水纸有同样的性能。煤沥青油毡和防水纸必须用煤沥青粘贴。同样，石油沥青油毡及防水纸，也一定要用石油沥青来粘贴，否则，过一段时间油毡和防水纸就会分离。

## 二、沉降缝

### 1. 沉降缝设置目的

结构物设置沉降缝的目的是避免结构物因荷载或地基承载力不均匀而发生不均匀沉陷，产生不规则的多处裂缝，而使结构物破坏。设置沉降缝后，可限定结构物发生整齐、位置固定的裂缝，并可事先对沉降缝处予以处理；如有不均匀沉降，则将其限制在沉降缝处，有利于结构物的安全、稳定和防渗(防止管内水流渗入涵洞基底或路基内，造成土质浸泡松软)。

### 2. 沉降缝设置的位置和方向

涵洞洞身、洞身与端墙、翼墙、进出水口急流槽交接处必须设置沉降缝，但无圬工基础的圆管涵仅于交接处设置沉降缝，洞身范围不设。具体设置位置视结构物和地基土的情况而定。

(1)洞身沉降缝

一般每隔4～6m设置1处，但无基础涵洞仅在洞身涵节与出入口涵节间设置，缝宽一般3cm。两端与附属工程连接处也各设置1处。

(2)其他沉降缝

凡地基土质发生变化、基础埋置深度不一、基础对地基的荷载发生较大变化处、基础填挖交界处、采用填石垫高基础交界处，均应设置沉降缝。

(3)岩石地基上的涵洞

凡置于岩石地基上的涵洞，不设沉降缝。

(4)斜交涵洞

斜交涵洞洞口正做的，其沉降缝应与涵洞中心线垂直；斜交涵洞洞口斜做的，沉降缝与路基中心线平行；但拱涵与管涵的沉降缝，一律与涵洞轴线垂直。

### 3. 沉降缝的施工方法

沉降缝的施工，要求做到使缝两边的构造物能自由沉降，又能严密防止水分渗漏，故沉降缝必须贯穿整个断面(包括基础)。沉降缝具体施工方法如下：

(1)基础部分

可将原基础施工时嵌入的沥青木板或沥青砂板留下，作为防水之用。如基础施工时不用木板，也可用黏土填入捣实，并在流水面边缘以1∶3水泥砂浆填塞，深度约为15cm。

(2)涵身部分

缝外侧以热沥青浸制的麻筋填塞,深度约为5cm,内侧以1:3水泥砂浆填塞,深度约为15cm,视沉降缝处圬工的厚薄而定。缝内可以用沥青麻筋与水泥砂浆填满;如太厚,亦可将中间部分先填以黏土。

(3)沉降缝的施工质量要求

沉降缝端面应竖直、平整,基础和涵身上下不得交错,应贯通,填缝料应具有弹性和不透水性,并应填塞紧密。

沉降缝宽度应符合设计规定,设计无规定时,可采用20~30mm。预制涵管的沉降缝应设在管节接缝处。

(4)保护层

各式有圬工基础涵洞的基础襟边以上,均顺沉降缝周围设置黏土保护层,厚约20cm,顶宽约20cm。对于无圬工基础涵洞,保护层宜使用沥青混凝土或沥青胶砂,厚度10~20cm。

沉降缝构造如图8-3-3所示。

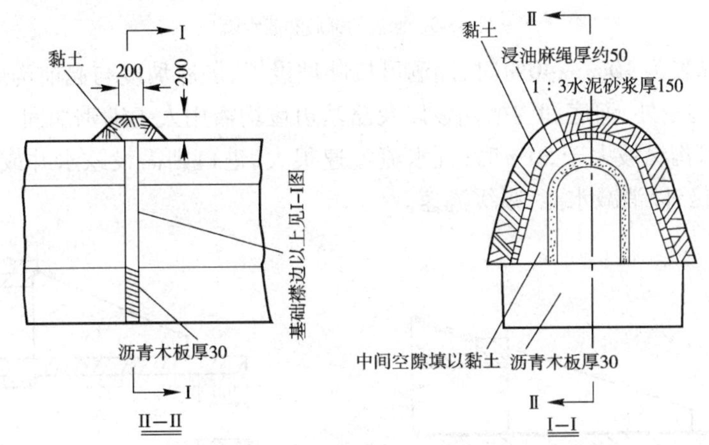


图8-3-3 涵洞沉降缝(尺寸单位:mm)

## 三、涵洞进出水口

涵洞进出水口工程是指涵洞端墙、翼墙(包括八字墙、锥坡、平行廊墙)以外的部分,包括进水口和出水口两部分,如图8-3-4所示。涵洞出入口的沟床应整理顺直,与上、下排水系统(天沟、路基边沟、排水沟、取土坑等)的连接应圆顺、稳固,保证流水顺畅,避免排水损害路堤、村舍、农田、道路等。为了防止冲刷涵洞洞身内和洞口的原河底应有一定的铺砌,并在洞口铺砌的两端做截水墙,以保护铺砌,如图8-3-5所示。

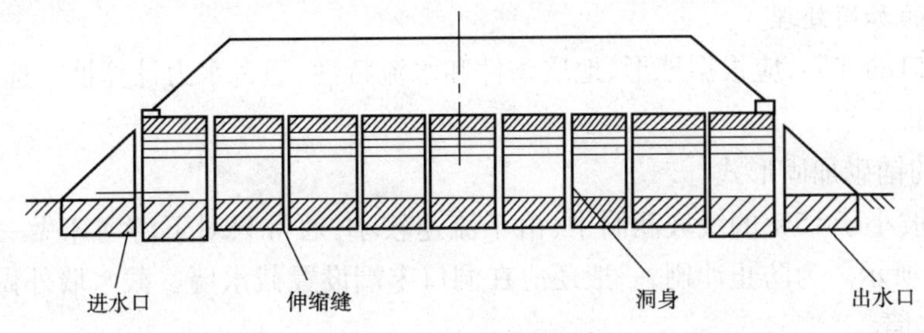


图8-3-4 涵洞的进出水口

1. 进水口的加固处理

(1)在河沟纵坡小于10%、河沟顺直、纵坡平缓的情况下,仅对进口采用干砌片石铺砌加固。铺砌形式如图8-3-6所示。当流速较慢,为减少铺砌数量,也可采用U形的铺砌形式,如图8-3-7所示。这种处理形式多用于较大的多孔涵洞中。

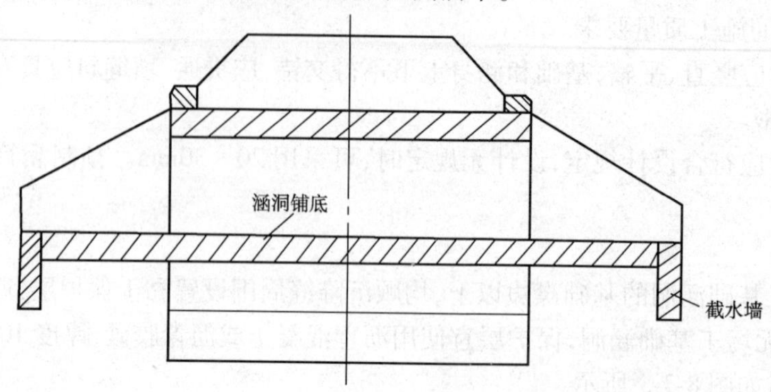


图8-3-5 涵洞的铺底和截水墙

(2)当河沟纵坡为10%~40%时,涵洞可按陡坡设置,涵底坡度与涵前沟底纵坡可直接平顺衔接。除岩石沟槽外,河底和沟槽侧坡以及路基边坡均需用人工铺砌加固。

(3)当涵前河沟纵坡大于50%时,且水流流速很大,进口则需设跌水井或消力池、消力槛等与天然河沟连接,以消减水能,减缓流速。

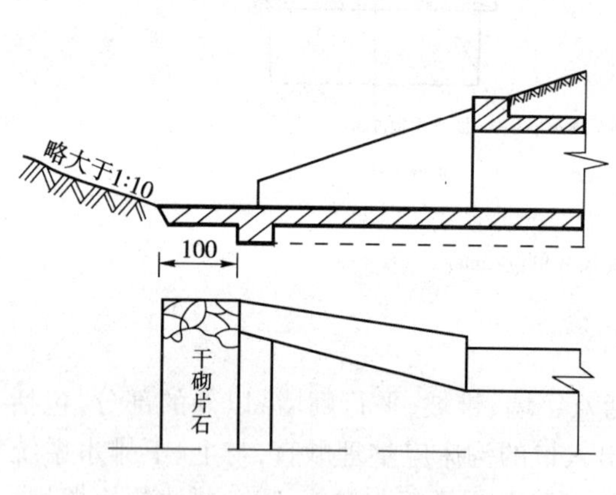


图8-3-6 平缓沟槽进口铺砌形式(尺寸单位:cm)

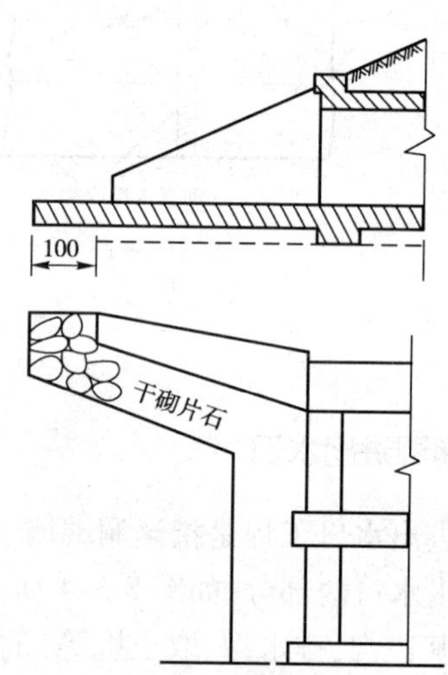


图8-3-7 平缓沟槽进口铺砌的U形形式(尺寸单位:cm)

2. 出水口的加固处理

涵洞出水口的加固,应根据地形、地质条件和水流特性,通过水力计算慎重选择,通常采用铺砌加固的形式。

(1)一般的铺砌加固形式

在洞身纵坡小于15%的缓坡涵洞中,由于流速较小,通常只对下游河床做一般的加固铺砌,如图8-3-8所示。为防止冲刷,一般还应在洞口末端设置截水墙。截水墙外做干砌片石加固,以保护截水墙。

(2)延长铺砌加深截水墙

当天然沟床纵坡较陡，水流流速较大时，则应采用铺砌的石块或混凝土块来抵抗高速的水流，用深埋的截水墙保护平砌的加固层，使其端部不因淘空而水毁，其加固形式如图 8-3-9 所示。

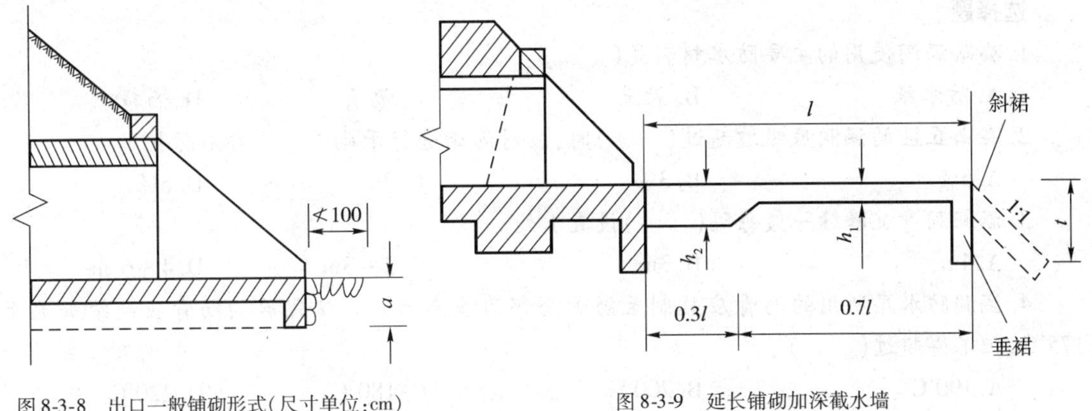


图 8-3-8　出口一般铺砌形式(尺寸单位:cm)

图 8-3-9　延长铺砌加深截水墙

## 四、涵洞缺口填土

(1)建成的涵管、圬工达到设计要求的强度后，应及时回填。回填土要切实注意质量，严格按照有关施工规定和设计要求办理。若系拱涵，回填土时，应按照施工部分有关规定施工。

(2)填土路堤在涵洞每侧不小于两倍孔径的宽度及高出洞顶 1m 范围内，应采用非膨胀的土从两侧对称分层仔细夯实，每层厚度 10 ~ 20cm。特殊情况亦可用与路堤填料相同的土填筑。管节两侧夯填土的密实度标准，高速公路和一级公路为 95%；其他公路为 93%。管节顶部其宽度等于管节外径的中间部分填土，其密实度要求与该处路基相同。如为填石路堤，则应在管顶以上 1.0m 的范围内分 3 层填筑：下层为 20cm 厚的黏土；中层为 50cm 厚的砂卵石；上层为 30cm 厚的小片石或碎石。在两端的上述范围及两侧每侧宽度不小于孔径的两倍范围内，码填片石，如图 8-3-10 所示。

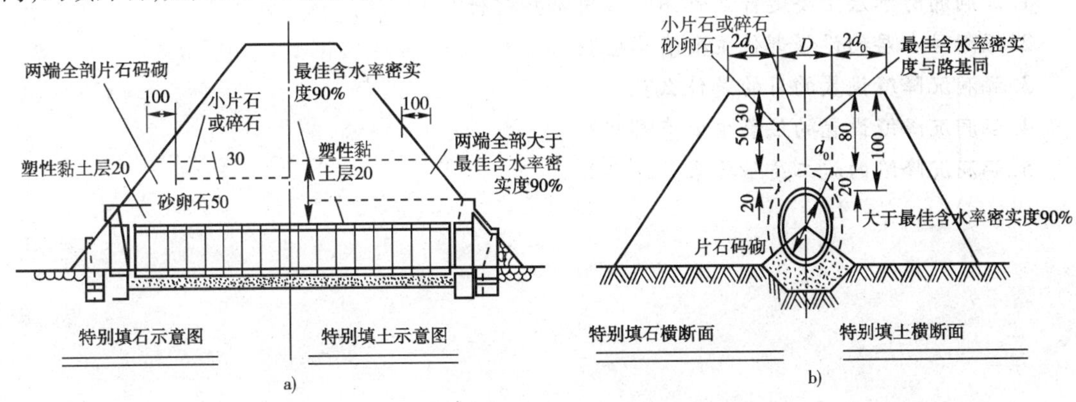


图 8-3-10　涵洞缺口填土(石)(尺寸单位:cm)

a)涵洞纵向;b)涵洞中间部分

对于其他各类涵洞的特别填土要求，应分别按照有关的设计要求办理。

(3)用机械填筑涵洞缺口时，须待涵洞圬工达到容许强度后，涵身两侧应用人工或小型机具对称夯填，高出涵顶至少 1m，然后再用机械填筑。不得从单侧偏推、偏填，使涵洞承受偏压。

(4)冬季施工时，涵洞缺口路堤、涵身两侧及涵顶 1m 内，应用未冻结土填筑。

(5)回填缺口时，应将已成路堤土方挖出台阶。

## 能力考核

**选择题**

1. 公路涵洞使用的主要防水材料是(　　)。

A. 防水纸　　B. 黏土　　C. 沥青　　D. 油毡

2. 在山丘区的涵洞底纵坡超过(　　)时,应对沟床进行干砌或浆砌片石防护。

A. 5%　　B. 3%　　C. 2%　　D. 6%

3. 涵洞洞身沉降缝一般每隔(　　)设置1处。

A. 4m　　B. 3m　　C. 2~3m　　D. 4~6 m

4. 涵洞防水层所用的沥青应熬制至沥青全部为液态为止。熔化后的沥青应继续加温至175℃,但不得超过(　　)。

A. 190℃　　B. 200℃　　C. 180℃　　D. 220℃

5. 填土路堤在涵洞每侧不小于(　　)孔径的宽度及高出洞顶1m范围内,应采用非膨胀的土从两侧分层仔细夯实。

A. 一倍　　B. 两倍　　C. 三倍　　D. 四倍

**判断题**

1. 凡置于岩石地基上的涵洞,可不设沉降缝。(　　)

2. 拱涵与管涵的沉降缝,一律与洞口平行。(　　)

3. 为了防止油毡在储存过程中相互黏着,其表面应撒一层云母粉、滑石粉或石棉粉。(　　)

4. 涵洞设置沉降缝的目的是防止涵洞产生不均匀沉降。(　　)

5. 铺设油毡和防水纸所用粘贴沥青应和油毡、防水纸有同样的性能。(　　)

**问答题**

1. 涵洞的防水层主要起什么作用?常用哪些材料?

2. 涵洞防水层的设置部位主要有哪些?

3. 涵洞沉降缝设置的目的是什么?

4. 涵洞沉降缝设置的位置主要有哪些?

5. 涵洞沉降缝的施工质量要求是什么?

# 单元九　桥面系施工

桥面系包括桥面铺装、伸缩缝装置、桥面连续、泄水管、桥面防水、桥面防护设施（防撞护栏或人行道栏杆、灯柱等）、桥头搭板等。桥面系是桥梁服务车辆、行人，实现其功能的最直接部分。其施工质量不仅影响桥梁的外形美观而且关系到桥梁的使用寿命、行车安全及舒适性，因此，对桥面系的施工必须给予足够的重视。本单元就桥面铺装、伸缩缝装置、桥面连续、桥面防护设施（防撞护栏或人行道栏杆、灯柱等）的施工加以介绍。另外，由于梁间铰接缝多是和桥面系同时施工，所以梁间铰接缝施工也在本单元里介绍。

## 课题一　梁间铰接缝施工

### 模块一　简支梁桥梁（板）间接缝施工

**知识点：**

◎简支梁（板）间的接缝形式。

**知识点：**

◎简支板桥铰接缝的施工；

◎简支梁桥铰接缝的施工。

**【任务引入】**

装配式简支梁桥的梁间接缝，是保证桥梁上部形成整体结构、满足设计受力模式、实现荷载横向分布的重要构造。而梁间接缝的施工质量直接影响着结构的正常使用，因此接缝的施工要按设计及规范要求进行，以保证工程质量。

**【任务分析】**

1. 简支板桥铰接缝；

2. 简支梁桥梁间接缝。

**【任务实施】**

#### 一、简支板桥铰接缝

1. 铰接缝的形式

简支板桥纵向铰接缝如图 9-1-1 所示，企口铰接形状由空心板预制时形成。

2. 铰接缝的施工

（1）将相邻两块板底部紧密接触，形成铰缝混凝土底模；

（2）将铰缝钢筋 N10 和 N11（在梁板预制时紧贴着模板向上竖起）扳平，并进行焊接或绑扎牢固；

（3）用水将缝内冲洗干净，并使其充分湿润；

（4）安装侧模板；

（5）混凝土的浇筑。

注意：拌制混凝土时要严格控制集料粒径和拌和物的和易性；浇筑中用人工插捣器捣实。此项混凝土施工一般与桥面铺装层混凝土同时进行。

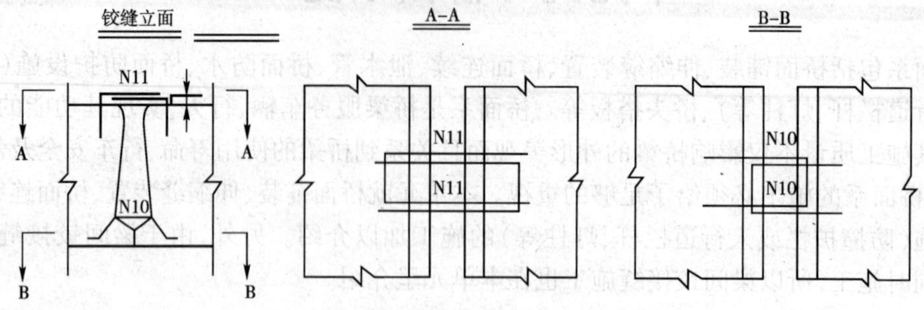


图 9-1-1　简支板纵向铰接缝构造示意图

## 二、简支梁桥梁间接缝

1. 梁间接缝的形式

常见的简支梁桥有 T 形梁和箱形梁。对于 T 形梁，其梁间接缝按梁体设计不同有干接缝和湿接缝两种，对于箱形梁，其梁间接缝通常采用混凝土现浇湿接缝。

2. 接缝施工

（1）干接缝

这是用钢板或螺栓将相邻两片梁翼板和横隔板焊接起来形成横向联系的方法。该方法的优点是施工方便、连接速度快、焊接后能立即承受荷载。但耗费钢材较多、需要有现场焊接设备，且有时需在桥下进行仰焊，施工难度大，整体性效果也稍差一些。T 形梁的连接构造示意图如图 9-1-2 所示。

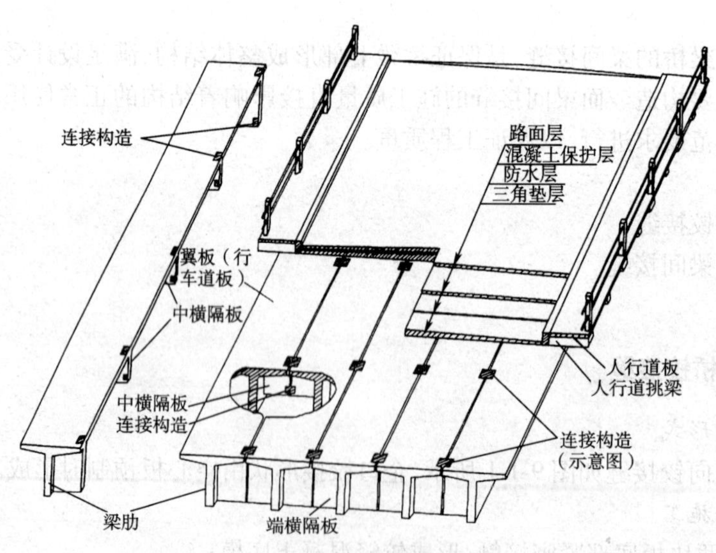


图 9-1-2　T 形梁的连接示意图

①焊接钢板：在 T 梁翼缘板及横隔梁相应位置有预埋钢板，梁架设安置好后，把相应位置的钢板焊接相连，使其形成整体。

如图 9-1-3 所示，在横隔梁靠近下部边缘的两侧和顶部的翼板内均埋有焊接钢板 $A$ 和 $B$，焊接钢板是预先与横隔梁的受力钢筋焊接在一起并安装在骨架中。当T梁安装就位后即在横隔梁的预埋钢板上再加焊钢板使其连成整体。端横隔梁的焊接钢板接头构造与中横隔梁相同,但由于其外侧(近墩、台一侧)不好施焊,故焊接接头只设在内侧。

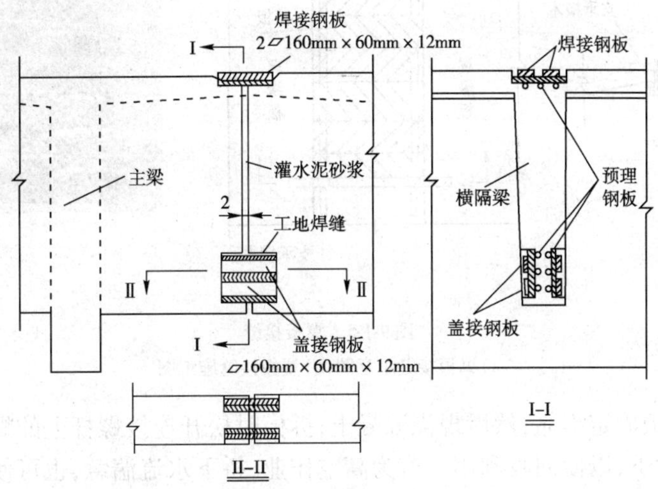


图9-1-3 钢板焊接连接构造

②将相邻横隔梁之间的缝隙用水泥砂浆填满,所有外露钢板用水泥浆封盖。

为了简化接头的现场施工,也可采用螺栓接头。此种接头方法基本上与焊接钢板接头相同,不同之处是钢板间不用焊接,而是用螺栓将钢板连接。为此在钢板上要预留螺栓孔。这种接头具有不用特殊机具和拼装迅速的优点,但在运营过程中螺栓易于松动,需要定期进行检查维修。

(2)湿接缝

湿接缝构造如图9-1-4所示。无论是T梁还是箱梁,其构造相同,都是把翼板和横隔板用现浇相连。图中阴影部分即为现浇混凝土。梁翼缘板的钢筋外伸,横隔梁在预制时要在接缝处伸出钢筋和预埋扣环钢筋$A$。接缝宽度约为0.2~0.5m。

这种湿接缝的优点是节省钢材用量、整体性好;缺点是施工较复杂、接缝混凝土养生达到初凝后方能承受荷载。

T梁湿接缝的施工程序如下。

①钢筋对接:将相邻梁间对应的翼板及横隔板上外伸的钢筋和扣环钢筋对接,外伸钢筋采用焊接,并在两扣环钢筋上安置腰圆形的接头扣环钢筋$B$,然后在形成的圆环内插入短分布筋,一般是$\phi6$的钢筋。

②安装横隔板处接缝的模板,并浇筑混凝土。

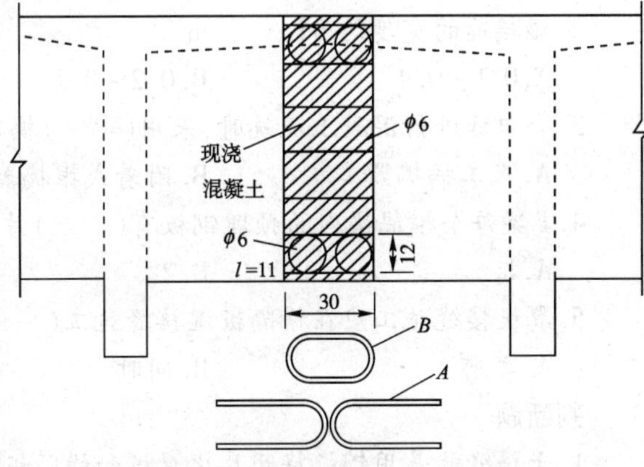


图9-1-4 湿接缝构造示意图(尺寸单位:cm)

③翼板接缝施工:如图9-1-5所示,由底梁支撑着模板,其重量靠连接螺杆传递给支撑横木,而横木支承在两边的翼缘板上。

施工程序是:先用螺杆把底梁与支承横木相连;再在底梁上钉设模板,钉好后上紧连接螺

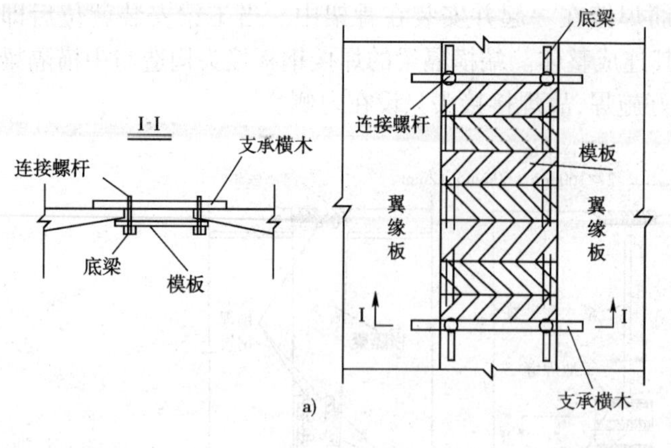


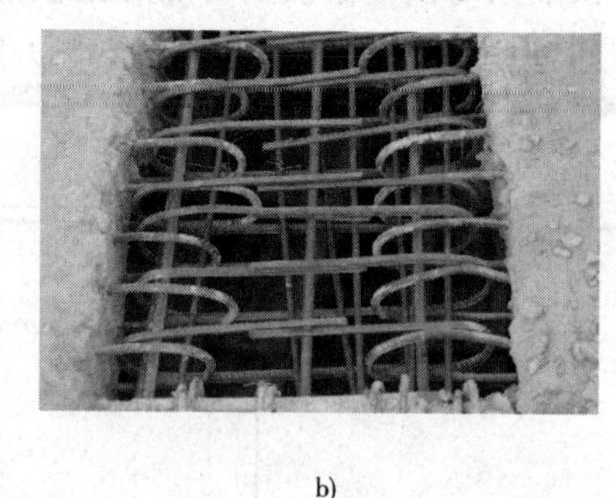


图 9-1-5　翼板接缝

a)翼板接缝示意图;b)翼板接缝施工图

杆上的螺栓,使模板固定牢靠;然后现浇混凝土;拆模时松开连接螺杆上的螺栓,用绳子将底梁和模板徐徐放至桥下,以便回收利用。若为高空作业,桥下水流湍急,也可使用一次性模板,松开螺杆后掉至河中,不再使用。

比较而言,横隔板的湿接缝施工难度较大,应在翼板接缝之前施工。端横隔板的施工较简单,工人可以站在墩、台帽上立模浇筑接缝混凝土。中横隔板接缝施工则较为困难,若条件允许,可在桥下设临时支架或用高空作业车将工人送至预定高度立模浇筑;若桥下有水,则应设法从桥面向下悬吊施工,不仅模板要有悬吊设施,人员也要系安全带从桥面悬吊下去施工,要特别注意施工安全。

## 能力考核

### 选择题

1. 箱形梁梁间接缝通常采用(　　)。

A. 企口接缝　　B. 干接缝　　C. 湿接缝

2. 湿接缝的宽度约为(　　)m。

A. 0.1 ~ 0.4　　B. 0.2 ~ 0.5　　C. 0.3 ~ 0.6　　D. 0.4 ~ 0.7

3. 企口缝进行混凝土浇筑时,采用(　　)捣实。

A. 人工插捣器　　B. 附着式振捣器　　C. 平板式振捣器

4. T 梁每个横隔梁内的预埋钢板有(　　)片。

A. 1　　B. 2　　C. 3　　D. 4

5. 翼板接缝施工应在横隔板湿接缝施工(　　)进行。

A. 之前　　B. 同时　　C. 之后

### 判断题

1. 干接缝就是用钢板将两片梁翼板和横隔板焊接起来的接缝形式。(　　)

2. 端横隔梁的焊接钢板接头只设有两侧。(　　)

3. T 梁湿接缝中由扣环钢筋形成的圆环内可插入任意直径的短分布钢筋。(　　)

4. 钢板焊接后,干接缝就算完成了。(　　)

5. 翼板湿接缝施工时所用的模板是供连接螺杆传递重量的。(　　)

问答题

1. 什么是干接缝和湿接缝？两者有何区别？

2. 简述干接缝的施工过程。

3. 简述T梁湿接缝的施工过程。

4. 简述简支板的企口铰接缝的施工过程。

5. 装配式简支梁桥的梁间接缝有何作用？

## 模块二 桥面连续和连续梁桥梁端接缝的施工

**知识点：**

◎桥面连续的原理；

◎先简支后连续的连续梁桥的两种连续方式。

**技能点：**

◎桥面连续的施工；

◎先简支后连续的连续梁桥梁端接缝的施工。

**【任务引入】**

为了减少桥面上设置伸缩缝的数量，保证行车的安全、平顺，目前简支梁桥均采用桥面连续。

跨径较大的连续梁桥，多采用悬臂施工和顶推施工的方法，而一些跨径不大，且施工条件受到限制时，就可以先按简支梁桥施工，然后再处理梁端，经过体系转换后，由简支梁转变为连续梁。

**【任务分析】**

1. 桥面连续；

2. 先简支后连续的连续梁桥的梁端接缝施工。

**【任务实施】**

### 一、桥面连续

1. 桥面连续的原理

桥面上的伸缩缝在使用过程中很容易损坏，为了提高行车的舒适性，减轻桥梁的养护工作，延长桥梁的使用寿命，应力求减少伸缩缝的数量。近年来对于多孔简支体系的桥梁，减少伸缩缝的措施，主要就是采用桥面连续。

桥面连续的实质就是将简支梁在伸缩缝处的桥面部分做成连续的，由于此处的刚度不大，所以不会影响简支梁的基本受力性质，使主梁仍能保持简支体系的受力特征。

**【知识链接】**

桥面连续的基本构造

(1)简支板桥

简支板桥的桥面连续，是在桥面铺装混凝土中设置连接钢筋网，钢筋网跨越相邻板两端接缝处，并在接缝处设置假缝和垫铺橡胶片，将混凝土桥面铺装在一定长度范围内与板隔开，使梁端之间的变形由这一整段铺装层来分布承担，从而减少混凝土铺装层中的拉应力。

(2)肋板式简支梁桥

是先把梁端接头处的桥面板用钢筋连接起来,连接钢筋在一定长度范围内用玻璃丝布和聚乙烯胶带包裹,使其与现浇混凝土隔开。梁端之间的变形就由这段范围内的分布钢筋承担。另外,在桥面铺装混凝土中设置连续钢筋网,使整个桥面铺装形成连续结构。

桥面连续的跨数及联跨长度应根据当地气温和桥梁跨径由设计部门计算确定。桥面连续一般为3~7跨一联。通常跨径大时,一联的跨数少;跨径小时,一联的跨数多。

2.桥面连续的施工

桥面连续与桥面铺装层混凝土同时施工,其主要的施工工序如下。

(1)铺设钢筋网:桥面钢筋网采用$\phi$12钢筋,间距15cm×15cm,靠梁顶层布设,至梁顶面净保护层1.5cm。

(2)安装纵向联结钢筋:为保证梁体伸缩应力能通过连续部位传递,在桥面连续处的桥面铺装顶层部位增加一层纵向联结钢筋,一般选用$\phi$8钢筋,间距5cm。另外,在桥面连续处的桥面铺装底层还要增设分布钢筋和连接筋,同样为$\phi$8钢筋,间距5cm。

(3)填塞梁端缝隙:浇筑混凝土之前用轻质包装板将梁端缝隙填塞密实,既保证上部现浇混凝土不致下落,又能使梁体自由伸缩。

(4)假缝的形成:为保证桥面在温度下降时不产生任意裂缝,在混凝土浇筑完成,混凝土强度形成后,在桥面连续处梁间接缝顶部的正中心位置锯以1.5cm深的假缝,用水清洗,然后用沥青马蹄脂填实。

桥面连续见图9-1-6。

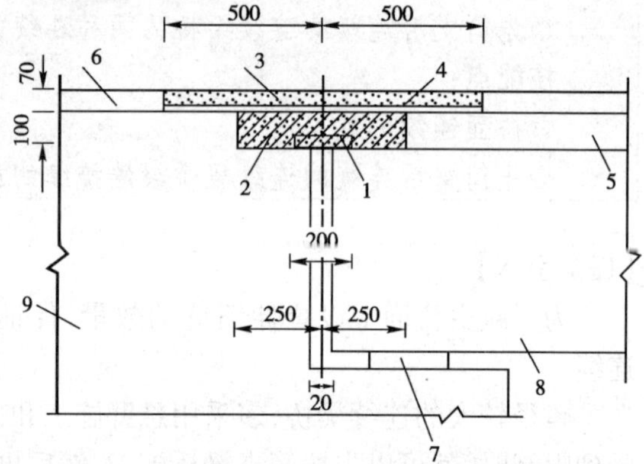


图9-1-6 GP型桥面连续构造(尺寸单位:mm)

1-钢板($A_3$,200mm×500mm×12mm);2-I型改性沥青混凝土;3-II型改性沥青混凝土;4-编织布;5-桥面现浇混凝土层;6-沥青混凝土铺装;7-板式橡胶支座;8-预制板;9-背墙

## 二、先简支后连续的连续梁桥的梁端接缝施工

1.概述

先简支后连续的连续梁桥,在墩顶处的连续有单支座和双支座两种方式,它们的施工工艺和体系转换方法有所不同。

2.两种方式的施工简介

(1)单排支座先简支后连续梁桥

这种连续梁桥建成后在墩顶连续处只有一排支座,内力分配效果好,负弯矩峰值较高,能大幅削减跨中正弯矩,而且内力分布均衡。但施工方法较为复杂,并且在连续处还要要设置顶部预应力钢筋,施工过程如图9-1-7所示。

①预制和安装主梁:预制主梁时,在梁端顶板上预留预应力孔道,并预设齿板,预留工作人洞。连续一端均不做封锚端,将顶板、底版、腹板普通钢筋伸出梁端。架梁时先设置两排临时支座,使梁呈简支状态。临时支座用硫磺和电热丝制作,既要保证强度,又能在通电加热后能融化。

②放置永久性支座:主梁架好后,在墩顶设计位置处安放永久性支座及垫石。

③设置钢筋:把设计要求的普通钢筋焊接相连,并布设箍筋。在顶部布设与原梁体预留孔

道相对应的预应力筋孔道，并布置模板。

④浇筑混凝土、养生及拆模：现浇连接混凝土、养生至强度达到90%后拆除模板。

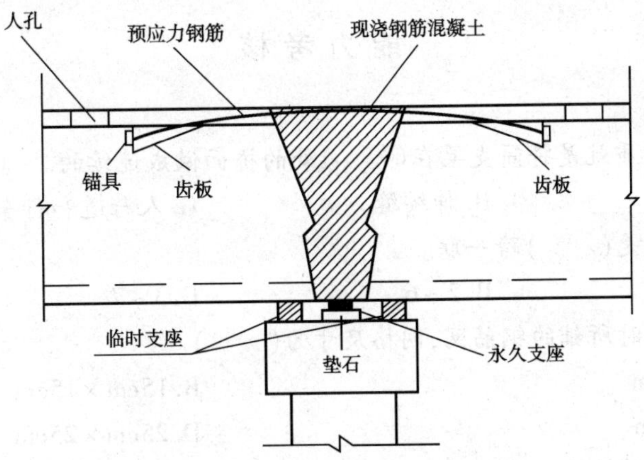


图 9-1-7 单支座先简支后连续施工示意图

⑤安装预应力筋并张拉：自主梁顶板预留人孔进入，穿丝并张拉预应力钢筋，并予以锚固。

⑥拆除临时支座实现体系转换：给临时支座通电使其受热软化，然后拆除临时支座，从而使永久支座发挥作用，实现体系转化。

⑦现浇混凝土封闭人孔，即完成连续化施工。

(2)双排支座先简支后连续梁桥

这类连续梁受力接近于简支梁，内力分布不均匀。但由于施工简单，体系转化方便，被广泛采用，施工方法如图9-1-8所示。施工主要程序简述如下。

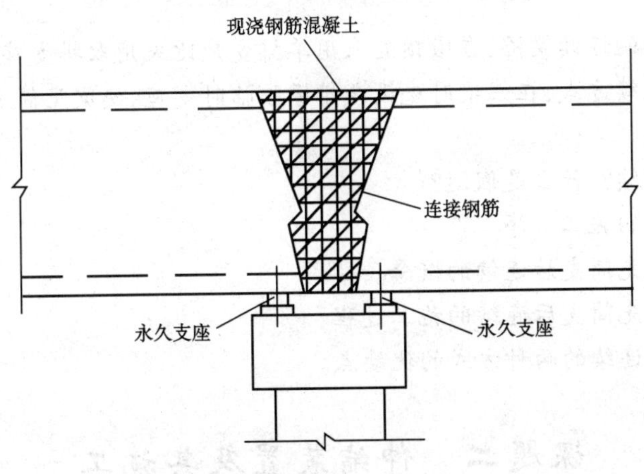


图 9-1-8 双支座先简支后连续施工示意图

①主梁预制、安装、支座的安放：预制主梁时，连续一端的梁端不进行封端处理，并将顶板、腹板、底板普通钢筋外伸；梁架设前一次性将两排永久性支座安放牢固。

②安装模板及钢筋焊接：梁架设就位后在梁端底部和两边梁外侧安放模板，中间以梁端为模板；将两梁端外留钢筋焊接相连，注意使搭接长度和位置满足规范要求。

③现浇与梁体相同标号的混凝土，养生达到要求后即实现体系转化，完成连续化施工。

这种方法不用更换支座，也不在梁顶施加预应力，故简单实用。只是由于连接处墩顶有负弯矩,而又没有施加预应力,必然会产生正常裂缝。为防止桥面上的水从缝中渗入,锈蚀钢筋,需在梁端顶部前后各4m 范围内设置防水层。

## 能力考核

**选择题**

1. 桥面连续的实质就是将简支梁在(  )处的桥面做成连续的。

A. 横向连接　　B. 伸缩缝　　C. 人行道和行车道板

2. 桥面连续一般是(  )跨一联。

A. 1 ~5　　B. 2 ~6　　C. 3 ~7　　D. 4 ~8

3. 桥面连续施工时所铺的钢筋网,网格尺寸为(  )。

A. 10cm ×10cm　　B. 15cm ×15cm

C. 20cm ×20cm　　D. 25cm ×25cm

4. 在桥面连续处的桥面铺装顶层和底层都要增加一层直径为(  ),间距为(  )mm 的纵向连接钢筋。

A. $\phi$6、5　　B. $\phi$6、10　　C. $\phi$8、5　　D. $\phi$8、10

5. 单排支座先简支后连续梁桥,施工时在连续处要设置顶部(  )。

A. 预埋钢筋　　B. 预应力钢筋　　C. 预埋钢板

**判断题**

1. 对于多孔简支体系的梁桥,减少伸缩缝的主要措施就是采用桥面连续。(  )
2. 桥面连续的跨数,通常是跨径大时一联的跨数多。(  )
3. 为保证桥面在温度下降时不产生裂缝,混凝土浇筑完成后,需在连续处接缝顶部设假缝。(  )
4. 先简支后连续的连续梁桥,在墩顶处采用单排支座比采用双排支座好。(  )
5. 单排支座的连续方式,在架梁时先设两排橡胶临时支座,使梁呈简支状态。(  )

**问答题**

1. 什么是桥面连续？什么是假缝？
2. 简述桥面连续的施工工序。
3. 简述单排支座先简支后连续的概念。
4. 简述双排支座先简支后连续的施工过程。
5. 比较先简支后连续的两种方式的优缺点。

# 课题二　伸缩装置及其施工

桥面的平整度是一个很重要的指标,而影响桥面平整度的重要部分之一则是桥梁的伸缩装置。如果由于施工程序不合理或施工不慎,在3m 长度范围内,其高程与桥面铺装的高程有正负误差,将造成行车的不舒适,严重的则会造成跳车。这种现象在高等级公路上更为严重。在车辆跳跃的反复冲击下,会很快导致桥梁伸缩装置的破坏。因此,遵照伸缩装置的施工程序并谨慎施工是桥梁伸缩装置成功的重要保证。

本课题通过伸缩装置的构造和施工两个模块进行讲述。

## 模块一　伸缩装置的类型

**知识点：**

◎伸缩装置的概念；

◎伸缩装置的构造要求；

◎伸缩装置的类型。

**【任务引入】**

为了使车辆能够顺利地在桥上行驶，同时又能够满足桥面变形的要求，往往要在梁端与台背之间、两相邻梁端之间设置伸缩装置。

**【任务分析】**

1. 伸缩装置的构造要求；

2. 伸缩装置的类型。

**【任务实施】**

### 一、伸缩装置的概念

1. 定义

为适应材料收缩和膨胀变形对结构的影响，而在桥梁结构的两端设置的间隙称为伸缩缝；而为了使车辆平稳通过桥面并满足桥面变形的需要，在桥面伸缩接缝处设置的各种装置统称为伸缩装置。

2. 设置伸缩装置的目的

(1)满足结构的变形要求；

(2)保证桥面的平整；

(3)防止梁端撞击台背、梁端撞击梁端。

### 二、伸缩装置的构造要求

为了保证伸缩装置能正常使用，应满足的构造要求是：

(1)能自由伸缩和转动；

(2)牢固可靠；

(3)车辆行驶时平顺、无突跳和噪声；

(4)能防止雨水渗入和能及时排除，并能防止污物侵入和阻塞；

(5)易于安装、检查、养护和清除污物；

(6)价格低廉。

### 三、伸缩装置的类型

在我国公路桥梁和城市桥梁工程上使用的伸缩装置种类繁多，按其传力方式及构造特点可以分为对接式、钢质支承式、橡胶组合剪切式、模数支承式、无缝式五类伸缩装置。其形式、型号、结构特点如表 9-2-1 所示。本节着重介绍伸缩装置的传力方式和构造特点。

**桥梁伸缩装置分类** 表 9-2-1

| 类别 | 形式 | 种类型 | 说明 |
|---|---|---|---|
| 对接式 | 填塞对接型 | 沥青、木板填塞型 | 以沥青、木板、麻絮、橡胶等材料填塞缝隙的构造(在任何状态下,都处于压缩状态) |
| | | U 型镀锌铁皮型 | |
| | | 矩形橡胶条型 | |
| | | 组合式橡胶条型 | |
| | | 管形橡胶条型 | |
| | 嵌固对接型 | W 型 | 采用不同形状的钢构件将不同形状的橡胶条嵌固,以橡胶条(带)的拉压变形吸收梁变位的构造 |
| | | SW 型 | |
| | | M 型 | |
| | | SDII 型 | |
| | | PG 型 | |
| | | FV 型 | |
| | | GNB 型 | |
| | | GQF-C 型 | |
| 钢质支承式 | 钢质型 | 钢梳齿板型 | 采用面层钢板或梳齿钢板的构造 |
| | | 钢板叠合型 | |
| 橡胶组合剪切式 | 板式橡胶型 | BF、JB、JH、SD、SC、SB、SG、SEG 型 | 将橡胶材料与钢件组合,以橡胶的剪切变形吸收梁的伸缩变形,桥面板缝隙支承车轮荷载的构造 |
| | | SEJ 型 | |
| | | UG 型 | |
| | | BSL 型 | |
| | | CD 型 | |
| 模数支承式 | 模数式 | TS 型 | 采用异性钢材或钢组焊件与橡胶密封条(带)组合的支承式构造 |
| | | J-75 型 | |
| | | SSF 型 | |
| | | SG 型 | |
| | | XF 斜向型 | |
| | | GQF-MZL 型 | |
| 无缝式 | 暗缝型 | GP 型(桥面连续) | 路面施工前安装的伸缩构造 |
| | | TST 型弹塑体 | 以路面等变形吸收梁变形的构造 |
| | | EPBC 弹性体 | |

1. 对接式伸缩装置

根据构造形式和受力特点的不同,又可分为填塞对接型和嵌固对接型。

(1)填塞对接型伸缩装置

这类伸缩装置的伸缩体,所用材料主要有矩形橡胶条、组合式橡胶条、管形橡胶条、M 型橡胶条等,也有采用泡沫塑料板或合成树脂材料等。

这种伸缩装置是以沥青、木板、麻絮、橡胶等材料填塞缝隙,伸缩体在任何情况下多处于受压状态。它一般用于伸缩量在 40mm 以下的常规桥梁上,现今已不多采用了。

(2)嵌固对接型伸缩装置

这种伸缩装置是利用不同形状的钢构件将不同形状的橡胶条带嵌牢固定，并以橡胶条带的拉压变形来吸收梁体的变形，其伸缩体可以处于受压状态，也可以处于受拉状态。它被广泛应用于伸缩量在 80mm 及以下的桥梁中。图 9-2-1 为 W 型伸缩装置构造图。

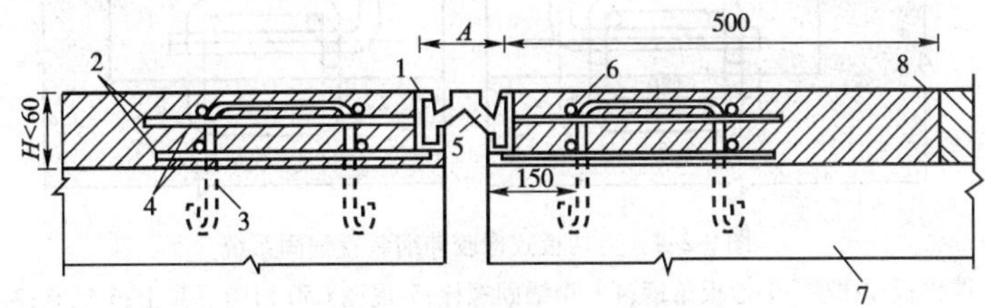


图 9-2-1　W 型伸缩装置横断面图(尺寸单位:mm)

1-用钢板弯制 L 钢;2、3-预埋钢筋;4-水平加强钢筋;5-W 型橡胶条;6-现浇 C30 混凝土;7-行车道上部构件;8-桥面铺装

2. 钢质支承式伸缩装置

此类伸缩装置是用钢材装配而成，能直接承受车轮荷载。这类伸缩装置的形状、尺寸和种类很多，其中面层钢板成齿形，从左右伸出桥面板间隙处相互啮合的悬臂式构造，或者面层钢板成悬架的支承式构造，都称为梳形钢板伸缩装置，国内常见的是梳齿形板型和折板型。面层钢板成为矩形的叠合悬架式构造，称为叠合式钢板伸缩装置(图 9-2-2)。

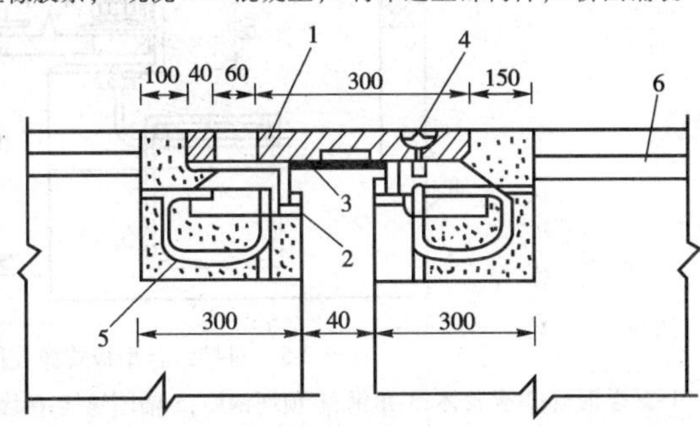


图 9-2-2　叠合式钢板伸缩装置构造示意图(尺寸单位:mm)

1-钢板;2-角钢;3-排水导槽;4-沉头螺钉;5-锚固钢筋;6-桥面铺装

3. 橡胶组合剪切式(板式)伸缩装置

这种伸缩装置主要是利用橡胶材料剪切模量低的原理制造而成。剪切型橡胶伸缩体的上下都设有凹槽，橡胶体内埋设有承重钢板和锚固钢板，并设有螺栓孔，通过螺栓与梁端连成整体。它是利用凹槽之间的橡胶体的剪切变形来吸收梁体结构的变形；利用橡胶体内的预埋钢板承受车辆荷载。橡胶板的构造见图 9-2-3。

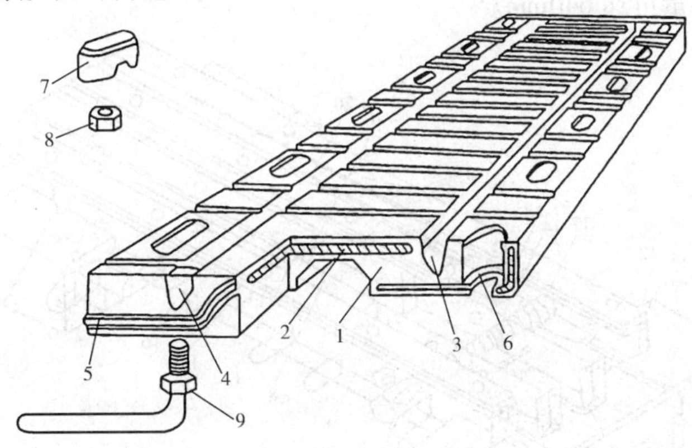


图 9-2-3　板式橡胶伸缩装置构造示意图

1-橡胶;2-加强钢板;3-伸缩用槽;4-止水块;5-嵌合部;6-螺帽垫板;7-腰型盖帽;8-螺帽;9-螺栓

(1)剪切型板式橡胶伸缩装置，由橡胶伸缩体与锚固系统组成，如图 9-2-4 所示。

(2)对接组合型板式橡胶伸缩装置，由上下开槽的防水表层橡胶体、梳形承托钢板、槽体角钢及锚固系统四大部分组成，如图 9-2-5 所示。

这种伸缩装置是一种刚柔结合的装置，具有跨越间隙大、行车平稳的优点，因此在桥梁工

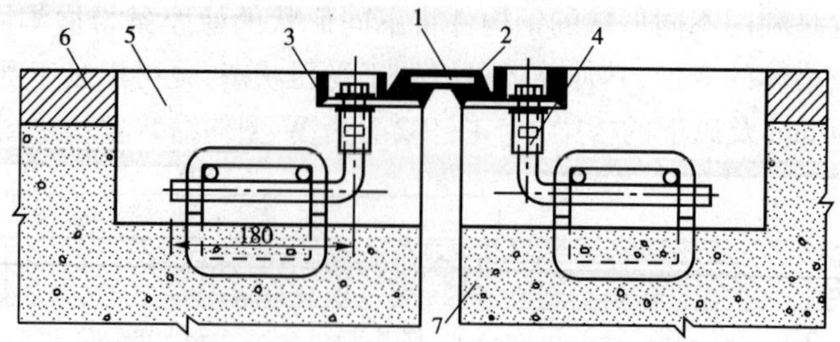


图 9-2-4　剪切板式橡胶伸缩装置锚固系统

1-支撑钢板;2-橡胶;3-地板角钢;4-L 型锚固螺栓;5-现浇 C50 树脂混凝土;6-铺装;7-梁体

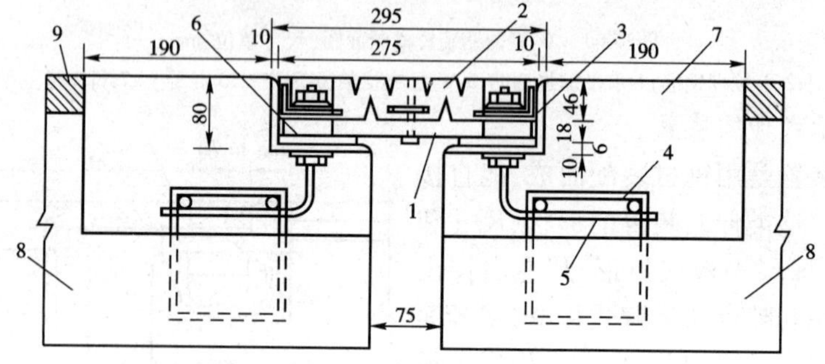


图 9-2-5　对接组合型板式橡胶伸缩装置构造图(尺寸单位:mm)

1-支撑钢板;2-橡胶体;3-角钢;4-预埋钢筋;5-锚固螺栓;6-缓冲橡胶垫铺装;7-现浇 C50 混凝土;8-行车道板;9-桥面铺装

程中被广泛的应用。

4. 模数支承式伸缩装置

这类伸缩装置,均由 V 形截面或其他截面形状的橡胶密封条(带)嵌接于异形边钢梁内,从而组成可伸缩的密封体。异形钢梁直接承受车辆荷载,且可根据要求的伸缩量,随意增加中钢梁和密封橡胶条(带),可形成各种伸缩量的产品。它的特点是,吸振缓冲性能好、容易做到密封、能承受在大位移量下的车辆荷载。图 9-2-6、图 9-2-7 为 SG 型伸缩装置的构造图和横断面图,它的最大位移量可达 640mm。

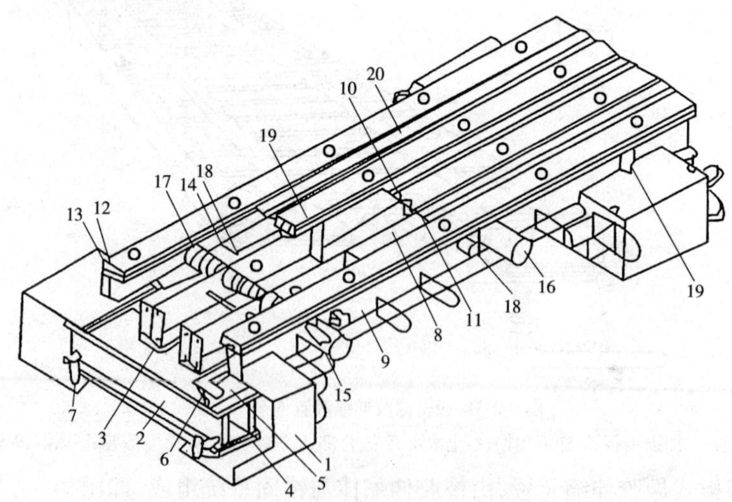


图 9-2-6　SG 型(模数式)伸缩装置构造图

1-横梁支承箱;2-活动横梁;3-滑板;4-四氟板橡胶支承垫;5-橡胶滚轴;6-滚轴支架;7-限位栓;8-工字形中间梁;9-工字形边梁;10-弹簧;11-下盖板;12-边上盖板;13-边下盖板;14-弹簧;15-钢穿心杆;16-套筒;17-弹簧插座;18-限位栓;19-腹板加劲;20-橡胶伸缩带

5. 无缝式(暗缝型)伸缩装置

它是接缝构造不伸出桥面,在桥梁端部的伸缩间隙中填入弹性材料并铺上防水材料,然后在桥面铺装层铺筑黏弹性复合材料,使伸缩接缝处的桥面铺装与其他铺装部分形成一连续体,用连接缝的沥青混凝土等材料的变形承受伸缩的一种结构。如我国常用的TST弹性体(图9-2-8)、GP型桥面连续构造(图9-1-6)等。

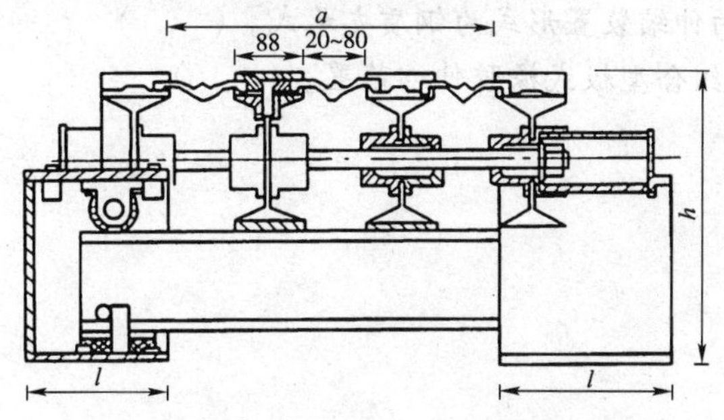


图9-2-7 SG型(模数式)伸缩装置横断面图

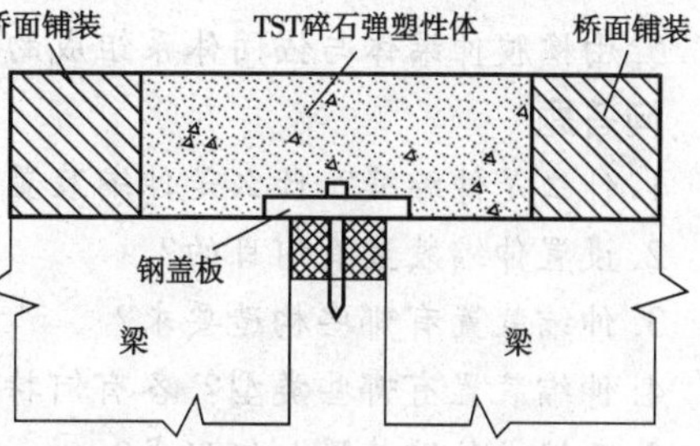

图9-2-8 TST碎石弹性伸缩缝构造

这类伸缩装置的特点是:

①能适应桥梁上部构造的伸缩变形和少量的转动变形;

②使桥面铺装形成连续体,行车舒适性好;

③防水性能好;

④养护方便;

⑤施工简单,且易于维修和更换。

GP型桥面连续构造,这种伸缩装置虽然具有很多优点,但这种结构多是在桥面铺装完成后,再用切割机切割桥面,并在槽口内注入嵌缝材料而成。所以它仅适用于较小的接缝部位或伸缩量小于5mm的桥梁,且桥面是沥青混凝土的情况。

TST弹塑体伸缩装置是将专用特制的弹塑体材料TST,加热熔化后灌入经清洗加热的碎石中,形成"TST碎石桥梁弹性接缝",由碎石支持车辆荷载,用专用黏合剂保证其界面强度,其适用范围是-25~+60℃温度地区,伸缩量在50mm以下的公路桥梁、城市立交桥、高架桥的伸缩接缝。

## 能力考核

**选择题**

1. 某桥在伸缩缝处填塞沥青麻絮,该伸缩装置是(　　)。

A. 对接式　　B. 支承式　　C. 剪切式　　D. 无缝式

2. 剪切形橡胶伸缩体的上下都有(　　)。

A. 承重钢板　　B. 锚固钢板　　C. 凹槽　　D. 凸棱

3. 嵌固对接型伸缩装置多应用于伸缩量在(　　)mm以下的桥梁中。

A. 40　　B. 80　　C. 120　　D. 160

4. 模数支承式伸缩装置的最大位移量可达(　　)mm。

A. 440　　B. 540　　C. 640　　D. 740

5. GP型伸缩装置多适用于伸缩量小于(　　)mm的桥梁。

A. 5　　B. 8　　C. 10　　D. 15

判断题

1. 设置伸缩装置的主要目的是为保证桥面的平整。（　）

2. 伸缩装置按传力形式或构造特点可分为五类。（　）

3. 橡胶伸缩体上有凹槽，橡胶体内埋设有承重钢板和锚固钢板的伸缩装置形式是固嵌对接型。（　）

4. 用钢材装配而成，能直接承受车轮荷载的伸缩装置形式为钢质支承式。（　）

5. 由橡胶伸缩体与锚固体系组成的是对接组合型板式橡胶伸缩装置。（　）

问答题

1. 什么是伸缩缝？什么是伸缩装置？

2. 设置伸缩装置有何目的？

3. 伸缩装置有哪些构造要求？

4. 伸缩装置有哪些类型？各有何特点？

5. 无缝式伸缩装置如何形成？

## 模块二　伸缩装置的施工

**知识点：**

◎各类伸缩装置的施工注意事项；

◎伸缩装置的施工程序。

**技能点：**

◎伸缩装置的施工。

【任务引入】

在模块一中，我们已经知道桥梁的伸缩装置分成了五大类。不同类型的伸缩装置，其施工方法是不相同的。

根据调查，桥梁伸缩缝装置破坏的原因多数与其锚固系统有关。锚固系统薄弱，本身就容易破坏；锚固系统范围内的高程控制不严，则容易造成跳车；而车辆的反复冲击，就会导致伸缩装置过早破坏。因此，伸缩装置的锚固系统在桥梁正常使用中占有相当重要的位置。下面就常用伸缩装置的施工和锚固作简要介绍。

【任务分析】

1. 各类伸缩装置的施工程序；

2. 各类伸缩装置的锚固。

【任务实施】

### 一、填塞对接型伸缩装置

成型的伸缩装置，要求具有适度的压缩性、恢复性和抗老化性，在气温发生变化时不发生硬化和脆化。

1. 填塞对接型桥梁伸缩装置在安装过程中应注意的几个问题

①所采用的伸缩体产品质量要符合有关规定；

②安装伸缩装置一定要遵循图 9-2-9 的施工程序，以保证其安装质量；

③伸缩装置在进行锚固时，多采用现浇 C50 混凝土，在混凝土内适当的布置一些钢筋或钢筋网，此钢筋要与梁（板）体钢筋焊接在一起。C50 混凝土的厚度不能小于 12cm，顺桥方向的宽度不小于 30cm；

④安装时一定要保证伸缩体在设计的最低温度时，仍处于压缩状态；

⑤安装时一定要保证伸缩体与混凝土的可靠黏结——采用胶黏剂；

⑥伸缩体一定要低于桥面高程，安装时应保证伸缩体在最大压缩状态下，也不会高出桥面高程。

2. 胶黏剂

PG—308 聚氨酯胶黏剂，具有可控制固化时间、黏结牢固的特点，与混凝土相黏结的强度大于 2MPa。

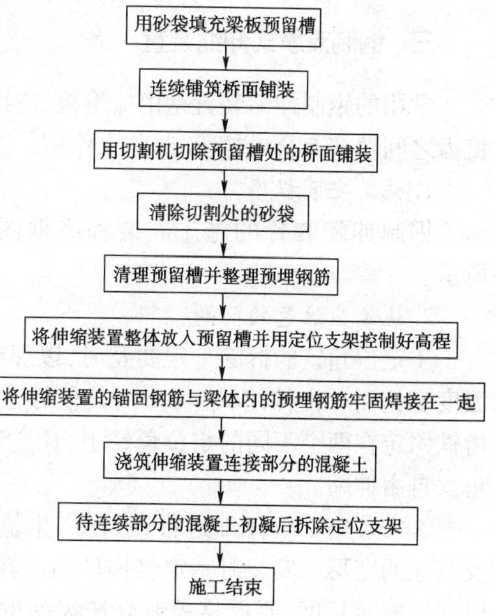

图 9-2-9 填塞对接型伸缩装置施工程序

①配胶：本胶黏剂为双组分，I 型 A、B 两组分比为 100∶10（重量比），AB 组分混合，搅拌均匀即可使用。

②操作：将接缝处混凝土表面泥土、杂质清除干净，并用钢丝刷刷一遍，用吹灰机将浮土吹尽，保证结合面干燥。

③涂胶和贴合：涂胶层厚度以不小于 1mm 为宜。

④将伸缩体压缩放入接缝缝隙内。

⑤固化：在常温下，24h 内固化（也可根据需要调整固化时间）。

## 二、嵌固对接型伸缩装置

特点是将不同形状的橡胶条用不同形状的钢构件嵌固起来，然后通过锚固系统将它们与接缝处的梁体锚固成整体。它在安装时的主要步骤和应注意的事项是：

（1）首先要处理好伸缩装置接缝处的梁端。因为梁预制时的长度有一定误差，再加上吊装就位时的误差，使伸缩接缝处的梁端参差不齐。故首先要处理好梁端，以便有利于伸缩装置的安装。

（2）切除桥梁伸缩装置处的桥面铺装，并彻底清理梁端预留槽及预埋钢筋，槽深不得小于 12cm。

（3）用 4 ~ 5 根角铁作定位角铁，将钢构件点焊或用螺栓固定在定位角铁上，一起放入清理好的预留槽内。立好端模（用聚乙烯泡沫塑料片材作端模，可以不拆除），并检查有无漏浆的可能。

（4）将连接钢筋与梁体预埋钢筋牢固焊接，并布置两层钢筋网。钢筋的直径为 $\phi 8$，网孔为 10cm × 10cm，然后浇筑 C50 混凝土，或 C50 环氧树脂混凝土浇捣密实并严格养生。当混凝土初凝后，应立即拆除定位角铁，以防止气温变化导致梁体伸缩引起锚固系统的松动。

（5）安装密封胶条。

## 三、钢制支承式伸缩装置

常用的钢制伸缩装置是由梳形板、连接件及锚固系统组成。有的钢制梳齿形伸缩装置在梳齿之间填塞有合成橡胶,起防水作用。

1. 施工安装程序

钢制伸缩装置的施工安装程序框图,如图9-2-10所示。

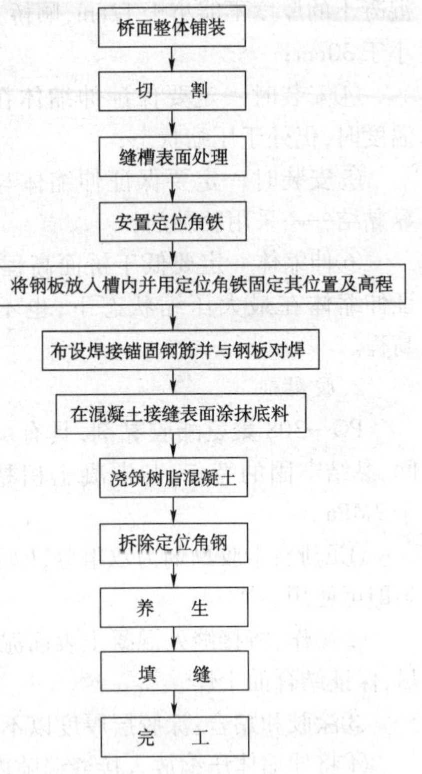

图9-2-10　钢制支承式伸缩装置施工安装工序

2. 施工应注意的问题

①定位角铁的拆除一定要及时,以保证伸缩装置因温度变化而自由伸缩,也可采用其他方法,把相对的梳齿铁固定在两个不同的定位角铁上,让它们连同相应的角铁自由伸缩。

②安装施工应仔细进行,防止产生梳齿不平、扭曲及其他的变形。安装时一定将构件固定在定位角铁上,以保证安装精度,要严格控制好梳齿间的槽向间隙,由于伸缩方向性的误差及横向伸缩等原因,在最高温度时,梳齿横向间隙不得小于5mm。

③当构件安装及位置固定好之后,就可着手进行锚固系统的树脂混凝土浇筑,为了锚固系统可靠牢固,必须配备较多的连接钢筋及钢筋网,这给树脂混凝土的浇筑带来不便。因此,浇筑混凝土一定要认真细心,尤其是角隅周围的混凝土,一定要捣固密实,千万不可有空洞。在钢梳齿根部可适当钻些$\phi$20mm的小孔,以利于浇筑混凝土时空气的排除。

④对于小规模的伸缩装置,由于清扫和维修非常困难,故一般都不作接缝内的排水设施,但此时必须考虑支座的防水及台座排水与及时清塞等,所以它也只能用于跨河流或不怕漏水场地的桥跨架构。这种伸缩装置,在营运中必须加养护,及时清除掉梳齿之间灰尘及石子之类的杂物,以保证它的正常使用。

⑤对于焊接而成的梳齿形构件,焊缝一定要考虑汽车反复冲击下的疲劳强度。

**【知识链接】**

安装时的间隙$\Delta L$控制,单位是mm:

$$\Delta L = \text{总伸缩量} - \text{施工时伸缩量} + \text{最小间隙}$$

也可用如下简化式计算,单位是mm。

①钢梁时:

$$\Delta L = 0.66L - [(t+10)\times 0.012L]\times 1.1 + 15 \tag{9-2-1a}$$

②预应力混凝土梁时:

$$\Delta L = (0.44 + 0.6\beta)L - [(t+5)\times 0.01L]\times 1.1 + 15 \tag{9-2-1b}$$

③钢筋混凝土梁时:

$$\Delta L = (0.44 + 0.2\beta)L - [(t-5)\times 0.01L]\times 1.1 + 15 \tag{9-2-1c}$$

式中:$L$——伸缩区段长(m);

$t$——安装的温度(℃);

$\beta$——徐变、干燥收缩的递减系数,见表 9-2-2。

**$\beta$ 系 数** 表 9-2-2

| 混凝土的龄期(月) | 0.25 | 0.5 | 1 | 3 | 6 | 12 | 24 |
|---|---|---|---|---|---|---|---|
| 徐变、干燥收缩的递减系数 $\beta$ | 0.8 | 0.7 | 0.6 | 0.4 | 0.3 | 0.2 | 0.1 |

## 四、组合剪切板式橡胶伸缩装置

板式橡胶伸缩装置,具有构造简单、安装方便、经济适用等优点,主要适用于伸缩量为 30 ~ 60mm的二级以下的公路桥梁。

1. 剪切型板式橡胶伸缩装置

(1)安装程序

剪切型板式橡胶伸缩装置,由橡胶伸缩体与锚固系统组成,如图 9-2-4 所示,其安装的工艺流程如图 9-2-11。

(2)施工注意事项

①桥面施工完成后方可进行伸缩装置的安装工作,以保证桥面与伸缩装置之间的平整度。

②伸缩装置安装一定要按照安装程序进行,尤其要注意及时拆除定位支架顺桥向的联系角钢。

③梁端加强角钢下的混凝土一定要饱满密实,不可有空洞、角钢要设排氧孔。

④一定要将伸缩装置的锚固螺栓筋及其他钢筋与预埋筋和桥面钢筋焊为一体,锚固螺栓筋的直径不得小于 18mm。

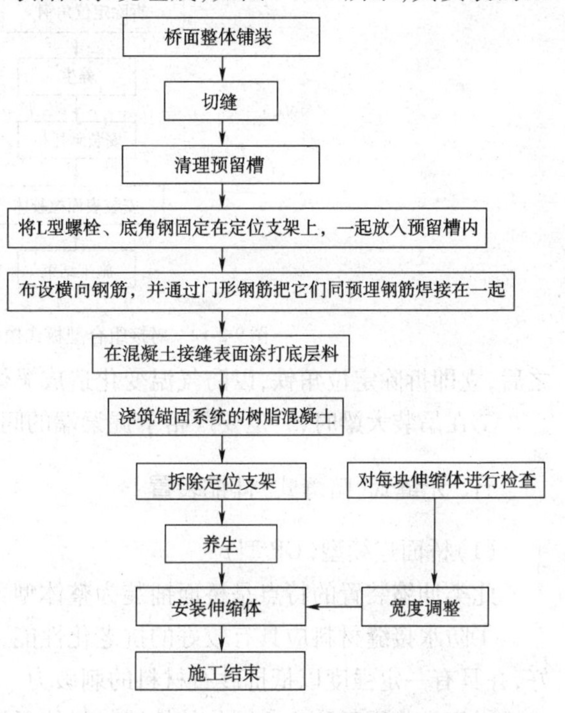


图 9-2-11 剪切型板式橡胶伸缩装置工艺流程

2. 对接组合型板式橡胶伸缩装置

(1)安装程序

对接组合型板式橡胶伸缩装置,由上下开槽的防水表层橡胶体、梳形承托钢板、槽体角钢及锚固系统四大部分组成,如图 9-2-5 所示,安装的工艺流程如图 9-2-12。

(2)施工注意事项

①桥面施工完成后方可进行伸缩装置的安装工作,以保证桥面与伸缩装置之间的平整度。

②伸缩装置安装一定要按照安装程序进行。

③将地板角钢及锚固螺栓固定在定位角铁上时,一定要仔细控制好各部位的尺寸与高程。

④地板角钢下的混凝土一定要饱满密实,不可有空洞,锚固系统的现浇树脂混凝土厚度不得小于 15cm。

⑤一定要将伸缩装置的锚固螺栓筋及其他钢筋与预埋筋和桥面钢筋焊为一体,锚固螺栓筋的直径不得小于 18mm。

⑥浇注 C50 号混凝土(或 C50 号环氧树脂混凝土)要浇捣密实,严格养生,当混凝土初凝

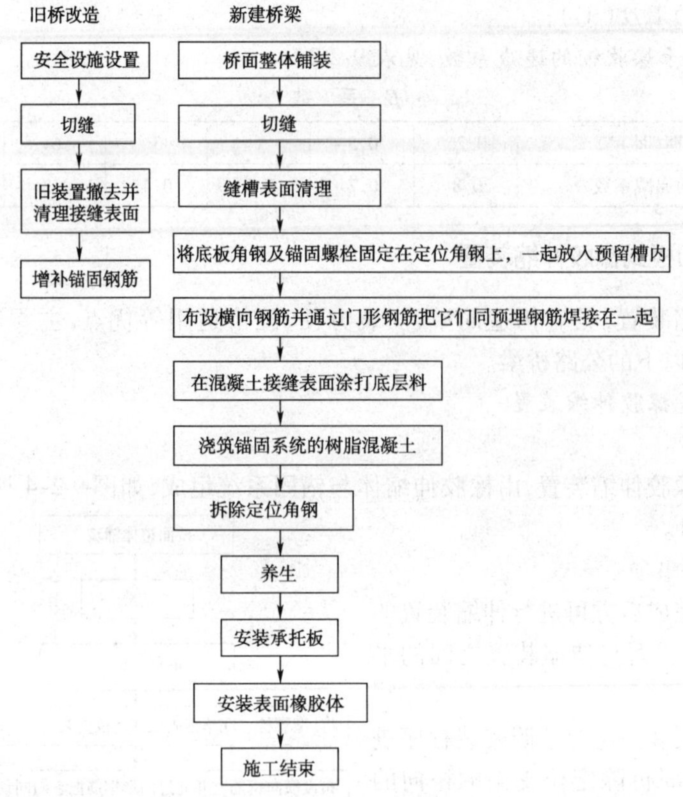


图 9-2-12　对接组合型板式橡胶伸缩装置安装工艺流程图

之后，立即拆除定位角铁，以防气温变化造成梁体伸缩而使锚固松动。

⑦在吊装大梁时，一定要严格掌握梁端的间隙。

## 五、无缝式（暗缝式）伸缩装置

(1)桥面连续型(GP 型)

此类伸缩装置的特点是桥面铺装为整体型，构造如图 9-1-6 所示。施工要求如下：

①防水接缝材料应具有较好的抗老化性能，能与壁面强力黏结，适应伸缩变形，恢复性能好，并具有一定强度以抵抗砂石材料的刺破力。

②塞入物用于防止未固化的接缝材料往下流动，需要有足够的可压缩性能，如泡沫橡胶或聚乙烯泡沫塑料板等。在施工桥面铺装的现浇层时就把它当作接缝处的模板。

(2)TST 弹塑体伸缩装置

其构造如图 9-2-8 所示。施工步骤为：

①切割槽口或拆除旧装置；

②设置膨胀螺栓和钢筋；

③清洗烘干；

④涂黏合剂；

⑤放置海绵、钢盖板；

⑥主层施工；

⑦表层施工；

⑧振碾；

⑨修整。

外观要求：表面 TST 不高于石料面 2mm，表面间断凹陷应小于 35mm，不深于 3mm。一般情况下施工后 1～3h 即可开放交通。

## 能力考核

**选择题**

1. 伸缩装置在进行锚固时，多采用（　　）混凝土。

A. C30　　B. C40　　C. C50　　D. C55

2. 填塞对接型伸缩装置一定要在设计的（　　）温度时安装。

A. 最低　　B. 最高　　C. 合适

3. 有的钢制梳齿形伸缩装置在梳齿之间填塞有合成橡胶，是用来（　　）。

A. 防磨损　　B. 防水　　C. 防碰撞

4. 伸缩装置是在桥面施工（　　）进行安装。

A. 同期　　B. 完成之前　　C. 完成之后

5. TST 弹塑体伸缩装置施工的外观要求是：表面 TST 不高于石料面（　　）mm，表面间断凹陷应小于（　　）mm，不深于（　　）mm。

A. 2、30、5　　B. 2、35、3　　C. 3、30、5　　D. 3、35、3

**判断题**

1. 填塞对接型伸缩装置只要将伸缩体填入缝隙内卡紧就可。（　　）

2. 常用的钢制伸缩装置是由梳形板、连接件及锚固系统组成。（　　）

3. 伸缩体一定要低于桥面高程。（　　）

4. 嵌固对接型伸缩装置安装时首先要切除桥梁伸缩装置处的桥面铺装。（　　）

5. TST 伸缩缝装置施工后 1～3h 即可开放交通。（　　）

**问答题**

1. 填塞对接型伸缩装置安装过程中应注意哪些问题？

2. 胶黏剂如何使用？

3. 简述嵌固对接型伸缩装置安装的主要步骤。

4. 简述组合剪切板式橡胶伸缩装置的施工注意事项。

5. 简述 TST 伸缩装置的施工步骤。

# 课题三　桥面铺装层及桥面防护设施的施工

桥面铺装层及其他附属工程是整座桥梁施工的最后一道工序，同时也是桥梁服务车辆、行人，并实现其功能的最直接的部分。由于桥面构造多属外露工程，且直接与车辆、行人接触，对车辆和行人的安全及桥梁的美观有着十分重要的影响。

桥面桥面防护设施包括人行道、栏杆、防撞护栏、泄水管、灯柱支座、桥面防水、桥头搭板等。高等级公路以及位于二、三级公路上的桥梁通常采用防撞护栏，而城市立交桥，城镇公路桥及低等级公路桥往往要考虑人群通行，需要设置人行道和栏杆。灯柱一般只在城镇内桥梁上设置。

## 模块一　桥面铺装层施工

**知识点：**
◎桥面铺装层的作用；
◎桥面铺装层的类型。
**技能点：**
◎钢筋混凝土铺装层的施工；
◎沥青混凝土铺装层的施工。

【任务引入】

位于行车道板之上的桥面铺装层，其作用是保护行车道板或主要承重结构不直接承受车轮荷载的磨耗以及雨雪和大自然的侵蚀；并具有能均匀分布车轮集中荷载的作用。由此可见，桥面铺装层既是受力层，又是保护层。因此，它必须具有足够的强度、良好的整体性以及抗冲击和耐疲劳的特性，同时还应具有防水性以及对温度变化的适应性。

高等级公路及二、三级公路的桥面铺装层一般为两层，上层是4～8cm厚的沥青混凝土，下层是8～10cm厚的钢筋混凝土。钢筋混凝土用来增加桥梁的整体性，沥青混凝土则用以提高行车的舒适性，同时还能减轻车辆对桥梁的冲击和振动。四级公路或个别三级公路为了减少工程造价，直接采用水泥混凝土桥面，也有三级公路在水泥混凝土桥面上铺设一层沥青碎石或沥青表处。所以其结构形式应根据公路等级、交通量大小和荷载等级经设计确定。本模块就钢筋混凝土和沥青混凝土铺装层的施工分别作介绍。

【任务分析】

1. 钢筋混凝土铺装层的施工；
2. 沥青混凝土铺装层的施工。

【任务实施】

### 一、钢筋混凝土铺装层的施工

钢筋混凝土铺装层施工的主要项目及注意事项：

1. 梁顶高程的测定和调整

预应力混凝土空心板或大梁在预制后存梁期间，由于预应力的作用，往往会产生反拱。如果反拱过大就会影响到桥面铺装层的施工，因此设计中对存梁时间、存梁方法都作了一定要求。

如果架梁前已发现反拱过大，则应采取降低墩顶高程、减少垫石厚度等方法，以保证铺装层厚度。

架梁后对梁顶高程应进行测量，测定各跨中线、边线的跨中和墩顶处的高程，分析评价其是否满足规范要求。若偏差过大，则应采取调整桥面高程、改变引线纵坡等方法，以保证铺装层厚度，使桥梁上部结构形成整体。

2. 梁顶处理

为了使现浇混凝土铺装层与梁、板结合更好，预制梁板时对其顶面进行拉毛处理。有些设计中要求梁顶每隔50cm，设一条1～1.5cm深的齿槽。

浇筑前要用清水冲洗梁顶，不能留有灰尘、油渍、污渍等，并使板顶充分湿润。

3. 绑扎布设桥面钢筋网

按设计文件要求，下料制作钢筋网，用混凝土垫块将钢筋网垫起，满足钢筋设计位置及混凝土净保护层的要求。若为低等级公路桥梁，用铺装层厚度调整桥面横坡，横向分布钢筋要做相应的弯折，与桥面横坡一致。

在两跨连接处，若为桥面连续，应同时布设桥面连续的构造钢筋；若为伸缩缝，要注意做好伸缩缝的预埋钢筋。

4. 混凝土浇筑

(1)对行车道板板顶处理情况、钢筋网布设等进行检查，满足设计和规范要求后，即可进行混凝土的浇筑。

(2)若设计为防水混凝土，其配合比及施工工艺应满足规范要求。

(3)浇筑时应由桥一端向另一端推进，连续施工，防止产生施工缝。

(4)用平板式振捣器振捣，要保证振捣密实。

(5)施工结束后注意养护，高温季节应采用草帘覆盖，并定时洒水养生；在桥两端设置隔离设施，防止施工或地方车辆通行，影响混凝土强度。

(6)待混凝土强度形成后，方能开放交通或铺筑上层沥青混凝土。

## 二、沥青混凝土铺装层施工

桥面沥青混凝土与同等级公路沥青混凝土路面的材料、工艺、施工方法相同，一般与路面同时施工。施工要求如下：

(1)采用拌和厂集中拌和，现场机械摊铺。

(2)沥青材料及混合料的各项指标应符合设计和施工规范要求。沥青混合料每日应做抽提试验(包括马歇尔稳定度试验)，严格控制各种矿料和沥青用量，以及各种材料和沥青混合料的加热温度。

(3)用胶轮压路机进行碾压成型，碾压温度要符合要求。

(4)摊铺后进行质量检测，强度和压实度要达到合格，厚度允许偏差 +10mm，-5mm，平整度对于高等级公路桥梁 IRI(m/km)不超过 2.5，均方差不超过 1.5mm；其他公路桥梁 IRI 值不超过 4.2 m/km，均方差不超过 2.5mm，最大偏差值不超过 5mm，横坡不超过 ±0.3%。

(5)铺装后桥面泄水孔的进水口应略低于桥面面层，以保证排水顺畅。

## 能力考核

### 选择题

1. 高等级公路及二、三级公路的桥面铺装一般分为(　　)。

A. 一层　　B. 两层　　C. 三层　　D. 四层

2. 为保证现浇混凝土铺装层与梁、板结合更好，有些设计中要求梁顶每隔(　　)cm 设一条 1 ~ 1.5cm 深的齿槽。

A. 50　　B. 75　　C. 100　　D. 150

3. 铺装层混凝土浇筑时，振捣采用(　　)振捣器。

A. 插入式　　B. 附着式　　C. 平板式

4. 沥青混凝土摊铺后的厚度容许偏差是(　　)。

A. +5mm；-5mm　　B. +10mm；-5mm

C. +5mm; -10mm　　　　D. +10mm; -10mm

5. 铺装后泄水孔的进水口应(　　)桥面面层。

A. 等于　　B. 高于　　C. 低于

判断题

1. 如果架梁前已发现反拱过大,就可以减小铺装层的厚度。(　　)

2. 浇筑铺装层混凝土时,应从桥面端向跨中推进。(　　)

3. 铺装层中的混凝土是用来增加桥梁的整体性。(　　)

4. 桥面横坡可用铺装层厚度来调整。(　　)

5. 高等级公路桥梁,沥青混凝土摊铺后的平整度要求是 IRI ≤2.5,均方差不超过 1.5mm。(　　)

问答题

1. 桥面铺装层有何作用?

2. 桥面铺装层有哪些形式?

3. 混凝土铺装层施工时,对梁顶如何处理?

4. 钢筋混凝土铺装层施工时,梁顶高程如何处理?

5. 沥青混凝土铺装层的施工要求有哪些?

## 模块二　人行道、栏杆、护栏和灯柱的施工

**知识点:**

◎人行道、栏杆、护栏等的作用。

**技能点:**

◎防撞护栏施工;

◎人行道、栏杆施工;

◎灯柱安装。

【任务引入】

高等级公路以及位于二、三级公路上的桥梁通常采用防撞护栏,而城市立交桥,城镇公路桥及低等级公路桥往往要考虑人群通行,需要设置人行道和栏杆。灯柱一般只在城镇内桥梁上设置。

本模块只对人行道、栏杆、护栏和灯柱的施工进行简单的介绍。

【任务分析】

1. 防撞护栏施工;

2. 人行道、栏杆的施工;

3. 灯柱安装。

【任务实施】

### 一、简介

1. 人行道

人行道位于行车道两侧,它是专供行人行走的桥面部分。

我国每条人行道的宽度值是 0.75 ~1.00m，高度至少要高出行车道 0.20 ~0.25m，以保证行人和行车的安全。人行道的一般构造如图 9-3-1 所示。

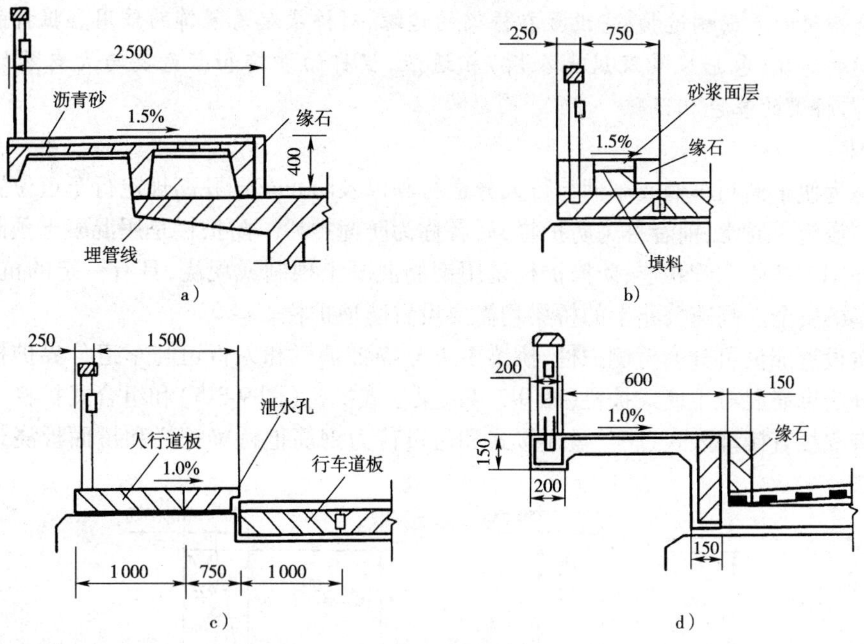


图 9-3-1　人行道一般构造图(尺寸单位：mm)

2. 栏杆与护栏

(1)栏杆

栏杆是设置在桥面两侧，用来保证车辆和行人安全过桥的防护设施。栏杆通常用钢筋混凝土、钢、铸铁或圬工材料制作，可分为节间式(图 9-3-2)和连续式(图 9-3-3)。

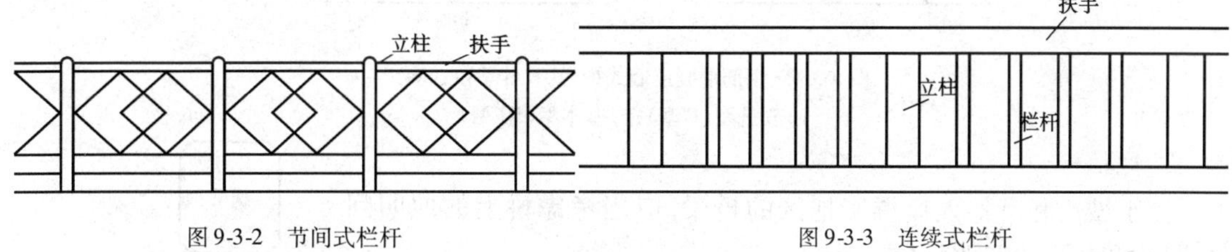


图 9-3-2　节间式栏杆　　　　图 9-3-3　连续式栏杆

节间式由栏杆柱、扶手及栏板组成，便于预制安装；连续式由扶手、栏板和底座组成，它的扶手是连续的，这种栏杆结构简单，但一般自重较大。

【知识链接】

1. 栏杆的分类

按制作材料的不同，栏杆可分为钢筋混凝土栏杆、钢栏杆、混合式栏杆、木栏杆及塑料栏杆等，公路桥梁上常采用前两种。

按形式可分为节间式和连续式。

按栏杆的高度，可分为高栏杆、中栏杆和低栏杆。公路与城市道路桥梁上的栏杆高度不得小于 1.1m。

2. 栏杆的强度

桥梁栏杆的计算，在整座桥梁的设计计算中不是设计的主要内容，但作为一种安全防护措施，其坚固性和耐久性是不可轻视的。

3. 栏杆的美学要求

栏杆是桥梁的表面构造物，它设置在桥梁的边缘，对桥梁起着装饰的作用。栏杆的造型选择应与周围的环境（包括风景及风土人情）相适应，栏杆的装饰和颜色要与大自然的景色协调，并且要与桥梁的基色相匹配。

(2)护栏

护栏是为使车辆与车辆或车辆与行人分道行驶以及防止车辆驶离规定行车道位置而设置的安全防护设施。通常，前者称为防护栏，后者称为防撞护栏。防护栏是用混凝土预制或金属材料制作并用钢链或钢管相连；防撞护栏是用钢筋混凝土预制或现浇，具有一定的抗撞能力，以保证行车的安全。高速公路上的桥梁均需要设置防撞护栏。

护栏按设置部位可分为桥侧护栏、桥梁中央分隔带护栏和人行道与车道分界护栏。按构造特征可分为钢筋混凝土墙式护栏（图 9-3-4）、梁柱式护栏（图 9-3-5）和组合式护栏。护栏的埋置方式有立柱直接埋入式、法兰盘连接式和通过传力钢筋把桥梁护栏和桥面板浇筑成一体等三种形式。

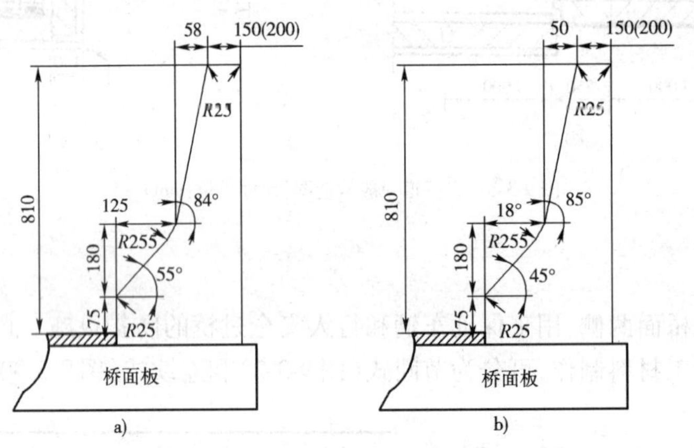


图 9-3-4　钢筋混凝土墙式护栏（尺寸单位：mm）

a) 改进型（F 型）；b) 基本型（NJ 型）

3. 灯柱

位于城镇和市郊人口稠密地区的桥梁，应当考虑桥上的照明问题，因此需要设置照明灯柱。

对于较窄的桥梁，灯柱可安装在栏杆上；如果人行道较宽时，可将灯柱设置在靠近路缘石处；当桥面很宽并分快慢车道时，可将灯柱安装在快、慢车道之间的分隔带处。

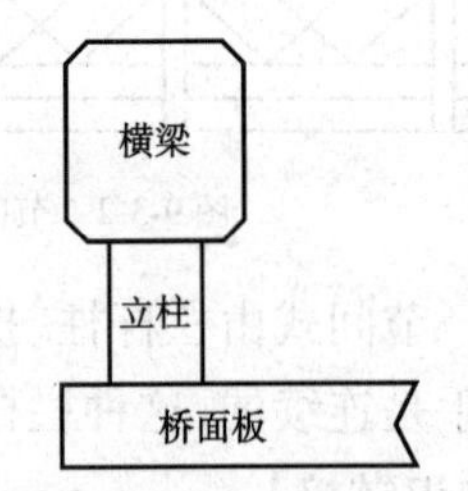


图 9-3-5　钢筋混凝土柱式护栏

## 二、防撞护栏施工（图 9-3-6）

防撞护栏的施工要点如下：

(1)边板（梁）预制时应在翼板上按设计位置预埋防撞护栏锚固钢筋。

(2)支设护栏模板时应先进行测量放样，确保位置准确。特别是位于曲线上的桥梁，应首先计算出护栏各控制点坐标，用全站仪逐点放样控制，使其满足曲线线形要求。

(3)绑扎钢筋时注意预埋防护钢管支撑钢板的固定螺栓，保证其牢固可靠。

(4)在有伸缩缝处，防撞护栏应断开，依据选用的伸缩缝形式，安装相应的伸缩装置。

(5)混凝土浇筑及养生与其他构件相同。

图 9-3-6　护栏施工图

## 三、人行道、栏杆施工

人行道、栏杆通常采用预制安装的施工方法。有些桥的人行道采用整块预制，分中块和端块两种，若为斜交桥其端块还要作特殊设计。预制时要严格按照设计尺寸制模成形。也有桥梁的人行道采用分构件预制法，一般分为 *A* 挑梁、*B* 挑梁、路缘石、支撑梁、人行道板五部分，如图 9-3-7 所示。*A*、*B* 挑梁和人行道板为预制构件，路缘石和支撑梁采用现浇施工。注意 *A* 挑梁上要留有槽口，保证立柱的安装固定。

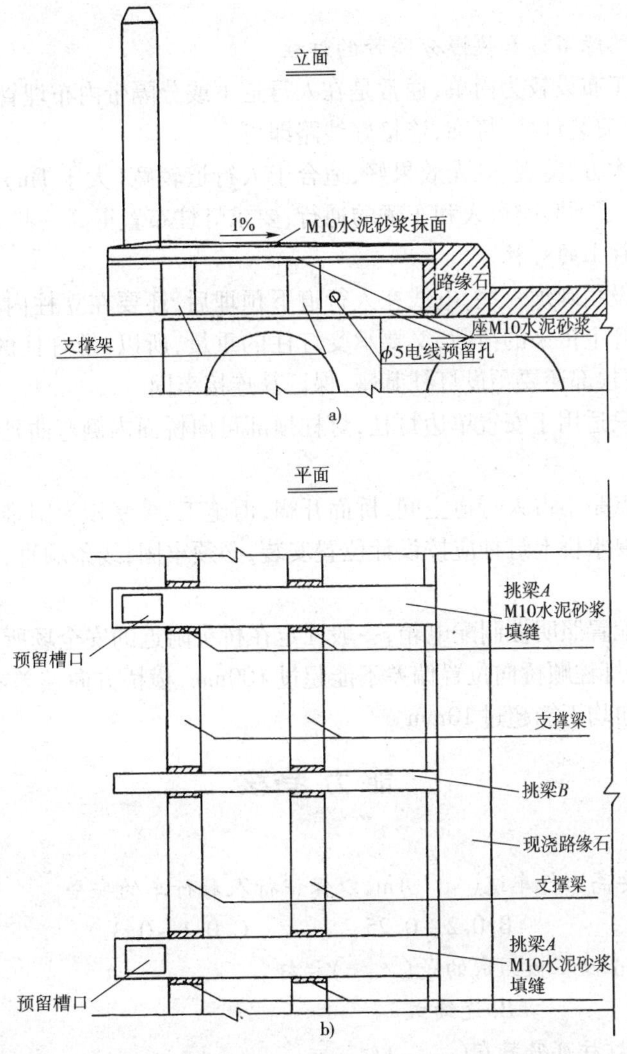


图 9-3-7　分构件预制人行道构造图

栏杆多为预制拼装。施工时应注意以下几点：

(1)悬臂式安全带和悬臂式人行道构件必须与主梁横向联结或拱上建筑完成后才可安装。

（2）安全带梁及人行道梁必须安放在未凝固的 M20 稠水泥砂浆上，并以此来形成人行道顶面设计的横向排水坡。

（3）人行道板必须在人行道梁锚固后才可铺设，对设计无锚固的人行道梁，人行道板的铺设应按照由里向外的次序。

（4）栏杆块件必须在人行道板铺设完毕后才可安装，安装栏杆柱时，必须全桥对直、校平（弯桥、坡桥要求平顺）、竖直后用水泥砂浆填缝固定。

（5）在安装有锚固的人行道梁时，应对焊接认真检查，注意施工安全。

（6）为减少路缘石与桥面铺装层中渗水，缘石宜采用现浇混凝土，使其与桥面铺装的底层混凝土结为整体。

## 四、灯柱安装

1. 设在人行道路缘石边和快慢分隔带的灯柱

这类灯柱的施工布设较为简单，通常是在人行道下或分隔带内布埋管线，按设计位置预设灯柱基座，在基座上安装灯柱、灯饰，连接好线路即可。

这种布设方法大方、美观、灯光效果好，适合于人行道较宽（大于 1m）或有快、慢车道的情况。因桥面较宽，为了不影响行人和车辆的通行，要求灯柱布置得高一些。

2. 设在栏杆立柱上的灯柱

这种灯柱的布设稍麻烦一些，电线在人行道下预埋后，还要在立柱内布设线管通至顶部。因立柱既要承受栏杆上传来的荷载，又要承受灯柱的重量，所以，带灯柱的立柱要特殊设计和制作。另外，在立柱顶部还要预设灯柱基座，保证其连接牢固。

这种情况一般只适用于安置单边灯柱，灯柱顶部可向桥面内侧弯曲延伸一部分，以保证照明效果。

此类灯柱的优点是不占人行道空间，桥面开阔，但施工、维修较为困难。

施工规范明确要求桥上灯柱应按设计位置安装，必须牢固，线条顺直，整齐美观，灯柱电路必须安全可靠。

大型桥梁需要配置照明控制配电箱，一般固定在桥头附近的安全场所。

检查验收标准：灯柱顺桥向位置偏差不能超过 100mm，横桥方向偏差不能超过 20mm。竖直度：顺桥向、横桥向均不能超过 10mm。

## 能 力 考 核

**选择题**

1. 人行道至少要高出行车道（　　）m，以保证行人和行车的安全。

A. 0.1 ~ 0.25　　B. 0.2 ~ 0.25　　C. 0.1 ~ 0.3　　D. 0.2 ~ 0.3

2. 由栏杆柱、扶手及拦板组成的是（　　）栏杆。

A. 节间式　　B. 连续式

3. 较窄的桥梁，灯柱可安装在（　　）处。

A. 桥头　　B. 栏杆　　C. 路缘石　　D. 分隔带

4. 在有伸缩缝处，防撞栏杆应（　　）。

A. 断开　　B. 连续　　C. 换形式

5. 灯柱顺桥向位置偏差不能超过（　　）mm。

A. 20　　　　　B. 50　　　　　C. 75　　　　　D. 100

**判断题**

1. 为使车辆与车辆分道行驶而设置的安全防护设施成为防撞栏杆。(　　)
2. 边板(梁)预制时应在翼板上按设计位置预埋防撞护栏锚固钢筋。(　　)
3. 栏杆多采用现浇施工。(　　)
4. 人行道板是在人行道梁锚固前安装的。(　　)
5. 灯柱施工完毕后的竖直度要求不能超过10mm。(　　)

**问答题**

1. 护栏有哪些类型?
2. 灯柱可设置在哪些位置?各有什么特点?
3. 简述防撞护栏的施工要点。
4. 栏杆施工时应注意哪些问题?
5. 灯柱施工后的验收标准是什么?

# 参考文献

[1] 中华人民共和国行业标准 JTG G10—2006. 公路工程施工监理规范[S]. 北京:人民交通出版社,2006.

[2] 刘建新. 监理概论[M]. 北京:人民交通出版社,1999.

[3] 李宇峙. 工程质量监理[M]. 北京:人民交通出版社,1999.

[4] 邬晓光. 工程进度监理[M]. 北京:人民交通出版社,1999.

[5] 张建仁. 工程费用监理[M]. 北京:人民交通出版社,1999.

[6] 雷俊卿. 合同管理[M]. 北京:人民交通出版社,1999.

[7] 交通部公路司,等. 公路工程施工监理手册[M]. 北京:人民交通出版社,1999.

[8] 祁宁春,等. 工程建设监理概论[M]. 北京:水利电力出版社,1999.

[9] 鲍香台. 公路工程施工监理[M]. 北京:中国科学技术出版社,2000.

[10] 中华人民共和国行业标准 JTG F80/1(2)—2004. 公路工程质量检验评定标准[S]. 北京:人民交通出版社,2004.

[11] 中华人民共和国行业标准 JTJ 034—2000. 公路路面基层施工技术规范[S]. 北京:人民交通出版社,2000.

[12] 中华人民共和国行业标准 JTG F10—2006. 公路路基施工技术规范[S]. 北京:人民交通出版社,2004.

[13] 中华人民共和国行业标准 JTJ 041—2000. 桥涵施工技术规范[S]. 北京:人民交通出版社,2000.

[14] 中华人民共和国行业标准 JTG F30—2003. 公路水泥混凝土路面施工技术规范[S]. 北京:人民交通出版社,2006.

[15] 中华人民共和国行业标准 JTG F40—2004. 公路沥青路面施工技术规范[S]. 北京:人民交通出版社,2004.

[16] 中华人民共和国行业标准 JTG D60—2004. 公路桥涵设计运用规范[S]. 北京:人民交通出版社,2004.

[17] 中华人民共和国行业标准 JTG D62—2004. 公路钢筋混凝土及预应力混凝土桥涵设计规范[S]. 北京:人民交通出版社,2004.